Ce discours a été expliqué littéralement et annoté par M. O. Dupont, professeur au Collége royal de Henri IV.

La traduction correcte est celle de P. C. B. Gueroult.

DE L'IMPRIMERIE DE CRAPELET, RUE DE VAUGIRARD, N° 9.

LES
AUTEURS LATINS

EXPLIQUÉS D'APRÈS UNE MÉTHODE NOUVELLE

PAR DEUX TRADUCTIONS FRANÇAISES

L'UNE LITTÉRALE ET JUXTALINÉAIRE PRÉSENTANT LE MOT A MOT FRANÇAIS
EN REGARD DES MOTS LATINS CORRESPONDANTS
L'AUTRE CORRECTE ET FIDÈLE PRÉCÉDÉE DU TEXTE LATIN

avec des sommaires et des notes

PAR UNE SOCIÉTÉ DE PROFESSEURS

ET DE LATINISTES

CICÉRON
DISCOURS CONTRE VERRÈS
sur les Supplices

PARIS
LIBRAIRIE DE L. HACHETTE
RUE PIERRE-SARRAZIN, N° 12

1846

AVIS.

On a réuni par des traits, dans la traduction juxtalinéaire, les mots français qui traduisent un seul mot latin.

On a imprimé en *italiques* les mots qu'il était nécessaire d'ajouter pour rendre intelligible la traduction littérale, et qui n'avaient pas leur équivalent dans le latin.

Enfin, les mots placés entre parenthèses dans le français doivent être considérés comme une seconde explication, plus intelligible que la version littérale.

ARGUMENT ANALYTIQUE.

Les supplices, auxquels furent livrés par Verrès les commandants de la flotte de Sicile et plusieurs citoyens romains, ont fait donner le nom de *de Suppliciis*, à ce cinquième et dernier discours de Cicéron contre Verrès. Il partage en quatre chefs l'examen de la conduite du préteur : 1° au sujet de la guerre des esclaves ; 2° à propos de la guerre des pirates ; 3° à l'égard du capitaine de la flotte ; 4° envers les citoyens romains.

I. — Exorde insinuant. — L'orateur prodigue l'ironie à l'accusé sur les prétendus talents militaires que veut opposer la défense.

II. — PREMIÈRE PARTIE. — Il accepte ce terrain ; mais dans quelle guerre s'est signalé Verrès ? dans la guerre des esclaves ?

III. — Les esclaves n'ont pas pénétré en Sicile ; les précautions y avaient été si bien prises avant Verrès, que toute arme leur est interdite.

IV. — Pourtant, il y a eu quelque mouvement. Oui, Verrès a fait arrêter, juger et condamner les esclaves de Léonidas.

V. — Attachés au poteau, il les a délivrés et rendus à leur maître.

VI. — Par une apostrophe accablante, l'orateur demande à l'accusé quel a été le prix d'une telle complaisance pour Léonidas et pour d'autres.

VII. — Pourquoi tant de sévérité à l'égard d'Apollonius, auquel il réclame un esclave qui n'a jamais existé ?

VIII. — Voilà comme il éteint cette guerre : il châtie les maîtres, et il délivre les esclaves.

IX. — Après six mois de captivité, subitement, sans motif ni procédure, Apollonius est relâché. Combien a-t-il payé à Verrès son élargissement ?

X. — L'orateur énumère les talents militaires du préteur ; ses marches sont des promenades en litière ;

XI. — Ses travaux sont des rapines ; ses passe-temps, des débauches ; ses victoires se remportent la coupe à la main.

XII. — Il dresse sa tente dans les bosquets de Syracuse ; il tient conseil parmi ses maîtresses.

XIII. — Voilà ses talents, ses exploits ; heureux encore les Siciliens, quand il s'abstient de rendre la justice !

XIV. — L'orateur connaît les devoirs d'un magistrat ; il croit les avoir remplis dans sa questure.

XV. — Verrès a-t-il songé, lui, aux obligations qu'impose le choix de la république ?

XVI. — Il n'a rien fait contre les esclaves ; le Sénat ne l'a pas même cru capable de repousser le danger, s'il s'était offert.

XVII — Deuxième partie. — Mais, du moins, s'est-il préparé contre les pirates ? Dans l'équipement de la flotte, il n'a vu qu'une occasion de rapine.

XVIII. — Il a dispensé Messine de ses contributions, moyennant un navire qu'il s'est fait adjuger.

XIX. — Il a accablé d'une charge nouvelle les Tauvrominiens.

XX. — Les Mamertins, malgré le besoin des temps, ont été dispensés de rien fournir, toujours au profit de Verrès.

XXI. — Les autres villes ont dû payer, en plus, la redevance que n'ont pas acquittée les Mamertins.

XXII. — Admettra-t-on à défendre l'accusé les Mamertins qu'il s'est achetés ?

XXIII. — Ce vaisseau, prix de sa connivence, n'a servi qu'à transporter à Messine le butin fait sur la Sicile.

XXIV. — L'argent fourni par les villes pour l'approvisionnement des navires est devenu sa proie.

XXV. — Il a vendu à des matelots leur congé, au moment de la terreur des pirates.

XXVI. — On trouve un vaisseau désarmé, qu'on amène. On s'attend à voir le chef ; personne ne l'aperçoit.

XXVII. — Qu'est-il devenu ? nul ne le sait. Verrès prétend avoir enfermé cet homme terrible chez les paisibles Centorbiens.

XXVIII. — Il réserve parmi les prisonniers ceux qui ont du talent ou de la figure ; il supplicie à leur place des citoyens romains.

XXIX. — On redemande aujourd'hui ce chef à Verrès ; il en offre deux : il avait prévu l'accusation.

XXX. — Il se sent coupable, et Syracuse proclame que le chef a payé son évasion et qu'un autre lui a été substitué.

XXXI. — Pour garder en paix la femme de Cléomène, Verrès l'a nommé amiral, lui, un Syracusain !

XXXII. — Combien est odieux ce pouvoir étendu remis aux mains d'un vaincu !

XXXIII. — Cléomène part : il se plonge dans les délices ; l'équipage incomplet meurt de faim.

XXXIV. — L'ennemi paraît : la flotte veut combattre, mais Cléomène l'entraîne dans sa fuite.

XXXV. — Ne rencontrant plus d'obstacle, les pirates n'ont qu'à brûler la flotte.

XXXVI. — On cherche le préteur ; il dort, et l'on n'ose l'éveiller ; il paraît, et la populace l'accable d'insultes.

XXXVII. — Cependant les pirates visitent à leur aise Syracuse, dont ils font le tour.

XXXVIII. — Quelle indignité ! cette noble ville, par la faute d'un infâme, est devenue la proie des brigands.

XXXIX. — TROISIÈME PARTIE. — L'indignation publique se soulève en Sicile ; Verrès implore des capitaines de vaisseau le silence sur l'état de la flotte.

XL. — Pourtant il les redoute encore ; il songe à s'en défaire, tout en épargnant Cléomène, en faveur de Nicé.

XLI. — Les capitaines comparaissent, ils voient Cléomène siégeant parmi leurs juges.

XLII. — En vain les parents des accusés les réclament ; malheur à qui prononcerait le nom de Cléomène !

XLIII. — Les capitaines se taisent par peur ; Furius seul ose dire ce qu'il pense de ce juge inique.

XLIV. — Ils sont condamnés ! Verrès n'est plus un coupable ordinaire : c'est le plus cruel, le plus effronté des tyrans.

XLV. — Les victimes attendent la mort ; leurs parents doivent acheter au bourreau les adieux, la faveur du dernier coup, la sépulture de leurs enfants.

XLVI. — Mais un des capitaines a été soustrait au supplice ; l'orateur va le confronter avec Verrès.

XLVII. — Voilà la récompense des services de nos alliés ; les chefs de leurs villes sont mis à mort.

XLVIII. — Le tribunal qui va juger Verrès sera donc leur seule ressource.

XLIX. — Les plaignants ne réclament pas leurs biens; ils demandent vengeance du sang de leurs enfants versé par le préteur.

L. — L'orateur récapitule ici les crimes de Verrès; il l'accable de la peinture de ses forfaits.

LI. — Qu'il échappe, s'il peut, à ce dilemme : nier les griefs qu'on lui oppose, ce sera se laisser confondre par l'évidence ; ne pas nier, ce ne sera pas répondre.

LII. — Par une touchante prosopopée, Cicéron fait apparaître le père de l'accusé venant lui reprocher ses turpitudes.

LIII. — L'orateur se résume et va aborder la charge la plus grave, la plus accablante.

LIV. — QUATRIÈME PARTIE. — Servilius, chevalier romain, a parlé des vols de Verrès; il meurt sous le fer des bourreaux.

LV. — Les citoyens de Rome sont allés, sous sa préture, peupler les carrières de Denys le tyran.

LVI. — Le soupçon de richesses était auprès de lui un crime suffisant.

LVII. — Quand la prison regorgeait de victimes, on les égorgeait pour faire place à d'autres.

LVIII. — Y a-t-il une justification possible à de pareils forfaits ? Excuser Verrès, c'est l'accabler.

LIX. — Qu'a-t-il fait de tant de citoyens ? qu'a-t-il fait d'Hérennius ?

LX. — La hache est restée levée en permanence sous sa préture ; la Sicile a été le théâtre où s'est jouée sa cruauté.

LXI. — Gavius a été jeté aux carrières et s'est échappé. Il a le tort de parler de la cruauté du préteur;

LXII. — Il est battu de verges et mis en croix ; son titre de citoyen, qu'il invoquait, ne l'a pu sauver.

LXIII. — Un citoyen romain mis en croix ! c'est un attentat contre la république, et les témoins sont là pour le prouver.

LXIV. — L'accusé avoue : mais il ne le connaissait pas, dit-il ! Ne devait-il pas attendre jusqu' plus ample information?

LXV. — Quelle sera désormais la sauvegarde des citoyens si, à quelques milles de Rome, on ne respecte plus leur nom?

LXVI. — La croix a été dressée en face de l'Italie, comme pour braver la république; la majesté du peuple romain est lésée.

LXVII. — Ce n'est plus l'accusateur, c'est tout ce qui porte le nom de Romain qui réclame le châtiment du coupable.

LXVIII. — Que les juges, que le défenseur prennent garde à ce qu'ils vont dire! qu'ils ne se souillent pas, l'un en justifiant, les autres en absolvant le coupable.

LXIX. — L'accusé a cru pouvoir corrompre la justice, mais sa folle espérance sera déjouée.

LXX. — Pour l'orateur, s'il amasse sur lui de puissantes inimitiés, que lui importe? il aura fait son devoir.

LXXI. — Son rôle d'accusateur sera terminé, quand le coupable sera puni, quand justice sera rendue aux Siciliens.

LXXII. — Enfin, par une solennelle imprécation, Cicéron appelle la vengeance des dieux sur l'homme impie qui n'a pas même respecté leurs temples.

ORATIO
IN VERREM
DE SUPPLICIIS[1].

EXORDIUM.

I. 1. Nemini video dubium esse, judices, quin apertissime C. Verres in Sicilia, sacra profanaque omnia et privatim et publice spoliarit, versatusque sit sine ulla non modo religione, verum etiam dissimulatione, in omni genere furandi atque prædandi. Sed quædam mihi magnifica et præclara ejus defensio ostenditur; cui quemadmodum resistam, multo mihi ante est, judices, providendum. Ita enim causa constituitur, provinciam Siciliam virtute ejus et vigilantia singulari, dubiis formidolosisque temporibus, a fugitivis atque a belli periculis tutam esse servatam.

EXORDE.

I. 1. Juges, je ne vois personne parmi vous qui ne soit convaincu que Verrès a dépouillé ouvertement dans la Sicile tous les édifices, tant sacrés que profanes, tant publics que privés, et que, sans pudeur comme sans remords, il s'est rendu coupable de tous les genres de vol et de brigandage. Mais on m'annonce pour sa défense un moyen imposant, merveilleux, auquel je ne puis répondre qu'après avoir mûrement réfléchi. On se propose de prouver que, dans les circonstances les plus difficiles et les plus effrayantes, sa valeur et sa rare vigilance ont préservé la Sicile des dangers de la guerre et de la fureur des esclaves révoltés.

DISCOURS
CONTRE VERRÈS
SUR LES SUPPLICES.

EXORDIUM.	EXORDE.
I. 1. Judices,	I. 1. Juges,
video esse dubium nemini,	je vois qu'il n'est douteux pour personne,
quin C. Verres spoliarit	que C. Verrès n'ait dépouillé
apertissime in Sicilia,	très-ouvertement dans la Sicile,
omnia sacra profanaque,	tous les *lieux* sacrés et profanes,
et privatim,	et en-particulier (et privés),
et publice,	et en-public (et publics),
sitque versatus,	et n'ait vécu-continuellement,
non modo	non seulement
sine ulla religione,	sans aucun scrupule,
verum	mais
etiam dissimulatione,	même *sans aucune* feinte (pudeur),
in omni genere furandi	au-milieu-de toute espèce de voler (vol)
atque prædandi.	et de piller (brigandage).
Sed quædam defensio ejus	Mais une certaine défense de lui
magnifica et præclara	imposante et merveilleuse
ostenditur mihi;	est montrée (présentée) à moi;
judices, est mihi	juges, il est à moi (il me faut)
providendum	devant être vu- (voir) à-l'avance
multo ante,	beaucoup auparavant,
quemadmodum	de-quelle-manière
resistam cui.	je résisterai (je répondrai) à celle-ci.
Causa enim	En effet la cause (la question)
constituitur ita,	est établie (posée) ainsi, *savoir*
provinciam Siciliam,	que la province *de* Sicile,
temporibus	dans des temps (circonstances)
dubiis formidolosisque,	douteux (difficiles) et terribles,
esse servatam tutam	a été maintenue en-sûreté
a fugitivis,	contre les *esclaves* fugitifs,
atque a periculis belli,	et contre les dangers de la guerre,
virtute ejus	par la valeur de lui (Verrès)
et vigilantia singulari.	et par *sa* vigilance rare.

2. Quid agam, judices? quo accusationis meæ rationem conferam? quo me vertam? Ad omnes enim meos impetus, quasi murus quidam, boni nomen imperatoris opponitur. Novi locum; video ubi se jactaturus sit Hortensius. Belli pericula, tempora reipublicæ, imperatorum penuriam commemorabit : tum deprecabitur a vobis, tum etiam pro suo jure contendet', ne patiamini, talem imperatorem populo romano Siculorum testimoniis eripi; neve obteri laudem imperatoriam criminibus avaritiæ velitis.

3. Non possum dissimulare, judices : timeo, ne C. Verres, propter hanc virtutem eximiam in re militari, omnia, quæ fecit, impune fecerit. Venit enim mihi in mentem, in judicio M'. Aquillii[2] quantum auctoritatis, quantum momenti oratio M. Antonii habuisse existimata sit; qui, ut erat in dicendo non solum sapiens, sed etiam fortis, causa prope perorata, ipse arripuit

2. Que faire? de quel côté diriger mes efforts? A toutes mes attaques on oppose, comme un mur d'airain, le titre de grand général. Je connais ce lieu commun : je vois la carrière qui s'ouvre à l'éloquence d'Hortensius. Il vous peindra les périls de la guerre et les malheurs de la république; il parlera de la disette de bons généraux; puis, implorant votre clémence, que dis-je? réclamant votre justice, il vous conjurera de ne pas souffrir qu'un tel général soit sacrifié à des Siciliens, et de ne pas vouloir que de si beaux lauriers soient flétris par des allégations d'avarice.

3. Je ne peux le dissimuler, j'appréhende que ses talents militaires n'assurent à Verrès l'impunité de tous ses forfaits. Je me rappelle l'effet prodigieux que produisit le discours d'Antonius dans le procès d'Aquillius. Après avoir développé les moyens de sa cause, cet orateur, qui joignait à la plus pressante logique l'impétuosité des

2. Quid agam, judices?	2. Que ferai-je juges?
quo conferam rationem	où porterai-je le système (les efforts)
meæ accusationis?	de mon accusation?
quo me vertam?	où (de quel côté) me tournerai-je?
Nomen enim	En effet le nom (le titre)
boni imperatoris	de bon général
opponitur,	est opposé,
quasi murus quidam,	comme un mur (rempart),
ad omnes meos impetus.	à toutes mes attaques.
Novi locum;	Je connais *ce* lieu *commun;*
video ubi Hortensius	je vois où Hortensius
sit jactaturus se.	doit agiter soi (doit manœuvrer).
Commemorabit	Il rappellera
pericula belli,	les périls de la guerre,
tempora reipublicæ,	les temps *malheureux* de la république,
penuriam imperatorum :	la disette de *bons* généraux :
tum a vobis deprecabitur,	puis il vous demandera-avec-prières,
tum contendet	puis *même* il prétendra
pro suo jure,	eu-égard à son droit (de votre justice),
ne patiamini	que vous ne souffriez pas
talem imperatorem	qu'un tel général
eripi populo romano	soit arraché au peuple romain
testimoniis Siculorum;	par les dépositions des Siciliens;
neve velitis	et que vous ne veuillez pas
laudem imperatoriam	que la gloire de-général *de son client*
obteri	soit écrasée (flétrie)
criminibus avaritiæ.	par des accusations de cupidité.
3. Non possum	3. Je ne peux
dissimulare,	*le* dissimuler,
judices,	juges,
timeo ne C. Verres	je crains que C. Verrès
fecerit impune	n'ait fait (commis) impunément
omnia quæ fecit,	tous les *crimes* qu'il a faits (commis),
propter hanc virtutem	à-cause-de ce talent
eximiam	remarquable
in re militari.	dans l'art militaire.
Venit enim mihi in mentem,	En effet il vient à moi à l'esprit,
quantum auctoritatis,	combien d'autorité (d'influence),
quantum momenti,	combien d'importance,
oratio M. Antonii	le discours de M. Antonius
sit existimata habuisse	a été jugé avoir eu
in judicio M'. Aquillii;	dans le procès de M'. Aquillius;
qui, ut erat	lequel (M. Antonius), vu qu'il était
non solum	non seulement
sapiens in dicendo,	habile en parlant,
sed etiam fortis,	mais aussi véhément,
causa prope perorata,	*sa* cause étant presque plaidée-à-fin,

M'. Aquillium, constituitque in conspectu omnium, tunicamque ejus a pectore abscidit, ut cicatrices populus romanus judicesque adspicerent adverso corpore exceptas; simul et de illo vulnere, quod ille in capite ab hostium duce acceperat, multa dixit; eoque adduxit eos qui erant judicaturi, vehementer ut vererentur ne, quem virum fortuna ex hostium telis eripuisset, quum sibi ipse non pepercisset, hic non ad populi romani laudem, sed ad judicum crudelitatem videretur esse servatus. Hæc eadem nunc ab illis defensionis ratio, viaque tentatur : idem quæritur. Sit fur, sit sacrilegus, sit flagitiorum omnium vitiorumque princeps; at est bonus imperator, et felix, et ad dubia reipublicæ tempora reservandus.

PROPOSITIO.

II. 4. Non agam summo jure tecum; non dicam (id quod debeam forsitan obtinere), quum judicium certa lege¹ sit con-

mouvements les plus passionnés, saisit lui-même Aquillius; il l'offrit aux regards de l'assemblée, et, lui déchirant sa tunique, il fit voir au peuple romain et aux juges les nobles cicatrices dont sa poitrine était couverte; mais surtout il déploya toutes les forces de son éloquence, en leur montrant le coup terrible que le chef des rebelles avait frappé sur la tête de ce brave guerrier. Telle fut l'impression de ce discours sur tous ceux qui devaient prononcer dans la cause, qu'ils craignirent que la fortune, en arrachant ce généreux citoyen à la mort qu'il avait affrontée avec tant d'intrépidité, ne semblât avoir conservé une victime à la rigueur impitoyable des juges. Mes adversaires veulent essayer aujourd'hui le même moyen : ils vont suivre la même marche; ils tendent au même but. Que Verrès soit un brigand, qu'il soit un sacrilége, un monstre souillé de tous les crimes, flétri de tous les vices; ils l'accordent. Mais, disent-ils, c'est un grand général, c'est un guerrier heureux, un héros qu'il faut réserver pour les besoins de la république.

PROPOSITION.

II. 4. Avec vous, Verrès, je ne procéderai pas à la rigueur : je ne dirai pas, quoique peut-être je m'en dusse tenir à ce seul point,

ipse arripuit M'. Aquillium,	lui-même saisit M'. Aquillius,
constituitque	et *le* plaça
in conspectu omnium,	en présence de tous,
absciditque tunicam	et déchira la tunique
a pectore ejus,	de la poitrine de lui.
ut populus romanus	afin que le peuple romain
judicesque	et les juges
adspicerent cicatrices	vissent les cicatrices *des blessures*
exceptas corpore adverso :	reçues le corps *étant* en-face (par devant) :
simul dixit multa	en-même-temps il dit beaucoup de-*choses*
de illo vulnere	sur cette blessure
quod ille acceperat in capite	que lui (Aquillius) avait reçue à la tête
a duce hostium,	du chef des ennemis,
adduxitque eo	et amena là (à ce point)
eos qui erant judicaturi,	ceux qui devaient juger,
ut vererentur vehementer	qu'ils craignissent fortement
ne quem virum fortuna	que *l'homme* lequel homme la fortune
eripuisset ex telis hostium,	avait arraché aux armes des ennemis,
quum ipse	lorsque lui-même
non pepercisset sibi,	n'avait pas ménagé lui,
hic videretur esse servatus,	ce *même homme* parût avoir été conservé,
non ad laudem	non pour la gloire
populi romani,	du peuple romain,
sed	mais
ad crudelitatem judicum.	pour la cruauté (rigueur) des juges.
Hac eadem ratio,	Ce même moyen,
viaque defensionis	et *cette même* voie de défense
tentatur nunc ab illis :	est essayée aujourd'hui par eux :
idem quæritur.	le même *résultat* est cherché.
Sit fur,	Qu'il (Verrès) soit un brigand,
sit sacrilegus,	qu'il soit sacrilége,
sit princeps	qu'il soit le premier
omnium flagitiorum	de (dans) tous les crimes
vitiorumque,	et *tous* les vices,
at est imperator bonus,	mais c'est un général brave,
et felix,	et heureux,
et reservandus	et devant être réservé
ad tempora dubia	pour les temps douteux (malheureux
reipublicæ.	de la république.

PROPOSITIO.   PROPOSITION.

II. 4. Non agam tecum	II. 4. Je n'agirai pas avec vous
jure summo,	suivant le droit extrême (absolu),
non dicam id quod forsitan	je ne dirai pas ce que peut-être
debeam obtinere :	je devrais soutenir-exclusivement ;
quum judicium	que, puisque le débat

stitutum, non quid in re militari fortiter feceris, sed quemadmodum manus ab alienis pecuniis abstinueris, abs te doceri oportere ; non, inquam, sic agam : sed ita quæram, quemadmodum te velle intelligo, quæ tua opera, et quanta fuerit in bello.

CONTENTIONIS PRIMA PARS.

DE BELLO FUGITIVORUM.

5. Quid dices? an bello fugitivorum Siciliam virtute tua liberatam? Magna laus, honesta oratio; sed tamen quo bello? nos enim, post id bellum quod M'. Aquillius confecit, sic accepimus, nullum in Sicilia fugitivorum bellum fuisse. At in Italia fuit : fateor[1], et magnum quidem, ac vehemens. Num igitur ex eo bello partem aliquam laudis appetere conaris? Num tibi illius victoriæ gloriam cum M. Crasso, aut Cn. Pompeio[2] communicandam putas? non arbitror hoc etiam deesse tuæ impu-

que, l'objet de la cause étant déterminé par la loi, il ne s'agit pas de nous entretenir de vos exploits guerriers, mais qu'il faut prouver que vos mains sont pures ; non, ce n'est pas ainsi que je veux en user : je me prêterai à vos désirs, et je chercherai quels sont donc ces éminents services que vous avez rendus dans la guerre.

PREMIÈRE PARTIE DE LA DISCUSSION.

DE LA GUERRE DES ESCLAVES FUGITIFS.

5. Direz-vous que, par votre valeur, la Sicile a été délivrée de la guerre des esclaves? rien de plus glorieux sans doute, rien de plus honorable. Cependant de quelle guerre parlez-vous? car nous savons que, depuis la victoire d'Aquillius, il n'a existé aucune guerre d'esclaves en Sicile. Mais il y en avait une en Italie; cela est vrai, et même une très-vive et très-sanglante. Prétendez-vous en tirer quelque honneur, et vous associer à la gloire de Crassus et de Pompée? Une telle impudence de votre part ne m'étonnerait pas. Peut-être

sit constitutum lege certa,	est déterminé par une loi certaine,
oportere doceri abs te,	il est nécessaire d'être appris de vous,
non quid feceris fortiter	non ce que vous avez fait avec-courage
in re militari,	dans l'art militaire (la guerre),
sed quemadmodum	mais comment
abstinueris manus	vous avez tenu-éloignées vos mains
a pecuniis alienis.	de l'argent d'-autrui.
Non, inquam, agam sic,	Non, dis-je, je *n*'agirai *pas* ainsi,
sed quæram ita,	mais je chercherai ainsi
quemadmodum intelligo	comme je comprends
te velle,	que vous *le* désirez,
quæ et quanta tua opera	quels et combien-grands vos services
fuerit in bello.	ont été dans la guerre.

PRIMA PARS
CONTENTIONIS.

PREMIERE PARTIE
DE LA DISCUSSION.

DE BELLO FUGITIVORUM. **DE LA GUERRE DES** *esclaves* **FUGITIFS.**

5. Quid dices ?	5. Que direz-vous ?
an Siciliam liberatam	que la Sicile *a été* délivrée
tua virtute	par votre courage
bello fugitivorum ?	dans la guerre des *esclaves* fugitifs ?
Magna laus,	*C'est un* grand éloge,
oratio honesta ;	un discours (une défense) honorable ;
sed tamen quo bello ?	mais cependant dans quelle guerre ?
nos enim, post id bellum	nous en effet, après (depuis) cette guerre
quod M'. Aquillius confecit,	que M'. Aquillius a terminée,
accepimus sic,	nous avons appris ainsi (nous savons),
nullum bellum fugitivorum	qu'aucune guerre d'*esclaves* fugitifs
fuisse in Sicilia.	n'a existé en Sicile.
— At fuit in Italia :	— Mais elle a existé en Italie :
— Fateor, et quidem	— Je *l*'avoue, et à-la-vérité
magnum et vehemens.	grande et violente.
Num igitur conaris	Est-ce donc que vous prétendez
appetere	chercher-à-recueillir
aliquam partem laudis	quelque part de gloire
ex eo bello ?	de cette guerre ?
Num putas	Est-ce que vous pensez
gloriam illius victoriæ	que la gloire de cette victoire
communicandam tibi	doit être partagée par vous
cum M. Crasso	avec M. Crassus
aut Cn. Pompeio ?	ou Cn. Pompée ?
Non arbitror	Je ne pense pas
hoc deesse etiam	que cela manque encore
tuæ impudentiæ,	à votre impudence,

dentiæ, ut quidquam ejusmodi dicere audeas. Obstitisti videlicet ne ex Italia transire in Siciliam fugitivorum copiæ possent: ubi? quando? qua ex parte? quum aut navibus aut ratibus conarentur accedere? Nos enim nihil unquam prorsus audivimus: et illud audivimus, M. Crassi, fortissimi viri, virtute consilioque factum, ne, ratibus conjunctis, freto fugitivi ad Messanam transire possent : a quo illi conatu non tantopere prohibendi fuissent, si ulla in Sicilia præsidia ad illorum adventum opposita putarentur.

III. 6. At quum esset in Italia bellum tam prope a Sicilia, tamen in Sicilia non fuit. Quid mirum? ne quum in Sicilia quidem fuit, eodem intervallo, pars ejus belli in Italiam ulla pervasit. Etenim propinquitas locorum ad utram partem hoc loco profertur? utrum aditum facilem hostibus, an contagionem imitandi ejus belli periculosam fuisse? Aditus omnis hominibus sine ulla fa-

avez-vous empêché les révoltés de passer d'Italie en Sicile? En quel lieu? dans quel temps? de quel côté? lorsqu'ils se disposaient à le faire sur des vaisseaux ou sur des radeaux? car rien de tout cela n'est parvenu jusqu'à nous : ce qu'on nous a dit, c'est que la prudence et l'activité de Crassus les empêchèrent de passer à Messine sur les radeaux qu'ils avaient rassemblés. Cette tentative n'eût pas donné autant d'inquiétude, si l'on eût pensé qu'il y avait alors en Sicile des forces suffisantes pour s'opposer à la descente des rebelles.

III. 6. Mais, dites-vous, on faisait la guerre en Italie, et la Sicile, qui en est si voisine, a toujours été en paix. Qu'y a-t-il d'étonnant? On a fait aussi la guerre en Sicile, sans que la paix ait été troublée en Italie : la distance est pourtant la même. Dans quelle intention alléguez-vous la proximité? prétendez-vous que l'accès était facile, ou que la contagion de l'exemple était à craindre? D'abord les révoltés n'avaient point de vaisseaux : ainsi, non-seulement ils étaient séparés de la Sicile, mais le passage même leur était absolu-

ut audeas dicere	à savoir que vous osiez dire
quidquam ejusmodi.	quelque *chose* de-cette-sorte.
Videlicet obstitisti.	Sans-doute vous vous êtes opposé
ne copiæ fugitivorum	à ce que les troupes d'*esclaves* fugitifs
possent transire	pussent traverser
ex Italia in Siciliam?	d'Italie en Sicile?
ubi? quando? ex qua parte?	où? quand? de quel côté?
Quum conarentur	*Est-ce* lorsqu'ils s'efforçaient
accedere	de s'approcher (d'abord)
navibus aut ratibus?	sur des vaisseaux ou *sur* des radeaux?
Nos enim audivimus	Nous certes n'avons appris
unquam nihil prorsus;	jamais rien entièrement *de semblable*;
et audivimus illud	et nous avons appris cela
factum virtute,	fait par le courage
consilioque M. Crassi,	et la prudence de M. Crassus,
viri fortissimi,	homme très-courageux,
ne fugitivi possent	que les *esclaves* fugitifs ne purent pas
transire Messanam freto,	passer à Messine par le détroit,
ratibus conjunctis:	les radeaux étant rassemblés:
a quo conatu,	de laquelle tentative,
illi	ceux-ci (ces esclaves)
non fuissent prohibendi	n'auraient pas dû être repoussés
tantopere,	si-fortement (si vivement),
si ulla præsidia	si quelques secours (forces)
putarentur	avaient été pensés
opposita in Sicilia	opposés en Sicile
ad illorum adventum.	à leur arrivée (descente).
III. 6. At quum bellum	III. 6. Mais, *dites-vous*, quand la guerre
esset in Italia,	était en Italie,
tam prope a Sicilia,	si près de la Sicile,
tamen non fuit in Sicilia.	cependant elle n'a pas été en Sicile.
— Quid mirum?	— Quoi (qu'y a-t-il) *de* surprenant?
Quum fuit in Sicilia	Lorsqu'elle (la guerre) eut-lieu en Sicile
eodem intervallo,	à égale distance,
ulla pars ejus belli	aucune partie de cette guerre
ne pervasit quidem	ne pénétra même
in Italiam.	en Italie.
Etenim ad utram partem,	Et en effet pour laquelle-des-deux causes,
propinquitas locorum	la proximité des lieux
profertur hoc loco?	est-elle-mise-en-avant en cette affaire?
Utrum aditum	est-ce que *d'abord* l'accès
fuisse facilem hostibus,	fut facile aux ennemis,
an contagionem ejus belli	ou *que* la contagion de cette guerre
imitandi	devant être imitée (de l'exemple)
periculosam?	*fut alors* dangereuse?
Omnis aditus	Tout accès (passage)
fuit non modo disjunctus,	fut non seulement séparé (interrompu),

cultate navium non modo disjunctus, sed etiam clausus fuit : ut illis, quibus Siciliam propinquam fuisse dicis, facilius fuerit ad Oceanum pervenire, quam ad Peloridem[1] accedere.

7. Contagio autem ista servilis belli, cur abs te potius, quam ab iis omnibus, qui ceteras provincias obtinuerunt, prædicatur? An quod in Sicilia jam ante bella fugitivorum fuerunt? At ea ipsa causa est, cur ista provincia minimo in periculo sit et fuerit : nam posteaquam illinc M'. Aquillius decessit, omnium instituta atque edicta prætorum fuerunt ejusmodi, ut ne quis cum telo servus esset. Vetus est quod dicam, et propter severitatem exempli nemini fortasse vestrum inauditum: L. Domitium prætorem in Sicilia, quum aper ingens ad eum allatus esset, admiratum requisisse quis eum percussisset; quum audisset pastorem cujusdam fuisse, eum ad se vocari jussisse; illum

ment fermé; en sorte que, malgré cette proximité dont vous parlez, il aurait été plus facile pour eux d'arriver par terre aux rivages de l'Océan que d'aborder à Pélore.

7. Quant à la contagion de l'exemple, pourquoi vous prévaloir de cette raison plutôt que tous ceux qui gouvernaient les autres provinces? Serait-ce parce que les esclaves avaient déjà fait la guerre en Sicile? Mais la Sicile, par cette raison même, était, comme elle l'est encore, à l'abri de tout danger; car depuis que M'. Aquillius en est sorti, tous les édits, toutes les ordonnances des préteurs ont constamment défendu aux esclaves de porter des armes. Je vais citer un fait assez ancien, et qui, vu la sévérité de cet exemple, n'est peut-être ignoré d'aucun de vous. On avait apporté un sanglier énorme à L. Domitius, préteur en Sicile. Surpris de la grosseur de cet animal, il demanda qui l'avait tué. On lui nomma le berger d'un Sicilien. Il ordonna qu'on le fît venir. Le berger accourt, s'at-

sed etiam clausus,	mais encore fermé *entièrement*,
hominibus	à des hommes
sine ulla facultate navium ;	sans aucune ressource de vaisseaux ;
ut fuerit facilius illis,	si bien qu'il était plus facile à ces *hommes*
quibus dicis Siciliam	pour lesquels vous dites que la Sicile
fuisse propinquam,	fut à-proximité
pervenire ad Oceanum,	d'arriver *par terre* jusqu'à l'Océan,
quam accedere	que d'aborder
ad Peloridem.	au *promontoire de* Pélore.
7. Ista autem contagio	7. Mais (quant à) cette contagion
belli servilis,	de la guerre des-esclaves,
cur prædicatur potius abs te	pourquoi est-elle proclamée plutôt par [vous
quam ab omnibus iis	que par tous ceux
qui obtinuerunt	qui gouvernèrent *alors*
ceteras provincias ?	les autres provinces ?
An quod jam ante	Est-ce parce que déjà avant (autrefois)
bella fugitivorum	des guerres d'*esclaves*-fugitifs
fuerunt in Sicilia ?	furent (eurent lieu) en Sicile ?
At ea ipsa causa	Mais cette même raison
est cur provincia	*en* est *une* pour que la province
sit, et fuerit	soit et ait été
in minimo periculo :	dans le moindre danger :
nam	car
posteaquam M'. Aquillius	depuis que M'. Aquillius
decessit illinc,	s'est retiré de là (de la Sicile),
instituta atque edicta	les ordonnances et les édits
omnium prætorum,	de tous les préteurs,
fuerunt ejusmodi,	ont été de-telle-sorte, *savoir* :
ut ne quis servus	qu'aucun esclave
esset cum telo.	ne fût avec une arme (ne portât des armes),
Quod dicam est vetus,	Ce que je dirai (vais raconter) est ancien,
et fortasse inauditum	et peut-être inouï (inconnu)
nemini vestrum,	à personne de vous,
propter severitatem	à-cause-de la sévérité
exempli ;	de l'exemple ;
L. Domitium,	*on raconte donc que* L. Domitius,
prætorem in Sicilia,	préteur en Sicile,
cum aper ingens	comme un sanglier énorme
esset allatus ad eum,	avait été apporté chez lui,
admiratum requisisse	surpris s'informa
quis percussisset eum :	qui avait frappé (tué) lui (l'animal) :
quum audisset	lorsqu'il eut entendu (appris) [Sicilien,
fuisse pastorem cujusdam,	que c'avait été le berger d'un certain
jussisse eum vocari ad se ;	il ordonna que cet *homme* fût appelé
illum	*on ajoute que ce berger* [chez lui ;
accurrisse cupide	accourut avec-empressement
ad prætorem,	vers le préteur,

cupide ad prætorem, quasi ad laudem atque ad præmium, accurrisse; quæsisse Domitium, qui tantam bestiam percussisset; illum respondisse, venabulo; statim deinde jussu prætoris in crucem esse sublatum. Durum hoc fortasse videatur; neque ego ullam in partem disputo : tantum intelligo maluisse Domitium crudelem in animadvertendo, quam in prætermittendo dissolutum videri.

IV. 8. Ergo his institutis provinciæ, jam tum, quum bello fugitivorum tota Italia arderet, homo non acerrimus nec fortissimus, C. Norbanus in summo otio fuit. Perfacile enim sese Sicilia tuebatur, ne quod in ipsa bellum posset exsistere. Etenim quum nihil tam conjunctum sit quam negotiatores nostri cum Siculis, usu, re, ratione, concordia, et quum ipsi Siculi res suas ita constitutas habeant, ut his pacem expediat esse; im-

tendant à des éloges et à des récompenses. Domitius lui demande comment il a tué cette bête formidable. Avec un épieu, répond-il. A l'instant le préteur le fit mettre en croix. Peut-être cet ordre vous semblera plus que sévère. Je ne prétends ni le blâmer ni le justifier; tout ce que je veux y voir, c'est que Domitius aima mieux paraître cruel en punissant, que trop relâché en pardonnant cette infraction de la loi.

IV. 8. Grâce à ces règlements, C. Norbanus, qu'on ne citera pas comme le plus actif et le plus brave des hommes, a joui d'une tranquillité parfaite, pendant que le feu de la guerre embrasait l'Italie. En effet, la Sicile a chez elle tout ce qui peut la garantir de ces fatales explosions : l'union la plus intime règne entre nos commerçants et ceux de cette île; l'habitude, l'intérêt, les affaires, la conformité des sentiments, tout les rapproche. Dans leur situation présente, les Siciliens trouvent leur avantage personnel dans le repos général : attachés de cœur au gouvernement romain, ils seraient

quasi ad laudem	comme vers (comptant sur) un éloge
atque ad præmium ;	et vers (sur) une récompense ;
Domitium quæsisse	que Domitius *lui* demanda
qui percussisset	comment il avait frappé (tué)
tantam bestiam :	un si-énorme animal :
illum respondisse,	que lui (le berger) répondit,
venabulo :	avec un épieu :
statim deinde	*et* qu'aussitôt après
esse sublatum in crucem	il avait été soulevé (mis) en croix
jussu prætoris.	par ordre du préteur.
Hoc fortasse	*Cet ordre* peut-être
videatur durum ;	*vous* paraîtra dur ;
atque ego disputo	et moi (de mon côté) je ne discute
in nullam partem :	pour aucun parti (ni pour ni contre) :
tantum intelligo	seulement je comprends
Domitium maluisse	que Domitius préféra
videri crudelem	paraître cruel
in animadvertendo,	en punissant,
quam dissolutum	que négligent (trop faible)
in prætermittendo.	en laissant-passer (en pardonnant).
IV. 8. Ergo	IV. 8. Donc (aussi)
his institutis provinciæ,	par (grâce à) ces règlements de la province,
jam tum quum tota Italia	déjà alors que toute l'Italie
arderet bello	était embrasée par *le feu de* la guerre
fugitivorum,	des *esclaves* fugitifs,
C. Norbanus,	C. Norbanus,
homo non acerrimus	homme non très-actif
nec fortissimus	ni très-courageux,
fuit in summo otio.	fut dans un très-grand repos.
Enim Sicilia	En effet la Sicile
sese tuebatur perfacile,	se garantissait très-facilement,
ne quod bellum	pour qu'aucune guerre
posset exsistere in ipsa.	ne pût s'élever dans elle (*dans son sein*).
Etenim quum nihil	En effet lorsque rien
sit tam conjunctum,	n'est aussi uni,
quam nostri negotiatores	que nos commerçants
cum Siculis,	*le sont* aux Siciliens,
usu, re,	par l'habitude, l'intérêt,
ratione,	le compte (les affaires),
concordia,	l'accord (la conformité de sentiments),
et quum Siculi ipsi	et lorsque les Siciliens eux-mêmes
habeant suas res	ont leurs affaires
constitutas ita	établies de-telle-sorte
ut expediat his	qu'il est-avantageux à eux
pacem esse,	que la paix existe,
diligant autem sic	or ils chérissent tellement
imperium	l'empire (le gouvernement)

perium autem populi romani sic diligant ut id imminui, aut commutari minime velint; quumque hæc ab servorum bello pericula, et prætorum institutis, et dominorum disciplina provisa sint, nullum est malum domesticum, quod ex ipsa provincia nasci possit.

9. Quid igitur? nulline motus in Sicilia servorum, Verre prætore? nullæne consensiones factæ esse dicuntur? Nihil sane, quod ad senatum populumque romanum pervenerit; nihil quod iste Romam publice conscripserit : et tamen cœptum esse in Sicilia moveri aliquot locis servitium suspicor. Id adeo non tam ex re, quam ex istius factis decretisque cognosco. Ac videte, quam non inimico animo sim acturus : ego ipse hæc, quæ ille quærit, quæ adhuc nunquam audistis, commemorabo et proferam. In Triocalino, quem locum fugitivi jam ante tenuerunt, Leonidæ cujusdam Siculi familia in suspicionem vocata est conjurationis; res delata ad istum; statim, ut par fuit, jussu ejus

fâchés d'y voir porter atteinte, ou de passer sous d'autres lois. Enfin les ordonnances des préteurs et la vigilance des maîtres s'accordent pour prévenir toute espèce de désordres. Il est donc impossible qu'on voie éclater une révolte dans cette province.

9. Quoi donc! n'y a-t-il eu sous la préture de Verrès aucun mouvement, aucun soulèvement d'esclaves en Sicile? Non, aucun du moins qui soit parvenu à la connaissance du sénat et du peuple romain ; aucun dont il ait informé le gouvernement. Toutefois je soupçonne qu'il y a eu quelque part un commencement de fermentation. Je le conjecture d'après les ordonnances et les arrêtés du préteur. Voyez jusqu'où va ma générosité : moi-même, son accusateur, je vais révéler des faits qu'il cherche, et dont vous n'avez jamais entendu parler. Dans le territoire de Triocala, qui fut autrefois occupé par les révoltés, les esclaves d'un Sicilien nommé Léonidas furent soupçonnés de conspiration. On les dénonça. Fidèle à son devoir, Verrès

populi romani,	du peuple romain,
ut velint minime	qu'ils ne voudraient nullement
id imminui	qu'il fût amoindri
aut commutari,	ou qu'il fût changé,
quumque hæc pericula	et lorsque *d'un autre côté* ces dangers
a bello servorum,	*effets* de la guerre des esclaves *révoltés*,
sint provisa,	sont prévus,
et institutis prætorum,	et par les ordonnances des préteurs,
et disciplina dominorum,	et par l'ordre (la vigilance) des maîtres,
est nullum malum	il n'est aucun mal (désordre)
domesticum	domestique (intérieur)
quod possit nasci	qui puisse naître
ex provincia ipsa.	de la province même.
9. Quid igitur?	9. Quoi donc? [d'esclaves
nulline motus servorum	est-ce qu'il n'y a eu aucun soulèvement
in Sicilia, Verre prætore?	en Sicile, Verrès *étant* préteur?
nullæne consensiones	est-ce qu'aucunes conspirations
dicuntur esse factæ?	ne sont dites avoir été faites (tramées)?
— Nihil sane	— Rien assurément
quod pervenerit ad senatum	qui soit parvenu au sénat
populumque romanum;	et au peuple romain;
nihil quod iste	rien que ce *Verrès*
conscripserit Romam	ait écrit à Rome
publice :	publiquement (officiellement) :
et tamen suspicor	et cependant je soupçonne
servitium	que les esclaves
esse cœptum moveri	ont commencé à s'agiter
aliquot locis in Sicilia;	dans quelques lieux en Sicile;
adeo cognosco id	même je sais (je conjecture) cela
non tam ex re	non-pas tant d'après le fait
quam ex factis	que d'après les actes
decretisque istius.	et les décrets de ce *Verrès*.
Ac videte quam sim acturus	Et voyez combien je vais agir
animo non inimico :	avec une intention non ennemie :
ego ipse commemorabo	moi-même je rappellerai
et proferam,	et produirai,
hæc quæ ille quærit,	ces *faits* qu'il cherche,
quæ nunquam adhuc	que jamais jusqu'ici
audistis.	vous n'avez entendus.
In Triocalino,	Dans le territoire-de-Triocala,
quem locum fugitivi	lequel lieu les *esclaves*-fugitifs
tenuerunt jam ante,	occupèrent déjà autrefois,
familia	la maison (les esclaves)
cujusdam Siculi Leonidæ	d'un certain Sicilien *nommé* Léonidas
vocata est in suspicionem	fut appelée en soupçon (fut soupçonnée)
conjurationis;	de conspiration;
res delata est ad istum;	l'affaire fut déférée à ce *Verrès*;

homines qui nominati erant, comprehensi sunt adductique Lilybæum; domino denuntiatum est; causa dicta damnati sunt.

V. 10. Quid deinde? quid censetis? Furtum fortasse aut prædam exspectatis aliquam. Nolite usquequaque eadem quærere. In metu belli, furandi qui locus potest esse? etiam si qua fuit in hac re occasio, prætermissa est. Tum potuit a Leonida nummorum aliquid auferre, quum denuntiavit ut adesset; fuit nundinatio aliqua, et isti non nova, ne causam diceret; etiam alter locus ut absolverentur : damnatis quidem servis, quæ prædandi potest esse ratio? Produci ad supplicium necesse est : testes enim sunt, qui in consilio fuerunt; testes, publicæ tabulæ; testis, splendidissima civitas Lilybætana; testis, honestissimus maximusque conventus civium romano-

les fait arrêter et conduire aussitôt à Lilybée. Le maître est assigné; on instruit le procès ; ils sont condamnés.

V. 10. Ici, vous attendez quelque vol, quelque nouvelle rapine. Eh quoi! partout les mêmes répétitions? Dans un moment de guerre et d'alarme, songe-t-on à voler? D'ailleurs, si l'occasion s'en est présentée, Verrès n'en a pas profité. Il pouvait tirer quelque argent de Léonidas, lorsqu'il l'avait assigné devant son tribunal. Il pouvait, et ce n'eût pas été la première fois, composer avec lui pour le dispenser de comparaître. Il pouvait encore se faire payer pour absoudre les esclaves ; mais les voilà condamnés : quel moyen de rien extorquer ? Il faut de toute nécessité qu'ils soient exécutés : les assesseurs de Verrès connaissent l'arrêt; il est consigné dans les registres publics; toute la ville en est instruite; un corps nombreux et respectable de citoyens romains en est témoin. Il n'est plus pos-

statim, ut fuit par,	aussitôt, comme il était juste, [noncés)
homines qui erant nominati	les hommes qui avaient été nommés (dé
sunt comprehensi,	furent saisis
suo jussu	par son ordre,
adductique Lilybæum.	et amenés à Lilybée.
Denuntiatum est	On fit-savoir *l'assignation*
domino;	au maître (on l'assigna en garantie);
causa dicta,	la cause étant dite (le procès instruit),
damnati sunt.	ils furent condamnés.
V. 10. Quid deinde?	V. 10. *Qu'arriva-t-il* ensuite?
quid censetis?	que pensez-vous?
Fortasse exspectatis furtum	Peut-être attendez-vous *ici quelque* vol
aut aliquam prædam.	ou quelque rapine.
Nolite quærere	Veuillez-ne-pas chercher
usquequaque eadem.	partout les mêmes *choses*.
In metu belli,	Au-milieu des craintes de la guerre,
qui locus furandi	quelle occasion de voler
potest esse?	peut exister?
Etiam si qua occasio	D'ailleurs si quelque occasion
fuit in hac re,	fut dans cette affaire,
est prætermissa;	elle fut négligée;
potuit auferre a Leonida	il aurait pu tirer de Léonidas
aliquid nummorum,	quelque *somme* d'argent,
tum quum denuntiavit	alors qu'il lui fit-savoir
ut adesset,	qu'il fût-présent (qu'il eût à comparaître),
aliqua nundinatio,	quelque composition,
et non nova isti	et non-pas nouvelle à ce *Verrès*
fuit	fut (aurait pu avoir lieu)
ne diceret	pour qu'il ne plaidât pas
causam;	sa cause (ne comparût pas);
etiam alter locus	même une autre occasion *de trafic*
ut absolverentur;	*était* pour qu'ils fussent absous;
servis quidem damnatis,	mais les esclaves *une fois* condamnés,
quæ ratio prædandi	quel moyen de rapiner
potest esse?	peut *encore* exister?
Est necesse	Il est nécessaire
produci ad supplicium.	qu'ils soient menés au supplice.
Qui enim fuerunt	En effet ceux-qui ont été
in consilio,	dans le conseil (les assesseurs de Verrès),
sunt testes;	sont (ont été) témoins *de l'arrêt*;
tabulæ publicæ testes;	les registres publics *sont* témoins
civitas Lilybætana	la ville de-Lilybée
splendidissima,	très-illustre,
testis;	est (a été) témoin;
conventus honestissimus	une réunion très-honorable
maximusque	et très-considérable
civium romanorum,	de citoyens romains,

rum, nihil potest : producendi sunt. Itaque producuntur, et ad palum alligantur.

11. Etiam nunc mihi exspectare videmini, judices, quid deinde factum sit; quod iste nihil unquam fecit sine aliquo quæstu atque præda. Quid in ejusmodi re fieri potuit? quod commodum est? Exspectate facinus quam vultis improbum ; vincam tamen exspectationem omnium. Nomine sceleris conjurationisque damnati, ad supplicium traditi, ad palum alligati, repente, multis millibus hominum inspectantibus, soluti sunt, et Leonidæ illi domino redditi. Quid hoc loco potes dicere, homo amentissime? nisi id quod ego non quæro ; quod denique in re tam nefaria, tametsi dubitari non potest, tamen, ne, si dubitetur quidem, quæri oporteat : quid, aut quantum, aut quomodo acceperis. Remitto tibi hoc totum, atque ista te cura libero. Neque enim metuo ne hoc cuiquam persuadeatur, ut, ad

sible, il faut qu'ils soient conduits au supplice. On les y conduit; on les attache au poteau.

11. Il me semble qu'à présent encore vous attendez le dénoûment de cette scène. Il est vrai que Verrès ne fit jamais rien sans intérêt. Mais ici qu'a-t-il pu faire? quel moyen s'offre à la cupidité? Eh bien ! imaginez la plus révoltante infamie : ce que je vais dire surpassera votre attente. Ces esclaves condamnés comme conspirateurs, ces esclaves livrés à l'exécuteur, attachés au poteau, tout à coup on les délie, sous les yeux d'une foule immense; on les rend à ce Léonidas leur maître. Que direz-vous, ô le plus insensé des hommes! sinon une chose que je ne demande pas, dont personne ne peut douter, et que, dans une action aussi honteuse, il serait superflu de demander, quand même on aurait encore quelque doute, savoir, ce que vous avez reçu, de quelle manière vous avez été payé? Je vous fais grâce de ces questions, je vous épargne le soin de répondre. En effet, à

testis :	est (a été) témoin :
nihil potest ;	rien ne peut *les sauver* ;
sunt producendi.	ils doivent être menés *au supplice*.
Itaque producuntur,	Aussi ils y sont conduits,
et alligantur ad palum.	et sont attachés au poteau.
11. Nunc etiam, judices,	11. Maintenant encore, juges,
mihi videmini exspectare	vous me paraissez attendre
quid sit factum deinde :	ce-qui a été fait ensuite (le dénoûment) :
quod iste	parce que ce *Verrès*
unquam fecit nihil	n'a jamais fait rien
sine aliquo quæstu	sans quelque gain
atque præda.	et rapine.
Quid potuit fieri	Quel *profit* a pu être fait
in re ejusmodi ?	dans une affaire de-cette-sorte ?
quod commodum est ?	quel avantage se-présente *ici* ?
Exspectate facinus,	Attendez une scélératesse
improbum quam vultis ;	*aussi* infâme que vous voulez ;
vincam tamen	je surpasserai cependant
exspectationem omnium.	l'attente de tous.
Damnati	Des *esclaves* condamnés
nomine sceleris	à titre de crime
conjurationisque,	et de conjuration,
traditi ad supplicium,	livrés pour le supplice,
alligati ad palum ;	attachés au poteau ;
repente,	tout-à-coup,
multis millibus hominum	beaucoup-de milliers d'hommes
inspectantibus,	*le* voyant (étant témoins),
sunt soluti	furent (*sont*) détachés
et redditi illi Leonidæ	et rendus à ce Léonidas
domino.	*leur* maître.
Quid potes dicere	Que pouvez-vous dire
hoc loco,	dans cette circonstance,
homo amentissime ?	homme le plus insensé *des hommes* ?
nisi id quod ego non quæro :	si ce n'est ce que moi je ne demande pas :
quod denique	ce-que enfin
in re tam nefaria,	dans une action aussi honteuse,
tametsi non potest dubitari,	quoiqu'il ne puisse y avoir-du-doute,
tamen ne oporteat	cependant il ne faudrait pas
quæri,	*qu'on prît la peine de* demander
si quidem dubitetur :	quand même on douterait :
quid, aut quantum	*savoir* quoi, ou combien
aut quomodo	ou de-quelle-manière
acceperis.	vous avez reçu (vous avez été payé).
Tibi remitto	Je vous fais-remise (grâce)
totum hoc,	de tout cela (toutes ces questions),
atque te libero ista cura.	et je vous dégage de ce soin.
Enim non metuo	En effet je ne crains pas

quod facinus nemo, præter te, ulla pecunia adduci potuerit, id tu gratis suscipere conatus sis. Verum de ista furandi prædandique ratione nihil dico; de hac imperatoria jam tua laude disputo.

VI. 12. Quid ais, bone custos defensorque provinciæ? tu, quos servos arma capere ac bellum facere in Sicilia voluisse cognoras, et de consilii sententia judicaras, hos ad supplicium jam, more majorum[1], traditos et ad palum alligatos, ex media morte eripere ac liberare ausus es? ut, quam damnatis servis crucem fixeras, hanc indemnatis civibus romanis reservares? Perditæ civitates, desperatis omnibus rebus, hos solent exitus exitiales habere, ut damnati in integrum restituantur, vincti solvantur, exsules reducantur, res judicatæ rescindantur : quæ quum accidunt, nemo est quin intelligat ruere illam rempu-

qui pourra-t-on persuader que vous ayez voulu commettre gratuitement un crime, dont nul autre que vous, à quelque prix que ce fût, n'aurait jamais osé se rendre coupable? Mais je ne parle pas ici de vos talents pour le vol et le brigandage; je n'examine que votre mérite militaire.

VI. 12. Répondez, gardien vigilant, zélé défenseur de la province : des esclaves ont été reconnus par vous coupables d'avoir voulu faire la guerre en Sicile; vous les avez condamnés de l'avis de votre conseil : et ces esclaves, déjà conduits au supplice, déjà même attachés au poteau, vous osez les arracher à la mort et les mettre en liberté! Ah! cette croix dressée pour des esclaves condamnés, la réserviez-vous dès lors pour des citoyens, pour des Romains qui n'auraient pas été jugés? Quand un État penche vers sa chute, et que ses maux sont à leur comble, voici les signes avant-coureurs de sa ruine et de sa destruction. Les condamnés sont rétablis, les prisonniers sont mis en liberté, les bannis rappelés, et les jugements annulés.

ne hoc persuadeatur	que cela soit persuadé
cuiquam,	à quelqu'un,
ut tu sis conatus	que vous vous soyez efforcé
suscipere gratis id facinus	de commettre gratuitement ce crime
ad quod, præter te,	auquel, excepté vous,
nemo potuerit adduci	personne n'aurait pu être entraîné
ulla pecunia.	par aucune *somme* d'argent.
Verum dico nihil	Mais je ne dis rien *ici*
de ista ratione	sur ce *grand* talent *que vous avez*
furandi prædandique,	de voler et de piller,
jam disputo	maintenant je parle
de hac laude imperatoria	de ce mérite de-général (militaire)
tua.	vôtre (qu'on vous attribue).
VI. 12. Quid ais,	VI. 12. Que dites-vous (répondez),
custos bone	gardien bon (vigilant)
defensorque provinciæ?	et *zélé* défenseur de la province?
tu, es ausus	vous, vous avez osé
eripere ex media morte	arracher du milieu-de la mort
ac liberare,	et délivrer (relâcher),
hos servos	ces esclaves
jam traditos ad supplicium	déjà livrés pour le supplice
more majorum,	selon la coutume de *nos* ancêtres,
et alligatos ad palum,	et attachés au poteau,
quos cognoras	lesquels vous aviez appris (saviez)
voluisse capere arma,	avoir voulu prendre les armes,
ac facere bellum in Sicilia,	et faire la guerre en Sicile,
et judicaras	et *que* vous aviez jugés
de sententia consilii?	d'après l'avis de *votre* conseil?
ut reservares	afin que vous réservassiez
civibus romanis	à des citoyens romains
indemnatis	non-condamnés (non jugés),
hanc crucem quam fixeras	cette croix que vous aviez dressée
servis damnatis?	pour des esclaves condamnés?
Civitates perditæ,	les états perdus (minés),
omnibus rebus desperatis,	toutes choses étant désespérées,
solent habere	ont-coutume d'avoir (de présenter)
hos exitus exitiales,	ces effets (symptômes) mortels, *savoir*,
ut damnati restituantur	que les condamnés soient rétablis
in integrum,	en entier (dans leur premier état),
vincti	*que* les enchaînés
solvantur,	soient détachés,
exsules reducantur,	*que* les exilés soient ramenés (rappelés),
res judicatæ	*que* les choses jugées (les jugements)
rescindantur.	soient déchirées (annulés).
Quum quæ accidunt,	Lorsque ces *malheurs* arrivent,
nemo est quin intelligat	personne n'est qui ne comprenne
illam rempublicam ruere:	cet état s'écrouler (être perdu):

blicam; hæc ubi eveniunt, nemo est qui ullam spem salutis reliquam esse arbitretur.

13. Atque hæc sicubi facta sunt, facta sunt, ut homines populares aut nobiles supplicio aut exsilio levarentur ; at non ab his ipsis qui judicassent; at non statim ; at non eorum facinorum damnati, quæ ad vitam et omnium fortunas pertinerent. Hoc vero novum, et ejusmodi est, ut magis propter reum, quam propter rem ipsam credibile videatur; ut homines servos; ut ipse qui judicarat; ut statim e medio supplicio dimiserit; ut ejus facinoris damnatos servos, quod ad omnium liberorum caput et sanguinem pertineret.

14. O præclarum imperatorem, nec jam cum M'. Aquillio, fortissimo viro, sed vero cum Paulis, Scipionibus, Mariis conferendum ! Tantumne vidisse in metu periculoque provin-

Il n'est personne alors qui ne reconnaisse qu'une cité est perdue sans ressource ; personne qui ose conserver encore un reste d'espoir.

13. Cependant, si cette violation de toutes les formes a eu lieu quelquefois, c'était pour affranchir de la mort ou de l'exil des nobles ou des hommes populaires ; ce n'étaient pas les juges eux-mêmes qui les délivraient ; ce n'était pas au moment où ils venaient d'être condamnés; ils n'étaient pas coupables d'attentats qui missent en danger la vie et les biens de tous les citoyens. Ici le crime est d'une espèce nouvelle : pour le rendre croyable il faut en nommer l'auteur. Ceux qu'on délivre sont des esclaves; celui qui les délivre est le juge qui les a condamnés ; c'est à l'instant du supplice ; et le forfait dont ils sont coupables menace la vie de tous les hommes libres.

14. Admirable général ! non, ce n'est plus au brave Aquillius, c'est aux Paul Émile, aux Scipion, aux Marius qu'il faut le comparer. Quelle prévoyance au milieu des dangers et des alarmes de

ubi hæc eveniunt,	là où ces *événements* arrivent,
nemo est qui arbitretur	personne n'est qui pense
ullam spem salutis	quelque espoir de salut
esse reliquam.	être de-reste (laissé).
13. Atque sicubi	13. Et si-quelque-part
hæc sunt facta,	ces *énormités* ont eu-lieu
sunt facta	elles ont eu-lieu
ut homines populares	afin que des hommes populaires
aut nobiles	ou des *hommes* nobles
levarentur	fussent délivrés
supplicio aut exilio :	du supplice (de la mort) ou de l'exil :
non ut ab his ipsis,	non pour qu'*ils le fussent* par ceux mêmes
qui judicassent;	qui *les* avaient jugés ;
at non	mais non
statim ;	aussitôt *après le jugement* ;
at non damnati	mais il n'*étaient* pas condamnés
eorum facinorum,	*pour cause* de ces attentats (d'attentats)
quæ pertinerent	qui auraient-rapport (s'attaqueraient)
ad vitam	à la vie
et fortunas omnium.	et aux biens de tous.
Hoc vero est novum	Mais ce *fait* est nouveau
et ejusmodi,	et de-telle-nature,
ut videatur credibile	qu'il paraît croyable
magis propter reum	plutôt à-cause-de l'accusé (l'auteur)
quam propter rem ipsam,	que pour le fait même ;
ut dimiserit	*s'il est vrai* qu'il ait renvoyé (absous)
homines servos ;	des hommes esclaves ;
ut ipse	que celui-là-même *les a renvoyés*
qui judicarat;	qui *les* avait jugés (condamnés) ;
ut statim	qu'*il les avait renvoyés* aussitôt
e medio supplicio ;	du milieu du supplice ;
ut servos	que c'*étaient* des esclaves
damnatos ejus facinoris	condamnés *à raison* de ce (d'un) crime
quod pertineret ad	qui avait-rapport à (qui intéressait)
caput et sanguinem	la tête et le sang (la vie)
omnium liberorum.	de tous les *hommes* libres.
14. O præclarum	14. O illustre
imperatorem!	général !
et jam non conferendum	et *qui* déjà n'*est* plus à-comparer
cum M'. Aquillio,	à M'. Aquillius,
viro fortissimo,	homme très-courageux,
sed vero cum Paulis,	mais bien aux Paul-Émile,
Scipionibus, Mariis.	aux Scipion, aux Marius.
Vidissene tantum	*A-t-il pu* voir (prévoir) autant (si sagement)
in metu	au-milieu-de la crainte
periculoque provinciæ?	et du danger de *sa* province ?
Cum videret	Lorsqu'il voyait

ciæ? Quum servitiorum animos in Sicilia suspensos propter bellum Italiæ fugitivorum videret, ne quis se commovere auderet, quantum terroris injecit? Comprehendi jussit : quis non pertimescat? causam dicere dominos : quid servis tam formidolosum? *Fecisse videri*[1] pronuntiavit : exortam videtur flammam paucorum dolore ac morte restinxisse. Quid deinde sequitur? verbera, atque ignes, et illa extrema ad supplicium damnatorum, metum ceterorum, cruciatus, et crux : hisce omnibus suppliciis sunt liberati. Quis dubitet quin servorum animos summa formidine oppresserit, quum viderent ea facilitate prætorem, ut ab eo sceleris conjurationisque damnatorum vita, vel ipso carnifice internuntio, redimeretur? Quid? hoc in Apolloniensi Aristodamo? quid? in Leonte Megarensi non idem fecisti?

VII. 15. Quid? iste motus servorum, bellique subita su-

la province! Il voit que la guerre des esclaves en Italie va soulever les esclaves de la Sicile ; comme il a su les contenir par la terreur ! Il ordonne qu'on arrête les séditieux : tous ont dû trembler. Il cite les maîtres à son tribunal : quoi de plus effrayant pour les esclaves ? Il prononce que le crime lui paraît constant : c'est avec un peu de sang éteindre un incendie. Ensuite, les fouets, les lames ardentes, tout cet appareil de supplice pour les uns, de terreur pour les autres, les tortures, les croix.... il leur fait grâce de tout cela. Sans doute les esclaves durent tressaillir de frayeur, quand ils virent un préteur assez complaisant pour vendre, par l'entremise du bourreau lui-même, la grâce de ces hommes qu'il venait de condamner comme conspirateurs. Mais quoi! vous êtes-vous conduit autrement avec Aristodamus d'Apollonie ? avec Léonte de Mégare?

VII. 15. Ce mouvement des esclaves, ces soupçons de révolte

animos servitiorum	les esprits des esclaves
suspensos in Sicilia	suspendus (prêts à se soulever) en Sicile
propter bellum	à-cause-de la guerre
fugitivorum Italiæ,	des *esclaves* fugitifs d'Italie,
quantum terroris injecit,	combien de terreur il *leur* a inspiré,
ne quis auderet	afin qu'aucun n'osât
commovere se ?	agiter soi ?
Jussit comprehendi :	Il a ordonné *que les séditieux* fussent
quis non pertimescat ?	qui ne tremblerait pas ? [saisis :
dominos	que les maîtres
dicere causam :	plaidassent *leur* cause :
quid tam formidolosum	quoi *d*'aussi effrayant
servis ?	pour les esclaves ?
pronuntiavit	il a prononcé *la formule*
videri fecisse :	qu'ils paraissaient avoir fait *le crime :*
videtur restinxisse	il paraît avoir éteint (devoir éteindre)
flammam exortam	l'incendie né (naissant)
dolore	par la douleur (le supplice)
ac morte paucorum.	et la mort d'un-petit-nombre *de coupables.*
Quid sequitur deinde ?	Que suit-il de-là ?
verbera atque ignes,	les fouets et les feux (lames ardentes),
et illa	et ces *instruments*
extrema	derniers (les plus terribles)
ad supplicium	pour le supplice
damnatorum,	des condamnés,
metum ceterorum,	*et* pour la terreur des autres,
cruciatus et crux.	les tortures et la croix.
Sunt liberati	Ils ont été délivrés
omnibus hisce suppliciis.	de tous ces supplices.
Quis dubitet	Qui pourrait-douter
quin oppresserit	qu'il n'ait accablé (comprimé)
summa formidine	d'une très-grande frayeur
animos servorum,	les esprits des esclaves (séditieux),
cum viderent prætorem	lorsqu'ils voyaient (virent) un préteur
ea facilitate,	d'une telle complaisance,
ut vita damnatorum	que la vie *d'hommes* condamnés
sceleris conjurationisque,	*pour fait* de crime et de conspiration,
redimeretur ab eo,	était rachetée à lui,
vel carnifice ipso	même le bourreau en-personne
internuntio ?	*servant* d'intermédiaire ?
Quid ! hoc	Quoi ! *n'avez-vous pas fait* cela
in Aristodamo	dans *l'affaire d'*Aristodamus
Apolloniensi ?	Apollonien (d'Apollonie) ?
quid ! non fecisti idem	quoi ! n'avez-vous pas fait la même *chose*
in Leonte Megarensi ?	dans *l'affaire de* Léonte de-Mégare,
VII. 15. Quid !	VII. 15. Quoi ! (répondez-moi,)
utrum iste motus	est-ce que ce mouvement

spicio, utrum tibi tandem diligentiam custodiendæ provinciæ, an novam rationem improbissimi quæstus attulit? Halicyensis Eumenidæ, nobilis hominis et honesti, magnæ pecuniæ [1], villicus quum impulsu tuo insimulatus esset, H-S. LX millia [2] a domino accepisti : quod nuper ipse juratus docuit quemadmodum gestum esset. Ab equite romano, C. Matrinio absente, quum is esset Romæ, quod ejus villicos pastoresque tibi in suspicionem venisse dixeras, H-S. centum millia abstulisti. Dixit hoc L. Flavius, qui tibi eam pecuniam numeravit, procurator C. Matrinii; dixit ipse C. Matrinius; dicet vir clarissimus Cn. Lentulus censor, qui, Matrinii honoris causa, recenti negotio, ad te litteras misit, mittendasque curavit.

16. Quid? de Apollonio, Diocli filio, Panormitano, cui Ge-

ont-ils enfin excité votre vigilance, ou plutôt n'ont-ils pas fourni de nouveaux prétextes à vos déprédations? Euménidas d'Halicya, Sicilien d'une naissance et d'une fortune distinguées, avait un fermier pour régir ses vastes possessions. Des gens apostés par vous accusèrent ce fermier, et vous reçûtes du maître soixante mille sesterces. C'est lui-même qui, dans sa déposition, nous a instruits de cette manœuvre. C. Matrinius, chevalier romain, était à Rome. En son absence, vous avez extorqué de lui cent mille sesterces, parce que vous disiez avoir des soupçons sur ses fermiers et ses pasteurs. L. Flavius, son intendant, qui vous a compté la somme, a déposé de ce fait; Matrinius l'a déclaré lui-même; et leur déposition sera confirmée par le censeur Cn. Lentulus, qui, dans le temps de cette affaire, vous écrivit et vous fit écrire en faveur de Matrinius.

16. Passerai-je sous silence votre conduite avec Apollonius de

DISCOURS SUR LES SUPPLICES. 33

servorum,	des esclaves,
suspicioque subita belli,	et *ce* soupçon subit de guerre (de révolte),
attulit tibi tandem	a apporté à vous (a excité en vous) enfin
vigilantiam provinciæ	la vigilance de (pour) *votre* province
custodiendæ,	devant être gardée (protégée),
an novam rationem	ou *vous ont-ils fourni* un nouveau moyen
quæstus improbissimi?	du gain (du trafic) le plus criminel ?
quum villicus	lorsque (après que) le fermier
Eumenidæ Halicyensis	d'Euménidas d'-Halicya
hominis nobilis	homme noble (d'une naissance distinguée)
et honesti,	et honorable,
magnæ pecuniæ,	d'une grande fortune,
esset insimulatus	avait (eut) été accusé
tuo impulsu,	à votre instigation,
accepisti a domino	vous avez reçu du maître
LX millia H-S. :	soixante mille sesterces :
ipse juratus	lui-même (ce fermier) ayant prêté-ser-
docuit nuper	*nous* a appris récemment [ment
quemadmodum	de-quelle-manière
quod esset gestum.	cela avait été fait.
Abstulisti	Vous avez enlevé (extorqué)
centum millia H-S.	cent mille sesterces
a C. Matrinio,	de (à) C. Matrinius,
equite romano	chevalier romain
absente,	absent (pendant son absence),
quum is esset Romæ,	lorsqu'il était à Rome,
quod dixeras	parce que vous aviez dit (vous prétendiez)
ejus villicos pastoresque	que ses fermiers et *ses* pasteurs
venisse tibi in suspicionem.	étaient venus à vous en soupçon.
L. Flavius,	L. Flavius,
procurator C. Matrinii,	intendant de C. Matrinius,
qui numeravit tibi	qui a compté à vous
eam pecuniam,	cet argent (cette somme),
dixit hoc :	a dit cela (a déposé de ce fait) :
C. Matrinius ipse dixit;	C. Matrinius lui-même *l'*a dit;
Cn. Lentulus censor,	Cn. Lentulus censeur,
vir clarissimus,	personnage très-illustre,
qui, causa honoris	qui, pour l'honneur (dans l'intérêt)
Matrinii,	de Matrinius,
negotio recenti	*lorsque* l'affaire *était* récente,
misit ad te litteras,	a envoyé (a écrit) à vous une lettre,
curavitque	et a pris-soin *d'une lettre*
mittendas,	devant être envoyée (vous a fait écrire),
dicet.	le dira (confirmera leur déposition).
16. Quid!	16. Eh quoi !
potest præteriri,	peut-il être passé-outre (gardé silence),
de Apollonio,	sur *votre conduite envers* Apollonius,

2.

mino cognomen est, præteriri potest? ecquid hoc tota Siciliæ clarius? ecquid indignius? ecquid manifestius proferri potest? Quem is, uti Panormum venit, ad se vocari et de tribunali citari jussit, concursu magno frequentiaque conventus [1]. Homines statim loqui; mirari quod Apollonius, homo pecuniosus, tamdiu ab isto maneret integer : excogitavit; nescio quid attulit; profecto homo dives repente a Verre non sine causa citatur. Exspectatio summa omnium, quidnam id esset; quum exanimatus subito ipse accurrit cum adolescente filio; nam pater, grandis natu, jam diu lecto tenebatur.

17. Nominat iste servum, quem magistrum pecoris esse diceret; eum dicit conjurasse et alias familias concitasse. Is omnino servus in familia non erat. Eum statim exhibere jubet. Apollonius affirmare, servum se omnino illo nomine habere

Palerme, fils de Dioclès, et surnommé Géminus? Est-il un fait plus notoire dans toute la Sicile? une action plus indigne? une prévarication plus avérée? Verrès arrive à Palerme; à l'instant il mande Apollonius; il le cite à son tribunal en présence d'une foule de citoyens romains. Chacun aussitôt de faire ses réflexions, de s'étonner qu'Apollonius, possesseur de tant de richesses, ait échappé si longtemps au préteur. Verrès, disent-ils, médite quelque projet; on ne peut prévoir quel crime il va lui supposer ; mais, à coup sûr, ce n'est pas sans dessein que cet homme si riche est cité brusquement au tribunal du préteur. Ils attendent avec impatience, lorsqu'on voit Apollonius, pâle de frayeur, accourir avec son fils à peine sorti de l'enfance : son père, accablé de vieillesse, était depuis longtemps retenu dans son lit.

17. Le préteur lui nomme un esclave qu'il prétend être l'inspecteur de ses troupeaux; il dit que cet homme a conspiré et soufflé la révolte dans les autres ateliers. Or cet esclave n'existait point parmi ceux d'Apollonius. Le préteur exige qu'il le représente à l'instant. Apollonius assure qu'il n'a jamais eu d'esclave de ce nom. Verrès

filio Diocli Panormitano,	fils de Dioclès de-Palerme,
cui est cognomen Gemino?	auquel est le surnom de Géminus?
ecquid clarius hoc	quoi de plus célèbre (notoire) que ce fait
tota Sicilia?	dans toute la Sicile?
ecquid indignius?	quoi de plus indigne?
ecquid manifestius	quoi de plus avéré
potest proferri?	peut être produit (cité)?
Uti is	Dès que celui-ci (Verrès)
venit Panormum,	fut arrivé à Palerme,
jussit quem	il ordonna que lui (Apollonius)
vocari ad se	fût appelé près-de lui
et citari de tribunali,	et fût cité à son tribunal,
magno concursu	au milieu d'un grand concours
frequentiaque conventus.	et d'une foule d'assemblée (de citoyens).
Statim homines	Aussitôt les hommes (chacun)
loqui;	de parler (de faire ses réflexions);
mirari quod Apollonius,	de s'étonner qu'Apollonius,
homo pecuniosus,	homme riche,
maneret tamdiu	restât (fût resté) si-longtemps
integer ab isto :	intact (hors des attaques) de ce Verrès;
excogitavit;	il a médité, disent-ils, quelque projet;
attulit	il a apporté (il va supposer)
nescio quid.	je ne-sais quel crime.
Profecto homo dives	Certes cet homme riche
non citatur sine causa	n'est pas cité sans dessein
repente a Verre.	brusquement par Verrès.
Exspectatio omnium	L'attente de tous
quidnam id esset,	pour savoir ce-que cela serait,
summa,	était très-grande,
quum subito ipse	lorsque tout-à-coup lui-même (Apol-
exanimatus	à-demi-mort d'effroi [lonius)
accurrit cum filio	accourt avec son fils
adolescente;	jeune-homme (encore jeune);
nam pater, grandis natu,	car son père, grand (avancé) en âge,
tenebatur lecto jam diu.	était tenu dans son lit depuis longtemps.
17. Iste nominat servum	17. Ce Verrès nomme un esclave
quem diceret	qu'il disait (qu'il prétend)
esse magistrum pecoris :	être maître (berger) du bétail d'Apollo-
dicit eum conjurasse,	il dit que cet homme a conjuré, [nius :
et concitasse alias familias.	et a soulevé d'autres troupes-d'esclaves.
Is servus non erat omnino	Cet esclave n'était pas du-tout
in familia.	dans la maison d'Apollonius.
Jubet	Le préteur ordonne
exhibere eum statim.	de représenter lui (l'esclave) aussitôt.
Apollonius affirmare	Apollonius d'affirmer
se habere omnino	qu'il n'a absolument
neminem servum	aucun esclave

neminem. Iste hominem abripi a tribunali, et in carcerem conjici jubet. Clamare ille, quum raperetur, nihil se miserum fecisse, nihil commisisse; pecuniam sibi esse in nominibus[1]; numeratam in præsentia non habere. Hæc quum maxime summa hominum frequentia testificaretur, ut quivis intelligere posset, eum, quod pecuniam non dedisset, idcirco illa tam acerba injuria affici; quum maxime, ut dico, hoc de pecunia clamaret, in vincla conjectus est.

VIII. 18. Videte constantiam prætoris, et ejus prætoris, qui nunc reus non ita defendatur ut mediocris prætor, sed ita laudetur ut optimus imperator. Quum servorum bellum metueretur, quo supplicio dominos indemnatos afficiebat, hoc servos damnatos liberabat. Apollonium, locupletissimum homi-

ordonne qu'on l'arrache du tribunal, et qu'on le traîne en prison. Je n'ai rien fait, s'écrie ce malheureux, je suis innocent: j'ai beaucoup de billets chez moi; mais pour le moment, je n'ai pas d'argent comptant. Tandis qu'il proteste ainsi, en présence d'une assemblée nombreuse, de manière à faire connaître à tous qu'il ne reçoit ce cruel outrage que parce qu'il n'a point donné d'argent; tandis qu'il appuie surtout sur ce fatal argent, on le jette dans la prison.

VIII. 18. Admirez la conduite conséquente du préteur, de ce préteur que ses défenseurs n'excusent pas comme un magistrat peu capable, mais qu'ils vantent comme un excellent général. Dans un temps où l'on craint un soulèvement d'esclaves, il punit des maîtres qu'il n'a pas entendus, et délivre des esclaves qu'il a condamnés. Apollonius, riche propriétaire, perdait une fortune immense, si les

illo nomine.	de ce nom.
Iste jubet	Celui-ci (Verrès) ordonne
hominem	que l'homme (l'accusé)
abripi a tribunali,	soit arraché du tribunal,
et conjici in carcerem.	et soit jeté en prison.
Ille clamare	Lui (Apollonius) de crier
se miserum nihil fecisse,	que lui malheureux n'a rien fait,
nihil commisisse :	qu'il n'a rien commis de mal :
pecuniam esse sibi	que de l'argent est à lui
in nominibus,	sous d'autres noms (placé),
non habere numeratam	mais qu'il n'en a pas de comptant
in præsentia.	pour le présent.
Dum testificaretur hæc	Tandis qu'il protestait de cela
maxime	le plus-fort-possible
summa frequentia	au milieu d'une très-grande foule
hominum,	d'hommes,
ut quivis posset intelligere	de manière que chacun pût comprendre
eum affici	qu'il était frappé
illa injuria tam acerba,	de cet outrage si cruel,
idcirco quod	pour cela que
non dedisset pecuniam :	il n'avait pas donné d'argent :
quum maxime,	au-moment-que surtout,
ut dico,	comme je dis (je viens de le dire),
clamaret hoc	il criait (faisait entendre) cela (ces mots)
de pecunia,	au-sujet de son argent,
est conjectus in vincla.	il fut jeté dans les fers.
VIII. 18. Videte	VIII. 18. Voyez (admirez)
constantiam	la constance (conduite conséquente)
prætoris, et ejus prætoris	du préteur, et de ce préteur
qui nunc reus	qui aujourd'hui accusé
non defendatur	n'est pas défendu
ita ut prætor mediocris,	comme étant un préteur inhabile,
sed laudetur	mais est loué
ita ut imperator optimus.	comme étant un général excellent.
Quum bellum servorum	Quand la guerre des esclaves
metueretur,	était redoutée,
liberabat servos damnatos,	il délivrait les esclaves condamnés,
hoc supplicio	de ce même supplice
quo afficiebat dominos	dont il accablait les maîtres
indemnatos.	non-condamnés (sans les entendre).
Conjecit in vincla,	Il a jeté dans les fers,
causa indicta,	sa cause non-plaidée (sans procès)
nomine belli	sous prétexte de la guerre
fugitivorum,	des esclaves fugitifs,
Apollonium,	Apollonius,
hominem locupletissimum,	homme très-opulent,
qui amitteret	qui perdrait

nem, qui, si fugitivi bellum in Sicilia facerent, amplissimas fortunas amitteret, belli fugitivorum nomine, indicta causa, in vincla conjecit: servos, quos ipse cum consilio, belli faciendi causa, consensisse judicavit, eos sine consilii sententia, sua sponte, omni supplicio liberavit.

19. Quid? si ab Apollonio aliquid commissum est, quamobrem jure in eum animadverteretur, tamenne hanc rem sic agemus, ut crimini aut invidiæ reo putemus esse oportere, si quo de homine severius judicavit? Non agam tam acerbe : non utar ista accusatoria consuetudine, si quid est factum clementer, ut dissolute factum criminer ; si quid vindicatum severe est, ut ex eo crudelitatis invidiam colligam. Non agam ista ratione : tua sequar judicia ; tuam defendam auctoritatem, quoad tu voles. Simul ac tute cœperis tua judicia rescindere, mihi succensere desinito : meo enim jure[1] contendam, eum,

esclaves se révoltaient en Sicile : Verrès, sous prétexte d'une révolte d'esclaves, le fait jeter dans les fers, sans l'entendre ; et des esclaves que lui-même, de l'avis de son conseil, a déclarés convaincus de conspiration, il les délivre de sa seule autorité, sans prendre l'avis de son conseil !

19. Mais quoi ! si Apollonius a mérité d'être puni, ferai-je un crime à Verrès de l'avoir jugé sévèrement? Non, je n'userai pas de tant de rigueur. Je sais qu'il est ordinaire aux accusateurs de présenter un acte de clémence comme un excès de mollesse, et de donner à la sévérité les couleurs odieuses de la cruauté. Ce langage ne sera pas le mien. Verrès, je souscrirai à vos jugements, je soutiendrai vos arrêts aussi longtemps que vous le voudrez. Mais du moment où vous aurez commencé vous-même à les enfreindre, ne trouvez pas mauvais que je ne les respecte plus ; car alors j'aurai droit de soute-

fortunas amplissimas,	des richesses très-considérables,
si fugitivi	si les *esclaves* fugitifs
facerent bellum in Sicilia :	faisaient la guerre en Sicile :
liberavit omni supplicio,	il a exempté de tout supplice,
sua sponte,	de son propre-mouvement,
sine sententia consilii,	sans *prendre* avis de *son* conseil,
eos servos	ces esclaves
quos ipse cum consilio,	que lui-même avec *son* conseil,
judicavit consensisse	a jugés avoir conspiré
causa faciendi belli.	dans le but de faire la guerre.
19. Quid !	19. *Mais* quoi !
si quid est commissum	si quelque *crime* a été commis
ab Apollonio,	par Apollonius,
quamobrem	pour-lequel
animadverteretur	on dût-sévir
jure in eum,	à-bon-droit contre lui,
tamenne agemus	cependant est-ce-que nous traiterons
hanc rem sic,	cette affaire de-telle-sorte,
ut putemus	que nous pensions
oportere esse reo	qu'il faille que *ce* soit pour l'accusé
crimini	à accusation (un sujet d'accusation)
aut invidiæ,	ou à haine (ou de haine),
si judicavit severius	s'il a jugé plus sévèrement
de quo homine ?	au-sujet-de quelque individu ?
non agam tam acerbe :	je n'agirai pas si rigoureusement :
non utar ista consuetudine	je n'userai pas de cette coutume
accusatoria,	de-l'accusation,
si quid	*savoir*, si quelque *acte*
est factum clementer,	a été fait avec-clémence,
ut criminer	que je l'incrimine (de l'incriminer)
factum dissolute ;	*comme ayant été* fait avec-mollesse ;
si quid est vindicatum	si quelque *crime* a été puni
severe,	avec-sévérité,
ut colligam ex eo	que je recueille (de faire sortir) de ce *fait*
invidiam crudelitatis.	la haine de (qui s'attache à) la cruauté.
Non agam ista ratione :	Je n'agirai pas de cette façon :
sequar tua judicia :	je suivrai vos *propres* jugements :
defendam	je défendrai (je soutiendrai)
tuam auctoritatem,	votre autorité (vos arrêts),
quoad tu voles.	autant-que vous *le* voudrez :
Simul ac cœperis	*Mais* aussitôt que vous aurez commencé
rescindere tute	à déchirer (à enfreindre) vous-même
tua judicia,	vos *propres* jugements,
desinito succensere	cessez *alors* de vous-irriter
mihi :	contre moi *si je les enfreins* :
enim contendam	car *alors* je prétendrai
meo jure	dans mon droit *d'accusateur*

qui suo judicio condemnatus sit, juratorum judicum sententiis damnari oportere.

20. Non defendam Apollonii causam, amici atque hospitis mei, ne tuum judicium videar rescindere; nihil de hominis frugalitate, virtute, diligentia dicam ; prætermittam illud etiam de quo antea dixi, fortunas ejus ita constitutas fuisse, familia, pecore, villis, pecuniis creditis, ut nemini minus expediret, ullum in Sicilia tumultum aut bellum commoveri : non dicam ne illud quidem, si maxime in culpa fuerit Apollonius, tamen in hominem honestissimum, civitatis honestissimæ, tam graviter animadverti, causa indicta, non oportuisse.

21. Nullam invidiam in te, ne ex illis quidem rebus, concitabo, quum esset talis vir in carcere, in tenebris, in squalore, in sordibus, tyrannicis interdictis tuis, patri exacta ætate, et adolescenti filio, adeundi ad illum miserum potestatem nun-

---

nir qu'un homme qui s'est condamné lui-même ne peut être absous par les juges.

20. Ainsi donc, par respect pour votre jugement, je ne défendrai pas la cause d'Apollonius, mon hôte et mon ami; je ne dirai rien de sa frugalité, de sa probité, de son exactitude à remplir ses devoirs ; je ne répéterai pas, ce que j'ai déjà dit, que sa fortune consistant en esclaves, en troupeaux, en métairies, en billets, un soulèvement ou une guerre en Sicile lui était plus préjudiciable qu'à tout autre. Je n'observerai pas même que, fût-il coupable, il fallait au moins l'entendre, et ne pas traiter avec cette dureté un des premiers citoyens d'une ville aussi distinguée.

21. Je ne rendrai point votre personne odieuse, en apprenant aux juges que, tandis que cet homme respectable languissait dans la nuit des cachots, vos ordres tyranniques ont interdit à son père ac-

oportere eum,	qu'il faut que celui
qui sit condemnatus	qui est condamné
suo judicio,	par son *propre* jugement,
damnari	soit condamné *également*
sententiis judicum	par les sentences des juges
juratorum.	qui-ont-prêté-serment.
20. Non defendam	20. Je ne défendrai *donc* pas
causam Apollonii,	la cause d'Apollonius,
amici atque mei hospitis,	*mon* ami et mon hôte,
ne videar	de peur que je ne paraisse
rescindere tuum judicium :	*vouloir* déchirer (annuler) votre jugement :
dicam nihil	je ne dirai rien
de frugalitate hominis,	de la frugalité de *cet* homme,
virtute,	de *sa* vertu (probité),
diligentia :	de *son* exactitude *à remplir ses devoirs* :
prætermittam	je passerai-sous-silence
illud etiam	cela aussi
de quo dixi antea,	dont j'ai parlé auparavant,
ejus fortunas	*savoir que* ses biens
fuisse constitutas	étaient composés
familia, pecore,	d'esclaves, de troupeaux,
villis, pecuniis creditis,	de métairies, d'argent prêté,
ita ut expediret	de-telle-sorte qu'il était-avantageux
nemini minus,	à personne moins *qu'à lui*,
ullum tumultum	que quelque tumulte
aut bellum	ou *quelque* guerre
commoveri in Sicilia;	fût soulevée en Sicile ;
non dicam ne quidem illud,	je ne dirai pas même cela, *savoir*,
si Apollonius fuerit	que, si Apollonius avait été
maxime in culpa,	le-plus en faute (coupable),
tamen	cependant
non oportuisse animadverti	il ne fallait pas qu'il fût sévi
tam graviter,	si fortement (avec cette rigueur),
causa indicta,	sa cause non-plaidée (sans l'entendre),
in hominem honestissimum	contre l'homme le plus honorable
civitatis honestissimæ.	d'une cité très-distinguée.
21. Concitabo in te	21. Je n'exciterai contre vous
nullam invidiam	aucune haine
ne quidem ex illis rebus :	pas même par ces choses (ce qui suit) :
quum vir talis	lorsqu'un homme tel (si distingué)
esset in carcere, in tenebris,	était en prison, dans les ténèbres,
in squalore, in sordibus,	dans la misère, dans la malpropreté,
tuis interdictis	*je ne dirais pas que* par votre interdiction
tyrannicis,	tyrannique,
potestatem	le pouvoir (la permission)
adeundi ad illum miserum,	d'aller vers (visiter) ce malheureux,
nunquam esse factam	n'a jamais été fait (donnée)

quam esse factam : etiam illud præteribo, quotiescumque Panormum veneris illo anno et sex mensibus (nam tamdiu fuit in carcere Apollonius), toties ad te senatum panormitanum adisse supplicem cum magistratibus sacerdotibusque publicis, orantem atque obsecrantem, ut aliquando ille miser atque innocens calamitate illa liberaretur. Relinquam hæc omnia ; quæ si velim persequi, facile ostendam, tua crudelitate in alios, omnes tibi aditus misericordiæ judicum jam pridem esse præclusos.

IX. 22. Omnia igitur ista concedam et remittam : prævideo enim quid sit defensurus Hortensius : fatebitur, apud istum neque senectutem patris , neque adolescentiam filii, neque lacrimas utriusque plus valuisse quam utilitatem salutemque provinciæ ; dicet, rempublicam administrari sine metu ac severitate non posse ; quæret, quamobrem fasces prætoribus præferantur, cur secures datæ, cur carcer ædificatus, cur tot

cablé de vieillesse, à son fils à peine dans l'adolescence, la liberté de mêler leurs larmes avec les siennes : je ne rappellerai pas même, qu'autant de fois que vous êtes venu à Palerme, pendant le reste de cette année et les six mois suivants (car Apollonius a été tout ce temps en prison), autant de fois le sénat de Palerme s'est présenté à vous avec les magistrats et les prêtres publics, pour vous prier, pour vous conjurer de mettre enfin un terme aux souffrances de ce citoyen malheureux et innocent. Si je voulais me prévaloir de tous ces faits, je montrerais sans peine que votre cruauté envers les autres vous a fermé tout accès à la pitié de vos juges.

IX. 22. Je les supprimerai : aussi bien prévois-je déjà tout ce que doit répondre Hortensius. Il avouera que la vieillesse du père, que la jeunesse du fils, que les larmes de l'un et de l'autre ont eu moins de pouvoir sur Verrès que l'intérêt et le salut de la province. Il dira que la crainte et la sévérité sont nécessaires dans l'administration. Il demandera pourquoi ces faisceaux et ces haches qu'on porte devant les préteurs ? pourquoi on a construit des prisons ? pourquoi

patri ætate exacta	à *son* père d'un âge achevé (avancé)
et adolescenti filio,	et (ni) à *son* jeune fils,
præteribo illud etiam,	je passerai-outre (sous silence) cela aussi
quotiescumque	que toutes-les-fois-que
veneris Panormum,	vous êtes venu à Palerme,
illo anno et sex mensibus,	cette année et les six mois *qui ont suivi*,
— nam Apollonius	— car Apollonius
fuit in carcere tamdiu —,	a été en prison aussi-longtemps, —
toties	autant-de-fois
senatum Panormitanum	le sénat de-Palerme
adisse ad te supplicem	s'est rendu vers vous *en* suppliant
cum magistratibus	avec les magistrats
sacerdotibusque publicis,	et les prêtres publics,
orantem	*vous* priant
atque obsecrantem,	et *vous* conjurant,
ut aliquando	pour qu'enfin
ille miser atque innocens,	cet *homme* malheureux et innocent,
liberaretur	fût délivré
illa calamitate.	de ce malheur (de ces souffrances).
Relinquam omnia hæc :	Je laisserai-de-côté tous ces *faits* :
si velim persequi quæ,	si je voulais poursuivre eux (m'en préva-
ostendam facile	je montrerais facilement [loir),
omnes aditus	que tout accès
misericordiæ judicum,	à la pitié des juges,
esse præclusos tibi	a été (est) fermé pour vous
jampridem	depuis-longtemps
tua crudelitate in alios.	par votre cruauté envers les autres.
IX. 22. Concedam igitur	IX. 22. Je concéderai donc
et remittam omnia ista ;	et je remettrai tous ces *faits* ;
enim prævideo	en effet je prévois
quid Hortensius	ce-qu'Hortensius
sit defensurus :	doit défendre (dire pour sa défense) :
fatebitur	il avouera
neque senectutem patris,	que ni la vieillesse du père,
neque adolescentiam filii,	ni la jeunesse du fils,
neque lacrimas utriusque,	ni les larmes de tous-les-deux,
plus valuisse	n'ont eu plus de force
apud istum,	près de celui-ci (dans le cœur de Verrès),
quam utilitatem	que l'intérêt
salutemque provinciæ.	et le salut de *sa* province.
Dicet rempublicam	Il dira que la république
non posse administrari,	ne peut être administrée,
sine metu ac severitate.	sans crainte et *sans* sévérité.
Quæret quamobrem fasces	Il demandera pourquoi les faisceaux
præferantur prætoribus,	sont portés-devant les préteurs,
cur secures datæ,	pourquoi les haches *leur ont été* données,
cur carcer ædificatus,	pourquoi la prison *a été* construite,

supplicia sint in improbos, more majorum, constituta? Quæ quum omnia graviter severeque dixerit, quæram, cur hunc eumdem Apollonium Verres idem, repente, nulla nova re allata, nulla defensione, sine causa, de carcere emitti jusserit? tantumque in hoc crimine suspicionis esse affirmabo, ut jam ipsis judicibus sine mea argumentatione conjecturam facere permittam, quod hoc genus prædandi, quam improbum, quam indignum, quamque ad magnitudinem quæstus immensum infinitumque esse videatur.

23. Nam quæ iste in Apollonio fecit, ea primum breviter cognoscite, quot et quanta sint; deinde hæc expendite atque æstimate pecunia : reperietis idcirco hæc in uno homine pecunioso tot constituta, ut ceteris formidines similium incommodorum, atque exempla periculorum proponerentur. Primum insimulatio est repentina, capitalis atque invidiosi criminis.

tant de supplices ont été décernés par les lois contre les coupables? Après qu'il aura fait toutes ces questions d'une voix imposante et sévère, je demanderai à mon tour pourquoi tout à coup, sans information nouvelle, sans aucune procédure, sans motif quelconque, ce même Verrès a remis en liberté ce même Apollonius? Cette conduite fait naître les soupçons les plus forts, et sans ajouter aucune réflexion, je laisserai les juges conjecturer eux-mêmes à quel point une telle extorsion est criminelle, à quel point elle est infâme, et quels profits immenses elle doit rapporter à celui qui l'exerce.

23. En effet, connaissez en peu de mots combien de vexations Apollonius a essuyées; approfondissez-en l'horreur, évaluez-les en argent, et vous verrez qu'elles n'ont été accumulées sur la tête d'un homme riche, que pour intimider tous les autres par la perspective des mêmes dangers. D'abord, une assignation subite pour un crime

cur tot supplicia	pourquoi tant de supplices
sint constituta	ont été établis
in improbos,	contre les méchants (coupables)
more majorum.	par la coutume (les lois) de *nos* ancêtres.
Quum dixerit omnia quæ	Lorsqu'il aura dit toutes ces *choses*
graviter severeque,	gravement et sévèrement,
quæram	je demanderai *à mon tour*
cur idem Verres repente,	pourquoi ce-même Verrès tout-à-coup,
nulla re nova	aucun fait nouveau
allata,	n'étant apporté (produit),
nulla defensione,	*sans* aucune défense (procédure),
sine causa,	*enfin* sans *aucun* motif,
jusserit	a ordonné
hunc eumdem Apollonium	que ce-même Apollonius
emitti de carcere;	fût mis-hors (délivré) de la prison ;
affirmaboque	et j'affirmerai
esse in hoc crimine	qu'il y a dans cette accusation
tantum suspicionis,	*de quoi faire naître* tant de soupçons,
ut jam permittam	que déjà je permette (laisse)
judicibus ipsis,	aux juges eux-mêmes,
sine mea argumentatione,	sans mon argumentation,
facere conjecturam	de faire la conjecture (de conjecturer)
quam improbum,	combien coupable,
quam indignum,	combien indigne,
quod genus hoc prædandi,	*est* ce genre-là de voler
quamque videatur	et combien il paraît
esse immensum	être immense
infinitumque	et infini
ad magnitudinem quæstus.	quant à la grandeur du profit.
23. Nam cognoscite	23. En effet connaissez (apprenez)
primum breviter,	d'abord brièvement (en peu de mots),
quot	combien-nombreuses
et quanta sint ea,	et combien-grandes sont ces *vexations*,
quæ iste fecit in Apollonio ;	que ce *Verrès* a fait *subir* à Apollonius ;
deinde expendite hæc,	ensuite pesez ces *vexations*,
atque æstimate pecunia :	et évaluez-*les* en argent :
reperietis tot hæc	vous trouverez *que* toutes ces *rigueurs*
constituta	*ont été* établies (accumulées)
in uno homine pecunioso,	sur un seul homme opulent,
idcirco ut formidines	pour-cela que (afin que) la crainte
similium incommodorum,	de semblables maux,
atque exempla	et les exemples (la perspective)
periculorum,	des *mêmes* dangers,
proponerentur ceteris.	fussent mis-devant-les-yeux aux (des
Primum est insimulatio	D'abord c'est l'accusation [autres.
repentina	soudaine
criminis capitalis	d'un crime capital

Statuite quanti hoc putetis, et quam multos redemisse. Deinde crimen sine accusatore, sententia sine consilio, damnatio sine defensione. Æstimate harum rerum omnium pretia, et cogitate, in his iniquitatibus unum hæsisse Apollonium, ceteros profecto multos ex his incommodis pecunia se liberasse. Postremo tenebræ, vincula, carcer, inclusum supplicium, atque a conspectu parentum ac liberum, denique a libero spiritu et communi luce seclusum.

24. Hæc vero, quæ vel vita redimi recte possunt, æstimare pecunia non queo. Hæc omnia sero redemit Apollonius, jam mœrore ac miseriis perditus; sed tamen ceteros docuit, ante istius avaritiæ ac sceleri occurrere. Nisi vero existimatis, hominem pecuniosissimum sine aliqua causa quæstus electum ad tam incredibile crimen, aut sine eadem causa repente e carcere emissum; aut hoc prædandi genus ab isto in illo uno

capital et odieux : voyez ce que cela peut valoir ; pensez combien de gens ont payé afin de s'en préserver. Puis, une accusation sans dénonciation, un jugement sans tribunal, une condamnation sans procédure : fixez un tarif pour chacune de ces iniquités, et ne perdez pas de vue que, si Apollonius en a seul été victime, beaucoup d'autres sans doute s'en sont garantis en donnant de l'argent. Enfin les ténèbres, les fers, la prison, le secret, le supplice de ne voir plus ni ses parents ni ses enfants, de ne plus respirer un air pur, ni contempler la douce clarté des cieux....

24. Tous ces maux, si cruels qu'on s'en rachèterait au prix de la vie, je ne sais pas les évaluer en argent. Apollonius s'en est délivré bien tard, accablé déjà sous le poids de la douleur et des souffrances; mais du moins il avait appris à ses concitoyens à prévenir l'avarice et la scélératesse du préteur. Car sans doute vous ne pensez pas qu'un homme très-opulent ait été choisi, sans aucun motif d'intérêt, pour être l'objet d'une accusation aussi incroyable; que, sans aucun motif d'intérêt, il ait été soudainement remis en liberté; ou qu'enfin Verrès ait exercé ce genre de vexation sur lui seul, sans

atque invidiosi.	et odieux.
Statuite quanti putetis hoc,	Fixez de-quel-prix vous pensez cela,
et quam multos	et combien de *gens* [server].
redemisse.	*l*'ont racheté (ont payé pour s'en pré-
Deinde crimen	Ensuite une accusation
sine accusatore,	sans accusateur,
sententia sine consilio,	une sentence sans conseil (tribunal),
damnatio sine defensione.	une condamnation sans défense.
Æstimate pretia	Évaluez le prix
omnium harum rerum,	de toutes ces iniquités,
et cogitate	et pensez que *si*
Apollonium unum	Appollonius seul
hæsisse in his iniquitatibus,	est resté *en proie* à ces injustices,
multos ceteros profecto,	beaucoup d'autres sans-doute,
se liberasse pecunia	se sont délivrés à-prix-d'argent
ex his incommodis.	de ces maux.
Postremo tenebræ,	Enfin les ténèbres,
vincula, carcer,	les fers, la prison,
supplicium inclusum,	le supplice renfermé (le secret),
atque seclusum	et séparé (et la séquestration)
a conspectu parentum	*loin* de la présence des parents
ac liberum,	et des enfants,
denique a spiritu libero,	enfin *loin* d'un air libre,
et luce communi.	et de la lumière commune.
24. Hæc vero,	24. Mais ces *maux*,
quæ possent recte	qui pourraient bien
redimi	être rachetés (qu'on voudrait racheter)
vel vita,	même *au prix* de la vie,
non queo æstimare pecunia.	je ne puis *les* évaluer en argent.
Appollonius redemit sero	Apollonius a racheté *bien* tard
hæc omnia,	tous ces *maux*,
jam perditus	déjà perdu (accablé)
mœrore ac miseriis :	de chagrin et de misères :
sed tamen docuit ceteros	mais du-moins il a appris aux autres
occurrere ante	à aller-au-devant auparavant
avaritiæ istius,	de l'avarice de ce *Verrès*,
ac sceleri.	et de *sa* scélératesse.
Nisi vero existimatis	A moins que cependant vous ne pensiez
hominem pecuniosissimum	qu'un homme très-opulent
electum	*a été* choisi
ad crimen tam incredibile,	pour *objet d*'une accusation si incroyable,
sine aliqua causa quæstus,	sans quelque motif d'intérêt,
aut emissum	ou *a été* mis-hors (délivré)
e carcere, repente,	de prison, tout-à-coup,
sine eadem causa;	sans le même motif *d'intérêt*;
aut hoc genus prædandi	ou que ce genre de rapiner (de rapine)
adhibitum ab isto	*a été* employé par ce *Verrès*

adhibitum ac tentatum, et non per illum omnibus pecuniosis Siculis metum propositum et injectum.

X. 25. Cupio mihi, judices, ab illo subjici, quoniam de militari ejus gloria dico, si quid forte prætereo. Nam mihi videor de omnibus jam rebus ejus gestis dixisse, quæ quidem ad belli fugitivorum pertinerent suspicionem : certe nihil sciens prætermisi. Habetis hominis consilia, diligentiam, vigilantiam, custodiam defensionemque provinciæ. Summa illuc pertinet, ut sciatis, quoniam plura genera sunt imperatorum, ex quo genere iste sit. Ne diutius in tanta penuria virorum fortium talem imperatorem ignorare possitis : non ad Q. Maximi sapientiam, neque ad illius superioris Africani in re gerenda celeritatem, neque ad hujus, qui postea fuit, singulare consilium, neque ad Pauli rationem ac disciplinam, neque ad

vouloir que cet exemple fût une leçon pour tous les riches habitants de la Sicile.

X. 25. Puisque je parle de ses talents militaires, je le prie de me rappeler les faits qui peuvent échapper à ma mémoire. Je crois avoir rapporté tout ce qui est relatif à cette prétendue fermentation des esclaves : du moins, je n'ai rien omis volontairement. Vous connaissez donc la prudence de notre préteur, son activité, sa vigilance, ses soins pour la défense de la province. Mais il est plusieurs classes de généraux : il importe que vous sachiez dans laquelle il doit être placé. Il ne faut pas que, dans un siècle aussi stérile en grands hommes, vous ignoriez plus longtemps le mérite d'un tel général. Vous ne retrouverez pas en lui la circonspection de Fabius, l'ardeur du premier des Scipions, la sagesse du second, l'exactitude et la sé

et tentatum in illo uno,	et essayé sur lui (Apollonius) seul,
et metum	et que la terreur
non propositum	n'*a* pas *été* mise-en-vue
et injectum	et jetée-sur
omnibus Siculis pecuniosis	tous les Siciliens opulents
per illum.	par lui (par son exemple).
X. 25. Judices, cupio,	X. 25. Juges, je désire,
quoniam dico	puisque je parle
de gloria militari ejus,	de la gloire militaire de ce *Verrès*,
si forte prætereo quid,	si par-hasard j'omets quelque *fait*,
subjici mihi ab illo.	qu'il soit suggéré (rappelé) à moi par lui.
Nam videor mihi	Car je parais à moi (je crois)
dixisse jam	avoir parlé déjà
de omnibus rebus	de toutes les choses
gestis ejus,	faites (actions) de lui,
quæ quidem pertinerent	qui du-moins auraient (ont)-rapport
ad suspicionem belli	au soupçon de la guerre
fugitivorum.	des *esclaves* fugitifs.
Certe nihil prætermisi	Certes je n'ai rien passé-sous-silence
sciens.	*le* sachant (volontairement).
Habetis	Vous avez (vous connaissez) *maintenant*
consilia hominis,	les conseils (la prudence) de *cet* homme,
diligentiam, vigilantiam,	*son* activité, *sa* vigilance,
custodiam defensionemque	*sa bonne* garde et *sa* défense
provinciæ.	de la province *qu'il administrait*.
Summa	La somme (le fonds) *de mon discours*
pertinet illuc, ut sciatis,	aboutit là (a pour but), que vous sachiez,
quoniam sunt plura genera	puisqu'il y a plusieurs espèces
imperatorum,	de généraux,
ex quo genere sit iste.	de quelle espèce est ce *Verrès*.
Ne possitis diutius	De peur que vous puissiez plus longtemps
in tanta penuria	dans une si-grande disette
virorum fortium,	d'hommes courageux,
ignorare	ignorer (méconnaître)
talem imperatorem.	un tel (si grand) général.
Non ad sapientiam	*Cet homme* n'*est* pas *modelé* sur l'habileté
Q. Maximi,	de Q. Maximus,
neque ad celeritatem	ni sur la rapidité
in re gerenda	dans la chose à-faire (l'action)
illius Africani	de ce *fameux* Africain
superioris,	le plus ancien *des deux Scipions*,
neque ad consilium	ni sur le conseil (la prudence)
singulare	unique (remarquable)
hujus	de celui *des Scipions*
qui fuit postea,	qui fut (vint) après *lui*,
neque ad rationem	ni sur la méthode
ac disciplinam Pauli,	et la discipline de Paul *Émile*,

C. Marii vim atque virtutem ; sed aliud genus imperatoris sane diligenter retinendum et conservandum, quæso, cognoscite.

26. Itinerum primum laborem, qui vel maximus est in re militari, judices, et in Sicilia maxime necessarius, accipite quam facilem sibi iste et jucundum ratione consilioque reddiderit. Primum temporibus hibernis, ad magnitudinem frigorum, et ad tempestatum vim ac fluminum, præclarum sibi hoc remedium compararat. Urbem Syracusas elegerat, cujus hic situs, atque hæc natura esse loci cœlique dicitur, ut nullus unquam dies tam magna turbulentaque tempestate fuerit, quin aliquo tempore ejus diei solem homines viderint. Hic ita vivebat iste bonus imperator hibernis mensibus, ut eum non facile, non modo extra tectum, sed ne extra lectum quidem quisquam videret : ita diei brevitas conviviis, noctis longitudo

---

vérité de Paul Émile, l'impétuosité et la valeur de Marius : son mérite est d'un autre genre, et vous allez sentir combien il est précieux avec quel soin vous devez le conserver.

26. Les marches sont ce qu'il y a de plus pénible dans l'art militaire, et de plus indispensable dans la Sicile : apprenez à quel point il a su, par une sage combinaison, les rendre faciles et agréables pour lui. D'abord, voici la ressource admirable qu'il s'était ménagée pendant l'hiver, contre la rigueur du froid, contre la violence des tempêtes et les débordements des fleuves. Il avait choisi pour sa résidence la ville de Syracuse, dont la position est si heureuse et le ciel si pur, que, dans les temps les plus orageux, le soleil n'a jamais été un jour entier sans se montrer à ses heureux habitants. Cet excellent général y passait toute la saison, de manière que personne à peine ne pouvait l'apercevoir, je ne dis pas hors du palais, mais hors du lit. La courte durée du jour était donnée aux festins, et la

neque ad vim	ni sur l'impétuosité
atque virtutem C. Marii;	et la valeur de C. Marius;
sed, quæso,	mais, je *vous* prie,
cognoscite	connaissez (apprenez à connaître)
aliud genus imperatoris,	une autre espèce de général,
sane retinendum	certes à-retenir (à garder)
et conservandum	et à-conserver
diligenter	avec-soin.
26. Accipite primum	26. Recevez (apprenez) d'abord
quam iste	combien ce *Verrès*
reddiderit facilem	a rendu facile
et jucundum sibi,	et agréable pour lui,
ratione consilioque,	par *ses sages* calculs et *sa* prudence,
laborem itinerum,	le travail (la fatigue) des marches,
qui vel est maximus	qui même est le plus grand (pénible)
in re militari,	dans la chose (l'art) militaire,
et maxime necessarius	et surtout nécessaire
in Sicilia.	en Sicile.
Primum temporibus	D'abord dans les temps (la saison)
hibernis,	de-l'hiver,
compararat sibi	il avait préparé pour lui
hoc præclarum remedium,	cet admirable remède,
ad magnitudinem	pour (contre) la grandeur (rigueur)
frigorum,	des froids,
et ad vim	et pour (contre) la violence
tempestatum ac fluminum.	des tempêtes et des fleuves.
Elegerat	Il avait choisi *pour résidence*
urbem Syracusas,	la ville *de* Syracuse,
cujus situs	dont la position
dicitur esse hic,	est dite être telle
atque natura loci cœlique	et la nature du lieu et du ciel (du climat)
hæc,	*est dite être* telle,
ut unquam nullus dies	que jamais aucun jour
fuerit tempestate	ne fut *agité* d'une tempête
tam magna turbulentaque,	si grande et *si* violente,
quin homines	que les hommes (habitants)
viderent solem	ne vissent le soleil
aliquo tempore ejus diei.	quelque temps de ce *même* jour.
Hic iste bonus imperator	Là cet excellent général
vivebat mensibus hibernis,	vivait *pendant* les mois de-l'hiver,
ita ut quisquam	de-telle-sorte que quelqu'un (on)
non eum videret facile,	ne le voyait pas facilement,
non modo extra tectum,	non seulement hors du toit (palais),
sed ne quidem extra lectum.	mais pas même hors de *son* lit.
Ita brevitas diei,	Ainsi la courte-durée du jour,
conterebatur conviviis,	était usée (se passait) dans les festins,
longitudo noctis,	la longueur de la nuit,

stupris et flagitiis conterebatur. Quum autem ver esse cœperat (cujus initium iste non a Favonio, neque ab aliquo astro notabat, sed quum rosam viderat, tunc incipere ver arbitrabatur), dabat se labori atque itineribus ; in quibus usque eo se præbebat patientem atque impigrum, ut eum nemo unquam in equo sedentem videret.

XI. 27. Nam, ut mos fuit Bithyniæ regibus, lectica octophoro ferebatur, in qua pulvinus erat perlucidus, melitensi rosa fartus ; ipse autem coronam habebat unam in capite, alteram in collo ; reticulumque ad nares sibi admovebat, tenuissimo lino, minutis maculis, plenum rosæ. Sic confecto itinere, quum ad aliquod oppidum venerat, eadem lectica usque in cubiculum deferebatur. Eo veniebant Siculorum magistratus, veniebant equites romani, id quod ex multis juratis audistis ; controversiæ secreto deferebantur ; paulo post palam decreta auferebantur ; deinde, ubi paulisper in cubiculo,

longueur des nuits se consumait dans les dissolutions de la débauche la plus effrénée. Au printemps, et son printemps à lui ne datait pas du retour des zéphyrs ou de l'entrée du soleil dans tel ou tel signe, il ne croyait l'hiver fini que lorsqu'il avait vu des roses : alors il se mettait en marche, et soutenait la fatigue des voyages avec tant de courage et de force, que jamais personne ne le voyait à cheval.

XI. 27. A l'exemple des anciens rois de Bithynie, mollement étendu dans une litière à huit porteurs, il s'appuyait sur un coussin d'étoffe transparente, et tout rempli de roses de Malte. Une couronne de roses ceignait sa tête, une guirlande serpentait autour de son cou ; il tenait à la main un réseau du tissu le plus fin, à mailles serrées, et plein de roses dont il ne cessait de respirer le parfum. Lorsqu'après cette marche pénible il arrivait dans quelque ville, cette même litière le déposait dans l'intérieur de son appartement. Les magistrats des Siciliens, les chevaliers romains se rendaient auprès de lui, comme vous l'avez appris d'une foule de témoins. Les procès étaient soumis à ce tribunal secret. Bientôt les vainqueurs emportaient ouvertement les décrets qu'ils avaient obtenus ; et quand il avait employé quelques moments à peser dans sa chambre l'or et non

DISCOURS SUR LES SUPPLICES.

stupris flagitiisque.	dans la débauche et les turpitudes.
Quum autem ver	Mais quand le printemps
cœperat esse,	commençait à être (à renaître),
—cujus iste	—duquel *printemps* cet *efféminé*
notabat initium,	notait (datait) le commencement,
non a Favonio,	non *du retour* de Zéphyr,
neque ab aliquo astro,	ni *de celui* de quelque astre,
sed arbitrabatur	mais il pensait
ver incipere,	que le printemps commençait,
tum quum viderat rosam—	alors *seulement* qu'il avait vu la rose —
dabat se labori	il donnait soi au travail
atque itineribus,	et aux marches,
in quibus præbebat se	dans lesquelles il montrait soi
patientem atque impigrum	courageux et actif
usque eo, ut nemo unquam	à un tel point, que personne jamais
videret eum	ne voyait lui
sedentem in equo.	assis sur un cheval.
XI. 27. Nam ferebatur	XI. 27. En effet il était porté
lectica octophoro,	dans une litière à-huit-porteurs,
ut mos fuit	comme l'usage fut
regibus Bithyniæ :	aux rois de Bithynie :
in qua erat pulvinus	dans laquelle *litière* était un coussin
perlucidus,	transparent (d'étoffe transparente),
fartus rosa melitensi :	rempli de roses de-Malte :
ipse autem habebat in capite	mais lui (Verrès) avait sur la tête
unam coronam,	une couronne,
alteram in collo,	une autre au cou,
admovebatque sibi ad nares	et il approchait à soi près des narines
reticulum lino tenuissimo,	un réseau d'un lin (tissu) très-fin,
maculis minutis	à mailles petites (serrées)
plenum rosæ.	plein de roses.
Itinere confecto sic,	*Sa* marche terminée de-cette-manière,
quum venerat	lorsqu'il était arrivé
ad aliquod oppidum,	à quelque ville,
deferebatur eadem lectica	il était porté dans la même litière
usque in cubiculum.	jusque dans *sa* chambre-à-coucher.
Eo veniebant	Là venaient
magistratus Siculorum,	les magistrats des Siciliens,
veniebant equites romani,	là venaient des chevaliers romains,
id quod audistis	ce que vous avez entendu
ex multis juratis :	de plusieurs *témoins* ayant-prêté-serment :
controversiæ	les différends (les procès)
deferebantur secreto ;	étaient déférés *là* secrètement ;
paulo post decreta	peu après les décrets *obtenus*
auferebantur palam.	étaient emportés ouvertement.
Deinde ubi descripserat	Ensuite dès qu'il avait réparti (fixé)
paulisper	pendant-quelques-moments

pretio, non æquitate, jura descripserat, Veneri jam et Libero reliquum tempus deberi arbitrabatur.

28. Quo loco mihi non prætermittenda videtur præclari imperatoris egregia ac singularis diligentia. Nam scitote esse oppidum in Sicilia nullum, ex iis oppidis in quibus consistere prætores et conventum agere solent, quo in oppido non isti ex aliqua familia non ignobili delecta ad libidinem mulier esset. Itaque nonnullæ ex eo numero in convivium adhibebantur palam : si quæ castiores erant, ad tempus veniebant; lucem conventumque vitabant. Erant autem convivia, non illo silentio prætorum atque imperatorum, neque eo pudore, qui in magistratuum conviviis versari solet, sed cum maximo clamore atque convicio : nonnunquam etiam res ad manus atque ad pugnam veniebat. Iste enim prætor severus ac dili-

les raisons des parties, il croyait que le reste du jour appartenait à Vénus et à Bacchus.

28. Ici je ne dois pas omettre une preuve de la prévoyance merveilleuse de notre incomparable général : sachez donc que, dans toutes les villes de la Sicile où les préteurs ont coutume de séjourner et de tenir les assises, il y avait toujours en réserve pour ses plaisirs quelque femme choisie dans une famille honnête. Plusieurs de ces beautés complaisantes venaient publiquement se placer à sa table; celles qui conservaient un reste de pudeur ne se rendaient chez lui qu'à des heures convenues : elles évitaient le grand jour et les assemblées. Au surplus, dans de pareils festins, n'exigez pas ce silence respectueux que commande la présence d'un préteur ou d'un général, cette décence qui préside ordinairement à la table d'un magistrat; c'étaient des cris confus, c'étaient des clameurs horribles. Plus d'une fois même on en vint aux mains, et la scène fut ensanglantée. Car ce préteur exact et scrupuleux, qui n'avait jamais obéi

in cubiculo,	dans sa chambre-à-coucher,
pretio, non æquitate,	à prix *d'argent*, non *selon* la justice,
jura,	les droits *des parties*,
arbitrabatur	il pensait
tempus reliquum	que le temps restant,
deberi jam Veneri	était dû ensuite à Vénus
et Libero.	et à Bacchus.
28. Quo loco	28. En ce lieu (ici)
diligentia egregia	le zèle remarquable
ac singularis	et unique
præclari imperatoris	de *cet* illustre général
videtur mihi	paraît à moi
non prætermittenda.	ne devant pas être omis.
Nam scitote	Car sachez
nullum oppidum	qu'aucune ville
esse in Sicilia,	n'existe en Sicile,
ex iis oppidis	parmi ces villes,
in quibus prætores	dans lesquelles les préteurs
solent consistere,	ont-coutume-de s'arrêter (séjourner),
et agere conventum,	et *de* tenir l'assemblée (rendre la justice),
in quo oppido,	dans laquelle ville,
mulier delecta	une femme choisie
ex aliqua familia	de quelque maison
non ignobili	non obscure (honnête)
non esset isti ad libidinem.	ne fût *réservée* à ce *Verrès* pour *ses* plaisirs.
Itaque nonnullæ	Aussi quelques-unes
ex eo numero,	de ce nombre (genre),
adhibebantur palam	étaient admises ouvertement
in convivium;	au repas (à sa table);
si quæ erant castiores,	si quelques-unes étaient plus réservées,
veniebant ad tempus;	elles venaient à un temps *marqué*;
vitabant lucem	elles évitaient le *grand*-jour
conventumque.	et l'assemblée.
Convivia autem,	Au-surplus, *ces* festins
erant non in illo silentio	étaient (se passaient) non dans ce silence
prætorum	*que commande la présence* des préteurs
atque imperatorum,	et *celle* des généraux,
neque eo pudore	ni avec cette décence
qui solet versari	qui a-coutume-de se-trouver
in conviviis magistratuum,	dans les repas des magistrats,
sed cum maximo clamore	mais avec les plus grands cris
convicioque.	et *le plus grand* vacarme.
Nonnunquam	Quelquefois
res veniebat ad manus	l'affaire (*on*) *en* venait aux mains
atque ad pugnam.	et au combat.
Iste enim prætor	En effet ce préteur
severus ac diligens,	sévère et scrupuleux,

gens, qui populi romani legibus nunquam paruisset, illis diligenter legibus, quæ in poculis ponebantur, obtemperabat. Itaque erant exitus ejusmodi, ut alius inter manus e convivio, tanquam e prælio, auferretur ; alius, tanquam occisus, relinqueretur ; plerique fusi, sine mente ac sine ullo sensu, jacerent: quivis ut, quum adspexisset, non se prætoris convivium, sed ut cannensem pugnam nequitiæ videre arbitraretur.

XII. 29. Quum vero æstas summa esse jam cœperat, quod tempus omnes Siciliæ semper prætores in itineribus consumere consueverunt, propterea quod tum putant obeundam esse maxime provinciam, quum in areis frumenta sunt ; quod et familiæ congregantur, et magnitudo servitii perspicitur, et labor operis maxime offenditur, et frumenti copia commonet, tempus anni non impedit : tum, inquam, quum concursant

aux lois du peuple romain, se soumettait religieusement aux lois que prescrivait le roi du festin. Aussi voyait-on, à la fin du repas, ici un blessé qu'on emportait de la mêlée, plus loin un champion laissé pour mort ; la plupart restaient étendus sans connaissance et sans aucun sentiment. A la vue de ces tristes effets de la débauche, le spectateur eût méconnu la table d'un préteur ; il aurait cru errer parmi les débris d'une autre bataille de Cannes.

XII. 29. Vers la fin de l'été, saison que tous les préteurs de la Sicile ont toujours employée aux voyages, parce qu'ils croient devoir choisir, pour visiter la province, le moment où les blés sont dans les aires : alors les esclaves sont rassemblés ; il est aisé d'en connaître le nombre, de juger du produit des récoltes ; les vivres sont abondants, et la saison n'oppose aucun obstacle : dans ce temps donc où les autres préteurs sont en course et en voyage, ce général, d'un

qui nunquam paruisset	qui jamais n'avait obéi
legibus populi romani,	aux lois du peuple romain,
obtemperabat diligenter	obéissait scrupuleusement
illis legibus	à ces lois
quæ ponebantur	qui étaient établies
in poculis.	au-milieu-des coupes.
Itaque exitus	C'est-pourquoi les fins *de repas*
erant ejusmodi,	étaient de-telle-sorte (si désordonnées),
ut alius auferretur	que l'un était enlevé
inter manus	entre les mains (bras)
e convivio,	hors du festin,
tanquam e prælio;	comme d'un combat;
alius relinqueretur	un autre était laissé
tanquam occisus;	comme mort;
plerique jacerent fusi	la-plupart étaient couchés étendus
sine mente,	sans esprit (connaissance),
ac sine ullo sensu.	et sans aucun sentiment.
Ut quivis,	Si-bien-que le-premier-venu,
quum adspexisset,	lorsqu'il aurait contemplé *de telles scènes*,
arbitraretur se non videre	aurait pensé qu'il ne voyait pas
convivium prætoris,	le festin d'un préteur,
sed ut pugnam cannensem	mais comme une bataille de-Cannes
nequitiæ.	de la débauche.
XII. 29. Quum vero æstas	XII. 29. Mais lorsque l'été
jam cœperat esse summa,	avait déjà commencé à être à-son-déclin,
tempus quod semper	temps que toujours
omnes prætores Siciliæ	tous les préteurs de la Sicile
consueverunt consumere	ont-eu-coutume d'employer
in itineribus,	dans les voyages,
propterea quod putant	parce qu'ils pensent
provinciam esse obeundam,	que la province doit être parcourue,
maxime	surtout.
tum quum frumenta	alors que les blés
sunt in areis;	sont dans les aires;
quod et familiæ	parce que et les-troupes-d'esclaves
congregantur,	sont réunies, [claves
et magnitudo servitii	et *que* la grandeur (le nombre) des es-
perspicitur,	est observée *plus facilement*,
et labor operis	et le travail de l'ouvrage (de la récolte)
offenditur maxime,	est rencontré (est aperçu) surtout
et copia frumenti	et *que* l'abondance du blé
commonet,	avertit *de se mettre en route*,
tempus anni non impedit;	le temps de l'année n'empêche pas;
tum, inquam,	alors, dis-je,
quum ceteri prætores	que les autres préteurs
concursant,	courent-de-tous-côtés,
iste, imperator	celui-ci, général

3.

ceteri prætores, iste novo quodam ex genere imperator, pulcherrimo Syracusarum luco stativa sibi castra faciebat.

30. Nam in ipso aditu atque ore portus, ubi primum ex alto sinus ad urbem ab littore inflectitur, tabernacula carbaseis intenta velis collocabat. Huc ex illa domo prætoria, quæ regis Hieronis fuit, sic emigrabat, ut per eos dies nemo istum extra illum lucum videre posset: in eum autem ipsum lucum aditus erat nemini, nisi qui aut socius, aut minister libidinis esse posset. Huc omnes mulieres, quibuscum iste consueverat, conveniebant, quarum incredibile est quanta multitudo fuerit Syracusis; huc homines digni istius amicitia, digni vita illa conviviisque veniebant. Inter ejusmodi viros ac mulieres, adulta ætate filius versabatur: ut eum, etiamsi natura a parentis similitudine abriperet, consuetudo tamen ac disciplina patri similem esse cogeret. Huc Tertia illa perducta per dolum atque insidias ab rhodio tibicine, maximas in istius castris effecisse

genre nouveau, établissait son camp dans le plus délicieux bosquet de Syracuse.

30. À l'entrée même du port, dans le lieu où la mer commence à s'enfoncer vers le rivage pour former le golfe, il faisait dresser des tentes du lin le plus fin. Alors il quittait le palais prétorial, qui fut jadis celui du roi Hiéron, et de ce moment, il n'était plus possible de le voir hors de cet asile voluptueux. L'accès était fermé à tout ce qui n'était pas ou le complice ou le ministre de ses débauches. Là se rendaient toutes les femmes avec lesquelles il avait des liaisons : et vous ne sauriez croire combien le nombre en était grand dans Syracuse. Là se rassemblaient les hommes dignes de son amitié, et qui méritaient d'être associés à la honte de sa vie et de ses festins. C'était parmi de tels hommes, c'était au milieu de ces femmes scandaleuses, que vivait son fils déjà parvenu à l'adolescence; en sorte que, si même la nature lui inspirait de l'aversion pour les vices paternels, l'habitude et l'exemple le forçaient de ressembler à son père. La fameuse Tertia, furtivement enlevée à un musicien de Rhodes, excita

ex quodam novo genere,	d'un nouveau genre,
faciebat sibi castra stativa,	faisait (établissait) pour soi un camp fixe,
in luco pulcherrimo	dans le bois le plus beau
Syracusarum.	de Syracuse.
30. Nam in aditu ipso	30. Car à l'entrée même
atque ore portus,	et à la bouche (l'ouverture) du port,
ubi primum ex alto	où d'abord *en partant* de la haute-mer
sinus inflectitur	le golfe est courbé (se détourne)
ab littore ad urbem,	du rivage *pour aller* vers la ville,
collocabat tabernacula	il plaçait des tentes
intenta velis carbaseis.	tendues de voiles de-fin-lin.
Emigrabat huc	Il émigrait (se rendait) là
ex illa domo prætoria,	de cette maison prétoriale,
quæ fuit regis Hieronis,	qui fut *le palais* du roi Hiéron,
sic, ut per eos dies	si-bien que, pendant ces jours-*là*
nemo posset videre istum	personne ne pouvait voir ce *Verrès*
extra illum lucum.	hors-de ce bois.
Aditus autem	Or l'accès
in eum ipsum lucum	dans (de) ce même bois.
erat nemini,	n'était *accordé* à personne,
nisi qui	sinon *à celui* qui
posset esse aut socius,	pouvait être ou compagnon,
aut minister libidinis.	ou ministre de débauche.
Huc conveniebant,	là se-réunissaient
omnes mulieres,	toutes les femmes
quibuscum	avec lesquelles
iste consueverat;	il avait-coutume *de vivre*;
quarum est incredibile	desquelles *femmes* il est incroyable
quanta fuerit Syracusis	combien-grande fut à Syracuse
multitudo;	la multitude (le nombre);
huc veniebant homines	là venaient les hommes
digni amicitia istius,	dignes de l'amitié de ce *Verrès*,
digni illa vita conviviisque.	dignes de cette vie et de *ces* festins.
Filius ætate adulta	*Son* fils d'un âge adulte (déjà grand)
versabatur inter viros	se-trouvait (vivait) parmi des hommes
ac mulieres ejusmodi;	et des femmes de-cette-espèce;
ut, etiamsi natura	de-sorte-que, si-même la nature
abriperet eum	arrachait (détournait) lui [jour,
a similitudine parentis,	de l'imitation de celui-à-qui-il-devait-le-
tamen consuetudo	cependant l'habitude
ac disciplina	et l'enseignement (l'exemple)
cogeret esse similem patri.	le forçait à être semblable à *son* père.
Illa Tertia perducta huc	Cette Tertia amenée là
per dolum atque insidias	par ruse et *par* surprise
a tibicine rhodio,	*des bras* d'un joueur-de-flûte rhodien,
dicitur effecisse	est dite avoir fait (soulevé)
maximas turbas	les plus grands troubles

turbas dicitur, quum indigne pateretur uxor Cleomenis syracusani, nobilis mulier, itemque Æschrionis, honesto loco nata, in conventum suum mimi Isidori filiam venisse. Iste autem Annibal [1], qui in suis castris virtute putaret oportere, non genere certari, sic hanc Tertiam dilexit, ut eam secum ex provincia deportaret.

XIII. 31. Ac per eos dies, quum iste cum pallio purpureo talarique tunica versaretur in conviviis muliebribus, non offendebantur homines in eo; neque moleste ferebant, abesse a foro magistratum, non jus dici, non judicia fieri; locum illum littoris percrepare totum mulierum vocibus cantuque symphoniæ, in foro silentium esse summum causarum atque juris, non ferebant homines moleste : non enim jus abesse videbatur a foro neque judicia, sed vis, et crudelitas, et bonorum acerba atque indigna direptio.

32. Hunc tu igitur imperatorem esse defendis, Hortensi?

les plus grands troubles dans ce camp. L'épouse du syracusain Cléomène, fière de sa noblesse, celle d'Eschrion, d'une famille honnête, s'indignaient qu'on leur donnât pour compagne la fille du bouffon Isidore. Mais dans le camp de cet autre Annibal, le mérite et non la naissance assignait les rangs; et telle fut sa prédilection pour cette Tertia, qu'il l'emmena avec lui lorsqu'il sortit de la Sicile.

XIII. 31. Tandis que le préteur, vêtu d'un manteau de pourpre et d'une tunique longue, se livrait aux plaisirs au milieu de ses femmes, les Siciliens ne montraient aucun mécontentement : ils enduraient sans peine que le magistrat ne parût point sur son tribunal, que le barreau fût désert, que la justice fût muette; ils ne se plaignaient pas du bruit des instruments, des voix de tant de femmes qui remplissaient toute cette partie du rivage, pendant que le silence régnait autour des tribunaux. Ce n'était pas en effet la justice et les lois qui s'en étaient éloignées, mais la violence, mais la cruauté, et les déprédations les plus iniques et les plus atroces.

32. Et c'est là, Hortensius, celui que vous présentez comme un

in castris istius,	dans le camp de ce *Verrès*,
quum uxor	lorsque l'épouse
Cleomenis syracusani,	de Cléomène syracusain,
mulier nobilis,	femme noble,
itemque Æschrionis,	et aussi *l'épouse* d'Eschrion,
nata loco honesto,	née dans un lieu (une condition) honnête,
pateretur indigne,	souffrait (souffraient) avec-indignation,
filiam mimi Isidori	que la fille du bouffon Isidore
venisse	fût venue
in suum conventum.	dans leur compagnie.
Iste autem Annibal,	Mais cet *autre* Annibal,
qui putaret	qui pensait
oportere in suis castris	qu'il fallait que dans son camp
certari virtute, non genere,	on rivalisât de mérite, non de naissance,
dilexit hanc Tertiam sic	aima cette Tertia au-point
ut eam deportaret secum	qu'il l'emporta (l'emmena) avec lui
ex provincia.	*en partant de sa* province.
XIII. 31. Ac per eos dies,	XIII. 31. Et pendant ces jours-*là*
quum iste	lorsque ce *Verrès*
cum pallio purpureo,	avec un manteau de-pourpre,
tunicaque talari,	et une tunique descendant-aux-talons,
versaretur in conviviis	vivait au-milieu des festins
muliebribus,	de-femmes,
homines	les hommes (les Siciliens)
non offendebantur in eo;	n'étaient pas blessés en cela (de cela);
neque ferebant moleste	et ils ne supportaient pas avec-peine
magistratum abesse a foro,	que le magistrat fût-absent du forum,
jus non dici,	que la justice ne fût pas dite (rendue),
judicia non fieri,	que les jugements n'eussent pas lieu,
illum locum littoris	que cette place du rivage
percrepare totum	retentît tout-entière
vocibus mulierum,	des voix des femmes,
cantuque symphoniæ;	et des chants (du bruit) de la symphonie;
summum silentium	que le plus grand silence
causarum atque juris	des causes (tribunaux) et du droit (des lois)
esse in foro:	fût (régnât) dans le forum:
homines	les hommes (les Siciliens), *dis-je*,
non ferebant moleste;	ne supportaient pas *tout cela* avec-peine;
non enim jus	en effet *ce n'était* pas la justice
videbatur abesse a foro,	*qui* paraissait être-absente du forum,
neque judicia,	ni les jugements (ni les lois),
sed vis, et crudelitas,	mais la violence, et la cruauté,
et direptio	et le pillage
acerba atque indigna	cruel et indigne
bonorum.	des bons (honnêtes-gens).
32. Igitur, Hortensi,	32. *Ainsi donc*, Hortensius,
tu defendis	vous défendez (soutenez)

Hujus furta, rapinas, cupiditatem, crudelitatem, superbiam, scelus, audaciam, rerum gestarum magnitudine atque imperatoriis laudibus tegere conaris? Hic scilicet est metuendum ne, ad exitum defensionis tuæ, vetus illa Antoniana dicendi ratio atque auctoritas proferatur; ne excitetur Verres; ne denudetur a pectore; ne cicatrices populus romanus adspiciat, ex mulierum morsu, vestigia libidinis atque nequitiæ.

33. Dii faciant, ut rei militaris, ut belli mentionem facere audeas ! Cognoscentur enim omnia istius æra illa[1] vetera, ut non solum in imperio, verum etiam in stipendiis qualis fuerit, intelligatis; renovabitur prima illa militia, quum iste e foro abduci[2], non, ut ipse prædicat, perduci solebat; aleatoris Placentini castra commemorabuntur, in quibus quum frequens fuisset, tamen ære dirutus est[3]; multa ejus in stipendiis damna

excellent général? Les vols, les brigandages, l'avarice, la cruauté, le despotisme, la scélératesse, l'audace de cet homme, vous voulez que tout soit effacé par l'éclat de ses exploits, que tout disparaisse dans les rayons de sa gloire? Ah! sans doute je dois craindre qu'à la fin de votre plaidoyer, heureux imitateur de l'éloquent Antonius, vous ne fassiez paraître Verrès, et que, découvrant sa poitrine, vous ne comptiez, sous les yeux du peuple romain, ces morsures de femmes passionnées, monuments irrécusables du libertinage et de la débauche la plus effrénée.

33. Fassent les dieux que vous osiez parler de ses talents pour la guerre! Je ferai connaître alors tous ses anciens services; on verra quel il a été non-seulement comme général, mais comme soldat; je rappellerai ses premières armes, le temps où il était, non pas, comme il se plaît à le dire, conduit au forum pour son instruction, mais emmené du forum pour des occupations bien différentes; je parlerai de ce camp de joueurs, où, toujours présent dans les rangs, il se vit pourtant privé de sa paie; je citerai bien des pertes essuyées dans

hunc esse imperatorem?	que celui-ci est un *bon* général?
Conaris tegere	Vous vous-efforcez de couvrir
furta hujus,	les vols de cet *homme*,
rapinas, cupiditatem,	*ses* rapines, *sa* cupidité,
crudelitatem, superbiam,	*sa* cruauté, *son* orgueil,
scelus, audaciam,	*sa* scélératesse, *son* audace,
magnitudine	par la grandeur
rerum gestarum	des choses faites *par lui*
atque laudibus	et par *ses* mérites (talents)
imperatoriis?	de-général?
Scilicet hic est metuendum	Sans-doute ici il est à-craindre
ne ad exitum	qu'à la fin
tuæ defensionis	de votre défense
illa vetus ratio dicendi,	cet ancien moyen de parler (d'éloquence),
atque auctoritas Antoniana	et *cet* exemple *fameux* d'-Antoine
proferatur;	ne soit mis-en-avant (employé);
ne Verres excitetur;	que Verrès ne soit fait-lever;
ne denudetur a pectore;	qu'il ne soit mis-à-nu de la poitrine;
ne populus romanus	que le peuple romain
adspiciat cicatrices	ne voie *ses* cicatrices
ex morsibus mulierum,	*venant* de la morsure des femmes,
vestigia libidinis	traces (monuments) de libertinage
atque nequitiæ.	et de débauche.
33. Dii faciant ut audeas	33. Que les dieux fassent que vous osiez
facere mentionem	faire mention
rei militaris,	de la chose (de son mérite) militaire,
ut belli.	que *vous fassiez mention* de la guerre.
Omnia enim illa vetera æra	Car tous ces anciens services
istius cognoscentur,	de cet *infâme* seront connus,
ut intelligatis,	afin que vous compreniez,
qualis fuerit	quel il a été
non solum in imperio,	non seulement dans le commandement,
verum etiam in stipendiis.	mais aussi dans le service *comme soldat*.
Illa prima militia	Ces premières campagnes
renovabitur,	seront renouvelées (rappelées),
quum iste	lorsque ce *Verrès*
solebat abduci e foro,	avait-coutume d'être emmené du forum,
non perduci	*et* non d'y être conduit
ut ipse prædicat.	comme lui-même *le* proclame.
Castra aleatoris Placentini	Le camp du joueur Placentinus
commemorabuntur,	sera rappelé,
in quibus	*ce camp* dans lequel
quamvis fuisset frequens,	quoiqu'il eût été assidu,
tamen dirutus est ære.	cependant il fut déchu de *sa* paie.
Multa damna ejus	Beaucoup-de pertes de lui (essuyées par lui)
in stipendiis	dans *ses premières* campagnes
proferentur,	seront produites (citées),

proferentur, quæ ab isto, ætatis fructu dissoluta et compensata sunt.

34. Jam vero, quum in ejusmodi patientia turpitudinis, aliena, non sua satietate, obduruisset, qui vir fuerit, quot præsidia, quam munita, pudoris et pudicitiæ, vi et audacia ceperit, quid me attinet dicere, aut conjungere cum istius flagitio cujusquam præterea dedecus? Non faciam, judices; omnia vetera prætermittam ; duo sola recentia sine cujusquam infamia ponam, ex quibus conjecturam facere de omnibus possitis : unum illud, quod ita fuit illustre notumque omnibus, ut nemo tam rusticanus homo, L. Lucullo et M. Cotta consulibus, Romam ex ullo municipio vadimonii causa venerit, quin sciret, jura omnia prætoris urbani[1], nutu atque arbitrio Chelidonis meretriculæ gubernari; alterum, quod, quum paludatus[2] exisset, votaque pro imperio suo communique populi romani nun-

ses premières campagnes, mais réparées par le trafic de sa jeunesse.

34. Est-il besoin de dire ce qu'il a été dans l'âge viril, cet homme endurci de si bonne heure à la honte et à l'opprobre, et dont les excès avaient lassé tout le monde, excepté lui seul ? faut-il vous le montrer forçant par sa violence et son audace toutes les résistances que lui opposaient l'innocence et la pudeur? associerai-je à l'infamie de ses désordres les familles qui en ont été les victimes? Non : je tirerai le voile sur ses anciens scandales. Je citerai seulement deux faits récents qui ne compromettront personne, et qui suffiront pour vous donner une idée du reste. L'un, public et généralement connu, c'est que de tous les habitants de la campagne qui, sous le consulat de Lucullus et de Cotta, sont venus à Rome pour quelque procès, il n'en était pas un qui ne sût que les caprices et la volonté de la courtisane Chélidon formaient tous les arrêts du préteur civil. Voici l'autre. Déjà Verrès était sorti de Rome, revêtu des habits militaires; déjà il avait prononcé les vœux solennels pour le succès de son administration et pour la prospérité de l'empire : la nuit, pour

DISCOURS SUR LES SUPPLICES.

quæ sunt dissoluta	lesquelles ont été acquittées (réparées)
et compensata ab isto	et compensées par ce *Verrès*
fructu ætatis.	par le produit (le trafic) de *son jeune* âge.
34. Jam vero	34. Mais ensuite
quum obduruisset	quand il se-fut-endurci
in patientia	à l'action-de-souffrir (supporter)
turpitudinis ejusmodi,	une honte de-cette-nature,
satietate aliena, non sua,	à la satiété des-autres, non à la sienne,
quid attinet me dicere	qu'importe-t-il que je dise
qui fuerit vir,	quel il fut *étant* homme (dans l'âge viril),
quot præsidia,	combien de défenses (remparts)
quam munita	*et* combien fortifiés
pudoris et pudicitiæ	de pudeur et de chasteté,
ceperit vi et audacia,	il a pris par la violence et par l'audace,
aut conjungere præterea	ou que je joigne en-outre
dedecus cujusquam	le déshonneur de quelqu'un
cum flagitio istius?	avec (à) l'infamie de cet *homme*?
Non faciam, judices;	Je ne *le* ferai pas, juges;
prætermittam	je tairai
omnia vetera :	tous *ses* anciens *désordres* :
ponam duo sola recentia	j'exposerai deux seuls *faits* récents
sine infamia cujusquam,	sans déshonneur de (pour) personne,
ex quibus possitis	d'après lesquels vous puissiez
facere conjecturam	faire conjecture (juger)
de omnibus :	de tous *les autres* :
unum illud	l'un, celui-là
quod fuit ita illustre	qui fut si fameux
notumque omnibus,	et *si* connu de tous,
ut, L. Lucullo	*c'est* que, L. Lucullus
et M. Cotta consulibus,	et M. Cotta *étant* consuls,
nemo homo tam rusticanus	aucun homme si rustique
venerit Romam	ne vint à Rome
ex ullo municipio,	d'aucun municipe,
causa vadimonii,	à cause d'une assignation-en-justice,
quin sciret omnia jura	qu'il ne sût que tous les droits (arrêts)
prætoris urbani	du préteur de-la-ville (civil)
gubernari	étaient dirigés (rendus)
nutu arbitrioque	au signe-de-tête (à la volonté) et au gré
meretriculæ Chelidonis :	de la courtisane Chélidon :
alterum, quod	l'autre, *c'est* que
quum exisset	comme il était sorti *de Rome*
paludatus	vêtu-de-l'habit-militaire
nuncupassetque vota	et avait prononcé les vœux *solennels*
pro suo imperio,	pour *le succès de* son commandement,
communique	et *pour l'empire* commun
populi romani,	du peuple romain,
solitus est, noctu,	il eut-coutume, pendant-la-nuit,

cupasset, noctu, stupri causa, lectica in Urbem introferri solitus est ad mulierem, nuptam uni, propositam omnibus, contra fas, contra auspicia, contra omnes divinas atque humanas religiones.

XIV. 35. O dii immortales! quid interest inter mentes hominum et cogitationes! Ita mihi meam voluntatem, spemque reliquæ vitæ, vestra populique romani existimatio comprobet, ut ego, quos adhuc mihi magistratus populus romanus mandavit, sic eos accepi, ut me omnium officiorum obstringi religione arbitrarer! Ita quæstor sum factus, ut mihi honorem illum non tam datum, quam creditum ac commissum putarem. Sic obtinui quæsturam in provincia Sicilia, ut omnium oculos in me unum conjectos arbitrarer; ut me quæsturamque meam quasi in aliquo orbis terræ theatro versari existimarem; ut omnia semper, quæ jucunda videntur esse, non modo his extraordinariis cupiditatibus, sed etiam ipsi naturæ ac necessitati, denegarem.

satisfaire une passion criminelle, bravant et la religion et les auspices, et tout ce qu'il y a de sacré dans le ciel et sur la terre, il rentrait dans la ville en litière, et se faisait porter chez une femme qui, l'épouse d'un seul homme, avait tous les hommes pour maris.

XIV. 35. Dieux immortels! quelle différence entre les pensées et les sentiments des hommes! Puisse votre estime, citoyens, puissent les suffrages du peuple romain accueillir mon zèle et combler mes espérances, comme il est vrai qu'en recevant les dignités que le peuple romain a daigné m'accorder jusqu'ici, j'ai cru contracter avec lui les obligations les plus indispensables et les plus sacrées! Nommé questeur, j'ai regardé cette magistrature, non pas comme un don, mais comme un dépôt dont je devais compte à la patrie. Lorsque j'en ai rempli les fonctions en Sicile, je pensais que tous les yeux étaient fixés sur moi, que placées sur un grand théâtre, ma personne et ma questure étaient en spectacle à tout l'univers; et loin de me livrer à ces passions que la raison condamne, je me suis même refusé les douceurs que la nature semble exiger.

causa stupri,	pour cause de débauche,
introferri in Urbem lectica	d'être introduit dans la ville en litière
ad mulierem, nuptam uni,	chez une femme, mariée à un seul *homme*,
propositam omnibus,	prostituée à tous,
contra fas, contra auspicia,	contre le droit *divin*, contre les auspices,
contra omnes religiones	contre toutes les choses-sacrées
divinas atque humanas.	divines et humaines.
XIV. 35. O dii immortales!	XIV. 35. O dieux immortels !
quid interest	quelle différence-existe
inter mentes hominum	entre les esprits des hommes
et cogitationes!	et *leurs* pensées !
vestra existimatio	que votre estime
populique romani	et *celle* du peuple romain,
comprobet mihi	accueille-favorablement pour moi
meam voluntatem	mon zèle
spemque vitæ reliquæ,	et l'espoir de la vie qui-*me*-reste,
ita ut ego accepi	comme-il-est-vrai que j'ai reçu
eos magistratus,	ces magistratures,
quos populus romanus	que le peuple romain
mandavit mihi adhuc,	a confiées à moi jusqu'à-ce-jour,
sic ut arbitrarer	de-telle-manière que je pensasse
me obstringi	moi être *dès lors* enchaîné
religione	par la religion
omnium officiorum!	de tous les devoirs !
Sum factus quæstor	J'ai été nommé questeur
ita, ut	dans-de-tels-sentiments, que
putarem illum honorem	je pensais que cet honneur
non tam datum mihi	n'*avait* pas *été* autant donné à moi
quam creditum	que prêté
et commissum.	et confié *par la patrie*.
Obtinui quæsturam	J'ai exercé la questure
in provincia Sicilia,	dans la province *de* Sicile,
sic ut arbitrarer	de-telle-sorte que je pensais
oculos omnium	que les yeux de tous
conjectos in me unum,	*étaient* jetés sur moi seul,
ut existimarem me	que je croyais que moi
meamque quæsturam	et ma questure
versari	étions placés
quasi in aliquo theatro	comme sur quelque théâtre
orbis terræ :	du globe de la terre (de l'univers) :
ut denegarem semper,	au-point-que je refusais toujours,
non modo his cupiditatibus	non seulement à ces passions
extraordinariis,	extraordinaires (monstrueuses),
sed etiam naturæ ipsi	mais encore à la nature elle-même
ac necessitati,	et au besoin,
omnia quæ videntur	toutes *les choses* qui paraissent
esse jucunda.	être agréables *à la vie*.

36. Nunc sum designatus ædilis [1]; habeo rationem quid a populo romano acceperim : mihi ludos sanctissimos maxima cum cærimonia Cereri, Libero Liberæque faciundos; mihi Floram matrem populo plebique romanæ ludorum celebritate placandam; mihi ludos antiquissimos, qui primi romani sunt nominati, maxima cum dignitate ac religione Jovi, Junoni Minervæque esse faciundos; mihi sacrarum ædium procurationem, mihi totam Urbem tuendam esse commissam : ob earum rerum laborem et sollicitudinem fructus illos datos : antiquiorem in senatu sententiæ dicendæ locum [2], togam prætextam, sellam curulem, jus imaginis ad memoriam posteritatemque prodendæ [3].

37. Ex his ego rebus omnibus, judices, ita mihi deos omnes propitios esse velim, ut, tametsi mihi jucundissimus est honos populi, tamen nequaquam tantum capio voluptatis,

36. En ce moment, je suis édile désigné; je sens toute l'importance des devoirs qui me sont imposés par le peuple romain : célébrer avec le plus grand appareil les jeux consacrés à Cérès, à Bacchus et à Proserpine; rendre la déesse Flora favorable à l'empire et à l'ordre du peuple, par la pompe des jeux institués en son honneur; faire représenter avec la majesté la plus auguste et la plus religieuse, au nom de Jupiter, de Junon et de Minerve, ces jeux solennels, les plus anciens de Rome et les premiers qu'on ait appelés romains; veiller à l'entretien des temples, étendre mes soins sur Rome entière; telles sont mes fonctions; je le sais, citoyens, et je sais aussi que, pour prix de tant de travaux, on m'accorde le droit d'opiner avant les simples sénateurs, la toge bordée de pourpre, la chaise curule, le droit d'image pour perpétuer mon existence dans la postérité.

37. Ces distinctions honorables remplissent mon âme de la joie la plus vive : mais que tous les dieux cessent de m'être propices, si je ne suis pas moins sensible encore au plaisir de les avoir obtenues,

36. Nunc	36. Maintenant
sum ædilis designatus,	je suis édile désigné,
habeo rationem	je tiens compte de (je n'ai pas oublié)
quid acceperim	ce-que j'ai reçu (ce qui m'est imposé)
a populo romano :	par le peuple romain :
ludos sanctissimos	*je sais que* des jeux très-solennels
faciundos mihi,	doivent-être-célébrés par moi,
cum maxima cærimonia,	avec le plus grand appareil,
Cereri,	à *l'honneur de* Cérès,
Libero Liberæque ;	*de* Bacchus et *de* Proserpine ;
matrem Floram	que la vénérable Flora
placandam mihi	doit-être-rendue-favorable par moi
populo plebique romanæ	à la nation et au peuple romain
celebritate ludorum ;	par la pompe des jeux ;
ludos antiquissimos	que les jeux les plus anciens
qui primi sunt nominati	qui les premiers ont été appelés
romani,	*jeux* romains,
esse faciundos mihi	doivent-être-célébrés par moi
Jovi, Junonique	à *l'honneur de* Jupiter, et *de* Junon,
Minervæque	et *de* Minerve
cum maxima dignitate	avec la plus grande majesté
ac religione ;	et *la plus grande* piété ;
procurationem	que l'entretien
ædium sacrarum,	des édifices sacrés,
esse commissam mihi,	a été confié à moi,
Urbem totam tuendam	que la Ville entière à-défendre
mihi,	*a été confiée* à moi,
ob laborem	à cause du travail
et sollicitudinem	et du soin
earum rerum,	de ces choses
illos fructus datos,	*je sais que* ces avantages *m'ont été* donnés,
locum antiquiorem	un rang plus ancien (plus élevé)
dicendæ sententiæ	pour exprimer *mon* opinion
in senatu,	dans le sénat,
togam prætextam,	la robe bordée-de-pourpre,
sellam curulem,	la chaise curule,
jus prodendæ imaginis	le droit de transmettre *mon* image
ad memoriam	à la mémoire *des hommes*
posteritatemque.	et à la postérité.
37. Judices, ego velim	37. Juges, je désire
omnes deos	que tous les dieux
esse propitios mihi,	soient favorables à moi,
ita ut,	comme-il-est-vrai que,
tametsi honos populi	bien-que *cet* honneur du peuple
est jucundissimus mihi,	soit très-agréable pour moi,
tamen capio nequaquam	cependant je ne ressens pas-du-tout
tantum voluptatis,	autant de plaisir

quantum sollicitudinis et laboris; ut hæc ipsa ædilitas, non, quia necesse fuerit, alicui candidato data, sed, quia sic oportuerit, recte collocata et judicio populi in loco posita esse videatur.

XV. 38. Tu, quum esses prætor renuntiatus quoquo modo (mitto enim et prætereo quid tum sit actum), sed quum esses renuntiatus, ut dixi, non ipsa præconis voce excitatus es, qui te toties *seniorum juniorumque centuriis*[1] *illo honore affici* pronuntiavit, ut hoc putares, aliquam reipublicæ partem tibi creditam? annum tibi illum unum domo carendum esse meretricis? Quum tibi sorte obtigisset ut jus diceres, quantum negotii, quid oneris haberes, nunquam cogitasti; neque illud rationis habuisti, si forte expergefacere te posses, eam provinciam, quam tueri singulari sapientia atque integritate difficile

que je ne suis occupé du soin de me montrer digne d'une si haute faveur, et de prouver que ce choix n'est pas tombé sur moi, parce qu'il était nécessaire de nommer quelqu'un des candidats, mais que le peuple, en me donnant ce témoignage de son estime, n'a pas été trompé dans son attente.

XV. 38. Et vous, lorsque vous avez été proclamé préteur, n'importe par quels moyens, je ne rappelle point ce qui s'est fait alors; mais enfin, lorsque vous avez été proclamé, la voix du héraut qui répéta tant de fois que les centuries des vieillards et celles des jeunes gens vous décernaient cette dignité, la voix du héraut ne vous a pas tiré de votre assoupissement! Vous n'avez pas réfléchi qu'une portion de la république était confiée à vos soins; que cette année du moins il faudrait vous interdire la maison d'une courtisane! Quand le sort vous eut nommé chef de la justice, vous n'avez pas songé à l'importance de vos devoirs! vous n'avez pas senti, si toutefois votre léthargie vous permettait de sentir quelque chose, que cette partie de l'administration où la sagesse la plus rare, l'intégrité la plus scrupuleuse, ne garantissent pas toujours des écueils, était aban-

DISCOURS SUR LES SUPPLICES. 71

ex omnibus his rebus,	de toutes ces distinctions,
quantum sollicitudinis	que *je ressens* d'inquiétude
et laboris,	et *me donne* de peine,
ut hæc ipsa ædilitas	pour que cette même édilité
videatur, non data	paraisse, non-pas donnée
alicui candidato,	à quelque candidat *le premier venu*,
quia fuerit necesse,	parce qu'il était nécessaire *de le faire*,
sed collocata recte,	mais placée dignement,
quia oportuerit sic,	parce qu'il fallait *qu'il en fût* ainsi,
et posita in loco,	et déposée en lieu (main) *convenable*
judicio populi.	par le jugement du peuple.

XV. 38. Tu, — XV. 38. *Et* vous,
quum esses renuntiatus — lorsque vous fûtes proclamé
prætor — préteur
quoquo modo, — de quelque manière *que ç'ait été*,
— mitto enim et prætereo — — en effet j'omets et passe-sous-silence
quid sit actum tum, — — ce-qui a été fait alors, —
sed — mais *enfin*
quum esses renuntiatus, — quand vous fûtes proclamé,
ut dixi, — comme je *l*'ai dit,
non es excitatus — vous n'avez pas été éveillé
voce ipsa præconis, — par la voix même du héraut,
qui pronuntiavit toties — qui déclara tant-de-fois
te *affici hoc honore* — que vous étiez honoré de cette dignité
centuriis seniorum — par les centuries des vieillards
juniorumque, — et *celles* des jeunes-gens,
ut putares hoc, — pour que vous pensiez à cela,
aliquam partem reipublicæ — qu'une partie de la république
creditam tibi? — *avait été* confiée à vous?
illum unum annum — que *pendant* cette seule année
tibi esse carendum — il vous fallait manquer (vous priver)
domo meretricis? — de la maison d'une courtisane?
Quum tibi obtigisset sorte — Lorsqu'il vous fut échu par le sort
ut diceres jus, — que vous rendissiez la justice,
nunquam cogitasti — vous n'avez jamais songé
quantum negotii, — combien d'occupation,
quid oneris haberes, — quoi de (quelle) charge vous aviez,
et non habuisti — et vous n'avez pas eu (fait)
illud rationis, — ce calcul (cette réflexion),
si forte posses — si jamais vous pouviez
expergefacere te, — réveiller vous (secouer votre léthargie),
eam provinciam, — que cette partie-de-l'administration,
quam esset difficile tueri — qu'il était difficile de maintenir (diriger)
sapientia singulari, — avec une sagesse rare,
atque integritate, — et *la plus grande* intégrité,
venisse — était venue *en proie*
ad summam stultitiam — à la plus grande folie

esset, ad summam stultitiam nequitiamque venisse? Itaque non modo domo tua Chelidonem in prætura extrudere noluisti, sed in Chelidonis domum præturam tuam totam detulisti.

39. Secuta provincia est; in qua tibi nunquam venit in mentem, non tibi idcirco fasces, et secures, et tantam imperii vim, tantamque ornamentorum omnium dignitatem datam, ut earum rerum vi et auctoritate omnia repagula juris, pudoris et officii perfringeres, ut omnium bona prædam tuam duceres; nullius res tuta, nullius domus clausa, nullius vita septa, nullius pudicitia munita contra tuam cupiditatem et audaciam posset esse : in qua tu te ita gessisti, ut, quum omnibus teneare rebus, ad bellum fugitivorum confugias. Ex quo jam intelligis non modo tibi nullam defensionem, sed maximam vim criminum exor-

donnée au plus insensé comme au plus scélérat des hommes! Aussi, pendant votre préture, votre demeure n'a pas été fermée à Chélidon; au contraire, vous avez transporté votre préture tout entière dans la demeure de Chélidon.

39. Vous fûtes ensuite envoyé en Sicile ; et là, jamais il ne vous est venu dans la pensée, qu'en vous donnant les haches, les faisceaux, l'autorité, et tout l'appareil d'un si grand pouvoir, la république ne prétendait pas vous livrer des armes pour briser toutes les barrières des lois, de la pudeur et du devoir ; pour faire du bien des peuples la proie de votre cupidité ; pour que les fortunes, les maisons, la vie des hommes et l'honneur des femmes n'opposassent qu'une résistance inutile à votre avarice et à votre audace ! Telle a été l'infamie de votre conduite, qu'aujourd'hui pressé, investi de toutes parts, vous cherchez un refuge dans la guerre des esclaves. Vous voyez à présent que, loin de servir à votre défense, elle prête une force nouvelle à votre accusateur, à moins que vous ne nous

nequitiamque.	et à la *dernière* scélératesse.
Itaque in prætura,	Aussi dans *votre* préture,
non modo noluisti	non seulement vous n'avez pas-voulu
extrudere Chelidonem	chasser Chélidon
tua domo,	de votre maison,
sed detulisti	mais vous avez transporté
tuam præturam totam,	votre préture tout-entière,
in domum Chelidonis.	dans la maison de Chélidon.
39. Provincia	39. *Le gouvernement de* la province
secuta est,	suivit (vous fut ensuite donné),
in qua venit nunquam	dans laquelle *fonction* il ne vint jamais
tibi in mentem	à vous dans l'esprit
fasces et secures,	que les faisceaux et les haches,
et tantam vim imperii	et une si-grande force d'autorité
tantamque dignitatem	et une si-grande dignité (appareil)
omnium ornamentorum,	de tous les insignes (honneurs),
non datam tibi	n'*avaient* pas *été* donnés à vous
idcirco, ut refringeres	pour-cela que vous pussiez-briser
vi et auctoritate	par la force et l'autorité
earum rerum,	*venant* de ces dignités,
omnia repagula juris,	toutes les barrières des lois,
pudoris et officii,	de la pudeur et du devoir,
ut duceres bona omnium	pour que vous crussiez les biens de tous
tuam prædam,	votre proie,
ut res nullius	pour que la fortune d'aucun *citoyen*
posset esse tuta,	ne pût être en-sûreté,
domus nullius clausa,	la maison d'aucun *citoyen* fermée,
vita nullius septa,	la vie d'aucun *citoyen* entourée (protégée),
pudicitia nullius munita	la pudeur d'aucune *femme* défendue,
contra tuam cupiditatem	contre, *d'un côté*, votre avarice
et audaciam :	et, *de l'autre, votre* audace :
in qua,	dans laquelle *province*,
tu te gessisti ita,	vous vous êtes conduit de-telle-sorte,
ut, quum teneare	que, comme vous êtes tenu (pris)
omnibus rebus	sur tous les points
confugias	vous vous-réfugiez
ad bellum fugitivorum.	dans la guerre des *esclaves* fugitifs.
Ex quo	De laquelle *guerre*
jam intelligis,	maintenant vous comprenez,
non modo	que non seulement
nullam defensionem	aucune défense
exortam tibi,	n'*est* sortie pour vous,
sed maximam vim	mais *au contraire* une très-grande quantité
criminum :	de chefs-d'accusation :
nisi forte	à moins que par-hasard
profores	vous ne mettiez-en-avant
reliquias fugitivorum	les restes des *esclaves* fugitifs

tam : nisi forte italici belli fugitivorum reliquias, atque illud temsanum incommodum¹ proferes; ad quod recens quum te peropportune fortuna obtulisset, si quid in te virtutis atque industriæ fuisset, idem qui semper fueras, inventus es.

XVI. 40. Quum ad te Valentini venissent, et pro his homo disertus et nobilis, M. Marius loqueretur, ut negotium susciperes, ut, quum penes te prætorium imperium ac nomen esset, ad illam parvam manum exstinguendam ducem te principemque præberes, non modo id refugisti, sed eo ipso tempore, quum esses in littore, Tertia illa tua, quam tecum deportabas, erat in omnium conspectu : ipsis autem Valentinis ex tam illustri nobilique municipio, tantis de rebus responsum nullum dedisti, quum esses cum tunica pulla et pallio. Quid hunc proficiscentem, quid in ipsa provincia fecisse existimatis, qui quum jam ex provincia, non ad triumphum, sed ad judi—

parliez de cette poignée de fugitifs rassemblés à Temsa. C'était une occasion favorable que la fortune vous présentait, si vous aviez été capable de quelque courage et de quelque activité. Mais vous fûtes alors ce que vous aviez toujours été.

XVI. 40. Les Valentiens étaient venus vous trouver, et M. Marius, citoyen aussi distingué qu'éloquent, parlant en leur nom, vous conjurait de vous charger de cette expédition; il représentait que, conservant encore le titre et l'autorité de préteur, c'était à vous de marcher à leur tête pour exterminer cette poignée d'ennemis. Non-seulement vous les refusâtes, mais dans ce temps même, cette Tertia que vous emmeniez avec vous, était à vos côtés sur le rivage, bravant tous les regards. Les Valentiens, c'est-à-dire les habitants d'une de nos premières villes municipales, accourus pour un objet aussi important, remportèrent, au lieu de réponse, l'étonnement d'avoir vu un magistrat romain vêtu d'une tunique brune et d'un manteau grec. Qu'a-t-il dû faire, à son départ de Rome et dans son gouvernement, cet homme qui, sortant de sa province, non pour triompher,

belli italici,	de la guerre d'-Italie,
atque illud incommodum	et ce *léger* embarras
temsanum ;	de-Temsa ;
quum fortuna recens,	quand la fortune récemment,
te obtulisset ad quod	vous mit-en-présence de cette *affaire*
peropportune,	dans-une-occasion-très-favorable,
si quid virtutis	si quelque courage
atque industriæ	et *quelque* activité
fuisset in te,	avaient existé en vous,
es inventus idem	vous avez été trouvé le même
qui fueras semper.	que vous aviez été toujours.
XVI. 40. Quum	XVI. 40. Comme
Valentini	les Valentiens
venissent ad te,	étaient venus vers vous,
et M. Marius,	et que M. Marius,
homo disertus et nobilis	homme disert et distingué
loqueretur pro his,	parlait pour eux,
ut susciperes negotium,	pour que vous entreprissiez l'affaire,
ut præberes te	pour que vous offrissiez vous
ducem principemque	*comme* général et chef
ad illam parvam manum	contre cette petite poignée *d'hommes*
exstinguendam,	à-exterminer,
quum imperium prætorium	puisque l'autorité de-préteur
ac nomen esset penes te,	et le titre était au-pouvoir-de vous,
non modo refugisti id,	non seulement vous avez évité cela,
sed eo ipso tempore,	mais *dans* ce même temps,
quum esses in littore,	quand vous étiez sur le rivage,
illa Tertia tua,	cette Tertia qui-vous-est-si-chère,
quam deportabas tecum,	que vous emmeniez avec-vous,
erat in conspectu omnium :	était en présence de tous *les citoyens* :
dedisti autem	mais vous n'avez donné
Valentinis ipsis	aux Valentiens eux-mêmes,
ex municipio	*citoyens* d'un municipe
tam illustri nobilique,	si illustre et *si* distingué,
nullum responsum	aucune réponse
de rebus tantis,	sur un objet si-important,
quum esses	pendant que vous étiez *vétu* [grec.
cum tunica pulla et pallio.	d'une tunique brune et d'un manteau-
Quid existimatis hunc,	Que pensez-vous que cet *homme*,
proficiscentem, fecisse,	partant *de Rome*, ait fait,
quid	que *pensez-vous*
in provincia ipsa,	*qu'il ait fait* dans sa province même,
qui quum jam decederet	lui-qui, lors même qu'il s'éloignait
ex provincia,	de *son* gouvernement,
non ad triumphum,	non pour *venir* à un triomphe,
sed ad judicium,	mais pour *subir* un jugement,
ne fugerit quidem	n'a pas évité même

cium decederet, ne illam quidem infamiam fugerit, quam sine ulla voluptate capiebat?

41. O divina senatus frequentis in æde Bellonæ admurmuratio! Memoria tenetis, judices, quum advesperasceret, et paulo ante esset de hoc temsano incommodo nuntiatum, quum inveniretur nemo qui in illa loca cum imperio mitteretur, dixisse quemdam, Verrem esse non longe a Temsa : quam valde universi admurmurarint, quam palam principes contradixerint. Et is tot criminibus testimoniisque convictus, in eorum tabellis spem sibi aliquam ponit, quorum omnium palam, causa incognita, voce damnatus est!

CONTENTIONIS SECUNDA PARS.

DE BELLO PRÆDONUM.

XVII. 42. Esto : nihil ex fugitivorum bello, aut suspicione belli, laudis adeptus est, quod neque bellum ejusmodi, neque belli periculum fuit in Sicilia, neque ab isto provisum est, ne

mais pour subir un jugement, n'a pas même évité un scandale qui ne lui procurait aucun plaisir?

41. O qu'il fut bien inspiré par les dieux, ce murmure du sénat assemblé dans le temple de Bellone! Vous ne l'avez pas oublié, citoyens. La nuit approchait; on venait de vous informer de ce rassemblement auprès de Temsa; comme on n'avait personne qui, revêtu du commandement militaire, pût être envoyé dans cette contrée, quelqu'un observa que Verrès n'était pas loin de Temsa. Quel frémissement s'éleva de toutes les parties de la salle! Avec quelle chaleur les chefs du sénat repoussèrent cette idée! Et cet homme chargé de tant d'accusations, convaincu par tant de témoignages, ose compter encore sur les suffrages de ceux dont les voix l'ont condamné ouvertement, avant même que sa cause n'eût été instruite!

SECONDE PARTIE DE LA DISCUSSION.

DE LA GUERRE DES PIRATES.

XVII. 42. Eh bien! dira Hortensius, Verrès n'a pas eu la gloire de terminer ou de prévenir la guerre des esclaves, parce qu'en effet cette guerre n'a pas existé, qu'on n'a pas eu lieu de la craindre en Sicile, qu'enfin il n'a rien fait pour l'empêcher. Mais du moins il a

DISCOURS SUR LES SUPPLICES.

illam infamiam,	cette infamie,
quam capiebat	qu'il prenait (dont il se couvrait)
sine ulla voluptate?	sans aucun plaisir?
41. O admurmuratio	41. O murmure
divina	divin (prophétique)
senatus frequentis	du sénat nombreux (assemblé)
in æde Bellonæ!	dans le temple de Bellone!
Judices, tenetis memoria,	Juges, vous conservez dans *votre* mémoire,
quum advesperasceret,	que lorsque la-nuit-approchait,
et paulo ante	et *que* peu auparavant,
esset nuntiatum	il avait été donné-nouvelle
de hoc incommodo	de cet embarras (tumulte)
temsano,	de-Temsa,
cum nemo inveniretur	comme personne n'était trouvé
qui mitteretur in illa loca	qui pût-être-envoyé dans ces lieux
cum imperio,	avec un commandement *militaire*,
quemdam dixisse, Verrem	quelqu'un s'écria que Verrès
esse non longe a Temsa :	était non loin de Temsa :
quam valde	combien vigoureusement *alors*
universi admurmurarint,	tous-ensemble murmurèrent,
quam palam principes	combien ouvertement les chefs *du sénat*
dixerint contra.	parlèrent contre *cette idée*.
Et is	Et cet *homme*
convictus tot criminibus,	convaincu par tant d'accusations
testimoniisque,	et de témoignages,
ponit aliquam spem sibi	place quelque espoir pour lui (en sa faveur),
in tabellis eorum,	dans les tablettes (suffrages) de ceux
voce omnium quorum	par la voix de tous lesquels
est damnatus palam,	il a été condamné ouvertement,
causa incognita!	*sa* cause n'étant-pas-*encore*-instruite!

SECUNDA PARS CONTENTIONIS.

SECONDE PARTIE DE LA DISCUSSION.

DE BELLO PRÆDONUM.

DE LA GUERRE DES PIRATES.

XVII. 42. Esto :	XVII. 42. Soit, *dira Hortensius*
est adeptus nihil laudis	il n'a acquis aucune gloire
ex bello fugitivorum,	de la guerre des *esclaves* fugitifs,
aut suspicione belli,	ou des soupçons de guerre,
quod	parce que
neque bellum ejusmodi,	ni guerre de-ce-genre,
neque periculum belli	ni danger de guerre
fuit in Sicilia,	n'a existé en Sicile,
neque est provisum ab isto,	et il n'a pas été pris-de-mesures par lui
ne quod esset.	pour que quelque *guerre* n'eût-pas-lieu.

quod esset. At vero contra bellum prædonum classem habuit ornatam, diligentiamque adhibuit in eo singularem; itaque, isto prætore, præclare defensa provincia est. Sic de bello prædonum, sic de classe siciliensi, judices, dicam, ut hoc jam ante confirmem, in hoc uno genere omnes inesse culpas istius maximas, avaritiæ, majestatis, dementiæ, libidinis, crudelitatis. Hæc dum breviter expono, quæso, ut fecistis adhuc, diligenter attendite.

43. Rem navalem primum ita dico esse administratam, non uti provincia defenderetur, sed ut classis nomine pecunia quæreretur. Superiorum prætorum consuetudo quum hæc fuisset, ut naves civitatibus, certusque numerus nautarum militumque imperaretur, maximæ et locupletissimæ civitati mamertinæ nihil horum imperavisti : ob quam rem quid tibi Mamertini

opposé aux pirates une flotte très-bien équipée, et dans cette guerre, il a donné des preuves d'une vigilance incomparable. Aussi, pendant sa préture, la province a-t-elle été parfaitement garantie. Juges, avant de vous parler de la guerre des pirates et de la flotte sicilienne, j'ose affirmer que cette partie de son administration est celle qui renferme ses plus monstrueux attentats. Avarice, lèse-majesté, extravagance, débauche, cruauté, tout y est porté aux plus affreux excès. Daignez me continuer votre attention ; je n'abuserai pas de votre patience.

43. Je soutiens d'abord qu'en équipant une flotte sous prétexte de défendre la province, il n'a eu d'autres vues que de gagner de l'argent. Ses prédécesseurs avaient toujours exigé de chaque ville des vaisseaux et un nombre déterminé de matelots et de soldats. Verrès, vous n'avez rien exigé de Messine, une des plus grandes et des plus opulentes cités de la Sicile. On verra par la suite quelle somme les Mamertins ont payée en secret pour obtenir une

At vero	Mais du-moins
habuit classem ornatam	il a tenu une flotte équipée
contra bellum prædonum,	contre la guerre *venant* des pirates,
adhibuitque in eo	et a employé en cette *occasion*
diligentiam singularem ;	une activité rare ;
itaque, isto prætore,	aussi, celui-ci *étant* préteur,
provincia	la province
est defensa præclare.	a été défendue glorieusement.
Judices, dicam	Juges, je parlerai
sic de bello prædonum,	de-telle-sorte sur la guerre des pirates,
sic de classe siciliensi,	de-telle-sorte sur la flotte sicilienne,
ut jam ante	que déjà auparavant
confirmem hoc,	j'affirme cela, *savoir que*
in hoc uno genere,	dans cette seule partie *de son administra-*
inesse	se-rencontrent [*tion,*
omnes maximas culpas	tous très-grands crimes
istius,	de cet *homme*,
avaritiæ, majestatis,	*crimes* de cupidité, de lèse-majesté,
dementiæ, libidinis,	d'extravagance, de débauche,
crudelitatis.	de cruauté.
Dum expono breviter	Pendant que j'expose brièvement
hæc,	ces *attentats*,
attendite diligenter, quæso,	prêtez-l'oreille avec-soin, je *vous* prie,
ut fecistis adhuc.	comme vous avez fait jusqu'ici.
43. Primum dico	43. D'abord je dis (je soutiens)
rem navalem	que les affaires de-la-marine
non esse administratam,	n'ont pas été administrées,
ita, uti provincia	dans-le-but que la province
defenderetur,	fût garantie,
sed ut pecunia quæreretur	mais pour que de l'argent fût gagné
nomine classis.	sous prétexte de flotte *à équiper.*
Quum consuetudo	Lorsque la coutume
prætorum superiorum	des préteurs *ses* prédécesseurs
fuisset hæc,	avait été celle-ci,
ut naves,	que des vaisseaux,
numerusque certus	et un nombre déterminé
nautarum militumque	de matelots et de soldats
imperaretur civitatibus,	fût imposé aux cités,
imperavisti nihil horum,	vous n'avez imposé aucune de ces *charges,*
civitati mamertinæ,	à la cité des-Mamertins,
maximæ et locupletissimæ:	*cité* très-grande et très-riche :
videbitur post,	on verra dans-la-suite,
quid pecuniæ	quelle *somme* d'argent
Mamertini	les Mamertins
dederint tibi clam,	ont donnée à vous en-secret
ob quam rem ;	pour cette chose (exemption) ;
quæremus	nous *le* chercherons

clam dederint pecuniæ, post videbitur; ex ipsorum litteris et testibus quæremus.

44. Navem vero Cybeam maximam, triremis instar, pulcherrimam atque ornatissimam, palam ædificatam sumptu publico, sciente tota Sicilia, per magistratum senatumque mamertinum tibi datam donatamque esse dico. Hæc navis, onusta præda siciliensi, quum ipsa quoque esset ex præda, simul quum iste decederet, appulsa Veliam est; cum plurimis rebus, et iis quas ante Romam mittere cum ceteris furtis noluit, quod erant carissimæ, maximeque eum delectabant. Eam navem nuper egomet vidi Veliæ, multique alii viderunt, pulcherrimam atque ornatissimam, judices : quæ quidem omnibus qui eam adspexerant, prospectare jam exsilium atque explorare fugam domini videbatur.

XVIII. 45. Quid mihi hoc loco respondebis? nisi forte id, quod, tametsi probari nullo modo potest, tamen dici quidem in

telle exemption : j'examinerai leurs registres; j'interrogerai leurs témoins.

44. En attendant, j'affirme que le Cybée, superbe navire de la grandeur d'une trirème, construit publiquement aux frais de la ville, sous le regard de la Sicile entière, vous a été offert en pur don par les magistrats et le sénat de Messine. Ce vaisseau, chargé du butin de la Sicile, dont lui-même faisait partie, quitta la province en même temps que le préteur. Il vint aborder à Vélie, portant une infinité de richesses et les effets que Verrès n'avait pas voulu envoyer à Rome avec ses autres vols, parce que c'était ce qu'il avait de plus précieux et de plus cher. Il est encore à Vélie. Je l'ai vu dernièrement; beaucoup d'autres l'ont vu comme moi. Il est très-beau, parfaitement équipé. Il semblait à tous ceux qui le regardaient, attendre déjà l'exil de son maître et se disposer à seconder sa fuite.

XVIII. 45. Ici, que répondrez-vous, sinon une chose qui ne peut vous excuser, que cependant il est nécessaire de dire dans un procès

ex litteris ipsorum	d'après les registres d'eux-mêmes
et testibus.	et *d'après leurs* témoins.
44. Dico vero,	44. Mais je dis (j'affirme), *en attendant*
navem Cybeam	que le vaisseau le Cybée
maximam, instar triremis,	très-grand à-l'égal d'une trirème,
pulcherrimam,	très-beau,
atque ornatissimam,	et très-bien-équipé,
ædificatam palam	construit ouvertement
sumptu publico,	aux frais du-public,
tota Sicilia sciente,	toute la Sicile *le* sachant,
esse datam donatamque tibi	a été offert et donné à vous
per magistratum,	par les magistrats,
senatumque mamertinum.	et le sénat des-Mamertins.
Hæc navis,	Ce vaisseau
onusta præda siciliensi,	chargé du butin de-la-Sicile,
quum ipsa quoque	quand lui aussi
esset ex præda,	était (faisait partie) du butin,
simul quum iste	en-même-temps que ce *Verrès*
decederet,	s'éloignait *de sa province*,
appulsa est Veliam,	aborda à Vélie,
cum plurimis rebus,	avec beaucoup-de richesses,
et iis quas noluit	et ces *effets* qu'il ne voulut-pas
mittere ante Romam	envoyer auparavant à Rome
cum ceteris furtis,	avec *ses* autres vols,
quod erant carissimæ,	parce qu'ils *lui* étaient les plus chers,
delectabantque eum	et charmaient lui
maxime.	surtout.
Judices, nuper egomet	Juges, dernièrement moi-même
vidi Veliæ eam navem	j'ai vu à Vélie ce vaisseau
pulcherrimam	très-beau
atque ornatissimam,	et très-bien-équipé,
multique alii viderunt :	et beaucoup d'autres *l*'ont vu :
quæ quidem videbatur	qui certes paraissait
omnibus	à tous *ceux*
qui adspexerant eam,	qui avaient vu lui,
jam prospectare exsilium	déjà attendre l'exil
atque explorare	et *s'essayer à* découvrir
fugam domini.	une *voie de* fuite de (pour) *son* maître.
XVIII. 45. Quid	XVIII. 45. Que
respondebis mihi hoc loco ?	répondrez-vous à moi en ce lieu (ici) ?
nisi forte	à-moins-que par-hasard *vous ne répondiez*
id quod tamen	ce que cependant
est necesse dici,	il est nécessaire qu'il soit dit,
quidem in judicio	certes dans un procès
de pecuniis repetundis,	sur l'argent à-réclamer (de concussion),
tametsi potest	quoique *cela* ne puisse
probari nullo modo,	être excusé en aucune manière,

4.

judicio de pecuniis repetundis necesse est, de tua pecunia ædificatam esse eam navem. Aude hoc saltem dicere, quod necesse est : noli metuere, Hortensi, ne quæram, qui licuerit ædificare navem senatori¹. Antiquæ sunt istæ leges et mortuæ, quemadmodum tu soles dicere, quæ vetant. Fuit ista respublica quondam, fuit ista severitas in judiciis, ut istam rem accusator in magnis criminibus objiciendam putaret. Quid enim tibi nave opus fuit? cui, si quo publice proficisceréris, et præsidii et vecturæ causa, sumptu publico navigia præberentur; privatim autem nec proficisci quoquam potes, nec arcessere res transmarinas ex iis locis, in quibus tibi habere, mercari nihil licet.

46. Deinde cur quidquam contra leges parasti? Valeret hoc crimen in illa veteri severitate ac dignitate reipublicæ. Nunc non modo te hoc crimine non arguo, sed ne illa quidem communi vituperatione reprehendo. Postremo tu tibi

de cette nature : c'est que ce vaisseau a été construit à vos frais. Osez du moins soutenir une imposture qui vous est nécessaire; et ne craignez pas, Hortensius, que je demande de quel droit un sénateur s'est fait construire un vaisseau. Les lois qui le défendent sont vieilles ; elles sont mortes, comme vous l'avez dit tant de fois ; et le temps n'est plus où la morale publique, où la sévérité des tribunaux autorisait un accusateur à placer un tel délit au nombre des grands crimes. En effet, qu'aviez-vous besoin de vaisseau? Si l'intérêt public vous obligeait de voyager, l'état vous en fournissait pour le transport et la sûreté de votre personne. Quant à vos affaires personnelles, vous ne pouviez ni sortir de votre province, ni rien envoyer par mer hors des pays où toute acquisition et tout genre de trafic vous étaient interdits par la loi.

46. Et pourquoi acquérir quand les lois le défendent? Ce délit aurait suffi pour vous perdre dans les temps heureux de Rome vertueuse et sévère. Aujourd'hui, loin d'en faire la base d'une accusation, je n'en fais pas même la matière d'un reproche. Mais enfin,

eam navem esse ædificatam	*savoir* que ce vaisseau a été construit
de tua pecunia.	de votre argent (à vos frais).
Aude saltem dicere hoc,	Osez du-moins dire cette *imposture*,
quod est necesse :	qu'il est nécessaire *que vous disiez* :
noli metuere, Hortensi,	ne-veuillez-pas craindre, Hortensius,
ne quæram	que je demande
qui licuerit senatori,	comment il a été-permis à un sénateur
ædificare navem.	de construire un vaisseau.
Istæ leges quæ vetant,	Ces (les) lois qui défendent *cela*,
sunt antiquæ et mortuæ,	sont anciennes et mortes,
quemadmodum tu soles	comme vous avez-coutume
dicere.	de *le* dire.
Respublica	La république (la morale publique)
fuit ista quondam,	fut telle (si austère) autrefois,
severitas in judiciis	la sévérité dans les jugements
fuit ista,	fut telle (si grande),
ut accusator putaret	que l'accusateur pensait
istam rem objiciendam	qu'un tel délit devait être reproché
in magnis criminibus.	dans les (au rang des) graves accusations.
Quid enim opus fuit tibi	Car quel besoin fut (était) à vous
nave ?	d'un vaisseau ?
cui navigia præberentur	*Vous* à qui des navires étaient fournis
sumptu publico,	aux frais du-public,
causa præsidii et vecturæ,	pour *votre* sûreté et *votre* transport,
si proficisceraris quo	si vous partiez pour-quelque-endroit
publice ;	dans-l'intérêt-public ;
nec autem potes	or vous ne pouvez
proficisci quoquam	ni partir pour-quelque-endroit
privatim,	pour-vos-affaires-personnelles,
nec arcessere	ni faire-venir
res transmarinas	des productions d'outre-mer
ex iis locis	de ces lieux
in quibus tibi licet	dans lesquels il ne vous est-permis
nihil habere, mercari.	de rien posséder, *de rien* trafiquer.
46. Deinde	46. Ensuite
cur parasti quidquam	pourquoi avez-vous acquis quelque *chose*
contra leges ?	contre les lois ?
Hoc crimen valeret	Ce *seul* délit serait (aurait été)-suffisant,
in illa veteri severitate	au-temps-de cette ancienne sévérité
ac dignitate reipublicæ.	et vertu de *notre* république.
Nunc non modo	Aujourd'hui non seulement
non arguo te hoc crimine,	je n'accuse pas vous de ce crime,
sed ne reprehendo quidem	mais je ne *vous* blâme pas même
illa vituperatione	par (en vous faisant) ce reproche
communi.	commun (que chacun peut vous faire).
Postremo tu putasti	*Mais* enfin avez-vous pensé
hoc fore nunquam	que ce ne serait jamais

hoc nunquam turpe, nunquam criminosum, nunquam invidiosum fore putasti, celeberrimo loco palam tibi ædificari onerariam navem in ea provincia, quam tu cum imperio obtinebas? Quid eos loqui, qui videbant? quid existimare eos, qui audiebant, arbitrabare? inanem te navem esse in Italiam deducturum? naviculariam te, quum Romam venisses, esse facturum? Ne illud quidem quisquam poterat suspicari, te habere in Italia maritimum fundum, et ad fructus deportandos onerariam navem comparare. Ejusmodi de te voluisti sermonem esse omnium, palam ut loquerentur, te illam navem parare, quæ prædam ex Sicilia deportaret, et quæ ad ea furta, quæ reliquisses, commearet?

47. Verum hæc omnia, si doces navem de tua pecunia ædificatam, remitto atque concedo. Sed hoc, homo amentissime, non intelligis priore actione ab ipsis istis tuis Mamertinis laudatoribus esse sublatum? Nam dixit Heius, princeps civitatis,

avez-vous pensé que, dans le lieu le plus peuplé d'une province où vous commandiez, vous pourriez vous faire construire publiquement un vaisseau de transport sans vous dévouer à l'infamie, à la vengeance des lois, à l'indignation des citoyens? Qu'ont pu dire et penser ceux qui l'ont vu, ceux qui l'ont entendu? que votre intention était de le conduire vide en Italie? de faire le commerce de mer après votre retour à Rome? Qui que ce soit ne pouvait même soupçonner que vous eussiez en Italie des propriétés voisines de la mer, et qu'il fût destiné à transporter vos récoltes. Vous avez voulu qu'on dît hautement que vous prépariez un vaisseau pour emporter le butin de la Sicile, et venir à diverses reprises recueillir le reste du pillage.

47. Au surplus, si vous prouvez qu'il a été construit à vos frais, je vous fais grâce de toutes ces réflexions. Mais, ô le plus insensé des hommes! ne sentez-vous pas que, dans la première action, les Mamertins eux-mêmes, vos propres panégyristes, vous ont ravi cette ressource? Héius, le premier citoyen de cette ville, le chef de la

turpe tibi,	honteux pour vous,
nunquam criminosum,	jamais sujet-d'accusation,
nunquam invidiosum,	jamais cause-de-haine,
navem onerariam	qu'un vaisseau de-charge
ædificari palam tibi,	fût construit ouvertement pour vous,
loco celeberrimo	dans le lieu le plus populeux
in ea provincia,	dans cette (la) province,
quam tu obtinebas	que vous administriez
cum imperio?	avec (revêtu-de) l'autorité?
Quid arbitrabare loqui	Que pensiez-vous que disaient
eos qui videbant?	ceux qui *le* voyaient?
quid existimare	que *croyez-vous* que pensaient
eos qui audiebant?	ceux qui *l'*entendaient?
te esse deducturum	que vous deviez emmener
navem inanem in Italiam?	un vaisseau vide en Italie?
te esse facturum	que vous deviez faire
naviculariam	le commerce-de-mer
quum venisses Romam?	quand vous seriez *revenu* à Rome?
Quisquam poterat	Personne ne pouvait
suspicari ne illud quidem,	soupçonner cela même, *savoir*,
te habere in Italia	que vous aviez en Italie
fundum maritimum,	un domaine voisin-de-la-mer,
et comparare	et que vous vous procuriez
navem onerariam	un vaisseau de-charge
ad deportandos fructus.	pour transporter *vos* récoltes.
Voluisti sermonem omnium	Vous avez voulu que le langage de tous
esse ejusmodi de te,	fût-de-telle-sorte sur vous,
ut loquerentur palam,	qu'on dît ouvertement,
te parare illam navem,	que vous prépariez ce vaisseau
quæ deportaret	pour qu'il emportât
prædam ex Sicilia,	le butin de la Sicile,
et quæ commearet	et pour qu'il fît-la-traversée
ad ea furta	pour *recueillir* ces vols
quæ reliquisses?	que vous auriez laissés?
47. Verum	47. Mais
remitto omnia hæc	j'abandonne toutes ces *réflexions*
atque concedo,	et je *vous en* fais-grâce,
si doces navem	si vous *me* prouvez que *ce* vaisseau
ædificatam de tua pecunia.	*a été* construit de votre argent.
Sed, homo amentissime,	Mais, homme le plus insensé *des hommes*,
non intelligis	vous ne comprenez pas
hoc esse sublatum,	*que* cette *ressource vous* a été enlevée,
priore actione	dans la première action,
ab istis ipsis Mamertinis,	par ces mêmes Mamertins,
tuis laudatoribus?	vos *propres* panégyristes?
Nam Heius,	Car Héius,
princeps civitatis,	le premier-citoyen de *leur* ville,

princeps istius legationis quæ ad tuam laudationem missa est, navem tibi operis publicis Mamertinorum esse ædificatam, eique faciendæ senatorem mamertinum publice præfuisse. Reliqua est materies : hanc Rheginis, ut ipsi dicunt (tametsi tu negare non potes), publice, quod Mamertini materiem non habent, imperavisti.

XIX. 48. Si et ex quo fit navis, et qui faciunt, imperio tibi tuo, non pretio, præsto fuerunt, ubi tandem istuc latet, quod tu de tua pecunia dicis impensum? « At Mamertini in tabulis nihil habent. » Primum video potuisse fieri, ut ex ærario nihil darent : etenim vel Capitolium, sicut apud majores nostros factum est, publice coactis fabris operisque imperatis, gratis exædificari atque effici potuit. Deinde, id quoque perspicio (quod et ostendam, quum istos produxero) ipsorum ex litteris, multas pecunias isti erogatas, in operum locationes

députation envoyée pour vous louer, Héius a déclaré qu'un vaisseau a été construit pour vous par les ouvriers publics de Messine, et qu'un sénateur a été nommé pour surveiller ce travail. Quant aux bois de construction, comme les Mamertins n'en ont pas, vous avez intimé aux habitants de Rhége l'ordre de les fournir. Ils le disent eux-mêmes, et certes nous n'avons pas besoin de leur témoignage.

XIX. 48. Si les matériaux et la main-d'œuvre ne vous ont coûté qu'un ordre, où donc est l'argent que vous prétendez avoir dépensé? Mais, dites-vous, on ne trouve aucune trace de ces frais dans les registres de Messine. D'abord, il est possible qu'on n'ait rien tiré du trésor de la ville. Chez nos ancêtres, le Capitole lui-même a été bâti sans rien coûter à l'état : les ouvriers furent commandés et ne reçurent point de salaire. Ensuite, j'aperçois par les registres, et je le démontrerai quand je ferai entendre les Mamertins, que de grandes sommes ont été accordées à Verrès pour des entreprises supposées.

princeps istius legationis,	le chef de cette députation,
quæ est missa	qui fut envoyée
ad tuam laudationem,	pour *faire* votre éloge,
dixit navem	a dit que le vaisseau
esse ædificatam tibi,	avait été construit pour vous,
operis publicis	par les travaux publics
Mamertinorum,	des Mamertins,
senatoremque mamertinum	et qu'un sénateur mamertin
præfuisse publice	avait présidé officiellement
ei faciendæ.	à ce *vaisseau* devant être construit.
Materies	La matière (le bois de construction)
est reliqua :	est de-reste (nous n'en avons pas parlé) :
imperavisti hanc publice	vous avez exigé ce *bois* au-nom-de-l'état
Rheginis,	des *habitants*-de-Rhége,
ut dicunt ipsi	comme ils *le* disent eux-mêmes
(tametsi tu non potes	(quoique vous ne puissiez
negare),	*le* nier),
quod Mamertini non habent	parce que les Mamertins n'ont pas
materiem.	de-bois-de-construction.
XIX. 48. Si et	XIX. 48. Si et *ce*
ex quo navis fit,	dont le vaisseau est fait,
et qui faciunt,	et ceux-qui *le* font
fuerunt tibi præsto	ont été à vous à-*votre*-disposition
tuo imperio, non pretio,	sur vos ordres, *et* non à prix *d'argent*,
ubi latet tandem	où se-cache enfin
istuc, quod tu dicis	ce que vous prétendez
impensum de tua pecunia ?	dépensé de votre argent ?
« At Mamertini	« Mais, *dites-vous*, les Mamertins
habent nihil in tabulis. »	n'*en* ont rien sur *leurs* registres. »
Primum	D'abord
video potuisse fieri	je vois qu'il a pu arriver
ut darent nihil ex ærario :	qu'ils ne donnassent rien du trésor
etenim vel Capitolium	en effet, même le Capitole
potuit exædificari	a pu être construit
atque effici gratis,	et être achevé sans-frais *pour l'état*
fabris coactis,	les ouvriers étant réunis
operisque imperatis	et les travaux commandés
publice,	au-nom-de-l'intérêt-public,
sicut est factum	comme *cela* a été fait
apud nostros majores.	chez nos ancêtres.
Deinde perspicio quoque	Ensuite j'aperçois encore
ex litteris ipsorum,	d'après les registres d'eux (Mamertins)
(id quod et ostendam	(ce qu'aussi je prouverai
quum produxero istos),	quand j'aurai fait-paraître eux),
multas pecunias	que de nombreuses sommes-d'argent
erogatas isti,	accordées à ce *Verrès*
in locationes operum	pour adjudications de travaux

falsas atque inanes, esse perscriptas. Jam illud minime mirum est, Mamertinos, a quo summum beneficium acceperant, quem sibi amiciorem, quam populo romano esse cognoverant, ejus capiti litteris suis pepercisse. Sed si argumento est, Mamertinos pecunias tibi non dedisse, quia scriptum non habent, sit argumento, tibi gratis constare navem, quia, quid emeris, aut quid locaveris, scriptum proferre non potes.

49. At enim idcirco navem Mamertinis non imperasti, quod sunt fœderati. Dii approbent! habemus hominem in Fecialium manibus educatum[1], unum, præter ceteros, in publicis religionibus fœderum sanctum et diligentem. Omnes, qui ante te prætores fuerunt, dedantur Mamertinis, quod iis navem contra pactionem fœderis imperarint. Sed tamen, tu, sancte homo ac religiose, cur Taurominitanis item fœderatis navem

Et faut-il s'étonner qu'ils n'aient pas voulu compromettre par leurs registres un bienfaiteur qui s'était montré bien plus leur ami que celui du peuple romain? Mais si, du silence de leurs registres, vous concluez que les Mamertins ne vous ont pas donné d'argent, je conclurai aussi que le vaisseau ne vous a rien coûté, puisque vous ne prouvez par aucun écrit que vous ayez rien payé, ni pour les matériaux, ni pour le salaire des ouvriers.

49. Mais, direz-vous, si je n'ai pas exigé un vaisseau des Mamertins, c'est qu'ils sont nos confédérés. Grâce au ciel, nous avons un préteur élevé à l'école des Féciaux, un saint et scrupuleux observateur de la foi des traités! Hâtons-nous de livrer aux Mamertins tous vos prédécesseurs qui ont exigé d'eux un vaisseau contre la teneur du traité. Toutefois, homme intègre et religieux, les Taurominiens sont aussi nos confédérés : pourquoi exiger d'eux un vaisseau ? Nous

falsas atque inanes,	fausses et supposées,
esse perscriptas.	ont été enregistrées.
Jam illud est	Puis cela n'est
minime mirum,	nullement étonnant,
Mamertinos suis litteris,	que les Mamertins dans leurs registres,
pepercisse capiti ejus,	aient épargné la tête (personne) de celui
a quo acceperant	de qui ils avaient reçu
summum beneficium,	le plus grand bienfait,
quem cognoverant	qu'ils avaient reconnu
esse amiciorem sibi,	être plus dévoué à eux
quam populo romano.	qu'au peuple romain.
Sed si	Mais si,
quia non habent scriptum,	parce qu'il ne l'ont pas inscrit,
est argumento	cela est à preuve (une preuve)
Mamertinos	que les Mamertins
non dedisse tibi pecunias,	n'ont pas donné à vous d'argent,
quia non potes	puisque vous ne pouvez *à votre tour*
proferre quid emeris,	produire ce-que vous avez acheté
aut quid locaveris,	ou ce-que vous avez mis-à-l'entreprise
scriptum,	enregistré *quelque part*,
sit argumento,	que *cela* soit à preuve
navem, constare tibi gratis.	que le vaisseau coûte à vous gratis (rien).
49. At enim	49. Mais peut-être
non imperasti	vous n'avez pas exigé
navem Mamertinis,	un vaisseau des Mamertins,
idcirco quod sunt fœderati.	parce qu'ils sont *nos* confédérés.
Dii approbent !	Que les dieux *nous* favorisent (soient
habemus	nous avons [loués)!
hominem educatum	un homme élevé
in manibus Fecialium,	dans (entre) les mains des Féciaux,
sanctum et diligentem	saint et scrupuleux,
unum præter ceteros,	seul avant (plus que) *tous* les autres,
in religionibus publicis	dans *l'observation de* la foi publique
fœderum.	*garantie* des traités.
Omnes qui fuerunt	Que tous *ceux* qui ont été
prætores ante te,	préteurs avant vous
dedantur Mamertinis,	soient livrés aux Mamertins,
quod imperarint	parce qu'ils ont imposé
iis navem	à eux un vaisseau
contra pactionem fœderis.	contre le traité d'alliance.
Sed tu tamen,	Mais vous cependant,
homo sancte	homme *si* saint
ac religiose,	et *si* scrupuleux,
cur imperasti navem	pourquoi avez-vous exigé un vaisseau
Taurominitanis	des Taurominiens
item fœderatis ?	également *nos* confédérés ?
An probabis hoc,	Est-ce-que vous prouverez cela, *savoir*

imperasti? An hoc probabis, in æqua causa populorum, sine pretio varium jus et disparem conditionem fuisse?

50. Quid? si ejusmodi esse hæc duo fœdera duorum populorum, judices, doceo, ut Taurominitanis nominatim cautum et exceptum sit fœdere, *ne navem dare debeant;* Mamertinis in ipso fœdere sanctum atque perscriptum sit, *uti navem dare necesse sit;* istum autem, contra fœdus, Tauromitanis imperasse, et Mamertinis remisisse : num cui dubium poterit esse, quin, Verre prætore, plus Mamertinis Cybea, quam Tauromitanis fœdus opitulatum sit? Recitentur fœdera. MAMERTINORUM ET TAUROMINITANORUM CUM POPULO ROMANO FOEDERA.

XX. 51. Isto igitur tuo, quemadmodum ipse prædicas, beneficio, ut res indicat, pretio atque mercede, minuisti majestatem reipublicæ, minuisti auxilia populi romani, minuisti copias, majorum virtute ac sapientia comparatas; sustulisti

ferez-vous croire que, les droits des deux peuples étant égaux, vous n'avez pas mis un prix à cette variation de principes, à cette inégalité de traitement?

50. Eh! si je fais voir, par le texte même des traités conclus avec l'un et avec l'autre, que les Tauromitiens sont expressément dispensés de fournir un vaisseau, que les Mamertins y sont formellement obligés, que Verrès a doublement enfreint le traité, en imposant les uns, en exemptant les autres, pourrez-vous douter que, sous sa préture, le Cybée n'ait été un titre plus puissant en faveur des Mamertins, que le traité d'alliance en faveur des Tauromitiens ? Qu'on lise les traités. TRAITÉ D'ALLIANCE DES MAMERTINS ET DES TAUROMINIENS AVEC LE PEUPLE ROMAIN.

XX. 51. Par cette exemption que vous nommez bienfait, et qui n'est dans la réalité que le fruit du trafic le plus honteux, vous avez porté atteinte à la majesté de la république, sacrifié les secours dus au peuple romain, et les ressources que le courage et la sagesse de nos ancêtres lui avaient assurées, anéanti son droit de souveraineté,

in causa æqua populorum,	que dans la cause égale de *ces deux* peuples
jus fuisse varium	le droit a été différent
conditionemque disparem	et le traitement inégal
sine pretio ?	sans profit *pour vous* ?
50. Quid? judices,	50. Mais quoi ? juges,
si doceo	si je prouve
hæc duo fœdera	que ces deux traités
duorum populorum	des deux peuples
esse ejusmodi,	sont de-telle-nature,
ut sit cautum,	qu'il a été garanti,
et exceptum fœdere	et accordé-par-exception dans le traité
nominatim	d'une-manière-expresse
Taurominitanis,	aux Taurominiens,
ne debeant dare navem ;	qu'ils ne doivent pas fournir de vaisseau ;
sit sanctum	qu'il est établi
atque perscriptum	et stipulé-tout-au-long
in fœdere ipso,	dans le traité lui-même,
Mamertinis,	pour les Mamertins *au contraire*,
uti sit necesse	qu'il *leur* est obligatoire
dare navem ;	de donner un vaisseau ;
istum autem	or, *si je prouve* que ce *Verrès*
contra fœdus,	contrairement-au traité,
imperasse Taurominitanis,	a exigé *un vaisseau* des Taurominiens,
et remisisse Mamertinis,	et *en* a fait-la-remise aux Mamertins,
num poterit esse dubium	alors pourra-t-il être douteux
cui,	pour quelqu'un,
quin, Verre prætore,	que, Verrès *étant* préteur,
Cybea sit opitulata	le Cybée est venu-en-aide
plus Mamertinis,	plus *puissamment* aux Mamertins,
quam fœdus	que l'alliance
Taurominitanis ?	aux Taurominiens ?
Fœdera recitentur.	Que les traités soient lus.
FŒDERA MAMERTINORUM	TRAITÉS-D'ALLIANCE DES MAMERTINS
ET TAUROMINITANORUM	ET DES TAUROMINIENS
CUM POPULO ROMANO.	AVEC LE PEUPLE ROMAIN.
XX. 51. Igitur	XX. 51. Ainsi
isto beneficio tuo,	par ce bienfait de-votre-part,
quemadmodum ipse	comme vous-même
prædicas,	l'appelez,
pretio atque mercede	*ou plutôt* par un trafic et un marché
ut res indicat,	comme le fait *le* prouve,
minuisti	vous avez affaibli
majestatem reipublicæ,	la majesté de la république,
minuisti auxilia	vous avez diminué les secours
populi romani,	du (dus au) peuple romain,
minuisti copias	vous avez affaibli les ressources
comparatas virtute	acquises par le courage

jus imperii, conditionem sociorum, memoriam fœderis. Qui ex fœdere ipso navem vel usque ad Oceanum, si imperassemus, sumptu periculoque suo armatam atque ornatam mittere debuerunt, hi, ne in freto ante sua tecta et domos navigarent, ne sua mœnia portusque defenderent, pretio abs te jus fœderis et imperii conditionem emerunt.

52. Quid censetis in hoc fœdere faciundo voluisse Mamertinos impendere laboris, operæ, pecuniæ, ne hæc biremis adscriberetur, si id ullo modo possent a nostris majoribus impetrare? Nam, quum hoc munus imperaretur tam grave civitati, inerat, nescio quo modo, in illo fœdere societatis quasi quædam nota servitutis. Quod tum, recentibus suis officiis, integra re, nullis populi romani difficultatibus, a majoribus nostris fœdere assequi non potuerunt; id nunc, nullo novo officio suo, tot annis post, jure imperii nostri quotannis usurpatum ac semper retentum, summa in difficultate navium, a

les conditions des alliances et le souvenir des traités. Des hommes qui, d'après une clause expresse, devaient, à leurs frais et périls, conduire un vaisseau armé en guerre, même jusqu'à l'Océan, si nous l'avions ordonné, ont acheté de vous, au mépris des traités et des droits de notre empire, la dispense de naviguer dans le détroit, à la vue de leurs maisons, et de défendre leur port et leurs propres murailles.

52. A quels travaux, à quels services, à quelle taxe enfin ne se seraient-ils pas soumis, pour que cette obligation ne leur fût pas imposée par le traité? Outre que cette clause était onéreuse pour eux, elle semblait imprimer à leur alliance la tache de la servitude. Eh bien! ce que nos ancêtres refusèrent à leurs sollicitations, lorsque leurs services étaient récents, lorsque l'usage n'était pas encore établi, lorsque le peuple romain n'éprouvait aucun besoin pressant, ces mêmes peuples, sans aucun nouveau service, après un si long espace de temps, quand notre droit avait été consacré chaque année par une possession constante, quand nous avions le plus grand besoin de

ac sapientia majorum ;	et la sagesse de *nos* ancêtres ;
sustulisti	vous avez fait-disparaître
jus imperii,	*son* droit de souveraineté,
conditionem sociorum,	la condition des alliés,
memoriam fœderis.	le souvenir des traités.
Qui ex fœdere ipso,	Ceux-qui, d'après le traité lui-même,
debuerunt mittere navem	ont (auraient) dû envoyer un vaisseau
armatam atque ornatam	armé et équipé
suo sumptu periculoque,	à leurs frais et périls,
vel usque ad Oceanum	même jusqu'à l'Océan
si imperassemus,	si nous *l'*eussions ordonné,
hi emerunt abs te pretio,	ceux-là ont acheté de vous à prix *d'argent*
jus fœderis	les conditions *résultant* du traité
et conditionem imperii,	et les droits de *notre* empire,
ne navigarent	pour qu'ils n'eussent-pas-à-naviguer
in freto,	dans le détroit
ante sua tecta et domos,	devant leurs toits et *leurs* maisons,
ne defenderent	pour qu'ils n'eussent-pas-à-défendre
sua mœnia portusque.	leurs murailles et *leurs* ports.
52. Quid laboris,	52. Combien de travail,
operæ, pecuniæ	de peines, d'argent
censetis Mamertinos	pensez-vous que les Mamertins
voluisse impendere,	n'eussent *pas* voulu sacrifier
in hoc fœdere faciundo,	dans ce traité *qu'ils avaient* à-conclure,
ut hæc biremis	pour que ce vaisseau-à-deux-rangs-de-ra-
non adscriberetur,	n'*y* fût pas inscrit, [mes
si possent ullo modo,	s'ils avaient pu de quelque manière
impetrare id	obtenir cette *concession*
a nostris majoribus ?	de nos ancêtres ?
Nam, quum hoc munus	Car lorsque cette charge
tam grave	si lourde
imponeretur civitati,	fut imposée à *cette* ville,
quasi quædam nota	pour-ainsi-dire une certaine marque
servitutis	de servitude
inerat, nescio quo modo,	se-trouvait, je ne-sais par quel moyen,
in illo fœdere societatis.	dans ce traité d'alliance.
Quod tum,	Ce *privilége* qu'alors,
suis officiis recentibus,	leurs services *étant* récents,
re integra,	l'obligation non-consacrée-par-l'usage,
nullis difficultatibus	aucun besoin-pressant
populi romani,	du (n'étant au) peuple romain,
non potuerunt assequi	ils ne purent obtenir
fœdere	par un traité
a nostris majoribus ;	de nos ancêtres ;
nunc,	aujourd'hui,
nullo novo officio suo,	sans aucun nouveau service de-leur-part,
tot annis post,	tant d'années après,

C. Verre pretio assecuti sunt. At non hoc solum sunt assecuti, ne navem darent : ecquem nautam, ecquem militem, qui aut in classe, aut in præsidio esset, te prætore, per triennium Mamertini dederunt?

XXI. 53. Denique quum ex senatusconsulto, itemque ex lege Terentia et Cassia [1], frumentum æquabiliter emi ab omnibus Siciliæ civitatibus oporteret, id quoque munus leve atque commune Mamertinis remisisti. Dices frumentum Mamertinos non debere. Quomodo, *non debere?* an, ut ne venderent? non enim erat hoc genus frumenti ex eo genere, quod exigeretur, sed ex eo, quod emeretur [2]. Te igitur auctore et interprete, ne foro quidem et commeatu Mamertini populum romanum juvare debuerunt.

54. Quæ tandem civitas fuit, quæ deberet? Qui publicos agros

vaisseaux, ces mêmes peuples l'ont obtenu de Verrès pour une somme d'argent. Et cette faveur n'est pas la seule. En effet, pendant les trois années de sa préture, les Mamertins ont-ils fourni un matelot, un soldat pour le service de la flotte ou des garnisons?

XXI. 53. Enfin, lorsqu'un décret du sénat et la loi Térentia-Cassia vous ordonnaient d'acheter dans toutes les villes de la Sicile une quantité de blé proportionnée à leurs moyens, vous avez encore dispensé les Mamertins de cette charge légère et commune. Vous direz qu'ils ne doivent point de blé. Comment l'entendez-vous? est-ce à dire qu'ils sont dispensés de nous en vendre? car je ne parle ici que du blé qui doit être acheté. Ainsi, d'après votre interprétation, ils n'ont pas dû même nous ouvrir leurs marchés, et vendre des vivres au peuple romain.

54. Quelle ville y était donc obligée? Le bail des censeurs dé-

sunt assecuti id a C. Verre	ils ont obtenu cela de C. Verrès
pretio,	à prix *d'argent,*
in summa difficultate	dans le plus grand besoin
navium,	de vaisseaux,
usurpatum quotannis,	*ce privilége* exercé tous-les-ans,
ac semper retentum	et toujours maintenu
jure nostri imperii.	par le droit de notre souveraineté.
At non solum sunt assecuti	Mais non-seulement ils ont obtenu
hoc,	cet *avantage, savoir,*
ne darent navem :	qu'ils n'eussent-pas-à-fournir de vaisseau;
ecquem nautam,	quel matelot,
ecquem militem,	quel soldat,
qui esset aut in classe,	qui fût (servît) ou sur la flotte
aut in præsidio,	ou dans les garnisons,
Mamertini dederunt,	les Mamertins ont-ils fourni,
te prætore, per triennium?	vous *étant* préteur, pendant trois-ans?
XXI. 53. Denique	XXI. 53. Enfin
quum ex senatusconsulto,	lorsque sur un décret-du-sénat,
itemque	et aussi
ex lege Terentia et Cassia,	d'après la loi Térentia et Cassia
oporteret	il fallait
frumentum emi	que du blé fût acheté
ab omnibus civitatibus	de toutes les villes
Siciliæ	de la Sicile
æquabiliter,	également (en proportion égale),
remisisti quoque	vous avez fait-remise aussi
Mamertinis	aux Mamertins
id munus leve	de cette charge légère
atque commune.	et commune *à tous.*
Dices Mamertinos	Vous direz que les Mamertins
non debere frumentum.	ne doivent pas de blé.
Quomodo	Comment *entendez-vous*
non debere?	qu'ils n'*en* doivent pas?
an, ut ne venderent?	est-ce pour qu'ils n'aient pas à *en* vendre?
enim hoc genus frumenti	car ce genre de blé (ce blé),
non erat ex eo genere,	n'était pas de ce genre (de celui)
quod exigeretur,	qui pût-être-exigé,
sed ex eo quod emeretur.	mais de celui qui devait-être-acheté.
Igitur, te auctore	Ainsi, vous *en étant* l'auteur
et interprete,	et l'interprète (sur votre interprétation),
Mamertini debuerunt	les Mamertins n'ont dû
juvare populum romanum,	aider le peuple romain,
ne quidem foro	pas même de *leur* marché
et commeatu.	et de *leurs* vivres.
54. Quæ fuit tandem	54. Quelle fut (était) donc
civitas quæ deberet?	la ville qui *le* dût?
Est certum	Il est déterminé

arant, certum est quid ex lege censoria dare debeant : cur iis quidquam præterea ex alio genere imperavisti? Quid? decumani numquid præter singulas decumas ex lege Hieronica [1] debent? cur iis quoque statuisti, quantum ex hoc genere frumenti empti darent? Qui sunt immunes, ii certe nihil debent; at his non modo imperasti, verum etiam, quo plus darent quam poterant, hæc sexagena millia modium, quæ Mamertinis remiseras, addidisti. Neque hoc dico, ceteris non recte imperatum esse : Mamertinis, qui erant in eadem causa, quibus superiores omnes prætores, item ut ceteris, imperarant, pecuniamque ex senatusconsulto et ex lege dissolverant; his dico non recte remissum. Et, ut hoc beneficium, quemadmodum dicitur, trabali clavo figeret, cum consilio causam Mamertinorum cognoscit, et de consilii sententia Mamertinis se frumentum non imperare pronuntiat.

termine ce que doivent rendre à l'état les cultivateurs de nos domaines. Pourquoi leur avoir imposé des redevances d'un autre genre? Aux termes de la loi d'Hiéron, les cantons soumis à la dîme doivent-ils autre chose que le dixième de leurs blés? Pourquoi les avoir taxés aussi pour leur part du blé acheté par la république? Certes les pays exempts ne doivent rien; et cependant vous les avez imposés, même au delà de leurs moyens, en les surchargeant de soixante mille boisseaux dont vous aviez fait remise aux Mamertins. Je ne dis pas que vous ayez eu tort d'exiger des autres villes, mais je soutiens que vous avez mal fait d'exempter Messine, dont la cause était la même, à qui tous vos prédécesseurs avaient imposé cette obligation, et payé le prix réglé par le senatus-consulte et par la loi. Afin d'affermir son bienfait sur une base solide, il examine l'affaire dans son conseil, et prononce que, de l'avis de son conseil, il n'exige point de blé des Mamertins.

ex lege censoria,	par la loi (le bail) des-censeurs,
quid debeant dare	ce-que doivent donner *à l'état*
qui arant agros	ceux-qui cultivent les champs
publicos :	publics (de la république) :
cur imperavisti iis	pourquoi avez-vous imposé à ces *hommes*
præterea quidquam	en-outre quelque *redevance*
ex alio genere ?	d'un autre genre ?
Quid ?	Quoi ?
nunc decumani	maintenant les champs-soumis-à-la-dîme
debent quid	doivent-ils quelque *chose*
ex lege Hieronica,	d'après la loi d'-Hiéron, [blés?)
præter singulas decumas ?	outre chaque dîme (le dixième de leurs
cur statuisti quoque iis	pourquoi avez-vous fixé aussi à eux
quantum darent	combien ils donneraient
ex hoc genere frumenti	de cette espèce de blé
empti ?	acheté *par la république* ?
Qui sunt immunes,	Ceux-qui sont exempts,
ii certe debent nihil ;	ceux-là, certes, ne doivent rien ;
at non modo	mais non seulement
imperasti his,	vous avez imposé à ceux-là *une taxe*,
verum etiam quo darent	mais encore pour qu'ils donnassent
plus quam poterant,	plus qu'ils *ne* pouvaient,
addidisti	vous *y* avez ajouté
hæc sexagena millia	ces soixante mille (milliers)
modium,	de boisseaux,
quæ remiseras Mamertinis.	que vous aviez remis aux Mamertins.
Neque dico hoc	Et je ne dis pas cela, *savoir*,
non esse imperatum	qu'il n'a pas été exigé
ceteris recte ;	des autres avec-justice ;
Mamertinis,	*mais* pour les Mamertins,
qui erant in eadem causa,	qui étaient dans la même condition,
quibus omnes prætores	auxquels tous les préteurs
superiores	précédents [autres,
imperarant item ut ceteris,	avaient imposé *cette charge* comme aux
dissolverantque pecuniam,	et avaient payé l'argent (le prix),
ex senatusconsulto	d'après le senatus-consulte
et ex lege ;	et selon la loi ;
dico remissum his,	je dis qu'*on en* a fait-remise à eux
non recte.	non justement.
Et ut figeret beneficium	Et pour attacher *son* bienfait
clavo trabali,	avec un clou qui-sert-à-fixer-les-poutres,
quemadmodum dicitur,	comme il est dit *vulgairement*,
cognoscit cum consilio	il examine avec *son* conseil
causam Mamertinorum,	la cause des Mamertins,
et de sententia consilii,	et de l'avis de *son* conseil,
pronuntiat se non imperare	il prononce qu'il ne commande pas
frumentum Mamertinis.	de blé aux Mamertins.

55. Audite decretum mercenarii prætoris ex ipsius commentario, et cognoscite quanta in scribendo gravitas, quanta in constituendo jure sit auctoritas. Recita commentarium. DECRETUM EX COMMENTARIO. *Libenter* ait se facere : itaque perscribit. Quid? si hoc verbo non esses usus, *libenter*, nos videlicet invitum te quæstum facere putaremus? *Ac de consilii sententia.* Præclarum recitari consilium, judices, audistis : utrum vobis consilium recitari tandem prætoris videbatur, quum audiebatis nomina, an prædonis improbissimi societas atque comitatus?

56. En fœderum interpretes, societatis pactores, religionis auctores. Nunquam in Sicilia frumentum publice est emptum, quin Mamertinis pro portione imperaretur, antequam hoc delectum præclarumque consilium iste dedit, ut ab his nummos acciperet, ac sui similis esset. Itaque tantum valuit istius decreti auctoritas, quantum debuit ejus hominis, qui, a quibus

55. Écoutez le décret de ce préteur mercenaire, tel qu'il est consigné dans son registre, et voyez quelle dignité règne dans la rédaction, et combien est imposante l'autorité par qui cette question a été décidée. EXTRAIT DU REGISTRE DE VERRÈS. Il dit qu'il le fait *avec plaisir*. Ce sont les termes du décret. Sans ces mots, *avec plaisir*, nous aurions pu croire que c'est malgré lui qu'il gagne de l'argent. *De l'avis de notre conseil.* On vous a lu, citoyens, la liste des membres de ce conseil respectable : de bonne foi, pensiez-vous entendre alors les noms des assesseurs d'un magistrat, ou ceux des associés du plus infâme brigand?

56. Voilà donc les hommes chargés d'interpréter les alliances, de saisir l'esprit des traités, et d'en assurer les droits augustes et sacrés ! Avant que Verrès se fût adjoint ce conseil si éclairé, si bien choisi, pour se faire autoriser à recevoir l'argent des Mamertins et à ne pas démentir son caractère, jamais la république n'avait acheté de blés en Sicile, que Messine n'eût fourni son contingent. Aussi le décret n'eut pas plus de durée que le pouvoir de l'homme qui avait

DISCOURS SUR LES SUPPLICES.

55. Audite decretum	55. Écoutez le décret
prætoris mercenarii	de ce préteur mercenaire
ex commentario ipsius,	d'après le registre de lui-même,
et cognoscite	et voyez
quanta gravitas	quelle gravité
sit in scribendo,	est en écrivant (dans la rédaction),
quanta auctoritas	quelle autorité *imposante*
in jure constituendo.	dans un droit à-établir.
Recita commentarium.	Lisez le registre.
DECRETUM	DÉCRET
EX COMMENTARIO.	*extrait* DU REGISTRE *de Verrès.*
Ait se facere *libenter* :	Il dit qu'il *le* fait avec-plaisir :
perscribitque ita.	et *l'*enregistre ainsi (en ces termes).
Quid? si non esses usus	Quoi? si vous ne vous étiez pas servi
hoc verbo, *libenter,*	de ce terme, avec-plaisir,
videlicet nos putaremus	apparemment nous penserions
te facere quæstum invitum?	que vous faites du profit malgré-vous?
Ac de sententia consilii.	Et de l'avis de *notre* conseil, *dites-vous.*
Judices, audistis	Juges, vous avez entendu
consilium præclarum	*les noms de ce* conseil auguste
recitari :	être lus *devant vous* :
utrum consilium prætoris	est-ce que *c'était* le conseil d'un préteur
vobis videbatur tandem	*qui* vous paraissait enfin (de bonne foi)
recitari,	être lu *devant vous,*
quum audiebatis nomina,	lorsque vous entendiez *ces* noms,
an societas atque comitatus	ou *n'était-ce pas* la société et l'entourage
prædonis improbissimi?	du brigand le plus infâme?
56. En interpretes	56. Voilà les interprètes
fœderum,	des traités,
pactores societatis,	les signataires des alliances,
auctores religionis.	les garants de la bonne-foi.
Nunquam frumentum	Jamais du blé
est emptum publice	ne fut acheté au-nom-de-l'État
in Sicilia,	en Sicile,
quin imperaretur	sans qu'il *en* fût imposé
pro portione Mamertinis,	pour *leur* part aux Mamertins,
antequam iste	avant que ce *Verrès*
dedit hoc consilium	eût donné (adjoint) *à soi* ce conseil
delectum præclarumque,	*si bien* choisi et *si* auguste,
ut acciperet nummos	pour qu'il reçût de l'argent
ab his,	d'eux (des Mamertins), [mentît pas).
ac esset similis sui.	et fût semblable à lui-même (ne se dé-
Itaque auctoritas	Aussi l'autorité
istius decreti	de ce décret
valuit tantum	eut-de-la-force autant
quantum debuit	que dût (devait) *en avoir*
ejus hominis,	*le décret* de cet homme,

frumentum emere debuisset, iis decretum vendidisset. Nam statim L. Metellus, ut isti successit, ex C. Sacerdotis et Sext. Peducæi instituto ac litteris, frumentum Mamertinis imperavit. Tum illi intellexerunt, se id, quod a malo auctore emissent, diutius obtinere non posse.

XXII. 57. Age porro, tu, qui te tam religiosum existimari voluisti interpretem fœderum, cur Taurominitanis frumentum, cur Netinis imperasti? quarum civitatum utraque fœderata est. Ac Netini quidem sibi non defuerunt : nam simul ac pronuntiasti, libenter te Mamertinis quidem remittere, te adierunt, et eamdem suam causam fœderis esse docuerunt. Tu aliter decernere in eadem causa non potuisti. Pronuntias Netinos frumentum dare non oportere : et ab his tamen exigis. Cedo mihi ejusdem prætoris litteras et rerum decretarum, et frumenti imperati, et tritici empti. LITTERÆ PRÆTORIS RERUM DECRETARUM, FRUMENTI IMPERATI, ET TRITICI EMPTI. Quid potius in

vendu des exemptions à ceux dont il avait dû acheter les blés ; car à peine Métellus eut-il été installé dans la province, qu'ils furent taxés conformément au règlement et aux registres de Sacerdos et de Péducéus. Ils comprirent alors que c'est toujours faire un mauvais marché que d'acheter d'un homme qui n'a pas droit de vendre.

XXII. 57. Dites-nous donc, scrupuleux interprète des traités, pourquoi avez-vous exigé du blé de Taurominium et de Nétum? Ces deux villes sont nos confédérées. Il est vrai que les Nétiniens ne s'oublièrent pas. Dès que vous eûtes prononcé que vous faisiez avec plaisir cette remise aux Mamertins, ils vinrent à vous, et montrèrent que les conditions de leur alliance étaient absolument les mêmes. Dans une cause toute pareille ; vous ne pouviez décider d'une manière différente. Vous prononcez que les Nétiniens ne doivent pas de blé : et cependant vous leur enjoignez d'en fournir. Lisez les registres du préteur et ses ordonnances concernant l'imposition et l'achat des blés. ORDONNANCES DE VERRÈS CONCERNANT L'IMPOSITION ET L'ACHAT DES BLÉS. Que prouve une inconséquence aussi

qui vendidisset decretum	qui avait vendu un décret
iis a quibus debuisset	à ceux auxquels il aurait dû
emere frumentum.	acheter du blé.
Nam statim ut L. Metellus	Car aussitôt que L. Métellus
successit isti,	succéda à ce *Verrès*,
imperavit frumentum	il imposa du blé
Mamertinis,	aux Mamertins,
ex instituto ac litteris	d'après le règlement et les registres
C. Sacerdotis	de C. Sacerdos
et Sext. Peducæi.	et de Sext. Péducéus.
Tum illi intellexerunt,	Alors ceux-ci comprirent,
se non posse obtinere diutius	qu'ils ne pouvaient garder plus longtemps
id quod emissent	ce qu'ils avaient acheté
ab auctore malo.	d'un vendeur mauvais (sans droit).
XXII. 57. Age porro,	XXII. 57. Allons (dites-nous) donc,
tu, qui voluisti	vous, qui avez voulu
te existimari interpretem	vous être regardé-comme interprète
tam religiosum fœderum,	si scrupuleux des traités,
cur imperasti frumentum	pourquoi avez-vous imposé du blé
Taurominitanis,	aux Tauromiens,
cur Netinis?	pourquoi aux Nétiniens?
quarum civitatum utraque	desquelles villes l'une-et-l'autre
est fœderata.	est confédérée *du peuple romain*.
At quidem Netini	Mais certes les Nétiniens
non defuerunt sibi :	n'ont pas manqué à eux-mêmes ;
nam simul ac pronuntiasti,	car dès que vous eûtes prononcé
quidem te remittere	que certes vous remettiez *leur taxe*
libenter Mamertinis,	volontiers aux Mamertins,
adierunt te,	ils vinrent-trouver vous,
et docuerunt	et *vous* montrèrent
suam causam fœderis	que leur condition d'alliance
esse eamdem.	était la même *que celle des Mamertins*.
Tu non potuisti	Vous n'avez pas pu (vous ne pouviez)
decernere aliter	décider diversement
in eadem causa.	dans une même cause.
Pronuntias non oportere	Vous prononcez qu'il ne faut pas
Netinos dare frumentum :	que les Nétiniens fournissent du blé ;
et tamen exigis ab his.	et cependant vous *en* exigez d'eux.
Cedo mihi litteras	Donnez moi les registres
ejusdem prætoris,	de ce-même préteur, *qui parlent*
et rerum decretarum,	et des choses décrétées (et des décrets),
et frumenti imperati,	et du blé imposé *aux villes*,
et tritici empti.	et du froment acheté *par lui*.
LITTERÆ PRÆTORIS	REGISTRES DU PRÉTEUR *concernant*
RERUM DECRETARUM,	LES CHOSES DÉCRÉTÉES (décrets),
FRUMENTI IMPERATI,	LE BLÉ IMPOSÉ,
ET TRITICI EMPTI.	ET LE FROMENT ACHETÉ.

hac tanta ac tam turpi inconstantia suspicari possumus, judices, quam id, quod necesse est : aut isti a Netinis pecuniam, quum posceret, non datam; aut id esse actum, ut intelligerent Mamertini, bene se apud istum tam multa pretia ac munera collocasse, quum idem alii juris ex eadem causa non obtinerent?

58. Hic mihi etiam audebit mentionem facere mamertinæ laudationis? in qua quam multa sint vulnera, quis est vestrum, judices, quin intelligat? Primum, in judiciis, qui decem laudatores dare non potest, honestius est ei nullum dare, quam illum quasi legitimum numerum consuetudinis non explere. Tot in Sicilia civitates sunt, quibus tu per triennium præfuisti : arguunt ceteræ; paucæ et parvæ, metu repressæ, silent; una laudat. Hoc quid est, nisi intelligere, quid habeat utilitatis vera laudatio; sed tamen ita provinciæ præfuisse, ut hac utilitate necessario sit carendum?

manifeste, aussi honteuse? Une seule idée se présente nécessairement à nous : c'est que les Nétiniens ne lui ont pas donné la somme qu'il demandait, ou qu'il a voulu faire sentir aux Mamertins qu'ils avaient bien placé leur argent et leurs présents, puisqu'avec les mêmes droits, les autres n'obtenaient pas la même faveur.

58. Et cet homme osera se prévaloir encore de l'éloge des Mamertins? Qui de vous ne voit pas sous combien de rapports cet éloge même lui devient fatal? D'abord, un accusé qui ne peut produire en sa faveur les témoignages de dix villes, fait plus pour son honneur, de n'en présenter aucun, que de ne pas compléter le nombre prescrit par l'usage. Or, Verrès, de tant de villes que vous avez gouvernées pendant les trois années de votre préture, le plus grand nombre vous accuse; quelques-unes se taisent parce qu'elles n'osent se plaindre, une seule vous loue : n'est-ce pas assez nous dire que vous sentez le prix d'un véritable éloge, mais que votre conduite dans l'administration de la province vous a nécessairement enlevé cet avantage?

Quid possumus, judices, suspicari	Que pouvons-nous, juges, soupçonner
in hac inconstantia tanta ac tam turpi,	dans cette inconséquence si-grande et si honteuse,
potius quam	plutôt que
id quod est necesse :	ce qu'il est nécessaire *d'admettre, savoir :*
aut pecuniam non datam a Netinis isti,	ou que de l'argent n'a pas *été* donné par les Nétiniens à ce *Verrès,*
quum posceret ;	lorsqu'il *en* demandait ;
aut id esse actum,	ou que cela a été fait,
ut Mamertini intelligerent,	afin que les Mamertins comprissent
se bene collocasse	qu'ils avaient bien placé
apud istum	chez lui
tam multa pretia et munera,	tant d'argent et de présents,
quum alii ex eadem causa	puisque d'autres de la même condition
non obtinerent idem juris ?	n'obtenaient pas le même droit ?
58. Hic audebit etiam	58. Cet *homme* osera encore
facere mihi mentionem	faire à moi mention (se prévaloir)
laudationis mamertinæ ?	de l'éloge des-Mamertins ?
in qua, judices,	dans lequel *éloge,* juges,
quis est vestrum	quel est *celui* d'*entre* vous
quin intelligat,	qui ne comprenne,
quam multa sint vulnera ?	combien il y a de blessures *pour lui ?*
Primum, in judiciis,	D'abord, dans les jugements,
est honestius	il est plus honorable
ei qui non potest dare decem laudatores,	pour celui qui ne peut fournir dix apologistes (témoins en sa faveur),
dare nullum,	de n'*en* produire aucun,
quam non explere illum numerum	que de ne pas compléter ce nombre
quasi legitimum consuetudinis.	pour-ainsi-dire légitime de (consacré par) l'usage.
Tot civitates sunt in Sicilia,	*Parmi* tant de villes *qui* sont dans la Sicile,
quibus tu præfuisti per triennium,	que vous avez gouvernées pendant trois-ans,
ceteræ arguunt ;	les unes *vous* accusent ;
paucæ et parvæ	un-petit-nombre et les moins-considérables
silent, repressæ metu ;	se-taisent, retenues par la crainte ;
una laudat. [gere	une seule *vous* loue.
Quid est hoc, nisi intelli- quid utilitatis habeat	Qu'est-ce cela, si-ce-n'est comprendre quel prix a
vera laudatio ;	un véritable éloge,
sed tamen præfuisse ita provinciæ,	mais cependant avoir gouverné de-telle-sorte *votre* province,
ut necessario sit carendum hac utilitate ?	que nécessairement il *vous* faut manquer de cet avantage ?

59. Deinde, id quod alio loco ante dixi, quæ est ista tandem laudatio, cujus laudationis legati principes, et publice tibi navem ædificatam, et privatim se ipsos abs te spoliatos expilatosque esse dixerunt? Postremo, quid aliud isti faciunt, quum te soli ex Sicilia laudant, nisi testimonio nobis sunt, te omnia sibi esse largitum, quæ tu de republica nostra detraxeris? Quæ colonia est in Italia tam bono jure, quod tam immune municipium, quod per hosce annos tam commoda vacatione sit usum omnium rerum, quam mamertina civitas per triennium? Soli, ex fœdere quod debuerunt, non dederunt; soli, isto prætore, omnium rerum immunes fuerunt; soli, in istius imperio, ea conditione vitæ fuerunt, ut populo romano nihil darent, Verri nihil denegarent.

XXIII. 60. Verum, ut ad classem, quo ex loco sum degressus, revertar, accepisti a Mamertinis navem contra leges, re-

---

59. En second lieu, et j'en ai déjà fait l'observation, quelle idée peut-on avoir de cet éloge, quand les chefs de la députation déposent que la ville vous a fait construire un vaisseau, et qu'eux-mêmes personnellement ont été victimes des vexations les plus atroces? Enfin lorsque, seuls de tous les Siciliens, ils louent votre conduite, que prouvent-ils? que vous les avez gratifiés de tout ce que vous ôtiez à la république. Citez dans l'Italie entière une colonie, une ville municipale, quelque privilégiée qu'elle puisse être, qui, dans ces dernières années, ait joui d'autant d'exemptions que les Mamertins durant toute votre préture. Seuls, ils n'ont point fourni ce qu'ils devaient aux termes mêmes de leur traité; seuls, ils ont été affranchis de toute charge; seuls, on les a vus ne rien donner au peuple romain, ne rien refuser à Verrès.

XXIII. 60. Mais c'est avoir trop longtemps perdu la flotte de vue. Vous avez, malgré les lois, reçu un vaisseau des Mamertins; et,

59. Deinde,	59. Ensuite,
id quod dixi ante	ce que (comme) j'ai dit auparavant
alio loco,	dans un autre lieu,
quæ est tandem	quel est *donc* enfin
ista laudatio,	cet éloge,
legati et principes	*quand* les députés et les chefs
cujus laudationis,	*chargés* de cet éloge,
dixerunt navem ædificatam	ont dit *qu'*un vaisseau *a été* construit
tibi publice,	pour vous aux-frais-du-public
et se ipsos privatim	et qu'eux-mêmes personnellement
esse spoliatos	ont été dépouillés
expilatosque abs te?	et pillés par vous?
Postremo, quid aliud	Enfin, quelle autre *chose*
faciunt isti,	font ces *témoins*,
cum soli ex Sicilia	quand seuls de la Sicile
laudant te,	ils louent vous,
nisi sunt testimonio nobis,	si-ce-n'est qu'ils sont à preuve pour nous,
te esse largitum sibi	que vous avez prodigué à eux
omnia quæ tu detraxeris	tout ce-que vous avez enlevé
de nostra republica?	à notre république?
Quæ colonia est in Italia	Quelle colonie est en Italie
jure tam bono,	d'une condition si bonne *qu'elle soit*,
quod municipium	quelle ville-municipale
tam immune,	si privilégiée *qu'elle puisse être*,
quod sit usum	qui ait joui
per hosce annos	pendant ces *dernières* années
vacatione tam commoda	d'une exemption si avantageuse
omnium rerum,	de toutes choses (charges),
quam civitas mamertina	que la cité des-Mamertins
per triennium?	pendant trois-ans?
Soli non dederunt,	Seuls ils n'ont pas donné
quod debuerunt ex fœdere;	ce-qu'ils devaient d'après le traité;
soli, isto prætore,	seuls, *sous* ce préteur,
fuerunt immunes	ils ont été exempts
omnium rerum;	de toutes charges;
soli, in imperio istius,	seuls, sous l'empire de ce *preteur*,
fuerunt conditione vitæ ea	ils ont été d'une condition d'existence telle
ut darent nihil	qu'ils ne donnaient rien
populo romano,	au peuple romain,
denegarent nihil Verri.	*qu'*ils ne refusaient rien à Verrès.
XXIII. 60. Verum,	XXIII. 60. Mais,
ut revertar ad classem,	pour que je revienne à la flotte,
ex quo loco sum degressus,	duquel endroit (point) je me-suis écarté,
accepisti navem	vous avez reçu un vaisseau
a Mamertinis	des Mamertins
contra leges,	contrairement-aux lois,
remisisti	vous *leur* avez fait-la-remise *d'un vaisseau*

5.

misisti contra fœdera : ita in una civitate bis improbus fuisti ; quum et remisisti quod non oportebat, et accepisti quod non licebat. Exigere te oportuit navem, quæ contra prædones, non quæ cum præda navigaret ; quæ defenderet ne provincia spoliaretur, non quæ provinciæ spolia portaret. Mamertini tibi, et urbem quo furta undique deportares, et navem qua exportares, præbuerunt. Illud tibi oppidum receptaculum prædæ fuit ; illi homines testes custodesque furtorum ; illi tibi et locum furtis et furtorum vehiculum comparaverunt. Itaque ne tum quidem, quum classem avaritia ac nequitia tua perdidisti, navem Mamertinis imperare ausus es : quo tempore in tanta inopia navium, tantaque calamitate provinciæ, etiamsi precario essent rogandi, tamen ab his impetraretur. Reprimebat enim tibi et imperandi vim et rogandi conatum præclara illa, non populo romano reddita biremis, sed prætori donata Cybea :

malgré les traités, vous les avez exemptés d'un vaisseau. C'est avoir été doublement prévaricateur à l'égard d'une seule ville, d'abord en lui faisant remise de ce qu'il fallait exiger, ensuite en recevant ce qu'il ne vous était pas permis d'accepter. Votre devoir était d'exiger un vaisseau pour combattre les pirates, et non pour transporter vos rapines ; pour empêcher que la province ne fût dépouillée, et non pour enlever les dépouilles de la province. Les Mamertins vous ont fourni une ville pour y rassembler tout votre butin, et un vaisseau pour l'emporter de la Sicile. Messine a été l'entrepôt de vos brigandages ; ses habitants en ont été les confidents et les gardiens ; ils ont recélé la proie, et donné les moyens de la conduire à Rome. Aussi, lorsque vous eûtes perdu votre flotte par votre avarice et par votre lâcheté, vous n'osâtes pas requérir le vaisseau qu'ils devaient, que, même sans le devoir, ils auraient accordé aux besoins pressants de la république et aux malheurs de la province. Mais ce magnifique Cybée donné au préteur, au détriment du peuple romain, ne vous laissait ni le droit de commander ni la hardiesse de prier. Les droits de l'empire, les secours qui nous étaient dus, qu'ils

contra fœdera :	contrairement-aux traités :
ita fuisti improbus bis,	ainsi vous avez été coupable deux-fois,
in una civitate,	au-sujet d'une seule ville,
quum et remisisti	quand d'abord vous avez fait-la-remise
quod non oportebat,	de ce-qu'il ne fallait pas *remettre*
et accepisti	et-ensuite *quand* vous avez reçu [*voir*.
quod non licebat.	ce-qu'il ne *vous* était-pas-permis *de rece-*
Oportuit te exigere navem,	Il eût fallu vous exiger un vaisseau
quæ navigaret	qui naviguât
contra prædones,	contre les pirates,
non quæ cum præda ;	non qui *naviguât* avec *vos* rapines ;
quæ defenderet	qui défendît (empêchât)
ne provincia spoliaretur,	que la province ne fût pillée *par l'ennemi*,
non quæ portaret	*et* non qui emportât
spolia provinciæ.	les dépouilles de la province.
Mamertini præbuerunt tibi	Les Mamertins ont fourni à vous
et urbem, quo deportares	et une ville, où vous porteriez
furta undique,	les vols *faits* de-tous-côtés,
et navem qua	et un vaisseau dans lequel
exportares.	vous *les* emporteriez *de la Sicile*.
Illud oppidum fuit tibi	Cette ville a été pour vous
receptaculum prædæ ;	l'entrepôt de *vos* brigandages ;
illi homines testes	ces hommes *ont été* les témoins
custodesque furtorum ;	et les gardiens de *vos* vols ;
illi comparaverunt tibi	ces *hommes* ont procuré à vous
et locum furtis,	et un lieu pour *recéler vos* vols,
et vehiculum furtorum.	et un moyen-de-transport pour *vos* vols.
Itaque, ne quidem tum	Aussi, pas même alors
quum perdidisti classem	que vous avez perdu la flotte
avaritia ac tua nequitia,	par *votre* cupidité et votre lâcheté,
es ausus imperare	vous n'avez osé imposer
navem Mamertinis :	un vaisseau aux Mamertins :
tempore quo,	dans un temps où,
in tanta inopia navium,	dans une si-grande disette de vaisseaux,
tantaque calamitate	et de si-grands malheurs
provinciæ,	pour la province,
etiamsi essent rogandi	quand même ils eussent dû être suppliés
precario,	avec-prières,
tamen impetraretur ab his.	cependant il serait (eût été) obtenu d'eux.
Enim,	En effet,
illa præclara Cybea,	ce superbe Cybée,
biremis,	vaisseau-à-deux-rangs-de-rames,
non reddita populo romano,	non rendu au peuple romain,
sed donata prætori,	mais donné au préteur,
reprimebat tibi	arrêtait chez vous
et vim imperandi,	et la force de commander,
et conatum rogandi :	et l'effort (la hardiesse) de prier :

ea fuit merces imperii, auxilii, juris, consuetudinis, fœderis.

61. Habetis unius civitatis firmum auxilium amissum, ac venditum pretio. Cognoscite nunc novam prædandi rationem, ab hoc primum excogitatam.

XXIV. 62. Sumptum omnem in classem frumento, stipendio, ceterisque rebus, navarcho suo quæque civitas semper dare solebat. Is neque, ut accusaretur a nautis, committere audebat, et civibus suis rationem referre debebat : in illo omni negotio, non modo labore, sed etiam periculo suo versabatur. Erat hoc, ut dico, factitatum semper, nec solum in Sicilia, sed in omnibus provinciis; etiam in sociorum et Latinorum stipendio ac sumptu, tum quum illorum auxiliis uti solebamus [1]. Verres post imperium constitutum primus imperavit, ut ea pecunia omnis a civitatibus sibi adnumeraretur, ut is pecuniam tractaret, quem ipse præfecisset.

nous avaient constamment fournis, que les traités nous assuraient, tout cela est devenu le prix du Cybée.

61. Vous voyez les ressources que nous pouvions espérer d'une ville puissante, perdues pour nous et vendues au profit du préteur. Connaissez à présent une nouvelle invention de Verrès dans l'art du vol et de la rapine.

XXIV. 62. C'était l'usage que chaque cité remît au capitaine de son vaisseau l'argent nécessaire pour le blé, pour la paie et les autres frais d'entretien. La crainte d'être accusé par les matelots était un frein pour cet officier. D'ailleurs il était tenu de rendre compte : il ne trouvait dans cette fonction que de la peine et des dangers. Tel était l'usage observé de tout temps, non-seulement dans la Sicile, mais dans toutes les provinces, même chez nos alliés latins, lorsqu'ils nous servaient comme auxiliaires. Verrès est le premier, depuis la fondation de Rome, qui ait ordonné que cet argent lui serait remis par les villes, et que l'emploi en serait confié au préposé qu'il aurait choisi.

ea fuit merces imperii,	tel a été le prix *des droits* de l'empire,
auxilii,	des secours *qui nous étaient dus*,
juris, consuetudinis,	de *notre* souveraineté, d'un usage *reconnu*,
fœderis.	de *nos* traités.
61. Habetis	61. Vous avez (voyez)
auxilium firmum	le secours puissant
unius civitatis	d'une ville *alliée*
amissum	perdu
ac venditum pretio.	et vendu à prix *d'argent*.
Cognoscite nunc	Apprenez maintenant
novam rationem prædandi,	un nouveau moyen de voler,
excogitatam	imaginé
primum ab hoc.	pour-la-première-fois par ce *Verrès*.
XXIV. 62. Quæque civitas	XXIV. 62. Chaque ville
solebat semper	avait-coutume toujours
dare suo navarcho	de donner à son commandant-de-vaisseau
omnem sumptum	tout l'argent *nécessaire*
in classem,	à la flotte,
frumento, stipendio,	pour le blé, pour la paie,
ceterisque rebus.	et les autres dépenses.
Is neque audebat	Celui-ci n'osait pas
committere	s'exposer
ut accusaretur a nautis,	à être accusé par les matelots,
et debebat referre rationem	et devait rendre compte
suis civibus :	à ses concitoyens :
versabatur	il prenait-part
in omni illo negotio,	à toute cette affaire.
non modo labore,	non seulement par *son* travail,
sed etiam suo periculo.	mais aussi par son danger.
Hoc erat,	Cet *usage* avait été,
ut dico,	comme je *le* dis,
semper factitatum,	toujours observé,
nec solum in Sicilia,	non seulement en Sicile,
sed in omnibus provinciis;	mais dans toutes les provinces;
etiam in stipendio	même pour la solde
ac sumptu	et les frais
sociorum et Latinorum,	des alliés et des Latins,
tum quum solebamus	alors que nous avions-coutume
uti illorum auxiliis.	de nous-servir de leurs *troupes* auxiliaires.
Verres primus	Verrès le premier
post imperium constitutum,	depuis l'empire établi (la fondation de
imperavit	commanda [Rome),
ut omnis ea pecunia	que tout cet argent
adnumeraretur sibi	fût compté à lui
a civitatibus,	par les villes,
ut is tractaret pecuniam	afin que celui-là *seul* maniât l'argent
quem præfecisset ipse.	qu'il aurait préposé lui-même.

63. Cui potest esse dubium, quamobrem et omnium consuetudinem veterem primus immutaris, et tantam utilitatem per alios tractandæ pecuniæ neglexeris, et tantam difficultatem cum crimine, molestiam cum suspicione susceperis? Deinde alii quæstus instituuntur, ex uno genere navali, videte quam multi : accipere a civitatibus pecunias, ne nautas darent ; pretio certo missos facere nautas ; missorum omne stipendium lucrari ; reliquis, quod deberet, non dare. Hæc omnia ex civitatum testimoniis cognoscite. Recita testimonia civitatum. TESTIMONIA CIVITATUM.

XXV. 64. Hunccine hominem? hanccine impudentiam, judices? hanccine audaciam? civitatibus, pro numero militum, pecuniarum summas describere? certum pretium, sexcentenos nummos, nautarum missioni constituere? quos qui dederat, commeatum totius æstatis abstulerat : iste, quod ejus nautæ

63. On voit clairement pourquoi, le premier de tous, il a changé l'ancien usage ; pourquoi il a négligé l'avantage qu'il trouvait à laisser à d'autres l'emploi de ces fonds ; pourquoi il s'est chargé d'une multitude de soins et de détails qui ne pouvaient que l'exposer aux reproches et aux soupçons. Et remarquez combien d'autres profits encore il savait tirer de cette seule partie de l'administration. Recevoir de l'argent des villes pour ne pas fournir de matelots, vendre aux matelots des congés à prix fixe, garder pour lui la paie de ceux qu'il avait licenciés, ne rien donner à ceux qui restaient ; voilà ses opérations de finances, et voilà ce que prouvent les dépositions des villes : on va vous en faire lecture. DÉPOSITIONS DES VILLES.

XXV. 64. Quel homme ! quelle impudence ! quelle audace ! Taxer les villes en raison du nombre de soldats ! fixer à six cents sesterces les congés des matelots ! Quiconque en achetait était dispensé du service. Mais ce que la ville payait pour la solde et pour le blé de cet

63. Cui potest	63. A qui peut-il
esse dubium,	être douteux,
et quamobrem	et pour-quel-motif
primus omnium,	*vous* le premier de tous,
immutaris	vous avez changé
veterem consuetudinem,	l'ancien usage,
et neglexeris	et vous avez négligé
utilitatem tantam,	l'avantage si-grand
tractandæ pecuniæ	de *faire*-manier l'argent
per alios,	par d'autres,
et susceperis	et *pourquoi* vous avez assumé
tantam difficultatem	une telle charge
cum crimine,	avec les reproches,
molestiam cum suspicione?	*un tel* embarras avec les soupçons?
Deinde	Ensuite
alii quæstus instituuntur,	d'autres profits sont établis,
videte quam multi,	voyez combien *ils sont* nombreux,
ex uno genere navali :	dans la seule partie de-la-marine :
accipere pecunias	recevoir de l'argent
a civitatibus,	des villes, [telots ;
ne darent nautas ;	pour qu'elles ne fournissent pas de ma-
facere missos nautas	faire congédiés les matelots
pretio certo ;	pour une somme déterminée ;
lucrari omne stipendium	gagner toute la solde
missorum ;	des *matelots* licenciés ;
non dare reliquis	ne pas donner aux autres
quod deberet.	ce-qu'il devait.
Cognoscite omnia hæc	Connaissez tous ces *crimes*
ex testimoniis civitatum.	par les dépositions des villes.
Recita testimonia	Lisez les dépositions
civitatum.	des villes.
TESTIMONIA CIVITATUM.	DÉPOSITIONS DES VILLES.
XXV. 64. Judices,	XXV. 64. Juges,
hunccine hominem?	*supporterez-vous* un tel homme?
hanccine impudentiam?	une telle impudence ?
hanccine audaciam?	une telle audace?
describere civitatibus	imposer aux villes,
summas pecuniarum,	des sommes d'argent,
pro numero militum?	d'après le nombre des soldats ?
constituere pretium certum	établir *comme* prix fixe
sexcentenos nummos	six cents sesterces
missioni nautarum?	pour le congé des matelots?
qui dederat quos,	celui-qui avait donné cette *somme*,
abstulerat commeatum	avait emporté (obtenait) *son* congé
totius æstatis :	pour toute la campagne :
iste	celui-ci (Verrès)
lucrabatur quod acceperat	gagnait ce-qu'il avait reçu

nomine pro stipendio frumentoque acceperat, lucrabatur. Itaque quæstus duplex unius missione fiebat. Atque hæc homo amentissimus in tanto prædonum impetu, tantoque periculo provinciæ, sic palam faciebat, ut et ipsi prædones scirent, et tota provincia testis esset.

65. Quum, propter istius nanc tantam avaritiam, nomine classis esset in Sicilia, re quidem vera naves inanes, quæ prædam prætori, non quæ prædonibus metum afferrent; tamen, quum P. Cæsetius et P. Tadius decem navibus his semiplenis navigarent, navem quamdam, piratarum præda refertam non ceperunt, sed adduxerunt, onere suo plane captam atque depressam. Erat ea navis plena juventutis formosissimæ, plena argenti facti atque signati, multa cum stragula veste. Hæc una navis a classe nostra non capta est, sed inventa ad Megaridem, qui locus est non longe a Syracusis. Quod ubi isti nuntiatum est, tametsi in acta cum mulierculis jacebat ebrius,

homme, Verrès en faisait son profit. Ainsi chaque congé lui procurait un double gain ; et c'était au moment où les pirates inspiraient tant d'effroi, où tant de dangers menaçaient la province, qu'il faisait ces honteux marchés avec une telle publicité, que les pirates eux-mêmes en étaient instruits, et que toute la province en était témoin.

65. Ainsi donc son insatiable avarice n'avait laissé en Sicile qu'un fantôme de flotte, c'est-à-dire quelques vaisseaux vides, plus propres à porter le butin du préteur qu'à réprimer les efforts des pirates. Cependant Césétius et Tadius, qui étaient en mer avec dix de ces vaisseaux mal équipés, prirent, ce n'est pas le mot, emmenèrent un vaisseau des pirates hors d'état de se défendre, et presque submergé par le butin dont il était chargé. Il portait un grand nombre de jeunes esclaves d'une belle figure, une immense quantité d'argenterie, d'argent monnayé, d'étoffes précieuses. Ce seul vaisseau fut pris, ou pour mieux dire, fut trouvé par notre flotte, dans les eaux de Mégaris, non loin de Syracuse. La nouvelle en arrive à Verrès. Il était alors sur le rivage, étendu ivre au milieu de ses femmes. Il se réveille, et, sans perdre de temps, il envoie à son questeur et à

DISCOURS SUR LES SUPPLICES. 113

pro stipendio frumentoque	pour la solde et *pour* le blé
nomine ejus nautæ.	au nom de ce matelot.
Itaque duplex quæstus	Ainsi un double profit
fiebat missione unius.	résultait du congé d'un seul *matelot*.
Atque homo amentissimus,	Et *cet* homme, le plus insensé *des hommes*,
faciebat hæc sic palam	faisait ces *marchés* si ouvertement
in impetu tanto prædonum,	au-milieu des attaques si-vives des pirates,
periculoque tanto	et du danger si-pressant
provinciæ,	de la province,
ut et prædones ipsi scirent,	que et les pirates eux-mêmes *le* savaient,
et tota provincia esset testis.	et toute la province *en* était témoin.
65. Quum,	65. Tandis que,
propter hanc avaritiam	à cause de cette cupidité
tantam istius,	si-grande (insatiable) de ce *Verrès*,
classis esset in Sicilia	une flotte était en Sicile
nomine,	de nom *seulement*,
revera quidem naves inanes,	mais en réalité des vaisseaux vides,
quæ afferrent prædam	lesquels rapporteraient du butin
prætori,	au préteur,
quæ non metum	qui ne *causeraient* pas de la crainte
prædonibus;	aux pirates;
tamen, quum P. Cæsetius	néanmoins, comme P. Césétius
et P. Tadius navigarent	et P. Tadius tenaient-la-mer
his decem navibus	avec ces dix vaisseaux
semiplenis,	à-moitié-pleins,
non ceperunt,	ils ne prirent pas,
sed adduxerunt	mais ils emmenèrent
quamdam navem,	un certain vaisseau,
refertam præda piratarum,	plein du butin des pirates,
plane captam	entièrement embarrassé
ac depressam suo onere.	et *presque* submergé par son poids.
Ea navis erat plena	Ce vaisseau était plein
juventutis formosissimæ,	d'une jeunesse très-belle,
plena argenti facti	plein d'argent travaillé
atque signati,	et *d'argent* marqué (monnayé),
cum multa veste	avec beaucoup d'étoffes
stragula.	qu'on-étend-*sur-le-lit* (pour meubles).
Hæc una navis	Ce seul vaisseau
non est capta,	ne fut pas pris,
sed inventa a nostra classe	mais trouvé par notre flotte
ad Megaridem,	près de Mégaris,
qui est locus	qui est un lieu
non longe a Syracusis.	non loin de Syracuse.
Ubi quod est nuntiatum isti,	Dès que cela fut annoncé à ce *Verrès*,
tametsi jacebat ebrius	quoiqu'il fût-couché ivre
in acta cum mulierculis,	sur le rivage avec des courtisanes,
tamen erexit se,	cependant il leva soi,

erexit se tamen, et statim quæstori legatoque suo custodes misit complures, ut omnia sibi integra quam primum exhiberentur.

66. Appellitur navis Syracusas : exspectutur ab omnibus ; supplicium sumi de captivis putatur : iste, quasi præda sibi advecta, non prædonibus captis, si qui senes aut deformes erant, eos in hostium numero ducit; qui aliquid formæ, ætatis artificiique habebant, abducit omnes ; nonnullos scribis suis, filio cohortique distribuit ; symphoniacos homines sex cuidam amico suo Romam muneri misit. Nox illa tota exinanienda navi consumitur. Archipiratam ipsum videt nemo, de quo supplicium sumi oportuit : hodieque omnes sic habent (quid ejus sit, vos conjectura quoque assequi debetis), istum clam a piratis, ob hunc archipiratam, pecuniam accepisse.

XXVI. 67. Conjectura bona est. Judex esse bonus nemo potest, qui suspicione certa non movetur. Hominem nostis ; con-

son lieutenant des hommes affidés pour que tout lui soit présenté le plus tôt possible et sans aucune distraction.

66. Le vaisseau aborde à Syracuse : l'impatience est générale ; on jouit d'avance du supplice des prisonniers ; mais lui, qui dans cette prise ne voit qu'une proie qu'on lui amène, ne répute ennemis que les hommes vieux ou difformes. Il met en réserve tous ceux qui ont de la figure, de la jeunesse ou des talents. Il en distribue quelques-uns à ses secrétaires, à son fils, à ses favoris. Six musiciens sont envoyés à Rome, à un de ses amis. Toute la nuit se passe à vider le vaisseau. Mais personne ne voit le chef des pirates, qu'il était de son devoir de livrer au supplice. Aujourd'hui tous les Siciliens pensent, et vous pouvez vous-mêmes conjecturer ce qu'il en est, que Verrès a reçu de l'argent des pirates pour sauver leur chef.

XXVI. 67. La conjecture est permise, et de bons juges ne peuvent rejeter des soupçons aussi bien fondés. Vous connaissez le

et statim misit	et aussitôt il envoya
suo quæstori legatoque	à son questeur et à *son* lieutenant
complures custodes,	un grand-nombre-de gardes,
ut omnia integra	afin que tout intact
exhiberentur sibi	fût représenté à lui
quam primum.	au plus tôt.
66. Navis	66. Le vaisseau
appellitur Syracusas :	aborde à Syracuse :
exspectatur ab omnibus ;	il est attendu-*impatiemment* par tous ;
putatur supplicium	on pense que le supplice
sumi de captivis :	va être pris (être infligé) de (aux) captifs :
iste, quasi præda	celui-ci, comme-si une proie
advecta sibi,	*était* amenée à lui,
non prædonibus captis,	*et* non des pirates étant pris,
si qui	si quelques *esclaves*
erant senes aut deformes,	étaient vieux ou difformes,
ducit eos	compte ceux-là *seuls*
in numero hostium :	au nombre des ennemis :
abducit omnes qui habebant	il met-de-côté tous ceux-qui avaient
aliquid formæ, ætatis	quelque beauté, *quelque* jeunesse
artificiique ;	et *quelque* talent ;
distribuit nonnullos	il *en* distribue quelques-uns
suis scribis, filio	à ses secrétaires, à *son* fils
cohortique :	et à la troupe *de ses favoris* :
misit muneri Romam	il envoya en présent à Rome
cuidam suo amico,	à un certain *homme* son ami,
sex homines symphoniacos.	six hommes musiciens.
Illa nox tota consumitur	Cette nuit tout-entière est employée
exinanienda navi.	à vider le navire.
Nemo videt	Personne ne voit
archipiratam ipsum,	le chef-pirate lui-même,
de quo oportuit	duquel il eût fallu
supplicium sumi :	que le supplice fût pris (fût exigé) :
hodieque omnes habent sic	et aujourd'hui tous ont ainsi *dans l'esprit*
— vos quoque debetis	— *et* vous aussi vous devez
assequi conjectura	atteindre par la supposition
quid ejus sit —,	ce-qui en est —,
istum accepisse clam	que ce *Verrès* a reçu en-secret
pecuniam a piratis,	de l'argent des pirates,
ob hunc archipiratam.	pour *sauver* ce chef-des-pirates.
XXVI. 67. Conjectura	XXVI. 67. La conjecture
est bona.	est bonne (permise).
Nemo judex	Aucun juge
potest esse bonus,	ne peut être bon *juge*,
qui non movetur	qui (s'il) n'est pas touché
suspicione certa.	d'un soupçon certain (fondé).
Nostis hominem ;	Vous connaissez l'homme ;

suetudinem omnium tenetis : qui ducem prædonum aut hostium ceperit, quam libenter eum palam ante oculos omnium esse patiatur. Hominem in tanto conventu Syracusis vidi neminem, judices, qui archipiratam captum vidisse se diceret, quum omnes, ut mos est, ut solet fieri, concurrerent, quærerent, videre cuperent. Quid accidit, cur tantopere iste homo occultaretur, ut eum ne casu quidem quisquam adspicere posset? Homines maritimi Syracusis, qui sæpe istius ducis nomen audissent, quum eum sæpe timuissent, quum ejus cruciatu atque supplicio pascere oculos, animumque exsaturare vellent, potestas adspiciendi nemini facta est.

68. Unus plures prædonum duces vivos cepit P. Servilius [1], quam omnes antea. Ecquando igitur isto fructu quisquam caruit, ut videre piratam captum non liceret? At contra, quacunque iter fecit, hoc jucundissimum spectaculum omnibus

personnage ; vous savez l'usage de tous les autres généraux. Quand ils ont pris un chef de pirates ou d'ennemis, avec quel plaisir ils le livrent aux regards publics! Cette fois-ci, les Syracusains accoururent avec l'empressement ordinaire : tous les yeux cherchaient ce pirate, tous désiraient le voir. Eh bien! citoyens, parmi cette foule immense de curieux, je n'ai trouvé personne qui m'ait pu dire : *Je l'ai vu*. Par quelle fatalité cet homme a-t-il été si bien caché que personne ne l'ait aperçu, même par hasard? Les marins de Syracuse, qui l'avaient entendu nommer tant de fois, que tant de fois il avait fait trembler, qui se promettaient d'assouvir leur haine et de repaître leurs yeux du spectacle de son supplice, ne sont pas même parvenus à le voir.

68. P. Servilius a pris lui seul plus de pirates que tous les généraux qui l'avaient précédé. Refusa-t-il jamais à personne le plaisir de voir un pirate dans les fers? Au contraire, partout où il passait, il offrit aux regards des peuples cette longue suite d'ennemis en-

tenetis consuetudinem	vous possédez (savez) l'usage
omnium :	de tous *les autres généraux* :
quam libenter,	combien volontiers (avec quel plaisir),
qui ceperit ducem	celui-qui a pris un chef
prædonum aut hostium,	de pirates ou d'ennemis,
patiatur eum esse palam	souffre qu'il soit publiquement
ante oculos omnium.	*exposé* devant les yeux de tous.
Judices,	Juges,
vidi neminem hominem	je n'ai vu aucun homme
Syracusis,	à Syracuse,
in tanto conventu,	dans une telle foule *de citoyens*,
qui diceret se vidisse	qui dît lui avoir vu
archipiratam captum,	le chef-pirate prisonnier,
quum omnes, ut est mos,	lorsque tous, comme c'est l'usage,
ut solet fieri,	comme *cela* a-coutume d'arriver,
concurrerent,	accouraient-avec-empressement,
quærerent,	*le* cherchaient *des yeux*,
cuperent videre.	désiraient *le* voir.
Quid accidit, cur iste homo	Qu'est-il arrivé, pour que cet homme
occultaretur tantopere,	fût caché si-bien,
ut quisquam	que personne
posset adspicere eum	*ne* pût voir lui
ne quidem casu?	pas même par-hasard ?
Homines maritimi	Les hommes de-mer
Syracusis,	à Syracuse,
qui audissent sæpe	qui avaient entendu souvent
nomen istius ducis,	le nom de ce chef,
quum timuissent eum sæpe,	lorsqu'ils (qui) avaient redouté lui souvent,
quum vellent	lorsqu'ils (qui) auraient voulu
pascere oculos,	repaître *leurs* yeux,
exsaturareque animum	et assouvir *leur* ressentiment
cruciatu	par *la vue du* tourment
atque supplicio ejus,	et *du* supplice de lui,
potestas adspiciendi	la faculté *même* de *le* voir
est facta nemini.	ne fut faite (accordée) à aucun.
68. P. Servilius unus	68. P. Servilius seul
cepit vivos	a pris vivants
plures duces prædonum	plus-de chefs de pirates
quam omnes antea.	que tous *ceux qui avaient paru avant lui*.
Ecquando igitur quisquam	Quand donc quelqu'un
caruit isto fructu,	fut-il privé de ce bénéfice (plaisir),
ut non liceret	qu'il ne lui fût-pas-permis
videre piratam captum ?	de voir un pirate prisonnier ?
At contra,	Tout au-contraire,
quacumque fecit iter,	partout-où il fit route,
præbebat omnibus	il offrait à tous *les regards*
hoc spectaculum	ce spectacle

vinctorum captorumque hostium præbebat. Itaque ei concursus undique fiebant, ut non modo ex his oppidis qua ducebantur, sed etiam ex finitimis, visendi causa, convenirent. Ipse autem triumphus quamobrem omnium triumphorum gratissimus populo romano fuit, atque jucundissimus? Quia nihil est victoria dulcius : nullum est autem testimonium victoriæ certius, quam, quos sæpe metueris, eos te vinctos ad supplicium duci videre.

69. Hoc tu quamobrem non fecisti? quamobrem ita iste pirata celatus est, quasi eum adspicere nefas esset? quamobrem supplicium non sumpsisti? quam ob causam hominem reservasti? Ecquem audisti in Sicilia antea captum archipiratam, qui non securi percussus sit? unum cedo auctorem tui facti; unius profer exemplum. Vivum tu archipiratam servabas, quem per triumphum, credo, quem ante currum tuum duceres. Neque enim quidquam erat jam reliquum, nisi ut, classe

chaînés. Aussi l'on accourait de toutes parts, et non-seulement des villes qui se trouvaient sur la route, mais de tous les lieux circonvoisins, on s'empressait pour jouir de ce spectacle. Et pourquoi son triomphe a-t-il été, pour le peuple romain, le plus flatteur et le plus agréable de tous les triomphes? C'est qu'il n'y a rien de plus doux que la victoire, et qu'il n'est point de preuve plus irrécusable de la victoire, que de voir chargés de chaînes et conduits au supplice des ennemis qu'on a longtemps redoutés.

69. Et vous, pourquoi ne pas agir de même? pourquoi soustraire ce pirate aux yeux de tous, comme si l'on n'eût pu le regarder sans offenser les dieux? pourquoi ne pas l'envoyer au supplice? dans quel dessein le gardiez-vous? Jamais un chef de pirates a-t-il été pris en Sicile, sans que sa tête soit tombée sous la hache? Citez un seul fait qui vous excuse; produisez un seul exemple. Peut-être vous conserviez ce pirate vivant, afin de le conduire devant votre char, le jour de votre triomphe. En effet, après la perte d'une aussi belle flotte et

DISCOURS SUR LES SUPPLICES. 119

jucundissimum	très-agréable
hostium vinctorum	d'ennemis liés
captorumque.	et prisonniers.
Itaque concursus	Aussi un *si grand* concours *de peuple* [tre,
fiebant undique ei,	avait-il-lieu de-toutes-parts à-sa-rencon-
ut convenirent causa visendi	qu'on se-rassemblait pour voir *ce spectacle*
non modo ex his oppidis	non seulement de ces villes
qua ducebantur,	par-où ils étaient conduits,
sed etiam ex finitimis.	mais même des *villes* voisines.
Triumphus autem ipse	Mais *son* triomphe même
quamobrem fuit	pourquoi fut-il
gratissimus	le plus agréable
atque jucundissimus	et le plus doux
omnium triumphorum	de tous les triomphes
populo romano?	pour le peuple romain?
Quia nihil	Parce que rien
est dulcius victoria :	n'est plus doux que la victoire :
nullum autem testimonium	or aucune preuve
victoriæ est certius,	de la victoire n'est plus certaine
quam te videre	que vous voir (que de voir)
eos quos metueris sæpe,	ceux que vous avez craints souvent,
duci vinctos ad supplicium.	être menés enchaînés au supplice.
69. Tu quamobrem	69. Vous pourquoi
non fecisti hoc?	n'avez-vous pas fait cela?
quamobrem iste pirata	pour-quel-motif ce pirate
est celatus ita	a-t-il été caché de-telle-sorte
quasi esset nefas	comme-si c'eût été un crime
eum adspicere?	de le voir?
quamobrem	pour quel-motif
non sumpsisti supplicium?	n'avez-vous pas pris (fait subir) le sup
ob quam causam	dans quel dessein [plice?
reservasti hominem?	avez-vous conservé *cet* homme?
Ecquem archipiratam	Quel chef-pirate
audisti	avez-vous appris
captum antea in Sicilia,	*avoir été* pris avant *vous* en Sicile,
qui non sit percussus	qui n'ait pas été frappé
securi?	de la hache?
cedo unum	citez-*moi* un seul *général ou gouverneur*
auctorem tui facti ;	qui-autorise *par son exemple* votre action ;
profer exemplum unius.	produisez l'exemple d'un seul.
Tu servabas vivum	Vous conserviez vivant
archipiratam,	ce chef-pirate,
quem, credo,	lequel, je suppose,
duceres per triumphum,	vous conduiriez en triomphe,
quem ante tuum currum.	lequel *vous conduiriez* devant votre char.
Neque enim erat jam	En effet il n'était plus
quidquam reliquum,	rien de-reste (il ne restait plus rien),

populi romani pulcherrima amissa, provinciaque lacerata, triumphus navalis tibi decerneretur.

XXVII. 70. Age porro, custodiri ducem prædonum novo more, quam securi feriri omnium exemplo, magis placuit. Quæ sunt istæ custodiæ? apud quos homines? quemadmodum est asservatus? Latomias syracusanas omnes audistis; plerique nostis. Opus est ingens, magnificum, regum ac tyrannorum : totum est ex saxo in mirandam altitudinem depresso, et multorum operis penitus exciso : nihil tam clausum ad exitus, nihil tam septum undique, nihil tam tutum ad custodias, nec fieri, nec cogitari potest. In has Latomias, si qui publice custodiendi sunt, etiam ex ceteris oppidis Siciliæ deduci imperantur.

71. Eo quod multos captivos cives romanos conjecerat, et quod eodem ceteros piratas contrudi imperarat, intellexit, si hunc subdititium archipiratam in eamdem custodiam dedisset,

la dévastation de la province, il ne restait plus qu'à vous décerner le triomphe naval.

XXVII. 70. Eh bien! soit : Verrès s'est fait un système à lui. Il a mieux aimé garder ce chef en prison que de le frapper de la hache. Or, dans quelle prison, chez quels peuples, de quelle manière ce chef a-t-il été gardé? Vous avez tous entendu parler des Latomies de Syracuse; plusieurs de vous les ont vues. Cette carrière immense, prodigieuse, ouvrage des rois et des tyrans, a été tout entière taillée dans le roc, et la main des hommes l'a creusée à une profondeur effrayante. Il est impossible de construire, d'imaginer même une prison aussi exactement fermée, aussi forte, aussi sûre. On y conduit, même des autres villes de la Sicile, tous les prisonniers dont le gouvernement veut s'assurer.

71. Comme Verrès avait entassé dans ces Latomies un grand nombre de citoyens romains, et qu'il avait donné l'ordre d'y jeter les autres pirates, il sentit que, s'il y faisait entrer l'homme qu'il

nisi ut, classe pulcherrima populi romani amissa, provinciaque lacerata, triumphus navalis decerneretur tibi.	si-ce-n'est que, une flotte très-belle du peuple romain étant perdue, et la province étant déchirée, le triomphe naval fût décerné à vous.
XXVII. 70. Age porro; placuit magis ducem prædonum custodiri, novo more, quam feriri securi exemplo omnium. Quæ sunt istæ custodiæ? apud quos homines? quemadmodum est asservatus? Omnes audistis Latomias syracusanas: plerique nostis. Est opus ingens, magnificum, regum ac tyrannorum : est totum ex saxo depresso in altitudinem mirandam, et exciso penitus operis multorum : nihil potest nec fieri, nec excogitari, tam clausum ad exitus, nihil tam septum undique, nihil tam tutum ad custodias. Si qui sunt custodiendi publice, imperantur deduci in has Latomias, etiam ex ceteris oppidis Siciliæ.	XXVII. 70. Allons plus-loin ; il *vous* a convenu mieux que *ce* chef de pirates fût gardé-en-prison, d'après un nouveau système, qu'il ne fût frappé de la hache à l'exemple de tous *les autres*. *Or* quelle est cette prison? chez quels hommes? de-quelle-manière a-t-il été gardé ? Tous vous avez entendu *parler* des Latomies de-Syracuse : la plupart vous *les* connaissez *de vue*. C'est un ouvrage immense, magnifique, des rois et des tyrans : il est tout-entier *formé* d'un roc creusé à une profondeur merveilleuse, et taillé à-fond par les travaux de beaucoup *d'hommes* rien ne peut ni être fait, ni être imaginé, *de* si *bien* fermé aux issues, rien *de* si *bien* enclos de-tous-côtés, rien *de* si sûr pour la garde. Si quelques *coupables* doivent être gardés au-nom-de-l'État, ils sont commandés (on donne l'ordre) qu'ils soient conduits dans ces Latomies, même des autres villes de la Sicile.
71. Quod conjecerat eo multos cives romanos captivos, et quod imperarat ceteros piratas contrudi eodem, intellexit si dedisset in eamdem custodiam	71. Comme *Verrès* avait jeté-ensemble beaucoup-de citoyens romains [là captifs, et comme il avait ordonné que les autres pirates fussent jetés dans-le-même-lieu, il comprit que s'il confiait à la même prison

fore, ut a multis, illis in Latomiis, verus ille dux quæreretur. Itaque hominem huic optimæ tutissimæque custodiæ non audet committere; denique Syracusas totas timet : amandat hominem. Quo? Lilybæum fortasse? Video : tamen homines maritimos non plane reformidat. Minime, judices. Panormum igitur? Audio ; quanquam Syracusis, quoniam in Syracusano captus erat, maxime, si minus supplicio affici, at custodiri oportebat. Ne Panormum quidem.

72. Quid igitur? quo putatis? Ad homines a piratarum metu et suspicione alienissimos, a navigando rebusque maritimis remotissimos, ad Centuripinos, homines maxime mediterraneos [1], summos aratores, qui nomen nunquam timuissent maritimi prædonis, unum, te prætore, horruissent Apronium [2], terrestrem archipiratam. Et, ut quivis facile perspiceret, id ab isto actum esse, ut ille suppositus facile et libenter se illum qui

substituait au véritable chef, la supercherie serait bientôt découverte. Ainsi donc cette prison et si forte et si sûre ne l'est pas assez pour lui. D'ailleurs Syracuse entière lui est suspecte. Il éloigne cet homme; mais où l'envoie-t-il? à Lilybée peut-être ? En ce cas, il n'est donc pas vrai qu'il redoute si fort les gens de mer. Mais ce n'est pas à Lilybée ; c'est donc à Palerme? à la bonne heure. Toutefois je pourrais observer que le pirate ayant été pris dans les dépendances de Syracuse, il devait être exécuté, ou du moins détenu à Syracuse. Au surplus, ce n'est pas encore à Palerme.

72. Où donc enfin? Chez les hommes qui sont le plus à l'abri des pirates, le moins à portée de les connaître, chez des hommes tout à fait étrangers à la mer et à la navigation, chez les Centorbiens, placés au milieu des terres, uniquement occupés du labourage, qui de leur vie n'avaient craint les pirates, et qui, sous la préture de Verrès, n'ont redouté que les courses d'Apronius, ce fameux écumeur de terre ferme. Afin que personne n'ignore qu'il a tout fait pour engager le faux pirate à bien jouer son rôle, il

hunc archipiratam	ce chef-pirate
subdititium,	substitué *au véritable*,
fore ut ille verus dux	il arriverait que ce (l'autre) vrai chef
quæreretur a multis	serait cherché par beaucoup *de curieux*
in illis Latomiis.	dans ces Latomies.
Itaque non audet	Aussi il n'ose pas
committere hominem	confier l'homme (son captif)
huic custodiæ	à cette prison
optimæ tutissimæque;	la meilleure et la plus sûre;
denique timet	enfin il craint
Syracusas totas :	Syracuse entière :
amandat hominem.	il éloigne *cet* homme.
Quo? Lilybæum fortasse?	Où? à Lilybée peut-être?
Video :	Je comprends :
tamen non reformidat	en-ce-cas il ne craint pas
plane homines maritimos.	tout-à-fait les hommes de-mer.
Minime, judices.	*Mais* point-du-tout, juges.
Igitur Panormum?	Donc *est-ce* à Palerme?
Audio;	J'entends;
quanquam quoniam	toutefois puisque
erat captus	il avait été pris
in Syracusano, oportebat,	sur le *territoire* syracusain, il fallait
si minus affici supplicio,	sinon qu'il fût frappé du supplice,
at custodiri	du-moins qu'il fût gardé-en-prison
maxime Syracusis.	surtout à Syracuse.
Ne quidem Panormum.	Pas même à Palerme.
72. Quid igitur?	72. Quoi donc?
quo putatis?	où pensez-vous *qu'il l'ait enfermé?*
Ad homines alienissimos	Chez les hommes les plus étrangers
a metu et suspicione	à la crainte et à l'idée *même*
piratarum,	des pirates,
remotissimos a navigando	les plus éloignés de la navigation
rebusque maritimis,	et des choses concernant-la-marine,
ad Centuripinos, homines	chez les Centorbiens, hommes
maxime mediterraneos,	le plus situés-au-milieu-des-terres,
summos aratores,	très-grands laboureurs,
qui nunquam timuissent	qui jamais n'avaient redouté
nomen prædonis maritimi,	le nom d'un pirate de-mer,
horruissent, te prætore,	*et* avaient craint, vous *étant* préteur,
unum Apronium,	le seul Apronius,
archipiratam terrestrem.	chef-pirate de-terre.
Et, ut	Et afin que
quivis perspiceret facile,	chacun vît facilement,
id esse actum ab isto,	que cela a été fait par ce *Verrès*,
ut ille suppositus	afin que ce *pirate* supposé
simularet facile et libenter	feignît de-bonne-grâce et volontiers
se esse illum qui non erat,	qu'il était celui qu'il n'était pas *en effet*,

non erat, esse simularet, imperat Centuripinis, ut is victu ceterisque rebus quam liberalissime commodissimeque habeatur.

XXVIII. 73. Interea Syracusani, homines periti et humani, qui non modo ea quæ perspicua essent, videre, verum etiam occulta suspicari possent, habebant rationem omnes quotidie piratarum qui securi ferirentur : quam multos esse oporteret, ex ipso navigio quod erat captum, et ex remorum numero conjiciebant. Iste, quod omnes qui artificii aliquid habuerant aut formæ, removerat atque abduxerat, reliquos si, ut consuetudo est, universos ad palum alligasset, clamorem populi fore suspicabatur, quum tanto plures abducti essent, quam relicti. Propter hanc causam, quum instituisset alios alio tempore producere, tamen in tanto conventu nemo erat, quin rationem numerumque haberet, et reliquos non desideraret solum, sed etiam posceret et flagitaret.

ordonne aux Centorbiens de lui fournir en abondance tous les besoins et toutes les commodités de la vie.

XXVIII. 73. Cependant les Syracusains, qui ont de l'usage et de l'esprit, qui savent fort bien voir ce qu'on leur montre et deviner encore ce qu'on leur cache, tenaient un registre exact des exécutions qui se faisaient chaque jour. Ils calculaient le nombre des pirates d'après la grandeur du vaisseau et la quantité des rames. Verrès avait mis à l'écart tous ceux qui avaient de la figure et des talents. Faire exécuter tous les autres à la fois, comme c'est l'usage, c'était s'exposer à une réclamation universelle, lorsqu'on verrait qu'il en manquait plus de la moitié. Il prit le parti de les envoyer au supplice en détail, et en des temps différents. Mais dans une ville aussi peuplée, il n'était personne qui ne tînt un registre fidèle ; tous savaient combien il en restait encore ; ils les demandaient, et même avec importunité.

imperat Centuripinis,	il ordonne aux Centorbiens,
ut is habeatur	que cet *homme* soit traité
quam liberalissime	le plus libéralement-possible
commodissimeque	et le plus convenablement
victu ceterisque rebus.	*quant* aux vivres et autres besoins *de la*
XXVIII. 73. Interea	XXVIII. 73. Cependant [*vie.*
Syracusani,	les Syracusains,
homines periti et humani,	hommes judicieux et spirituels,
qui possent videre	qui pouvaient voir
non modo	non seulement
ea quæ essent perspicua,	ce qui serait évident,
verum etiam	mais aussi
suspicari occulta,	soupçonner les *choses* cachées,
omnes quotidie	tous chaque-jour
habebant rationem	tenaient compte
piratarum	des pirates
qui ferirentur securi :	qui seraient (étaient) frappés de la ha-
conjiciebant	ils conjecturaient [che :
quam multos	combien nombreux
oporteret esse,	il fallait qu'ils fussent,
ex navigio ipso	d'après le navire lui-même,
quod erat captum,	qui avait été pris,
et ex numero remorum.	et d'après la quantité de rames.
Iste, quod removerat	Ce *Verrès* parce qu'il avait mis-à-l'écart,
atque abduxerat	et avait emmené
omnes qui habuerant	tous ceux-qui avaient eu (avaient)
aliquid artificii	quelque talent
aut formæ,	ou *quelque* beauté,
suspicabatur	soupçonnait [rait)
clamorem populi fore,	que la clameur du peuple serait (éclate-
si alligasset ad palum	s'il faisait-attacher au poteau
reliquos universos,	ceux-qui-restaient tous-à-la-fois,
ut est consuetudo,	comme c'est l'usage,
quum abducti,	lorsqu'*on verrait que ceux* emmenés
essent tanto plures,	étaient tellement plus nombreux
quam relicti.	que *ceux* laissés.
Propter hanc causam,	Pour ce motif,
quum instituisset	comme il avait pris-le-parti
producere	d'envoyer-au-supplice
alios tempore alio,	les uns dans un temps *les autres dans un*
tamen erat nemo	cependant il n'était personne [autre,
in conventu tanto,	dans une réunion (ville) si-grande,
quin haberet rationem	qui n'eût le compte
numerumque,	et le nombre *exact des captifs*,
et non solum desideraret,	et non seulement désirât,
sed etiam posceret	mais même demandât
et flagitaret reliquos.	et réclamât-vivement ceux-qui-restaient.

74. Quum maximus numerus deesset, tum iste homo nefarius in eorum locum quos domum suam de piratis abduxerat, substituere et supponere cœpit cives romanos, quos in carcerem antea conjecerat : quorum alios sertorianos milites fuisse insimulabat, et ex Hispania fugientes [1] ad Siciliam appulsos esse dicebat ; alios, qui a prædonibus erant capti, quum mercaturas facerent, aut aliquam aliam ob causam navigarent, sua voluntate cum piratis fuisse arguebat. Itaque alii cives romani, ne cognoscerentur, capitibus obvolutis e carcere ad palum atque ad necem rapiebantur ; alii, quum a multis civibus romanis recognoscerentur, ab omnibus defenderentur, securi feriebantur. Quorum ego de acerbissima morte crudelissimoque cruciatu dicam, quum eum locum tractare cœpero ; et ita dicam, ut, si me in ea querimonia, quam sum habiturus de istius crudelitate et de civium romanorum indignissima

74. Dans cet embarras, cet homme abominable imagina de substituer aux pirates qu'il avait retirés chez lui, les citoyens romains dont il avait rempli la prison. A l'entendre, les uns étaient des soldats de Sertorius, qui avaient abordé en Sicile, lorsqu'ils fuyaient d'Espagne ; les autres, qui avaient été pris par les pirates, pendant qu'ils naviguaient pour leur commerce, ou pour d'autres affaires, s'étaient, disait-il, volontairement associés aux pirates. Les uns étaient traînés de la prison à la mort, la tête voilée, afin qu'ils ne fussent pas reconnus ; d'autres, quoique reconnus par un grand nombre de citoyens, quoique réclamés par tous, n'en périssaient pas moins par le fer des bourreaux. Je peindrai l'horreur de leur mort et l'atrocité de leur supplice, lorsque je parlerai des Romains qu'il a fait périr ; ma voix s'élèvera pour vous dénoncer des cruautés inouïes, pour réclamer vengeance contre le bourreau de mes concitoyens ; et si, dans l'excès de ma douleur et de mes

74. Quum	74. Comme
maximus numerus deesset,	le plus grand nombre manquait,
tum iste homo nefarius	alors cet homme criminel
cœpit substituere	commença à substituer
et supponere,	et à supposer,
in locum eorum de piratis	à la place de ceux des pirates
quos abduxerat	qu'il avait emmenés
suam domum,	dans sa maison,
cives romanos	des citoyens romains
quos antea	qu'auparavant
conjecerat in carcerem :	il avait jetés en prison :
insimulabat alios quorum	il accusait les uns de ces *citoyens*
fuisse milites sertorianos,	d'avoir été soldats de Sertorius,
et dicebat	et il disait
fugientes ex Hispania	que fuyant de l'Espagne
esse appulsos ad Siciliam ;	ils avaient abordé en Sicile :
arguebat alios,	il accusait les autres,
qui erant capti	qui avaient été pris
a prædonibus,	par les pirates,
quum facerent mercaturas,	pendant qu'ils faisaient le commerce,
aut navigarent	ou naviguaient
ob aliquam aliam causam,	pour quelque autre motif,
fuisse sua voluntate	d'avoir été de leur *propre* volonté
cum piratis.	avec les pirates.
Itaque alii cives romani	C'est-pourquoi les uns *des* citoyens ro-
rapiebantur e carcere	étaient entraînés de la prison [mains,
ad palum atque ad necem,	au poteau et à la mort,
capitibus obvolutis,	la tête voilée,
ne cognoscerentur ;	de peur qu'ils ne fussent reconnus ;
alii,	les autres,
quum recognoscerentur	quoiqu'ils fussent reconnus
a multis civibus romanis,	par beaucoup-de citoyens romains,
defenderentur ab omnibus,	*qu'*ils fussent réclamés par tous,
feriebantur securi.	étaient frappés de la hache.
Ego dicam	Moi je parlerai
de morte acerbissima	de la mort très-pénible
cruciatuque crudelissimo	et du supplice très-cruel
quorum,	de ces *citoyens*,
quum cœpero	lorsque j'aurai commencé
tractare eum locum ;	à traiter cet endroit *de l'accusation* ;
et dicam ita,	et j'*en* parlerai de-telle-sorte,
ut, si in ea quærimonia	que, si dans ces plaintes
quam sum habiturus	que je dois tenir (faire entendre)
de crudelitate istius,	sur la cruauté de ce *Verres*
et de morte indignissima	et sur la mort très-indigne
civium romanorum,	des citoyens romains,
non modo vires,	non seulement les forces,

morte, non modo vires, verum etiam vita deficiat, id mihi præclarum et jucundum putem.

XXIX. 75. Hæc igitur est gesta res, hæc victoria præclara : myoparone piratico capto, dux liberatus; symphoniaci Romam missi; formosi homines, et adolescentes, et artifices domum abducti; in eorum locum, et ad eorum numerum cives romani hostilem in modum cruciati et necati; omnis vestis ablata; omne aurum et argentum ablatum et aversum. At quemadmodum ipse sese induit priore actione? Qui tot dies tacuisset, repente in M. Annii, hominis splendidissimi, testimonio, quum is cives romanos dixisset, et archipiratam negasset securi esse percussum, exsiluit conscientia sceleris, et furore ex maleficiis concepto excitatus, dixit se, quod sciret sibi crimini datum iri pecuniam accepisse, neque de vero archipirata sumpsisse supplicium, ideo securi non percussisse : domi esse apud sese archipiratas dixit duos.

76. O clementiam populi romani, seu potius patientiam mi-

plaintes, les forces et la vie même viennent à m'abandonner, je m'applaudirai, en expirant, de mourir pour une si belle cause.

XXIX. 75. Ainsi donc, un brigantin pris aux pirates; leur chef délivré; des musiciens envoyés à Rome; ceux à qui l'on avait trouvé de la figure, de la jeunesse et des talents, emmenés chez le préteur ; à leur place, et en pareil nombre, des citoyens romains traités en ennemis et livrés à la mort; les étoffes, l'or, l'argent saisis, détournés au profit de Verrès : tels sont les exploits de ce grand guerrier; telle est cette étonnante victoire. Quel fatal aveu lui est échappé dans la première action ! M. Annius venait de déposer qu'un chevalier romain avait péri sous la hache : il certifiait que le chef des pirates n'avait pas été mis à mort. Verrès qui, depuis tant de jours, gardait le silence, se réveilla tout à coup; pressé par sa conscience, tourmenté par le souvenir de ses forfaits, il dit qu'il ne l'avait pas fait mourir, parce qu'il savait qu'on l'accuserait d'avoir reçu de l'argent et de n'avoir pas envoyé le véritable chef au supplice; qu'au surplus, il avait deux chefs de pirates dans sa maison.

76. O clémence! disons mieux, ô patience admirable du peuple

verum etiam vita	mais même la vie
me deficiat,	m'abandonne,
putem id præclarum	je pense cela glorieux
et jucundum mihi.	et doux pour moi.
XXIX. 75. Hæc est igitur	XXIX. 75. Telle est donc
res gesta,	la chose faite (cet exploit),
hæc præclara victoria :	telle *est cette* brillante victoire :
myoparone piratico capto,	un brigantin de-pirates étant pris,
dux liberatus ;	le chef *est* délivré ;
symphoniaci missi Romam;	des musiciens *sont* envoyés à Rome ;
homines formosi,	les hommes beaux,
et adolescentes, et artifices	et jeunes, et ouvriers-habiles
abducti domum ;	*sont* emmenés dans la maison *du préteur,*
in locum eorum,	à la place d'eux;
et ad numerum eorum	et au nombre d'eux (en même nombre
cives romani	des citoyens romains [qu'eux)
cruciati et necati	*sont* torturés et tués
in modum hostilem ;	à la manière des-ennemis ;
omnis vestis ablata ;	toutes les étoffes *sont* enlevées ;
omne aurum et argentum,	tout l'or et *tout* l'argent
ablatum et aversum.	*est* enlevé et détourné
At quemadmodum	Mais comment
priore actione	dans la première action
ipse sese induit ?	lui-même s'est-il enveloppé (pris) ?
Qui tacuisset tot dies,	Lui-qui s'était-tû tant-de jours,
repente	tout-à-coup
in testimonio M. Annii,	sur la déposition de M. Annius,
hominis splendidissimi,	homme très-illustre,
quum is dixisset	lorsqu'il eut dit
cives romanos	que des citoyens romains
esse percussos securi,	avaient été frappés de la hache,
negasset archipiratam,	*et* eut nié *que* le chef-pirate *l'eût été*,
exsiluit, excitatus	il (Verrès) s'élança, mû (pressé)
conscientia sceleris	par la conscience de *son* crime,
et furore concepto	et la fureur conçue
ex maleficiis,	*au souvenir* de *ses* forfaits,
dixit se non percussisse	il dit qu'il n'avait pas frappé
securi, ideo quod sciret	*le chef des pirates* de la hache, parce qu'il
datum iri crimini sibi	qu'on donnerait à crime à lui [savait
accepisse pecuniam	d'avoir reçu de l'argent,
et non sumpsisse	et de n'avoir pas pris (fait subir)
supplicium	le supplice
de vero archipirata :	au véritable chef-pirate :
dixit duos archipiratas	il dit que deux chefs-pirates
esse apud sese domi.	étaient auprès de lui dans *sa* maison.
76. O clementiam	76. O clémence
populi romani	du peuple romain,

6.

ram ac singularem ! Civem romanum securi esse percussum Annius, eques romanus, dicit : taces. Archipiratam negat : fateris. Fit in eo gemitus omnium et clamor ; quum tamen a præsenti supplicio tuo se continuit populus romanus et repressit, et salutis suæ rationem judicum severitati reservavit. Qui sciebas tibi crimini datum iri? quamobrem sciebas? quamobrem etiam suspicabare ? inimicum habebas neminem : si haberes, tamen non ita vixeras, ut metum judicii propositum habere deberes. An te, id quod fieri solet, conscientia timidum suspiciosumque faciebat? Qui igitur, quum esses cum imperio, jam tum judicium et crimen horrebas; reus, quum tot testibus coarguare, potes de damnatione dubitare?

77. Verum, si crimen hoc metuebas, ne quis abs te suppositum esse diceret, qui pro archipirata securi feriretur, utrum

romain! Annius dépose qu'un citoyen de Rome a été exécuté par votre ordre; vous gardez le silence : qu'un chef de pirates ne l'a pas été; vous en faites l'aveu. Des cris de douleur et d'indignation s'élèvent contre vous. Cependant le peuple romain commande à sa juste fureur; il modère ses premiers transports, et remet le soin de sa vengeance à la sévérité des juges. Comment saviez-vous qu'on vous accuserait? pourquoi le saviez-vous? pourquoi en aviez-vous le soupçon? Vous n'aviez pas d'ennemi; et quand vous en auriez eu, votre conduite intègre et pure ne devait pas vous faire redouter l'examen des tribunaux. Etait-ce votre conscience qui vous rendait craintif et soupçonneux? Un cœur criminel est sujet à s'alarmer. Mais si, dans le temps même où vous étiez armé du pouvoir, vous redoutiez déjà l'accusation et les tribunaux, aujourd'hui que, mis en jugement, vous êtes convaincu par une foule de témoins, pouvez-vous douter encore de votre condamnation?

77. Vous craigniez, dites-vous, qu'on ne vous accusât d'avoir fait mourir un faux pirate; mais pensiez-vous que votre justification

seu potius patientiam	ou plutôt patience
miram ac singularem!	étonnante et particulière!
Annius, eques romanus,	Annius, chevalier romain,
dicit civem romanum	dit qu'un citoyen romain
esse percussum securi :	a été frappé de la hache :
taces.	vous vous-taisez.
Negat archipiratam :	Il nie que le chef-pirate *l'ait été* :
fateris.	vous *l*'avouez.
Gemitus et clamor omnium	Les gémissements et les cris de tous
fit in eo ;	ont-lieu (éclatent) à ce *sujet* ;
quum tamen	lorsque (et) cependant
populus romanus	le peuple romain
continuit se	abstint lui-même
a tuo supplicio præsenti,	de votre supplice immédiat,
et repressit,	et réprima *son ressentiment*,
et reservavit severitati	et réserva à la sévérité
judicum ;	des juges,
rationem suæ salutis.	le soin de son salut.
Qui sciebas	Comment saviez-vous
datum iri crimini tibi?	que *cela* serait donné à crime à vous ?
quamobrem sciebas ?	pourquoi *le* saviez-vous ?
quamobrem etiam	pourquoi même
suspicabare ?	*le* soupçonniez-vous ?
habebas	vous n'aviez
neminem inimicum :	aucun ennemi :
si haberes,	si vous *en* aviez,
tamen non vixeras ita,	cependant vous n'aviez pas vécu de-telle-
ut deberes habere	que vous dussiez avoir [sorte,
propositum	placée-devant-les-yeux
metum judicii.	la crainte d'un jugement.
An, id quod solet fieri,	Est-ce que, ce qui a-coutume d'arriver,
conscientia faciebat te	la conscience rendait vous
timidum suspiciosumque ?	timide et soupçonneux ?
Qui igitur horrebas jam	*Vous* donc qui redoutiez déjà
judicium et crimen,	le jugement et l'accusation,
tum quum esses	alors que vous étiez
cum imperio ;	avec le pouvoir ;
quum reus coarguare	*maintenant* que accusé vous êtes convaincu
tot testibus,	par tant-de témoins,
potes dubitare	pouvez-vous douter
de damnatione ?	de *votre* condamnation ?
77. Verum, si metuebas	77. Mais, si vous craigniez
hoc crimen,	cette accusation,
ne quis diceret	*savoir* que quelqu'un ne dît
esse suppositum abs te,	qu'*un citoyen* avait été substitué par vous,
qui feriretur securi,	qui serait frappé de la hache,
pro archipirata,	à-la-place du chef-pirate,

tandem tibi ad defensionem firmius fore putasti in judicio, coactu atque efflagitatu meo, producere ad ignotos tanto post eum, quem archipiratam esse diceres, an recenti re, Syracusis, apud notos, inspectante Sicilia pæne tota, securi ferire? Vide quid intersit, utrum faciendum fuerit. In illo reprehensio nulla esse potuit; hic defensio nulla est. Itaque illud semper omnes fecerunt; hoc quis ante te, quis præter te fecerit, quæro. Piratam vivum tenuisti. Quem ad finem? dum cum imperio fuisti. Quamobrem? quam ob causam? quo exemplo? cur tamdiu? cur, inquam, civibus romanis, quos piratæ ceperant, securi statim percussis, ipsis piratis lucis usuram tam diuturnam dedisti?

78. Verum esto : sit tibi illud liberum omne tempus, quoad cum imperio fuisti : etiamne privatus, etiamne reus, etiamne pæne damnatus, hostium duces privata in domo retinuisti? Unum, alterum mensem, prope annum denique, domi tuæ

serait bien complète, quand vous viendriez si longtemps après, forcé par ma sommation formelle, présenter aux juges un homme qu'ils n'auraient jamais vu? Ne valait-il pas mieux le faire exécuter sur-le-champ à Syracuse où il était connu, et sous les yeux de la Sicile entière? Voyez quelle différence : alors on ne pouvait rien vous reprocher ; aujourd'hui vous ne pouvez rien répondre. Aussi tous les généraux ont pris le premier parti ; vainement j'en cherche un seul qui, jusqu'à vous, ait agi comme vous. Vous avez gardé un pirate vivant : combien de temps? jusqu'à la fin de votre préture. Dans quel dessein? par quel motif? d'après quel exemple? pourquoi si longtemps? pourquoi, dis-je, faire périr si vite des citoyens pris par les pirates, et laisser aux pirates une si longue jouissance de la vie?

78. J'accorde que vous ayez pu le faire, tant qu'a duré votre préture. Mais, simple particulier, mais accusé et presque condamné, garder chez vous, dans une maison privée, des chefs ennemis ! Et ces pirates y sont restés un mois, deux mois, une année presque en-

utrum tandem putasti	lequel-des-deux enfin avez-vous cru
fore firmius tibi	devoir être plus sûr pour vous,
ad defensionem in judicio,	pour *votre* défense dans *ce* jugement,
producere meo coactu	de présenter sur ma sommation,
atque efflagitatu,	et *mes* instances-réitérées,
tanto post,	si-longtemps après *l'événement*,
ad ignotos	à *des juges* qui-ne-*le*-connaissent-pas,
cum, quem diceres	celui que vous diriez
esse archipiratam,	être le chef-des-pirates ;
an re recenti,	ou-bien l'affaire *étant encore* récente,
ferire securi Syracusis,	de *le* frapper de la hache à Syracuse,
apud notos,	en-présence d'*hommes*-qui-*le*-connais-
Sicilia	la Sicile [saient,
pæne tota inspectante ?	presqu'entière étant-témoin ?
Vide quid intersit,	Voyez quelle différence-il-y-a,
utrum fuerit faciendum.	laquelle-des-deux-choses eût été à-faire.
In illo nulla reprehensio	En cela aucun *sujet de* reproche
potuit esse ;	ne put (pouvait) exister ;
hic nulla defensio est.	ici aucune *voie de* défense n'est *possible*.
Itaque semper omnes	Aussi toujours tous *les généraux*
fecerunt illud ;	ont fait cela (pris le premier parti) ;
quæro quis, quis ante te	je cherche *en vain* qui, qui avant vous
præter te fecerit hoc.	excepté vous a fait *ce que vous avez fait*.
Tenuisti piratam vivum.	Vous avez gardé un pirate vivant.
Ad quem finem ?	Jusqu'à quelle fin (jusqu'à quand) ?
dum fuisti cum imperio.	tant que vous avez été avec le pouvoir
Quamobrem ?	Dans-quel-but ?
ob quam causam ?	pour quel motif ?
quo exemplo ? cur tamdiu ?	d'après quel exemple ? pourquoi si-long-
cur, inquam,	pourquoi, dis-je, [temps ?
civibus romanis,	les citoyens romains
quos piratæ ceperant,	que les pirates avaient pris,
percussis statim securi,	ayant été frappés aussitôt de la hache,
dedisti piratis ipsis	avez-vous donné aux pirates eux-mêmes
usuram	une jouissance
tam diuturnam lucis ?	si longue de la lumière (vie) ?
78. Verum esto :	78. Mais soit :
omne illud tempus	que tout ce temps
quoad fuisti cum imperio,	que vous avez été au pouvoir,
sit liberum tibi :	soit libre (accordé) à vous :
etiamne privatus,	est-ce que même simple-particulier,
etiamne reus,	est-ce que même accusé,
etiamne pæne damnatus,	est-ce que même presque condamné,
retinuisti	vous avez gardé
in domo privata	dans une maison privée
duces hostium ?	les chefs des ennemis ?
Piratæ fuerunt tuæ domi	Les pirates ont été dans votre maison

piratæ, a quo tempore capti sunt, quoad per me licitum est, fuerunt; hoc est, quoad per M'. Acilium Glabrionem licitum est, qui, postulante me, produci atque in carcerem condi imperavit.

XXX. 79. Quod est hujusce rei jus? quæ consuetudo? quod exemplum? hostem acerrimum atque infestissimum populi romani, seu potius communem hostem gentium nationumque omnium, quisquam omnium mortalium privatus intra mœnia domi suæ retinere poterit?

80. Quid? si pridie, quam a me tu coactus es confiteri, civibus romanis securi percussis, prædonum ducem vivere, apud te habitare; si, inquam, pridie domo tua profugisset, si aliquam manum contra populum romanum facere potuisset, quid diceres? Apud me habitavit; mecum fuit; ego illum ad judicium meum, quo facilius crimen inimicorum diluere possem, vivum atque incolumem reservavi. Itane vero? tu tua pericula

tière; ils y seraient encore sans moi, je veux dire sans M'. Acilius Glabrion qui, sur ma réquisition expresse, a ordonné qu'ils fussent représentés et conduits dans la prison publique.

XXX. 79. Quelle loi, quel usage, quel exemple, autorisent votre conduite? Garder dans sa maison l'ennemi le plus acharné, le plus implacable du peuple romain, disons mieux, l'ennemi commun de tous les pays, de toutes les nations, quel mortel, s'il n'est qu'un simple citoyen, peut jamais avoir ce singulier privilége?

80. Mais si, la veille du jour où je vous forçai d'avouer que des citoyens romains avaient péri sous la hache, qu'un chef de pirates vivait encore, et qu'il était chez vous, si, dis-je, la veille de ce jour, il s'était échappé, et qu'il eût armé quelque troupe contre le peuple romain, vous viendriez donc nous dire : Il logeait dans ma maison, il était chez moi ; je lui conservais la vie, afin que sa présence confondît mes accusateurs. Eh quoi! pour vous affranchir d'un péril, vous compromettrez le salut de l'état! votre intérêt personnel, et

unum mensem, alterum,	un mois, *puis* l'autre *mois*,
prope annum denique	presque une année enfin
a tempore quo sunt capti,	du moment qu'ils ont été pris,
quoad est licitum per me;	tout-le-temps qu'il a été-permis par moi;
hoc est,	c'est-à-dire,
quoad est licitum per	tout-le-temps qu'il a été-permis par
M'. Acilium Glabrionem,	M'. Acilius Glabrion,
qui, me postulante,	qui, moi *le* demandant,
imperavit produci	ordonna *eux* être représentés
atque condi in carcerem.	et renfermés en prison.
XXX. 79. Quod est jus	XXX. 79. Quel est le droit
hujusce rei?	de cette chose (d'agir ainsi)?
quæ consuetudo?	quel usage?
quod exemplum?	quel exemple *le permet*?
quisquam	*est-il* quelqu'un
omnium mortalium	de tous les mortels
poterit, privatus, retinere	*qui* puisse, simple-citoyen, garder
intra mœnia suæ domi	dans les murs de sa maison
hostem acerrimum	l'ennemi le plus acharné
atque infestissimum	et le plus implacable
populi romani,	du peuple romain,
seu potius	ou plutôt
hostem communem	l'ennemi commun
omnium gentium	de tous les peuples
nationumque?	et de *toutes* les nations?
80. Quid? si pridie,	80. *Mais* quoi? si la veille *du jour*
quam tu es coactus	où vous avez été forcé
a me confiteri,	par moi d'avouer,
civibus romanis	que des citoyens romains
percussis securi,	ayant été frappés de la hache,
ducem prædonum	le chef des pirates
vivere, habitare apud te;	vivait, habitait chez vous;
si, inquam, pridie	si, dis-je, la veille *de ce jour*,
profugisset tua domo,	il s'était-enfui de votre maison,
si potuisset	s'il avait pu
facere aliquam manum	faire (réunir) quelque troupe
contra populum romanum,	contre le peuple romain,
quid diceres?	que diriez-vous *aujourd'hui*?
Habitavit apud me;	Il a habité chez moi;
fuit mecum;	il a été (il a vécu) avec-moi;
ego reservavi illum	*c'est* moi *qui* ai conservé lui
vivum atque incolumem,	vivant et sain-et-sauf,
ad meum judicium,	pour mon jugement,
quo possem diluere facilius	afin que je pusse réfuter plus facilement
crimen inimicorum.	l'accusation de *mes* ennemis.
Itane vero?	Mais est-ce-qu'*il en sera* ainsi?
tu defendes tua pericula	vous écarterez vos *propres* dangers

communi periculo defendes? tu supplicia, quæ debentur hostibus victis, ad tuum, non ad populi romani tempus conferes? populi romani hostis privatis custodiis asservabitur? At etiam qui triumphant, eoque diutius vivos hostium duces servant, ut, his per triumphum ductis, pulcherrimum spectaculum fructumque victoriæ populus romanus perspicere possit, tamen quum de foro in Capitolium currum flectere incipiunt, illos duci in carcerem jubent; idemque dies et victoribus imperii, et victis vitæ finem facit.

81. Et nunc cuiquam credo esse dubium, quin tu id commissurus non fueris (præsertim quum statuisses, ut ais, tibi causam esse dicendam), ut ille archipirata non potius securi feriretur, quam, quod erat ante oculos positum, tuo periculo viveret. Si enim esset mortuus, tu, qui crimen ais te metuisse, quæro, cui probares? Quum constaret, istum Syracusis ab nullo

non celui de la patrie, fixera l'heure du supplice pour nos ennemis vaincus! l'ennemi du peuple romain sera sous la garde d'un homme privé! Les triomphateurs prolongent la vie des chefs ennemis, afin de les conduire devant le char triomphal, et d'offrir au peuple romain le spectacle le plus beau, la plus douce jouissance de la victoire; mais au moment où le char se détourne pour monter au Capitole, ils les font conduire dans la prison, et le même jour voit finir le pouvoir du vainqueur et la vie des vaincus.

81. Ah! Verrès, on n'en peut plus douter, surtout quand on sait par votre propre déclaration que vous vous attendiez à être accusé: si vous n'aviez rien reçu, vous ne vous seriez pas hasardé à conserver ce pirate, au risque évident de vous perdre vous-même. Car enfin, s'il était mort, à qui le feriez-vous croire? Il était constant qu'à Syracuse, tous avaient cherché à le voir, et que nul ne l'avait vu;

communi periculo?	par le danger commun?
tu conferes supplicia	vous infligerez les supplices
quæ debentur	qui sont dus
hostibus victis,	aux ennemis vaincus,
ad tuum tempus,	à votre temps (commodité),
non ad populi romani?	non à *celle* du peuple romain?
hostis populi romani	l'ennemi du peuple romain
asservabitur	sera gardé
custodiis privatis?	dans une prison particulière?
At etiam qui triumphant,	Mais même ceux-qui triomphent,
eoque servant diutius	et pour-cela conservent plus longtemps
duces hostium vivos,	les chefs des ennemis vivants,
ut, his ductis	afin que, ceux-ci étant conduits
per triumphum,	en triomphe,
populus romanus	le peuple romain
possit perspicere	puisse apercevoir (goûter)
spectaculum pulcherrimum	le spectacle le plus beau
fructumque victoriæ;	et le fruit de la victoire;
tamen quum incipiunt	cependant lorsqu'ils commencent
flectere currum de foro	à tourner *leur* char du forum
in Capitolium,	vers le Capitole,
jubent illos	ils ordonnent eux
duci in carcerem;	être menés en prison,
idemque dies facit finem	et le même jour fait (met) fin
et imperii victoribus,	et du (au) pouvoir pour les vainqueurs,
et vitæ victis.	et de (à) la vie pour les vaincus.
81. Et nunc credo	81. Et maintenant je crois (croirai-je)
esse dubium cuiquam,	qu'il est douteux pour quelqu'un,
quin tu	que vous
non fueris commissurus	vous n'eussiez pas commis
id, ut ille archipirata	cela (cette faute), *savoir*, que ce chef-de-pirates
non feriretur securi	ne fût pas frappé de la hache
potius quam viveret	plutôt qu'il vécût (que de le laisser vivre)
tuo periculo,	à votre *propre* péril,
quod erat positum	ce-qui avait été mis
ante oculos,	devant *vos* yeux,
— præsertim, ut ais,	— surtout, comme vous *le* dites,
quum statuisses causam	quand vous aviez jugé qu'un procès
esse dicendam tibi. —	serait à-soutenir par vous. —
Si enim esset mortuus,	Si en effet il était mort,
tu, qui ais	vous, qui dites
te metuisse crimen,	*que* vous avez craint l'accusation,
quæro, cui probares?	je *vous* demande, à qui *le* prouveriez-vous?
Quum constaret,	Lorsqu'il était-constant,
istum archipiratam	que ce chef-de-pirates
esse visum	n'avait été vu
ab nullo Syracusis,	par personne à Syracuse,

visum esse archipiratam, ab omnibus desideratum ; quum dubitaret nemo, quin abs te pecunia liberatus esset ; quum vulgo loquerentur, suppositum in ejus locum, quem pro illo probare velles ; quum tute fassus esses, te id crimen tanto ante metuisse : si eum diceres esse mortuum, quis te audiret? nunc, quum vivum istum nescio quem producis, tamenne id credi voles?

82. Quid? si aufugisset, si vincla rupisset ita ut Nico ille, nobilissimus pirata fecit, quem P. Servilius, qua felicitate ceperat, eadem recuperavit, quid diceres ? Verum hoc erat : si ille semel verus archipirata securi percussus esset, pecuniam illam non haberes ; si hic falsus esset mortuus, aut profugisset, non esset difficile alium in suppositi locum supponere. Plura dixi quam volui de illo archipirata : et tamen ea, quæ certissima sunt hujus criminis argumenta, prætermisi. Volo enim mihi totum esse crimen hoc integrum : est certus locus, certa lex, certum tribunal quo hoc reservetur [1].

personne ne doutait qu'il ne se fût racheté à prix d'argent ; on disait hautement que vous aviez supposé un homme, afin de le produire à sa place ; vous êtes convenu vous-même que depuis longtemps vous redoutiez cette accusation : si donc vous veniez nous dire : il est mort, on ne vous écouterait pas ; aujourd'hui que vous présentez un homme que personne ne connaît, prétendez-vous qu'on vous croie davantage ?

82. Et s'il s'était enfui, s'il avait brisé ses fers, comme a fait Nicon, ce fameux pirate que P. Servilius reprit avec autant de bonheur qu'il l'avait pris une première fois, que pourriez vous dire? Mais voici le mot de l'énigme : si le véritable chef avait péri sous la hache, vous n'auriez pas reçu le prix de sa rançon ; si le pirate supposé était mort, ou qu'il se fût échappé, il n'était pas difficile d'en substituer un autre. J'en ai dit plus que je ne voulais sur ce chef de pirates ; et pourtant je n'ai pas produit mes preuves les plus convaincantes. Je réserve cette accusation tout entière. Il est des lois spéciales contre cette espèce de crime ; il est un tribunal établi pour en connaître.

desideratum ab omnibus ;	avait *été* désiré par tous,
quum nemo dubitaret,	lorsque personne ne doutait,
quin esset liberatus abs te	qu'il n'eût été délivré par vous
pecunia ;	à-prix-d'argent ;
quum loquerentur vulgo,	lorsqu'on disait en-public,
quem velles	qu'*un homme* que vous désiriez
probare pro illo,	faire-recevoir pour lui,
suppositum in ejus locum ;	avait *été* substitué à sa place ;
quum tute esses fassus,	lorsque vous-même aviez avoué
te metuisse id crimen	que vous aviez craint cette accusation
tanto ante :	si-longtemps auparavant :
quis te audiret,	qui vous écouterait,
si diceres eum esse mortuum?	si vous disiez qu'il est mort ?
nunc, quum producis vivum	aujourd'hui que vous présentez vivant
istum nescio quem,	cet *homme* je ne-sais lequel,
volesne tamen id credi ?	voudrez-vous cependant que cela soit cru ?
82. Quid ? si aufugisset,	82. *Mais* quoi ? s'il s'était-enfui,
si rupisset vincla,	s'il avait rompu *ses* fers,
ita ut fecit Nico,	ainsi que *le* fit Nicon,
ille pirata nobilissimus,	ce pirate si-fameux,
quem P. Servilius	que P. Servilius
recuperavit eadem felicitate	reprit avec le même bonheur
qua ceperat,	qu'il *l'*avait pris,
quid diceres ?	que diriez-vous ?
Verum hoc erat :	Mais cela était (voilà ce qui en est) :
si ille verus archipirata	*d'un côté* si ce véritable chef-de-pirates
esset percussus semel	eût été frappé une-fois
securi,	de la hache,
non haberes	vous n'auriez pas
illam pecuniam ;	cet argent *que vous avez* ;
si hic falsus,	*de l'autre* si ce *pirate* supposé,
esset mortuus,	était mort,
aut profugisset,	ou s'était-enfui,
non esset difficile supponere	il n'était pas difficile de substituer
alium in locum suppositi.	un autre à la place du supposé.
Dixi plura quam volui	J'en ai dit plus que je n'ai voulu
de illo archipirata :	sur ce chef-de-pirates :
et tamen prætermisi	et cependant j'ai passé-sous-silence
ea argumenta	ces (les) preuves
hujus criminis	de cette accusation
quæ sunt certissima.	qui sont les plus sûres.
Volo enim	Je veux en effet
totum hoc crimen	que toute cette accusation
esse integrum mihi :	subsiste (soit réservée) entière pour moi :
est locus certus, lex certa,	il est un lieu déterminé, une loi spéciale,
tribunal certum,	un tribunal particulier,
quo hoc reservetur.	auquel ce crime est réservé.

XXXI. 83. Hac tanta præda auctus, mancipiis, argento, veste locupletatus, nihilo diligentior ad classem ornandam, milites revocandos alendosque esse cœpit; quum ea res non solum provinciæ saluti, verum etiam ipsi prædæ esse posset. Nam æstate summa, quo tempore ceteri prætores obire provinciam et concursare consueverunt, aut etiam in tanto prædonum metu et periculo ipsi navigare; eo tempore ad luxuriam libidinesque suas domo sua regia, quæ regis Hieronis fuit, qua prætores uti solent, contentus non fuit : tabernacula, quemadmodum consueverat temporibus æstivis, quod antea jam demonstravi, carbaseis intenta velis collocari jussit in littore, quod est littus in Insula Syracusis post Arethusæ fontem, propter ipsum introitum atque ostium portus, amœno sane et ab arbitris remoto loco.

84. Hic dies æstivos sexaginta prætor populi romani, custos defensorque provinciæ, sic vixit, ut muliebria quotidie con-

XXXI. 83. Maître d'une proie aussi opulente, enrichi d'esclaves, d'argenterie et d'étoffes précieuses, il n'en fut pas plus empressé à équiper la flotte, à rassembler les soldats et à pourvoir à leur entretien, quoique ces soins, nécessaires pour la défense du pays, pussent aussi devenir un moyen de plus pour de nouvelles rapines. Au milieu de l'été, lorsque les autres préteurs ont coutume de parcourir et de visiter la province, et même de s'embarquer dans ces moments où les pirates inspirent tant de craintes; Verrès, n'ayant pas assez du palais prétorial, de l'ancien palais d'Hiéron, pour ses plaisirs et ses débauches, fit dresser des tentes du tissu le plus fin, ainsi qu'il le faisait toujours dans le temps des chaleurs, sur cette partie du rivage qui est derrière la fontaine d'Aréthuse, à l'entrée même du port, dans un lieu délicieux et retiré. Ce fut là que le préteur du peuple romain, le gardien, le défenseur de la province, vécut deux mois entiers.

84. Autant de jours, autant de festins où tous les convives étaient des femmes. Pas un seul homme parmi elles, excepté Verrès

XXXI. 83. Auctus	XXXI. 83. Augmenté (maître)
hac tanta præda,	de cette si-grande proie,
locupletatus mancipiis,	enrichi d'esclaves,
argento, veste,	d'argenterie, d'étoffes *précieuses*,
cœpit esse nihilo diligentior	il ne commença à être en-rien plus actif
ad ornandam classem,	pour équiper la flotte,
revocandos	*pour* rappeler
alendosque milites :	et entretenir les soldats :
quum ea res posset esse	quoique cette chose pût être
non solum	non seulement
saluti provinciæ,	à salut pour la province,
verum etiam ipsi prædæ.	mais même pour lui à rapine.
Nam æstate summa,	Car l'été *étant* très-avancé,
tempore quo ceteri prætores	dans le temps où les autres préteurs
consueverunt	ont eu-coutume
obire provinciam	de parcourir la province
et concursare,	et de faire-leur-tournée,
aut etiam navigare ipsi,	ou encore de naviguer eux-mêmes,
in tanto metu	au-milieu d'une si-grande crainte
et periculo prædonum ;	et *d'un si grand* danger des pirates ;
eo tempore	dans ce *même* temps
non fuit contentus,	il ne fut pas satisfait
ad luxuriam	pour *son* luxe
suasque libidines,	et ses débauches,
sua domo regia,	de sa maison royale,
quæ fuit regis Hieronis,	qui fut *le palais* du roi Hiéron,
qua prætores solent uti :	*et* dont les préteurs ont-coutume de se-ser-
jussit tabernacula	il ordonna que des tentes [vir :
intenta velis carbaseis,	tendues de toile de-fin-lin,
collocari in littore,	fussent placées sur le rivage,
quemadmodum	comme
consueverat	il avait-coutume *de le faire*
temporibus æstivis,	dans le temps de-l'été,
quod demonstravi	ce-que j'ai montré
jam antea :	déjà auparavant :
quod littus	lequel rivage
est in Insula Syracusis,	est *situé* dans l'Ile à Syracuse,
post fontem Arethusæ,	derrière la fontaine d'Aréthuse,
propter introitum ipsum	près-de l'entrée même
atque ostium portus,	et de l'ouverture du port,
loco sane amœno,	dans un lieu certes délicieux,
et remoto ab arbitris.	et éloigné des témoins.
84. Hic	84. Là
prætor populi romani,	le préteur du peuple romain,
custos defensorque	le gardien et le défenseur
provinciæ,	de la province,
vixit	vécut

vivia essent; vir accumberet nemo præter ipsum et prætextatum filium : tametsi recte, sine exceptione, dixeram virum, quum isti essent, neminem fuisse. Nonnunquam etiam libertus Timarchides adhibebatur. Mulieres autem nuptæ nobiles, præter unam mimi Isidori filiam, quam iste, propter amorem, ab Rhodio tibicine abduxerat; Pippa quædam, uxor Æschrionis Syracusani, de qua muliere plurimi versus, qui in istius cupiditatem facti sunt, tota Sicilia percelebrantur.

85. Erat et Nice, facie eximia, ut prædicatur, uxor Cleomenis Syracusani. Hanc Cleomenes vir amabat : verumtamen hujus libidini adversari nec poterat, nec audebat; et simul ab isto donis beneficiisque plurimis devinciebatur. Illo autem tempore iste, tametsi ea est hominis impudentia, quam nostis, ipse tamen, quum vir esset Syracusis, uxorem ejus parum

et son fils encore vêtu de la prétexte; mais c'est leur faire trop d'honneur que de mettre une exception pour eux. Quelquefois aussi l'affranchi Timarchide était admis. Or toutes ces femmes étaient mariées; elles appartenaient à des familles honnêtes, si ce n'est la fille du bouffon Isidore, que Verrès, qui s'était épris de cette femme, avait enlevée à un joueur de flûte de Rhodes. On remarquait dans ce nombre une certaine Pippa, épouse du Syracusain Eschrion, fameuse par une infinité de chansons qui ont divulgué dans toute la Sicile ses amours avec le préteur.

85. On y voyait aussi l'épouse du Syracusain Cléomène, Nicé, qu'on vante comme un prodige de beauté. Cléomène aimait sa femme; mais il n'avait ni le pouvoir, ni le courage de la disputer au préteur. D'ailleurs il était enchaîné par la reconnaissance. Verrès, malgré toute l'effronterie que vous lui connaissez, ne pouvait, sans je ne sais quel scrupule, garder auprès de lui, pendant tant de jours, une

sexaginta dies æstivos,	soixante jours d'-été,
sic ut quotidie	de-telle-sorte que chaque-jour
convivia muliebria essent;	des repas de-femmes avaient-lieu;
nemo vir accumberet	qu'aucun homme ne prenait-place-à-table
præter ipsum	excepté lui-même
et filium prætextatum :	et *son* fils *encore* vêtu-de-la-prétexte :
tametsi dixeram recte,	quoique j'eusse dit avec-raison,
sine exceptione,	sans *faire d*'exception,
fuisse neminem virum,	qu'il n'y avait aucun homme,
quum isti essent.	lorsque ceux-ci y étaient.
Nonnunquam etiam	Quelquefois aussi
Timarchides libertus	Timarchide l'affranchi
adhibebatur.	était admis *à la table*.
Mulieres autem nuptæ	Or *ces* femmes *étaient* mariées,
nobiles, præter unam,	de-famille-honnête, excepté une,
filiam mimi Isidori,	fille du mime Isidore,
quam iste, propter amorem,	que ce *Verrès*, par amour,
abduxerat	avait enlevée
ab tibicine rhodio;	à un joueur-de-flûte rhodien;
quædam Pippa,	*entre-autres* une certaine Pippa,
uxor Æschrionis	épouse d'Eschrion
Syracusani,	le Syracusain,
de qua muliere	sur laquelle femme
plurimi versus,	plusieurs chants
qui sunt facti	qui ont été faits
in cupiditatem istius,	au-sujet de la passion de ce *Verrès*
percelebrantur tota Sicilia.	sont-très-connus dans toute la Sicile.
85. Erat et Nice, uxor	85. *Là* se-trouvait aussi Nicé, femme
Cleomenis Syracusani,	de Cléomène le Syracusain,
facie eximia,	d'une beauté remarquable,
ut prædicatur.	comme on *le* dit.
Cleomenes vir	Cléomène *son* mari
amabat hanc :	aimait elle :
verum tamen nec poterat,	mais cependant il ne pouvait
nec audebat adversari	et il n'osait résister-en-face
libidini hujus;	à la passion de ce *Verrès;*
et simul devinciebatur	et en-même-temps il était lié
donis	par des présents
plurimisque beneficiis	et de nombreux bienfaits
ab isto.	par lui.
Illo autem tempore, iste,	Or à cette époque, ce *Verrès*,
tametsi	quoique
impudentia hominis	l'effronterie de *cet* homme
est ea quam nostis,	soit *bien* telle que vous *la* connaissez,
ipse tamen poterat parum	lui-même cependant pouvait difficilement,
quum vir esset Syracusis,	pendant que le mari était à Syracuse,
habere secum uxorem ejus;	garder avec-soi la femme de lui,

poterat animo soluto ac libero tot in acta dies secum habere.
Itaque excogitat rem singularem : naves, quibus legatus præfuerat, Cleomeni tradit : classi populi romani Cleomenem Syracusanum præesse jubet atque imperare. Hoc eo facit, ut ille non solum abesset a domo tum quum navigaret, sed etiam libenter, cum magno honore beneficioque abesset ; ipse autem, remoto atque ablegato viro, non liberius quam ante, (quis enim unquam istius libidini obstitit?) sed paulo solutiore tamen animo secum illam haberet, si non tanquam virum, at tanquam æmulum removisset. Accipit navem sociorum atque amicorum Cleomenes Syracusanus.

XXXII. 86. Quid primum aut accusem, aut querar, judices? Siculone homini, legati, quæstoris, prætoris denique potestatem, honorem, auctoritatem dari? Si te impediebat ista conviviorum mulierumque occupatio, ubi quæstores? ubi legati? ubi ternis denariis æstimatum frumentum [1]? ubi muli? ubi tabernacula? ubi tot tantaque ornamenta magistratibus et

femme dont le mari était à Syracuse. Voici l'expédient qu'il imagine : Il donne à Cléomène le commandement des vaisseaux qui jusqu'alors avaient été sous les ordres de son lieutenant. Il ordonne que la flotte du peuple romain soit commandée par le Syracusain Cléomène. Il voulait par ce moyen éloigner le mari en l'envoyant sur mer, lui rendre même son éloignement agréable, en lui confiant une fonction honorable et lucrative, et pendant ce temps, garder la femme et se procurer, non pas une jouissance plus libre, car jamais ses passions n'éprouvèrent d'obstacle, mais une propriété plus assurée, en écartant Cléomène, moins comme époux que comme rival. La flotte de nos alliés et de nos amis est donc aux ordres du Syracusain Cléomène.

XXXII. 86. Par où commencerai-je mes reproches ou mes plaintes? Le pouvoir, le titre, l'autorité de lieutenant, de questeur, de préteur, remis aux mains d'un Sicilien? Ah! si vos festins et vos femmes occupaient tous vos moments, n'aviez-vous pas des questeurs et des lieutenants? pourquoi receviez-vous de l'état ce blé si chèrement évalué par votre avarice, ces mulets, ces tentes et tous

tot dies in acta,	tant-de jours sur le rivage,
animo soluto ac libero.	d'un esprit dégagé et libre (sans scrupule).
Itaque excogitat	Aussi il imagine
rem singularem :	un expédient singulier :
tradit Cleomeni naves	il confie à Cléomène les vaisseaux
quibus legatus præfuerat :	que *son* lieutenant avait commandés :
jubet	il ordonne que
Syracusanum Cleomenem	le Syracusain Cléomène
præesse atque imperare	dirige et commande
classi populi romani.	la flotte du peuple romain.
Facit hoc eo ut ille	Il fit cela pour que lui (Cléomène)
non solum abesset a domo,	non seulement fût-absent de *sa* maison,
tum quum navigaret,	alors qu'il naviguerait,
sed etiam abesset libenter,	mais même s'absentât volontiers,
cum magno honore	avec un grand honneur
beneficioque :	et *un grand* profit :
ipse autem,	et *que* lui *Verrès*,
viro remoto atque ablegato,	le mari étant éloigné et écarté,
haberet illam secum,	gardât elle (sa femme) avec-lui,
non liberius quam ante,	non-pas plus librement qu'auparavant,
— quis enim unquam	— qui en effet jamais
obstitit libidini istius ? —	a fait-obstacle à la passion de lui ? —
sed tamen,	mais cependant,
animo paulo solutiore,	d'un esprit un peu plus dégagé,
si removisset	s'il *l'*écartait
non tanquam virum,	non-pas comme époux,
at tanquam æmulum.	du-moins comme rival.
Syracusanus Cleomenes	Le Syracusain Cléomène
accipit navem	reçoit *le commandement* des vaisseaux
sociorum atque amicorum.	de *nos* alliés et de *nos* amis.
XXXII. 86. Judices,	XXXII. 86. Juges,
quid aut accusem	de quoi ou *l'*accuserai-je
aut querar primum ?	ou me-plaindrai-je d'abord ?
Potestatemne,	Sera-ce que le pouvoir,
honorem, auctoritatem	le titre, l'autorité
legati, quæstoris,	de lieutenant, de questeur,
prætoris denique	de préteur enfin
dari homini siculo ?	sont donnés à un homme sicilien ?
Si ista occupatio	Si cette occupation
conviviorum mulierumque	de festins et de femmes
te impediebat,	vous retenait *loin des affaires*,
ubi quæstores ? ubi legati ?	où *étaient vos* questeurs ? où *vos* lieutenants ?
ubi frumentum	où *mettiez-vous* le blé *fourni par l'État*
æstimatum ternis denariis ?	estimé *par vous* jusqu'à trois deniers ?
ubi muli ? ubi tabernacula ?	où *étaient ces* mulets ? où *ces* tentes ?
ubi tot	où tant
tantaque ornamenta,	et de si-grands équipages,

legatis a senatu populoque romano permissa et data? denique ubi præfecti et tribuni tui? Si civis romanus dignus isto negotio nemo fuit, quid civitates quæ in amicitia fideque populi romani perpetuo manserant? ubi segestana, ubi centuripina civitas, quæ tum officiis, fide, vetustate, tum etiam cognatione populi romani nomen attingunt?

87. O dii immortales! quid? si harum ipsarum civitatum militibus, navibus, navarchis, Syracusanus Cleomenes jussus est imperare, non omnis honos ab isto dignitatis, æquitatis officiique sublatus est? Ecquod in Sicilia bellum gessimus, quin Centuripinis sociis, Syracusanis hostibus uteremur? Atque hæc omnia ad memoriam vetustatis, non ad contumeliam civitatis referri volo. Itaque ille vir clarissimus summusque imperator, M. Marcellus, cujus virtute captæ, misericordia conservatæ sunt Syracusæ, habitare in ea parte urbis, quæ Insula est, Syracusanum neminem voluit. Hodie, inquam, Sy-

ces équipages que le sénat et le peuple romain accordent aux magistrats et à leurs lieutenants? qu'étaient devenus enfin vos préfets et vos tribuns? Si nul citoyen romain n'était digne d'un tel emploi, ne trouviez-vous personne dans les cités qui furent de tout temps les amies et les alliées de Rome, dans Ségeste, dans Centorbe, que leurs services, leur fidélité, l'ancienneté de leur alliance, et même une espèce d'affinité, ont associées à la gloire de notre empire?

87. Grands dieux! les soldats de ces cités elles-mêmes, leurs vaisseaux et leurs capitaines ont été soumis aux ordres d'un Syracusain! N'est-ce pas avoir tout à la fois méconnu la dignité de la république, violé les droits de la justice, et trahi ceux de la reconnaissance? Mon dessein n'est pas d'humilier Syracuse; je ne veux que rappeler la mémoire des faits anciens. Mais qu'on me cite une seule de nos guerres en Sicile, où nous n'ayons eu les Centorbiens pour alliés, et les Syracusains pour ennemis. Aussi M. Marcellus, qui joignait aux talents du guerrier toutes les vertus du citoyen, Marcellus qui soumit Syracuse par sa valeur, comme il la conserva par sa clémence, ne permit pas qu'aucun Syracusain habitât dans

permissa et data	accordés et donnés
magistratibus et legatis	aux magistrats et à *leurs* lieutenants
a senatu	par le sénat
populoque romano?	et le peuple romain?
ubi denique	où *étaient* enfin
tui præfecti et tribuni?	vos préfets et *vos* tribuns?
Si nemo civis romanus	Si aucun citoyen romain
fuit dignus isto negotio,	ne fut (n'était) digne de cet emploi,
quid civitates	qu'*étaient devenues ces* villes
quæ perpetuo manserant	qui toujours avaient persisté
in amicitia fideque	dans *leur* amitié et *leur* fidélité
populi romani?	du (pour le) peuple romain?
ubi civitas segestana,	où *était alors* la cité de-Ségeste,
ubi centuripina,	où *était* la *cité* de-Centorbe,
quæ tum officiis,	qui tant par *leurs* services,
fide, vetustate,	*leur* fidélité, l'ancienneté *de leur alliance,*
tum etiam cognatione	que aussi par *une certaine* affinité
attingunt nomen	atteignent (partagent) le nom (la gloire)
populi romani?	du peuple romain?
87. O dii immortales!	87. O dieux immortels!
quid?	eh-quoi?
si Cleomenes Syracusanus	si Cléomène Syracusain
est jussus imperare	a reçu-ordre de commander
militibus, navibus,	aux soldats, aux vaisseaux,
navarchis	aux capitaines
harum ipsarum civitatum,	de ces mêmes cités,
omnis honos dignitatis,	toute considération de dignité,
æquitatis, officiique	de justice, et de devoir
non est sublatus ab isto?	n'a-t-elle pas été enlevée par ce *Verrès?*
Ecquod bellum gessimus	Quelle guerre avons-nous faite
in Sicilia,	en Sicile
quin uteremur	sans-que nous nous-servissions
Centuripinis sociis,	des Centorbiens *pour* alliés,
Syracusanis hostibus?	des Syracusains *pour* ennemis?
Atque volo omnia hæc	Et je veux (j'entends) que toutes ces *choses*
referri	soient citées
ad memoriam vetustatis,	pour souvenir du temps-passé,
non ad contumeliam	non pour l'humiliation
civitatis.	de *cette* cité.
Itaque ille vir clarissimus	C'est-pourquoi cet homme si-illustre
summusque imperator,	et *ce* si-grand général,
M. Marcellus, virtute cujus	M. Marcellus, par le courage duquel
Syracusæ captæ,	Syracuse ayant été prise,
sunt conservatæ	a été conservée
misericordia,	par *sa* clémence,
voluit	voulut
neminem Syracusanum	qu'aucun Syracusain

racusanum in ea parte habitare non licet : est enim locus quem vel pauci possunt defendere. Committere igitur eum non fidelissimis hominibus noluit : simul quod ab illa parte urbis navibus aditus ex alto est. Quamobrem qui nostros exercitus sæpe excluserant, iis claustra loci committenda non existimavit.

88. Vide quid intersit inter tuam libidinem majorumque auctoritatem; inter amorem, furoremque tuum, et illorum consilium atque prudentiam. Illi aditum littoris Syracusanis ademerunt : tu maritimum imperium concessisti; illi habitare in eo loco Syracusanum, quo naves accedere possent, noluerunt : tu classi et navibus Syracusanum præesse voluisti ; quibus illi urbis suæ partem ademerunt, iis tu nostri imperii partem dedisti ; et, quorum sociorum opera Syracusani nobis dicto audientes sunt, eos Syracusanis dicto audientes esse jussisti.

la partie de la ville qu'on nomme l'Ile. Oui, citoyens, aujourd'hui encore il est défendu à tout Syracusain de résider dans cette partie de la ville. C'est un poste qu'une poignée de soldats peut défendre. Il ne voulut donc pas le confier à des hommes dont la fidélité n'était pas à toute épreuve : d'ailleurs, c'est par ce lieu que les vaisseaux arrivent de la mer. Il ne crut pas devoir laisser la garde de cette barrière importante à ceux qui l'avaient fermée si longtemps à nos armées.

88. Voyez, Verrès, quel contraste entre vos caprices et la prudence de nos ancêtres, entre les décrets dictés par votre passion et les oracles émanés de leur sagesse! Ils interdirent aux Syracusains l'accès même du rivage, et vous leur confiez le commandement de la mer! Ils ne voulurent pas qu'un Syracusain habitât dans le lieu où les vaisseaux peuvent aborder, et vous mettez nos vaisseaux à la merci d'un Syracusain! Vous donnez une portion de notre empire à ceux qu'ils privèrent d'une partie de leur ville, et les alliés qui nous aidèrent à soumettre Syracuse, vous les avez soumis au commandement des Syracusains!

habitare in ea parte urbis	n'habitât dans cette partie de la ville
quæ est Insula.	qui est (qu'on nomme) l'Ile.
Hodie, inquam,	Aujourd'hui *encore*, dis-je,
non licet Syracusanum	il n'est-pas-permis qu'un Syracusain
habitare in ea parte :	habite dans cette partie :
est enim locus quem	c'est en effet un lieu que
vel pauci	même peu d'*hommes*
possunt defendere.	peuvent défendre.
Noluit igitur	Aussi il ne-voulut-pas
committere eum	confier ce *lieu*
hominibus non fidelissimis :	à des hommes non très-fidèles :
simul quod	en-même-temps parce que
ab illa parte urbis	de ce côté de la ville
aditus est navibus	l'entrée est pour les vaisseaux
ex alto.	*venant* de la haute-mer.
Quamobrem	C'est-pourquoi
non existimavit	il ne pensa pas
claustra loci committenda	les portes de *ce* lieu devoir être confiées
iis qui excluserant sæpe	à ceux qui *en* avaient exclu souvent
nostros exercitus.	nos armées.
88. Vide quid intersit	88. Voyez quelle différence-il-y-a
inter tuam libidinem	entre vos caprices
auctoritatemque majorum ;	et l'autorité *imposante* de *nos* ancêtres ;
inter tuum amorem	entre votre passion
furoremque,	et *votre* folie,
et consilium	et la sagesse
atque prudentiam illorum.	et la prudence d'eux.
Illi ademerunt	Ceux-ci ont enlevé
Syracusanis	aux Syracusains
aditum littoris :	l'accès du rivage :
tu concessisti	vous vous *leur* avez accordé
imperium maritimum ;	le commandement maritime ;
illi noluerunt Syracusanum	eux ils n'ont-pas-voulu qu'un Syracusain
habitare in eo loco,	habitât dans ce lieu,
quo naves possent accedere :	où des vaisseaux pouvaient aborder :
tu voluisti Syracusanum	vous vous avez voulu qu'un Syracusain
præesse classi et navibus ;	commandât *notre* flotte et *nos* vaisseaux ;
tu dedisti	vous vous avez donné
partem nostri imperii	une partie de notre empire
iis quibus illi ademerunt	à ceux à qui eux (nos pères) enlevèrent
partem suæ urbis ;	une partie de leur ville ;
et jussisti eos,	et vous avez ordonné *à* ces *alliés*,
opera quorum sociorum,	grâce auxquels alliés
Syracusani	les Syracusains *aujourd'hui*
sunt audientes nobis dicto,	sont soumis à nous à la parole,
esse audientes dicto	d'être soumis à la parole
Syracusanis.	aux Syracusains.

XXXIII. 89. Egreditur centuripina quadriremi Cleomenes e portu ; sequitur segestana navis, tyndaritana, herbitensis, heracliensis, apolloniensis, haluntina : præclara classis in speciem, sed inops et infirma propter dimissionem propugnatorum atque remigum. Tamdiu in imperio suo classem iste prætor diligens vidit, quamdiu convivium ejus flagitiosissimum prætervecta est : ipse autem, qui visus multis diebus non esset, tum se tamen in conspectum nautis paulisper dedit. Stetit soleatus prætor populi romani cum pallio purpureo, tunicaque talari, muliercula nixus in littore [1]. Jam hoc ipso istum vestitu Siculi civesque romani permulti sæpe viderunt.

90. Posteaquam paulum provecta classis est, et Pachynum quinto die denique appulsa est, nautæ, fame coacti, radices palmarum agrestium, quarum erat in his locis, sicut in magna parte Siciliæ, multitudo, colligebant, et his miseri perditique

XXXIII. 89. Cléomène quitte le port ; il montait le vaisseau de Centorbe : c'était une galère à quatre rangs de rames. A la suite marchent les vaisseaux de Ségeste, de Tyndare, d'Herbite, d'Héraclée, d'Apollonie, d'Haluntium, belle flotte en apparence, mais faible en réalité, et, grâce aux congés, dégarnie de soldats et de rameurs. Le vigilant magistrat ne la perdit pas de vue, tout le temps qu'elle mit à côtoyer la salle de ses honteux festins : invisible depuis plusieurs jours, il daigne paraître un moment aux yeux des matelots. Le préteur du peuple romain, appuyé sur une courtisane, se fait voir sur le rivage, en sandales, en manteau de pourpre, en tunique longue. Déjà une foule de Siciliens et même de nos citoyens l'avaient vu plusieurs fois vêtu de cette manière.

90. Le cinquième jour enfin, la flotte arrive à Pachynum. Les matelots, pressés par la faim, ramassaient des racines des palmiers sauvages qui sont en abondance dans ces lieux comme dans la plus grande partie de la Sicile. Ces malheureux dévoraient ces tristes aliments. Cléomène, qui croyait devoir représen-

XXXIII. 89. Cleomenes	XXXIII. 89. Cléomène
egreditur e portu	sort du port
quadriremi centuripina;	*monté* sur la quadrirème de-Centorbe;
sequitur navis segestana,	suit le vaisseau de-Ségeste,
tyndaritana, herbitensis,	*suivent ceux* de-Tyndare, d'-Herbite,
heracliensis,	d'-Héraclée,
apolloniensis, haluntina :	d'-Apollonie, d'-Haluntium :
præclara classis in speciem,	belle flotte en apparence,
sed inops et infirma	mais *en réalité* dégarnie et faible
propter dimissionem	à-cause du renvoi
propugnatorum	des soldats
atque remigum.	et des rameurs.
Iste diligens prætor	Cet actif préteur
vidit classem in suo imperio	vit la flotte sous ses ordres
tamdiu	aussi-longtemps
quamdiu prætervecta est	que-longtemps elle côtoya
flagitiosissimum	l'infâme
convivium ejus :	*salle de* festin de lui :
ipse autem,	pour lui,
qui multis diebus,	qui *depuis* plusieurs jours,
non esset visus,	n'avait pas été vu (visible),
tum tamen dedit se	alors cependant il donna soi
paulisper	un-moment
in conspectum nautis.	en vue aux matelots.
Prætor populi romani	Le préteur du peuple romain
stetit in littore soleatus,	se-tint sur le rivage en-sandales,
cum pallio purpureo,	avec un manteau de-pourpre,
tunicaque talari,	et une tunique descendant-aux-talons,
nixus muliercula.	appuyé sur une courtisane.
Jam permulti Siculi	Déjà un-très-grand-nombre-de Siciliens
civesque romani,	et *de* citoyens romains,
viderunt sæpe istum	ont vu souvent ce *Verrès*
hoc ipso vestitu.	dans ce même vêtement.
90. Posteaquam classis	90. Après que la flotte
est provecta paulum,	eut avancé un peu *en mer*,
et denique est appulsa	et enfin eut abordé
quinto die Pachynum,	le cinquième jour à Pachynum,
nautæ, coacti fame,	les matelots, pressés par la faim,
colligebant radices	ramassaient des racines
palmarum agrestium	des palmiers sauvages
quarum multitudo	dont une grande-quantité
erat in his locis,	se-trouvait en ces lieux,
sicut in magna parte	comme dans une grande partie
Siciliæ,	de la Sicile,
et miseri perditique	et *ces hommes* malheureux et désespérés
alebantur his.	se-nourrissaient de ces *racines*.
Cleomenes autem,	Mais Cléomène,

alebantur. Cleomenes autem, qui alterum se Verrem quum luxuria atque nequitia, tum etiam imperio, putaret, similiter totos dies, in littore tabernaculo posito, perpotabat.

XXXIV. 91. Ecce autem repente, ebrio Cleomene, esurientibus ceteris, nuntiatur piratarum naves esse in portu Odysseæ; nam ita is locus nominatur; nostra autem classis erat in portu Pachyni. Cleomenes autem, quod erat terrestre præsidium non re, sed nomine, sperabat, iis militibus quos ex eo loco deduxisset, explere se numerum nautarum et remigum posse. Reperta est eadem istius hominis avarissimi ratio in præsidiis, quæ in classibus: nam erant perpauci reliqui, ceterique dimissi.

92. Princeps Cleomenes in quadriremi centuripina malum erigi, vela fieri, præcidi anchoras imperavit; et simul, ut se ceteri sequerentur, signum dari jussit. Hæc centuripina navis erat incredibili celeritate velis; nam scire, isto prætore, nemo poterat quid quæque navis remis facere posset : etsi in hac

ter Verrès par son luxe et sa débauche, ainsi qu'il le représentait par son autorité, fit, comme lui, dresser une tente sur le rivage, et il passait les jours entiers à s'enivrer.

XXXIV. 91. Tout à coup, et tandis que Cléomène était ivre, et que les autres mouraient d'inanition, on annonce que les pirates sont au port d'Odyssée. Notre flotte était toujours à Pachynum. Comme il y avait dans ce lieu une garnison, sans soldats il est vrai, Cléomène crut d'abord pouvoir en tirer de quoi compléter ses équipages; mais l'avarice du préteur ne s'était pas moins exercée dans les garnisons que sur la flotte; il n'y restait qu'un très-petit nombre d'hommes; les autres avaient acheté leur congé.

92. Sans attendre personne, Cléomène commande à ses Centorbiens de redresser le mât, de déployer les voiles, de couper les câbles, et donne à la flotte le signal et l'exemple de la fuite. Le vaisseau de Centorbe était un excellent voilier; car de savoir ce que chaque vaisseau pouvait faire à l'aide des rames, c'est ce qui n'était pas possible

qui putaret	qui pensait
se alterum Verrem,	lui-même un autre Verrès,
quum luxuria	tant pour le luxe
atque nequitia,	et la débauche,
tum etiam imperio,	que aussi pour l'autorité,
tabernaculo posito	*sa* tente étant dressée
in littore,	sur le rivage,
perpotabat similiter	s'enivrait également
dies totos.	des jours entiers.
XXXIV. 91. Ecce autem,	XXXIV. 91. Mais voilà *que*,
Cleomene ebrio,	Cléomène *étant* ivre,
ceteris esurientibus,	les autres mourant-d'inanition,
nuntiatur repente	on annonce tout-à-coup
naves piratarum	que les vaisseaux des pirates
esse in portu Odysseæ;	sont dans le port d'Odyssée;
nam is locus	car ce lieu
nominatur ita;	se-nomme ainsi;
nostra autem classis	or notre flotte
erat in portu Pachyni.	était dans le port de Pachynum.
Cleomenes autem sperabat,	Mais Cléomène espérait,
quod præsidium	parce qu'une garnison
terrestre erat	de-terre était *là*
non re, sed nomine,	non en-réalité, mais de nom,
se posse explere numerum	qu'il pourrait compléter le nombre
nautarum et remigum	de *ses* matelots et de *ses* rameurs
iis militibus	avec ces (au moyen des) soldats
quos deduxisset ex eo loco.	qu'il aurait emmenés de cette place.
Ratio istius hominis	La conduite de cet homme
avarissimi	le plus avare *des hommes*
est reperta eadem	fut trouvée la même
in præsidiis	pour les garnisons
quæ in classibus;	que pour les flottes :
nam perpauci erant reliqui,	car très-peu *de soldats* étaient restés,
ceterique dimissi.	et les autres *avaient été* congédiés.
92. Cleomenes princeps	92. Cléomène le premier
imperavit	ordonna
malum erigi,	que le mât fût dressé,
vela fieri,	que les voiles fussent faites (déployées),
anchoras præcidi	que les ancres (les câbles) fussent coupés
in quadriremi centuripina.	sur la quadrirème de-Centorbe.
Hæc navis centuripina	Ce vaisseau de-Centorbe
erat celeritate incredibili	était d'une vitesse incroyable
velis;	par *ses* voiles (à la voile);
nam, isto prætore,	car, sous ce (un tel) préteur,
nemo poterat scire,	personne ne pouvait savoir,
quid quæque navis	ce-que chaque vaisseau
posset facere remis :	pouvait faire avec les rames :

7.

quadriremi, propter honorem et gratiam Cleomenis, minime multi remiges et milites deerant. Evolarat jam e conspectu fere fugiens quadriremis, quum etiam tunc ceteræ naves suo in loco moliebantur.

93. Erat animus in reliquis : quanquam erant pauci, quoquo modo sese res habebat, pugnare tamen se velle clamabant; et, quod reliquum vitæ viriumque fames fecerat, id ferro potissimum reddere volebant. Quod si Cleomenes non tanto ante fugisset, aliqua tamen ad resistendum ratio fuisset. Erat enim sola illa navis constrata, et ita magna, ut propugnaculo ceteris posset esse : quæ, si in prædonum pugna versaretur, urbis instar habere, inter illos piraticos myoparones videretur. Sed tunc inopes, relicti a duce præfectoque classis, eumdem necessario cursum tenere cœperunt.

94. Elorum versus, ut ipse Cleomenes, ita ceteri naviga-

sous la préture de Verrès. Celui-ci pourtant, par une faveur spéciale, avait, à peu de chose près, ses soldats et ses rameurs. Il part, il fuit : déjà il avait disparu, lorsque les autres encore manœuvraient avec effort pour se mettre en marche.

93. Le courage ne manquait pas au reste de la flotte : malgré leur petit nombre, malgré leur situation déplorable, ils criaient qu'ils voulaient combattre, et perdre sous le fer ennemi le peu de sang et de force que la faim leur avait laissé. La résistance eût été possible, si Cléomène eût moins précipité sa fuite. Son vaisseau, le seul qui fût ponté, était assez grand pour servir de rempart aux autres : dans ce combat contre les pirates, il eût semblé une ville flottante, au milieu de leurs chétifs brigantins. Mais, sans moyens, délaissés par leur général, ils furent contraints de tenir la même route.

94. Ils se dirigèrent comme lui vers Élore, moins pour fuir les

etsi in hac quadriremi,	quoique sur cette quadrirème,
propter honorem et gratiam	en honneur et *en* faveur
Cleomenis,	de Cléomène,
multi remiges et milites	beaucoup-de rameurs et *de* soldats
deerant minime.	ne manquaient nullement.
Quadriremis fugiens	La quadrirème fuyant
jam fere evolarat	s'était déjà presque soustraite
e conspectu,	aux regards,
quum etiam tunc	lorsque même alors
ceteræ naves	les autres vaisseaux
moliebantur in suo loco.	se-remuaient-avec-effort à leur place.
93. Animus erat	93. Du cœur était
in reliquis :	dans ceux-qui restaient :
quanquam erant pauci,	quoiqu'ils fussent en-petit-nombre,
quoquo modo	de quelque manière *que*
res sese habebat,	la chose se passât,
tamen clamabant	cependant ils criaient
se velle pugnare ;	qu'ils voulaient combattre ;
et volebant reddere	et ils voulaient rendre (perdre)
potissimum ferro,	de-préférence sous le fer *ennemi*,
id vitæ viriumque	ce *peu* de vie et de forces
quod fames	que la faim
fecerat reliquum.	avait fait de-reste (leur avait laissé).
Quod si Cleomenes	Que si Cléomène
non fugisset tanto ante,	n'avait pas fui tant auparavant,
tamen aliqua ratio	du-moins quelque moyen
fuisset ad resistendum.	eût été (leur fût resté) pour résister.
Illa enim sola navis	En effet ce seul vaisseau
erat constrata,	était ponté,
et ita magna,	et tellement grand,
ut posset esse propugnaculo	qu'il pouvait être à (servir-de) rempart
ceteris :	aux autres *vaisseaux* :
si quæ versaretur	si ce *vaisseau* se-trouvait (se fût trouvé)
in pugna prædonum,	dans le combat des (contre les) pirates,
videretur habere instar	il eût paru avoir la forme
urbis,	d'une ville,
inter illos myoparones	au-milieu de ces *chétifs* brigantins
piraticos.	de-pirates.
Sed tunc inopes,	Mais alors sans-ressources,
relicti a duce	abandonnés par le chef
præfectoque classis,	et le commandant de la flotte,
cœperunt necessario	ils commencèrent forcément
tenere eumdem cursum.	à tenir la même route *que lui*.
94. Ceteri navigabant	94. Les autres naviguaient
versus Elorum	vers Élore
ita ut Cleomenes ipse ;	de même que Cléomène lui-même ;
et hi tamen	et ceux-ci cependant

bant; neque hi tamen tam prædonum fugiebant impetum, quam imperatorem sequebantur. Tum, ut quisque in fuga postremus, ita periculo princeps erat : postremam enim quamque navem piratæ primam adoriebantur. Ita prima Haluntinorum navis capitur, cui præerat haluntinus, homo nobilis, Philarchus ; quem ab illis prædonibus Locrenses postea publice redemerunt : ex quo vos priore actione jurato rem omnem causamque cognostis. Deinde apolloniensis navis capitur, et ejus præfectus Anthropinus occiditur.

XXXV. 95. Hæc dum aguntur, interea Cleomenes jam ad Elori littus pervenerat; jam sese in terram e navi ejecerat, quadrirememque in salo fluctuantem reliquerat. Reliqui præfecti navium, quum in terram imperator exisset, quum ipsi neque repugnare, neque mari effugere ullo modo possent, appulsis ad Elorum navibus, Cleomenem persecuti sunt. Tunc prædonum dux Heracleo, repente, præter spem, non sua vir-

pirates que pour suivre leur commandant. Celui qui restait le plus en arrière se trouvait le plus près du péril : les pirates attaquaient toujours le dernier. Ils prennent d'abord le vaisseau d'Haluntium, commandé par Philarque, un des citoyens les plus distingués de cette ville, et que les Locriens ont racheté depuis aux frais de leur trésor. C'est lui qui, dans la première action, vous a instruits de ces détails. Le vaisseau d'Apollonie fut pris le second : Anthropinus, qui en était capitaine, fut tué.

XXXV. 95. Cependant Cléomène était déjà parvenu au rivage d'Élore ; déjà il s'était élancé à terre, abandonnant son vaisseau à la merci des flots. Les autres capitaines qui le voient débarqué, ne pouvant en aucune manière ni se défendre ni se sauver par mer, se jettent aussi à la côte et le suivent. Héracléon, chef des pirates,

non fugiebant tam	ne fuyaient pas tant
impetum prædonum,	l'attaque des pirates,
quam sequebantur	qu'ils *ne* suivaient
imperatorem.	*leur* général.
Tum, ut quisque erat	Alors, selon qu'on était
postremus in fuga,	le dernier dans la fuite,
ita princeps periculo :	ainsi *l'on était* le premier au danger :
piratæ enim	en effet les pirates
adoriebantur primam	attaquaient le premier
quamque navem	chaque vaisseau
postremam.	*qui était* le dernier.
Ita navis Haluntinorum,	Ainsi les vaisseaux des Haluntins,
cui præerat Philarchus,	que commandait Philarchus,
homo nobilis haluntinus,	homme (citoyen) distingué d'-Haluntium,
capitur prima;	est pris le premier;
quem postea Locrenses	lequel *Philarchus* plus-tard les Locriens
redemerunt publice	rachetèrent aux-frais-du-public
ab illis prædonibus :	*des mains* de ces pirates :
ex quo jurato	duquel ayant prêté-serment
cognostis priore actione	vous avez appris dans la première action
omnem rem causamque.	toute *cette* affaire et *toute cette* question.
Deinde	Ensuite
navis apolloniensis capitur,	le vaisseau d'-Apollonie est pris,
et præfectus ejus	et le commandant de ce *vaisseau*,
Anthropinus occiditur.	Anthropinus, est tué.
XXXV. 95. Dum hæc	XXXV. 95. Tandis que ces *choses*
aguntur,	sont faites,
interea Cleomenes	cependant Cléomène
pervenerat jam	était parvenu déjà
ad littus Elori ;	au rivage d'Élore ;
jam ejecerat sese	déjà il avait lancé soi
e navi in terram,	du vaisseau à terre,
reliqueratque quadriremem	et avait abandonné la quadrirème
fluctuantem in salo.	flottant dans la mer.
Reliqui præfecti navium,	Les autres commandants de vaisseaux,
quum imperator exisset	lorsque le chef fut sorti *du navire*
in terram,	pour *aller à* terre,
quum ipsi possent	comme eux-mêmes ne pouvaient
ullo modo	d'aucune façon
neque repugnare,	ni résister *à l'ennemi*,
neque effugere mari,	ni se-sauver par mer,
navibus appulsis	les vaisseaux étant poussés
ad Elorum,	sur Élore,
persecuti sunt	suivirent
Cleomenem.	Cléomène.
Tunc Héracleo,	Alors Héracléon,
dux prædonum,	chef des pirates,

tute, sed istius avaritia nequitiaque victor, classem pulcherrimam populi romani, in littus expulsam et ejectam, quum primum advesperasceret, inflammari incendique jussit.

96. O tempus miserum atque acerbum provinciæ Siciliæ! o casum illum multis innocentibus calamitosum atque funestum! o istius nequitiam ac turpitudinem singularem! Una atque eadem nox erat, qua prætor amoris turpissimi flamma, ac classis populi romani prædonum incendio conflagrabat. Affertur nocte intempesta gravis hujusce mali nuntius Syracusas: curritur ad prætorium, quo istum e convivio illo præclaro reduxerant paulo ante mulieres cum cantu atque symphonia. Cleomenes, quanquam nox erat, tamen in publico esse non audet: includit se domi; neque aderat uxor, quæ consolari hominem in malis posset.

97. Hujus autem præclari imperatoris ita erat severa domi

étonné d'une victoire qu'il doit, non à son courage, mais à l'avarice et à la lâcheté de Verrès, devenu maître d'une si belle flotte poussée et jetée sur le rivage, ordonne, à la fin du jour, qu'on y mette le feu et qu'on la réduise en cendres.

96. O nuit désastreuse! nuit horrible pour la province! malheur déplorable et funeste à bien des têtes innocentes! O honte éternelle pour l'infâme Verrès! Dans la même nuit, au même instant, le préteur brûlait des feux d'un amour criminel, et les flammes des pirates consumaient la flotte du peuple romain! Cette affreuse nouvelle arrive à Syracuse au milieu de la nuit. On court au palais, où le préteur venait d'être ramené par ses femmes, au bruit des voix et des instruments. Cléomène, malgré l'obscurité de la nuit, n'ose rester hors de sa maison : il se renferme chez lui; et sa femme n'y était pas pour le consoler dans sa disgrâce.

97. Admirez la sévère discipline que notre grand général avait

victor repente	vainqueur tout-à-coup
præter spem,	contre *son* espérance,
non sua virtute,	non par son courage,
sed avaritia	mais par la cupidité
nequitiaque istius,	et la lâcheté de ce *Verrès*,
quum primum	aussitôt-que
advesperasceret,	le-soir-vint,
jussit	ordonna
pulcherrimam classem	que *cette* très-belle flotte
populi romani,	du peuple romain
expulsam et ejectam	poussée et jetée
in littus,	sur le rivage,
inflammari incendique.	fût livrée-aux-flammes et incendiée.
96. O tempus miserum	96. O moment malheureux
atque acerbum	et désastreux
provinciæ Siciliæ!	pour la province de Sicile!
o illum casum	ô ce (quel) malheur
calamitosum	déplorable
atque funestum	et funeste
multis innocentibus!	à beaucoup d'innocents!
o nequitiam singularem	ô lâcheté sans-exemple
ac turpitudinem istius!	et infamie de ce *Verrès*!
Erat una atque eadem nox,	C'était *pendant* une-seule et même nuit,
qua prætor conflagrabat	que le préteur brûlait
flamma amoris turpissimi,	du feu de l'amour le plus honteux,
ac classis populi romani,	et la flotte du peuple romain,
incendio prædonum.	des flammes des pirates.
Nuntius	La nouvelle
hujusce gravis mali	de ce grand malheur
affertur Syracusas	est apportée à Syracuse
nocte intempesta :	la nuit *étant* profonde :
curritur ad prætorium,	on court au prétoire,
quo mulieres paulo ante	où *ses* femmes peu auparavant
reduxerant istum	avaient ramené cet *infâme*
cum cantu et symphonia,	avec des chants et de la musique,
ex illo præclaro convivio.	*en sortant* de ce fameux banquet.
Cleomenes,	Cléomène,
quanquam nox erat,	quoique la nuit fût (régnât),
non audet tamen	n'ose pas cependant
esse in publico :	demeurer en public :
includit se domi;	il renferme soi dans *sa* maison;
et uxor quæ posset	et l'épouse qui pourrait (aurait pu)
consolari hominem	consoler *son* mari
in malis,	dans *sa* disgrâce,
non aderat.	n'était pas présente.
97. Disciplina autem	97. Or la discipline
hujus præclari imperatoris	de cet illustre général

disciplina, ut in re tanta, in tam gravi nuntio, nemo admitteretur; nemo esset qui auderet, aut dormientem excitare, aut interpellare vigilantem. Jam vero, re ab omnibus cognita, concursabat urbe tota maxima multitudo : non enim, sicut antea consuetudo erat, prædonum adventum significabat ignis e specula sublatus aut tumulo ; sed flamma ex ipso incendio navium, et calamitatem acceptam, et periculum reliquum nuntiabat.

XXXVI. 98. Quum prætor quæreretur, et constaret ei neminem nuntiasse, fit ad domum ejus cum clamore concursus atque impetus. Tum iste excitatus audit rem omnem ex Timarchide : sagum sumit. Lucebat jam fere : procedit in medium, vini, somni, stupri plenus. Excipitur ab omnibus ejusmodi clamore, ut ei lampsaceni periculi [1] similitudo versaretur ante oculos : hoc etiam majus hoc videbatur, quod in odio simili multitudo hominum hæc erat maxima. Tum istius acta

établie dans son intérieur : même pour un événement de cette importance, pour une nouvelle aussi terrible, nul n'est admis à lui parler; nul n'est assez hardi pour l'éveiller, s'il dort; pour l'interrompre, s'il ne dort pas. Cependant l'alarme est répandue partout. Une multitude immense s'agite dans tous les quartiers de la ville; car ce n'était pas, comme en d'autres occasions, les feux allumés sur des hauteurs qui annonçaient l'arrivée des pirates; la flamme des vaisseaux embrasés publiait elle-même la perte que nous avions faite et les dangers qui restaient à craindre.

XXXVI. 98. On cherchait le préteur, et lorsqu'on apprend qu'il ignore tout, la multitude furieuse court au palais et l'investit. Enfin on l'éveille. Timarchide l'informe de ce qui se passe ; il prend un habit de guerre. Déjà le jour commençait à paraître ; il sort appesanti par le vin, le sommeil et la débauche. On le reçoit avec des cris de rage, et la scène de Lampsaque se retrace à son âme épouvantée. Le danger lui cause d'autant plus d'effroi qu'ici la fureur est la même, et le nombre des mécontents beaucoup plus considérable. Il s'entend

erat ita severa domi,	était si sévère dans *son* intérieur,
ut in re tanta,	que dans une affaire si-importante,
in nuntio tam gravi,	pour une nouvelle si grave,
nemo admitteretur;	personne n'était admis;
esset nemo qui auderet,	il n'était personne qui osât,
aut excitare dormientem,	ou réveiller *lui* dormant,
aut interpellare vigilantem.	ou interrompre *lui* veillant.
Jam vero, re	Mais déjà, la nouvelle
cognita ab omnibus,	étant connue de tous,
maxima multitudo	une très-grande foule *de citoyens*
concursabat urbe tota :	courait-de-tout-côté dans la ville entière :
non enim ignis	ce n'*était* pas en effet un feu
sublatus e specula	élevé sur une hauteur
aut tumulo,	ou une montagne,
sicut consuetudo erat antea,	comme la coutume était auparavant,
significabat	qui annonçait *alors*
adventum prædonum ;	l'arrivée des pirates ;
sed flamma	mais la flamme
ex incendio ipso navium,	de l'incendie même des vaisseaux,
nuntiabat	annonçait
et calamitatem acceptam,	et le malheur *que nous avions* éprouvé,
et periculum reliquum.	et le danger qui-restait *à craindre*.
XXXVI. 98. Quum	XXXVI. 98. Comme
prætor quæreretur,	le préteur était cherché,
et constaret neminem	et *qu'*il était-certain que personne
nuntiasse ei,	n'avait annoncé à lui *la nouvelle*,
concursus atque impetus	un concours *de peuple* et une irruption
fit ad ejus domum	a-lieu vers sa maison
cum clamore.	avec *de grands* cris.
Tum iste excitatus,	Alors celui-ci (Verrès) réveillé,
audit omnem rem	apprend toute l'affaire
ex Timarchide ;	de Timarchide ;
sumit sagum.	il prend un sayon (vêtement de guerre).
Jam lucebat fere :	Déjà il faisait-jour presque :
procedit in medium,	il s'avance au milieu *des citoyens*,
plenus vini,	plein de (appesanti par le) vin,
somni, stupri.	de sommeil, de débauche.
Excipitur ab omnibus	Il est accueilli par tous
clamore ejusmodi,	avec des cris tels,
ut similitudo	que l'image
periculi lampsaceni	du danger de-Lampsaque
versaretur ei ante oculos :	se-trouva à lui devant les yeux :
hoc etiam	ce *péril* même
videbatur majus,	paraissait plus grand,
hoc quod in odio simili	parce qu'avec une haine semblable
hæc multitudo hominum	cette foule d'hommes *mécontents*
erat maxima.	était beaucoup-plus-grande.

commemorabatur; tum flagitiosa illa convivia, tum appellabantur a multitudine mulieres nominatim ; tum quærebatur ex ipso palam, tot dies continuos, per quos nunquam visus esset, ubi fuisset, quid egisset; tum imperator ab isto præpositus Cleomenes flagitabatur ; neque quidquam propius est factum, quam ut illud uticense exemplum de Adriano [1] transferretur Syracusas, ut duo sepulchra duorum prætorum improborum, duabusque in provinciis constituerentur. Verum habita est a multitudine ratio temporis, habita est tumultus, habita etiam dignitatis existimationisque communis, quod is est conventus Syracusis civium romanorum, ut non modo illa provincia, verum etiam hac republica dignissimus existimetur.

99. Confirmant ipsi se, quum is etiam tum semisomnis stuperet; arma capiunt ; totum forum atque Insulam, quæ est urbis magna pars, complent. Unam illam solam noctem præ-

---

reprocher son séjour sur le rivage et ses orgies scandaleuses; on cite par leurs noms les femmes qui vivent avec lui ; on lui demande à lui-même ce qu'il a fait, ce qu'il est devenu pendant tant de jours où personne ne l'a vu; on veut qu'il produise ce Cléomène qu'il a nommé commandant de la flotte; enfin peu s'en faut que Syracuse ne renouvelle cet acte de vengeance exercé par Utique sur le préteur Adrianus; et deux tombeaux auraient attesté dans deux provinces la perversité de deux préteurs romains. Verrès dut son salut aux circonstances, à l'effroi que causaient les pirates, aux égards et au respect de la multitude pour ce grand nombre de citoyens romains qui, dans cette province, soutiennent dignement l'honneur de notre république.

99. Comme le préteur, encore à peine réveillé, n'était capable de rien, les habitants s'encouragent les uns les autres ; ils s'arment et remplissent le forum et l'Ile, qui forme la plus grande partie de la

Tum commemorabatur	Alors était rappelé
acta istius;	*le séjour sur le rivage de ce Verrès;*
tum	alors *aussi étaient rappelés*
illa convivia flagitiosa;	ces festins scandaleux;
tum mulieres appellabantur	alors *ses* femmes étaient appelées
nominatim a multitudine :	par-leur-nom par la multitude :
tum quærebatur ex ipso	alors on *lui* demandait à lui-même
palam ubi fuisset,	ouvertement où il avait été,
quid egisset,	ce-que il avait fait,
tot dies continuos,	tant de jours de-suite,
per quos	pendant lesquels
nunquam esset visus;	jamais il n'avait été vu;
tum imperator	puis le général
præpositus ab isto,	préposé (nommé) par lui,
Cleomenes, flagitabatur;	Cléomène, était demandé-avec-instance;
neque quidquam	et rien
est factum propius,	ne fut fait plus près (et peu s'en fallut)
quam ut illud exemplum	que cet exemple *de la vengeance*
uticense	d'-Utique
de Adriano	*exercée* sur Adrien
transferretur Syracusas,	ne fût transporté (renouvelé) à Syracuse,
ut duo sepulcra	et que deux tombeaux
duorum prætorum	de deux préteurs
improborum,	criminels,
inque duabus provinciis	et dans deux provinces *différentes*
constituerentur.	ne fussent établis (élevés).
Verum ratio temporis	Mais compte des circonstances
est habita a multitudine,	fut tenu par la multitude,
est habita tumultus,	*compte* fut tenu du danger,
est habita etiam	*compte* fut tenu aussi
dignitatis	de la considération
existimationisque	et de l'estime
communis,	publique,
quod conventus	c'est-que la réunion
civium romanorum	des citoyens romains
est is Syracusis,	est telle à Syracuse,
ut existimetur dignissimus,	qu'on *la* regarde comme très-digne,
non modo illa provincia,	non seulement de cette province,
verum etiam hac republica.	mais même de cette république.
99. Se confirmant ipsi,	99. Ils s'encouragent eux-mêmes,
quum is	tandis que celui-ci
etiam tum semisomnis	même alors à-peine-réveillé
stuperet;	était-immobile-de-stupeur;
capiunt arma;	ils prennent les armes;
complent totum forum	ils remplissent tout le forum
atque Insulam,	et *toute* l'Ile,
quæ est magna pars urbis.	qui est une grande partie de la ville.

dones ad Elorum commorati, quum fumantes etiam nostras naves reliquissent, accedere incipiunt ad Syracusas. Qui videlicet sæpe audissent, nihil esse pulchrius quam Syracusarum mœnia ac portus, statuerant sese, si ea, Verre prætore, non vidissent, nunquam esse visuros.

XXXVII. 100. Ac primo ad illa æstiva prætoris accedunt, ipsam illam ad partem littoris, ubi iste per eos dies, tabernaculis positis, castra luxuriæ collocarat : quem posteaquam inanem locum offenderunt, et prætorem commovisse ex eo loco castra senserunt, statim sine ullo metu in portum ipsum penetrare cœperunt. Quum in portum dico, judices (explanandum est enim diligentius, eorum causa qui locum ignorant), in urbem dico, atque in urbis intimam partem venisse piratas : non enim portu illud oppidum clauditur, sed urbe portus ipse

ville. Les pirates, sans s'arrêter plus d'une nuit à Élore, laissent les débris de la flotte encore fumants, et s'approchent de Syracuse. Sans doute ils avaient ouï dire que rien n'égale la beauté de ses murs et de son port, et ils sentaient bien qu'ils ne les verraient jamais, s'ils ne les voyaient pas sous la préture de Verrès.

XXXVII. 100. Et d'abord ils s'approchent du rivage, où, ces jours mêmes, le préteur avait dressé ses tentes et fixé son camp de plaisance : ils trouvent le poste évacué; le préteur avait disparu ; nul obstacle, nulle résistance. Ils entrent hardiment dans le port. Quand je dis dans le port (je m'explique en faveur de ceux qui ne connaissent pas les lieux), je veux dire que les pirates entrèrent dans la ville, dans l'intérieur même de la ville. Remarquez, en effet, que Syracuse n'est pas fermée par le port; c'est le port lui-même qui est

Prædones commorati	Les pirates s'étant-arrêtés
ad Elorum	à Elore
unam illam solam noctem,	rien-que cette seule nuit,
quum reliquissent	après qu'ils eurent abandonné
nostras naves	nos vaisseaux
etiam fumantes,	encore fumants,
incipiunt accedere	commencent à s'approcher
ad Syracusas.	près-de Syracuse.
Videlicet qui sæpe	Sans-doute *ces hommes* qui souvent
audissent,	avaient entendu *dire*,
nihil esse pulchrius	que rien n'était plus beau
quam mœnia ac portus	que les murs et le port
Syracusarum,	de Syracuse,
statuerant	avaient calculé
sese esse visuros	qu'ils ne pourraient-voir
nunquam ea,	jamais ces *objets*,
si non vidissent,	s'ils ne *les* voyaient pas,
Verre prætore.	Verrès *étant* préteur.
XXXVII. 100. Ac primo	XXXVII. 100. Et d'abord
accedunt	ils s'approchent
ad illa æstiva prætoris,	vers ce séjour-d'été du préteur,
ad illam ipsam partem	vers cette même partie
littoris,	du rivage,
ubi iste per eos dies,	où celui-ci pendant ces *mêmes* jours,
tabernaculis positis,	*ses* tentes étant dressées,
collocarat castra luxuriæ :	avait fixé *son* camp de plaisance :
posteaquam offenderunt	lorsqu'ils eurent rencontré
quem locum inanem,	ce lieu vide (abandonné),
et senserunt prætorem	et *qu'*ils s'aperçurent que le préteur
commovisse castra	avait enlevé *son* camp
ex eo loco,	de ce lieu,
statim sine ullo metu	aussitôt sans aucune crainte
cœperunt penetrare	ils commencèrent à pénétrer
in portum ipsum.	dans le port même.
Quum dico, judices,	Quand je dis, juges,
piratas venisse in portum	que les pirates sont venus dans le port
— est enim explanandum	— il faut en effet que je m'explique
diligentius causa eorum	avec-plus-de-soin en-faveur de ceux
qui ignorant locum, —	qui ne-connaissent-pas les lieux, —
dico in urbem,	je veux-dire dans la ville,
atque in partem intimam	et dans la partie intérieure
urbis :	de la ville :
enim illud oppidum	en effet cette ville (Syracuse)
non clauditur portu,	n'est pas fermée par le port,
sed portus ipse cingitur	mais le port lui-même est entouré
et concluditur urbe;	et est enfermé par la ville ;
non ut mœnia extrema	non de-telle-sorte-que les murs extérieurs

cingitur et concluditur ; non ut alluantur a mari mœnia extrema, sed ipse influat in urbis sinum portus.

101. Hic, te prætore, Heracleo archipirata cum quatuor myoparonibus parvis ad arbitrium suum navigavit. Pro, dii immortales ! piraticus myoparo, quum imperium populi romani, nomen ac fasces essent Syracusis, usque ad forum et ad omnes urbis crepidines accessit : quo neque Carthaginiensium gloriosissimæ classes, quum mari plurimum poterant, multis bellis sæpe conatæ, unquam aspirare potuerunt ; neque populi romani invicta ante te prætorem gloria illa navalis unquam, tot punicis siciliensibusque bellis, penetrare potuit : qui locus ejusmodi est, ut ante Syracusani in mœnibus suis, in urbe, in foro hostem armatum ac victorem, quam in portu ullam hostium navem viderent.

102. Hic, te prætore, prædonum naviculæ pervagatæ sunt, quo Atheniensium classis sola, post hominum memoriam, ccc navibus, vi ac multitudine invasit : quæ in eo ipso portu, loci

renfermé dans la cité, et la mer, au lieu de baigner les dehors et l'extrémité des murs, s'enfonce jusque dans le centre de la place.

101. C'est là que sous votre préture, Héracléon, un chef de pirates, avec quatre brigantins, a navigué sans obstacle. Dieux immortels ! l'autorité, le nom, les faisceaux du peuple romain sont au milieu de Syracuse ! un pirate s'avance jusqu'au forum, et se promène devant tous les quais de Syracuse. Et les flottes triomphantes de Carthage, lorsque Carthage régnait sur les mers, firent toujours d'inutiles efforts pour y pénétrer; et nos forces navales, invincibles avant votre préture, ne purent jamais, pendant tant de guerres contre les Carthaginois et les Siciliens, briser cette barrière insurmontable. Telle est sa force, que les Syracusains verraient l'ennemi vainqueur dans leurs murs, dans leur ville, au milieu de leur forum, avant que de voir un seul de ses vaisseaux dans leur port.

102. Sous votre préture, des barques de pirates se sont promenées avec sécurité dans ce lieu où périrent autrefois trois cents vaisseaux d'Athènes, seule flotte qui, dans toute la durée des siècles, en ait pu forcer l'entrée ; et, dans ce port même, la nature et la situation des lieux triomphèrent de cette flotte formidable. Oui, le port

alluantur a mari,	soient baignés par la mer,
sed portus ipse influat	mais *que* le port lui-même pénètre
in sinum urbis.	dans le cœur de la ville.
101. Hic, te prætore,	101. Là, vous *étant* préteur,
Heracleo archipirata	Héracléon chef-de-pirates
navigavit	a navigué
ad suum arbitrium	à son gré
cum quatuor	avec quatre
parvis myoparonibus.	petits brigantins.
Pro, dii immortales !	O dieux immortels !
quum imperium, nomen,	lorsque l'autorité, le nom,
ac fasces populi romani	et les faisceaux du peuple romain
essent Syracusis,	étaient à Syracuse,
myoparo piraticus accessit	un brigantin de-pirate s'est-approché
usque ad forum	jusqu'au forum
et ad omnes crepidines	et devant tous les quais
urbis :	de la ville :
quo neque classes	où ni les flottes
gloriosissimæ	très-glorieuses (triomphantes)
Carthaginiensium,	des Carthaginois,
quum poterant plurimum	lorsqu'ils pouvaient le plus
mari,	sur mer,
conatæ sæpe multis bellis	*l'*ayant tenté souvent dans plusieurs guer-
potuerunt unquam	ne purent jamais [res
aspirare ;	approcher ;
et illa gloria navalis	et *où* cette gloire (ces forces) navale
populi romani,	du peuple romain,
invicta ante te prætorem,	invaincue avant vous préteur,
non potuit unquam	ne put jamais
penetrare,	pénétrer,
tot bellis	dans tant-de guerres
punicis siciliensibusque :	carthaginoises et siciliennes :
qui locus est ejusmodi,	lequel lieu est d'une-telle-force,
ut Syracusani viderent	que les Syracusains verraient
hostem armatum	l'ennemi armé
ac victorem,	et vainqueur,
ante quam in portu	avant que *de voir* dans le port
ullam navem hostium.	aucun vaisseau des ennemis.
102. Hic, te prætore,	102. Là, vous *étant* préteur,
naviculæ prædonum	des barques de pirates
sunt pervagatæ,	se sont promenées *avec sécurité*,
quo classis Atheniensium,	où la flotte des Athéniens,
sola,	seule,
post memoriam hominum,	de mémoire d'homme,
invasit tercentum navibus,	força-le-passage avec trois-cents vaisseaux,
vi ac multitudine :	par *sa* force et *son* nombre :
quæ est victa et superata	cette *flotte* fut vaincue et défaite

ipsius portusque natura, victa atque superata est. Hic primum opes illius civitatis victæ, comminutæ, depressæque sunt : in hoc portu, Atheniensium nobilitatis, imperii, gloriæ naufragium factum existimatur [1].

XXXVIII. 103. Eone pirata penetravit, quo simul atque adisset, non modo a latere, sed etiam a tergo magnam partem urbis relinqueret ? Insulam totam prætervectus est ; quæ est urbs Syracusis suo nomine ac mœnibus : quo in loco majores (ut ante dixi), Syracusanum quemquam habitare vetuerunt, quod, qui illam partem urbis tenerent, in eorum potestatem portum futurum intelligebant.

104. At quemadmodum est pervagatus? radices palmarum agrestium, quas in nostris navibus invenerant, jaciebant, ut omnes istius improbitatem, et calamitatem Siciliæ possent cognoscere. Siculosne milites, aratorumne liberos, quorum patres tantum labore suo frumenti exarabant, ut populo romano to-

de Syracuse fut le premier écueil de la grandeur d'Athènes ; le sceptre de sa gloire y fut brisé, et le naufrage de ses vaisseaux fut en même temps le naufrage de sa puissance.

XXXVIII. 103. Un pirate a donc pénétré dans un lieu où il ne pouvait arriver sans laisser à côté de lui et derrière lui la plus grande partie de la ville ! Il a fait le tour de l'Ile ; de l'Ile, qui forme en quelque sorte une cité séparée dans l'enceinte même de Syracuse ; de l'Ile, où nos ancêtres ont défendu qu'aucun Syracusain établît sa demeure, parce qu'ils savaient que quiconque occuperait cette partie de la ville serait aussi le maître du port.

104. Mais jusqu'où les pirates ont-ils porté le mépris et la dérision ! Ils jetaient sur le rivage les racines des palmiers sauvages qu'ils avaient trouvées dans nos vaisseaux, afin que tous connussent et la perversité du préteur et les calamités de la Sicile. Des soldats siciliens, des fils de laboureurs, des jeunes gens dont les pères tiraient, de la terre fécondée par leurs sueurs, assez de blé

in eo ipso portu,	dans ce même port,
natura loci ipsius	par la nature du lieu même
portusque.	et du port.
Hic primum	Là pour-la-première-fois
opes illius civitatis	la puissance de cette ville (d'Athènes)
sunt victæ,	fut vaincue,
comminutæ depressæque;	amoindrie et abaissée;
naufragium nobilitatis,	le naufrage de la réputation,
imperii,	de l'empire,
gloriæ Atheniensium	de la gloire des Athéniens
existimatur factum	est regardé-comme ayant-eu-lieu
in hoc portu.	dans ce port.
XXXVIII. 103. Pirata	XXXVIII. 103. Le pirate
penetravitne eo	a-t-il *donc* pénétré là
quo simul atque adisset,	où aussitôt qu'il fut arrivé,
relinqueret	il laissa
non modo a latere,	non seulement à côté *de lui*,
sed etiam a tergo	mais même derrière *lui*
magnam partem urbis?	une grande partie de la ville?
Est prætervectus	Il a côtoyé
Insulam totam,	l'Ile entière,
quæ est urbs Syracusis,	qui est une *autre* ville à (dans) Syracuse,
suo nomine ac mœnibus,	avec son nom et *ses* murailles,
in quo loco majores,	dans lequel lieu *nos* ancêtres,
ut dixi ante, vetuerunt	comme je *l*'ai dit déjà, ont défendu
quemquam Syracusanum	qu'aucun Syracusain
habitare:	pût habiter;
quod intelligebant	parce qu'ils comprenaient
portum futurum	que le port serait
in potestatem eorum	au pouvoir de ceux
qui tenerent	qui occuperaient
illam partem urbis.	cette partie de la ville.
104. At quemadmodum	104. Mais de-quelle-manière
est pervagatus?	a-t-il parcouru *le port*?
jaciebant radices	ils jetaient les racines
palmarum agrestium	de palmiers sauvages
quas invenerant	qu'ils avaient trouvées
in nostris navibus,	dans nos vaisseaux,
ut omnes possent	pour que tous pussent
cognoscere	connaître
improbitatem istius	la perversité de ce *Verrès*
et calamitatem Siciliæ?	et le malheur de la Sicile?
Militesne siculos,	*Dirai-je* que des soldats siciliens,
liberosne aratorum,	que *ces* enfants de laboureurs,
quorum patres suo labore	dont les pères par leur travail
exarabant	recueillaient
tantum frumenti,	tant de blé,

tique Italiæ suppeditare possent; eosne, in insula Cereris natos, ubi primum fruges inventæ esse dicuntur, eo cibo esse usos, a quo majores eorum ceteros quoque, frugibus inventis, removerunt? Te prætore, siculi milites palmarum stirpibus, prædones siculo frumento, alebantur!

105. O spectaculum miserum atque acerbum! ludibrio esse Urbis gloriam et populi romani nomen, hominum conventu atque multitudine! piratico myoparone, in portu syracusano, de classe populi romani triumphum agere piratam, quum prætoris nequissimi inertissimique oculos prædonum remi respergerent!

CONTENTIONIS TERTIA PARS.

VERRIS CRUDELITAS IN NAVARCHOS.

106. Posteaquam e portu piratæ, non metu aliquo affecti, sed satietate, exierant, tum cœperunt quærere homines causam illius tantæ calamitatis : dicere omnes et palam disputare,

---

pour nourrir le peuple romain et l'Italie entière; des hommes nés dans l'île de Cérès, où fut inventé l'usage du blé, étaient réduits à ces aliments sauvages dont leurs ancêtres ont fait perdre l'habitude au reste des humains! Sous votre préture, les soldats siciliens vivaient de racines de palmiers; et les pirates se nourrissaient du plus pur froment de la Sicile!

105. Spectacle honteux et déplorable! la gloire de Rome, le nom romain, sont avilis en présence d'un peuple nombreux! Une barque de pirates triomphe de la flotte du peuple romain, dans le port de Syracuse, et ses rameurs font jaillir l'onde écumante jusque sur les yeux du plus pervers et du plus lâche des préteurs!

TROISIÈME PARTIE DE LA DISCUSSION.

CRUAUTÉ DE VERRÈS ENVERS LES COMMANDANTS DES VAISSEAUX.

106. Après que les pirates furent sortis du port (et ce ne fut pas la crainte qui les en chassa, ils avaient satisfait leur curiosité), les Syracusains commencèrent à raisonner sur la cause d'un si grand désastre. Faut-il s'étonner? disait-on hautement : quand la plupart

ut possent suppeditare	qu'ils pouvaient *en* fournir
populo romano	au peuple romain
totique Italiæ;	et à toute l'Italie;
eosne, natos	que ces *hommes*, nés
in insula Cereris,	dans l'île de Cérès,
ubi fruges dicuntur	où les moissons sont dites
esse inventæ primum,	avoir été trouvées pour-la-première-fois,
esse usos eo cibo	ont usé de ces aliments
a quo majores eorum,	dont les ancêtres d'eux
removerunt quoque ceteros,	détournèrent même les autres *mortels*,
frugibus inventis?	*l'usage du* blé étant trouvé?
Te prætore, milites siculi	Vous *étant* préteur, des soldats siciliens
alebantur	se-nourrissaient
stirpibus palmarum,	des racines des palmiers,
prædones frumento siculo!	*et* les pirates du blé de-la-Sicile!
105. O spectaculum	105. O spectacle
miserum atque acerbum!	honteux et pénible!
gloriam Urbis,	*de voir* la gloire de la Ville (de Rome),
et nomen populi romani,	et le nom du peuple romain,
esse ludibrio conventu	être *livrés* au mépris devant une assemblée
multitudine atque	et une multitude
hominum!	d'hommes!
piratam agere triumphum	*de voir* un pirate triompher
de classe populi romani,	de la flotte du peuple romain,
in portu syracusano,	dans le port de-Syracuse,
myoparone piratico,	*monté* sur une barque de-pirate,
quum remi prædonum	pendant que les rames des pirates
respergerent	faisaient-jaillir-l'eau-sur
oculos prætoris	les yeux du préteur
nequissimi inertissimique!	le plus pervers et le plus lâche!

TERTIA PARS CONTENTIONIS.

TROISIÈME PARTIE DE LA DISCUSSION.

CRUDELITAS VERRIS IN NAVARCHOS.

CRUAUTÉ DE VERRÈS ENVERS LES COMMANDANTS DES VAISSEAUX.

106. Posteaquam piratæ	106. Après que les pirates
exierant e portu,	étaient (furent) sortis du port,
affecti non aliquo metu,	se-retirant non par quelque crainte,
sed satietate,	mais par satiété (leur curiosité satisfaite),
tum homines cœperunt	alors les hommes (citoyens) commencèrent
quærere causam	à chercher la cause
illius tantæ calamitatis:	de ce si-grand malheur :
omnes dicere	tous de dire
et disputare palam,	et de soutenir ouvertement,
esse minime mirandum	qu'il n'était nullement étonnant

minime esse mirandum, si, militibus remigibusque dimissis, reliquis egestate et fame perditis, prætore tot dies cum mulierculis perpotante, tanta ignominia et calamitas esset accepta. Hæc autem istius vituperatio atque infamia confirmabatur eorum sermone, qui a suis civitatibus illis navibus præpositi fuerant, qui ex illo numero reliqui Syracusas, classe amissa, refugerant. Dicebant quos ex sua quisque navi missos sciret esse. Res erat clara : neque solum argumentis, sed etiam certis testibus, istius avaritia tenebatur.

XXXIX. 107. Homo certior fit, agi nihil in foro et conventu tota die, nisi hoc, quæri a navarchis, quemadmodum classis esset amissa ; illos respondere, et docere unumquemque, missione remigum, fame reliquorum, Cleomenis timore et fuga. Quod posteaquam iste cognovit, hanc rationem habere cœpit : causam sibi dicendam esse statuerat jam ante, quam hoc usu

des soldats et des rameurs avaient été congédiés, quand ceux qui restaient périssaient de misère et de besoin, quand le préteur passait des jours entiers à s'enivrer avec des femmes, pouvait-on attendre autre chose que la honte et le malheur ? Ces reproches flétrissants étaient encore appuyés par les capitaines qui s'étaient réfugiés à Syracuse, après la perte de la flotte : chacun nommait les hommes de son équipage, qu'il savait avoir obtenu leur congé. La preuve était sans réplique ; et l'avarice du préteur, déjà démontrée par les raisonnements, l'était encore plus par des témoignages irrécusables.

XXXIX. 107. On l'avertit que, dans les réunions et au forum, on passe les jours entiers à questionner les capitaines sur la manière dont la flotte a été perdue ; que ceux-ci répondent à qui veut les entendre qu'il faut tout attribuer aux congés des rameurs, au manque de vivres, à la lâcheté et à la fuite de Cléomène. Sur cet avis, il prend

si militibus remigibusque dimissis,	si *la plupart* des soldats et des rameurs étant congédiés,
reliquis perditis	le reste étant perdu (mourant)
egestate et fame,	de misère et de faim,
prætore perpotante tot dies	le préteur s'enivrant tant-de jours
cum mulierculis,	avec des courtisanes,
tanta ignominia	un si-grand affront
et calamitas esset accepta.	et *un si grand* malheur avait été éprouvé.
Hæc autem vituperatio	Or ces reproches
istius	de (faits à) ce *Verrès*
atque infamia	et *son* ignominie
confirmabatur	était confirmée
sermone eorum	par les discours de ceux
qui fuerant præpositi	qui avaient été préposés
illis navibus	à (au commandement de) ces vaisseaux
a suis civitatibus,	par leurs villes,
qui reliqui ex illo numero	*et* qui restant de ce nombre
refugerant Syracusas,	s'étaient-réfugiés à Syracuse,
classe amissa.	*leur* flotte étant perdue.
Dicebant quisque	Ils disaient chacun
quos sciret	ceux qu'ils savaient
esse missos ex sua navi.	avoir été congédiés de leur équipage.
Res erat clara :	La chose (la preuve) était évidente:
et avaritia istius tenebatur	et la cupidité de ce *Verrès* était prouvée,
non solum argumentis,	non seulement par des raisonnements,
sed etiam testibus certis.	mais aussi par des témoins certains.
XXXIX. 107. Homo fit certior,	XXXIX. 107. *Notre* homme est fait plus certain (est informé),
nihil agi	que rien n'est fait
in foro et conventu,	dans le forum et l'assemblée
tota die, nisi hoc,	durant tout le jour, si ce n'est cela, *savoir*:
quæri a navarchis,	qu'on s'informe *auprès* des capitaines,
quemadmodum classis esset amissa ;	de-quelle-manière la flotte avait été perdue ;
illos respondere,	que ceux-ci répondent,
et docere unumquemque,	et apprennent à chacun *des citoyens*,
missione remigum,	*que c'est* par le renvoi des rameurs,
fame reliquorum,	la faim des autres,
timore et fuga Cleomenis.	la lâcheté et la fuite de Cléomène.
Posteaquam iste	Après que ce *Verrès*
cognovit quod,	eut appris cela,
cœpit	il commença
habere hanc rationem :	à tenir ce raisonnement :
statuerat causam	il avait calculé qu'un procès
esse dicendam sibi,	devait être soutenu par lui,
jam ante quam	déjà avant que
hoc veniret usu,	cela *n*'arrivât par-le-fait,

veniret, ita ut ipsum priore actione dicere audistis ; videbat, illis navarchis testibus, tantum hoc crimen sustinere se nullo modo posse : consilium capit primo stultum, verumtamen clemens.

108. Cleomenem et navarchos ad se vocari jubet : veniunt : accusat eos, quod hujusmodi de se sermones habuerint ; rogat, ut id facere desistant, et in sua quisque navi dicat se tantum habuisse nautarum, quantum oportuerit, neque quemquam esse dimissum. Illi enimvero se ostendunt, quod vellet, esse facturos. Iste non procrastinat ; advocat amicos statim ; quærit ex his singillatim quot quisque nautas habuerit. Respondit unusquisque ut erat præceptum. Iste in tabulas refert, obsignat signis amicorum providens homo, ut contra hoc crimen, si quando opus esset, hac videlicet testificatione uteretur.

109. Derisum credo esse hominem amentem a suis consiliariis, et admonitum hasce ei tabulas nihil profuturas ; etiam plus ex nimia prætoris diligentia suspicionis in eo crimine fu-

ses mesures. Il vous a dit lui-même, dans la première instruction, que dès lors il s'attendait à être accusé. Il voyait que, s'il avait contre lui le témoignage des capitaines, il ne pourrait jamais résister à cette accusation : il prend une résolution folle et ridicule, mais qui du moins n'avait rien de cruel.

108. Il mande Cléomène et les capitaines. Ils viennent : il se plaint à eux des discours qu'ils se sont permis sur lui ; il les prie de cesser de pareils propos, et de dire que leur équipage était complet, et qu'il n'a pas été accordé un seul congé. Ils se montrent disposés à faire tout ce qu'il voudra. Sans remettre au lendemain, Verrès fait entrer ses amis, demande à chaque capitaine combien il avait de matelots. Tous font la réponse qui leur a été dictée. Verrès enregistre leurs déclarations. En homme prévoyant, il y appose le sceau de ses amis, afin de produire au besoin ces certificats honorables.

109. Il est à croire que ses conseillers lui firent sentir le ridicule de cette opération, et l'avertirent que ces registres ne pourraient lui être utiles ; que même cet excès de précaution ne ferait qu'aggraver

ita ut audistis ipsum	ainsi que vous *l'*avez entendu lui-même
dicere priore actione ;	*le* dire dans la première action ;
videbat se posse nullo modo	il voyait qu'il ne pouvait en aucune façon
sustinere hoc crimen	soutenir cette accusation
tantum,	si-grande,
illis navarchis	ces commandants-de-vaisseaux
testibus :	*étant* témoins *contre lui* :
capit primo	il prend d'abord
consilium stultum,	une résolution insensée,
verumtamen clemens.	mais-du-moins humaine.

108. Jubet
Cleomenem et navarchos
vocari ad se :
veniunt : accusat eos,
quod habuerint de se
sermones hujusmodi :
rogat, ut desistant facere id,
et quisque dicat
se habuisse in sua navi
tantum nautarum,
quantum oportuerit,
neque quemquam
esse dimissum.
Illi enimvero ostendunt
se esse facturos quod vellet.
Iste non procrastinat ;
advocat statim amicos ;
quærit ex his singillatim,
quot quisque
habuerit nautas.
Unusquisque respondit
ut erat præceptum.
Iste refert in tabulas,
homo providens,
obsignat signis amicorum,
videlicet ut uteretur
hac testificatione,
contra hoc crimen,
si quando esset opus.

108. Il ordonne
que Cléomène et les capitaines
soient appelés près-de lui :
ils viennent : il accuse eux,
de ce qu'ils ont tenu sur lui
des discours de-cette-sorte :
il *les* prie qu'ils cessent de faire cela,
et *que* chacun dise
qu'il a eu (qu'il avait) dans son vaisseau
autant de matelots,
qu'il était-nécessaire *d'en avoir*,
et que personne
n'a été congédié.
Ceux-ci en effet montrent (promettent)
qu'ils feront ce-qu'il désirait.
Lui ne-remet-pas-au-lendemain ;
il appelle aussitôt *ses* amis ;
il demande à ces *capitaines* un-à-un,
combien chacun *d'eux*
a eu de matelots.
Chacun *d'eux* répondit
comme il *lui* avait été recommandé.
Lui porte *ces réponses* sur *ses* registres,
en homme prévoyant,
il *les* scelle du sceau de *ses* amis,
sans-doute pour qu'il se-servît
de ces témoignages *honorables*,
contre cette accusation,
si quelquefois il *en* était besoin.

109. Credo
hominem amentem
esse derisum
a suis consiliariis,
et admonitum
hasce tabulas
profuturas ei nihil ;
etiam plus suspicionis

109. Je crois
que cet homme insensé
fut plaisanté
par ses conseillers,
et averti
que ces registres
ne serviraient à lui *en* rien ;
et que même plus de soupçons

turum. Jam iste erat hac stultitia multis in rebus usus, ut publice quoque, quæ vellet, in civitatum litteris et tolli et referri juberet : quæ omnia nunc intelligit sibi nihil prodesse, posteaquam certis litteris, testibus, auctoritatibusque convincitur.

XL. 110. Ubi hoc videt, tabulas sibi nullo adjuvamento futuras, init consilium, non improbi prætoris (nam id quidem esset ferendum), sed importuni atque amentis tyranni : statuit, si hoc crimen extenuare vellet (nam omnino tolli posse non arbitrabatur), navarchos omnes, testes sui sceleris, vita esse privandos. Occurrebat illa ratio : Quid Cleomene fiet? Poterone animadvertere in eos, quos dicto audientes esse jussi; missum facere eum, cui imperium potestatemque permisi? poterone eos afficere supplicio, qui Cleomenem secuti sunt; ignoscere Cleomeni, qui secum fugere et se consequi jussit? poterone in eos

les soupçons. Déjà il avait eu plusieurs fois recours à ce misérable expédient ; on l'avait vu faire effacer ou écrire ce qu'il voulait, même sur les registres publics. Il sent combien cette ressource est vaine, aujourd'hui qu'il est convaincu par des titres certains, par des témoins irréprochables, par des pièces authentiques.

XL. 110. Dès qu'il voit que ces attestations ne lui seront d'aucun secours, il prend une autre résolution digne, non d'un magistrat inique, on pourrait encore le supporter, mais du plus fou, du plus atroce de tous les tyrans. Afin d'atténuer les preuves de ses prévarications (car il ne se flattait pas de les détruire entièrement), il se décide à faire périr les capitaines qui en ont été les témoins. Mais que faire de Cléomène? Cette réflexion l'embarrassait. Pourrai-je sévir contre des hommes à qui j'avais enjoint d'obéir, et absoudre celui à qui j'ai remis le commandement et l'autorité? pourrai-je envoyer au supplice ceux qui ont suivi Cléomène, et faire grâce à Cléomène qui leur a donné l'ordre et l'exemple de la fuite; déployer

futurum in eo crimine	seraient (naîtraient) dans cette accusation
ex nimia diligentia	de la trop-grande précaution
prætoris.	du préteur.
Jam in multis rebus,	Déjà en plusieurs circonstances,
iste erat usus	il s'était-servi
hac stultitia,	de ce ridicule-expédient,
ut quoque publice	que même dans-les-affaires-publiques
juberet quæ vellet	il ordonnât que ce-qu'il voudrait
tolli et referri	fût enlevé ou porté
in litteris civitatum :	sur les registres des villes :
nunc intelligit omnia quæ	maintenant il sent que toutes ces *ruses*
prodesse sibi nihil,	ne servent à lui *en* rien,
posteaquam convincitur	après qu'il est convaincu
litteris, testibus,	par des pièces, par des témoins,
auctoritatibusque certis.	et par des titres irrécusables.
XL. 110. Ubi videt hoc,	XL. 110. Dès qu'il voit cela,
tabulas	que *ces* registres
futuras sibi	ne seront à lui
nullo adjuvamento,	d'aucun secours,
init consilium,	il prend une résolution *digne*,
non prætoris improbi	non d'un préteur pervers
— nam id quidem esset	— car cela même eût été
ferendum, —	supportable, —
sed tyranni importuni	mais d'un tyran cruel
atque amentis :	et insensé :
statuit, si vellet	il décida que, s'il voulait
extenuare hoc crimen	atténuer cette accusation,
— nam non arbitrabatur	— car il ne pensait pas
posse tolli omnino, —	qu'elle pût être détruite entièrement, —
omnes navarchos,	tous les commandants-de-vaisseau,
testes sui sceleris,	témoins de son crime,
esse privandos vita.	devaient être privés de la vie.
Illa ratio occurrebat :	*Mais* cette pensée se-présentait :
Quid fiet Cleomene?	Que sera-t-il fait de Cléomène?
Poterone animadvertere	pourrai-je sévir
in eos quos jussi	contre ceux auxquels j'ai ordonné
esse audientes dicto,	d'être obéissants à la voix *de leur chef*,
facere missum eum,	renvoyer absous celui
cui permisi	auquel j'ai confié
imperium potestatemque?	le commandement et l'autorité?
poterone afficere supplicio	pourrai-je frapper du supplice
eos qui sunt secuti	ceux qui ont suivi
Cleomenem,	Cléomène,
ignoscere Cleomeni,	pardonner à Cléomène
qui jussit	qui *leur* a ordonné
fugere secum,	de fuir avec-lui,
et consequi se?	et de suivre lui?

8.

esse vehemens, qui naves inanes non modo habuerunt, sed etiam apertas; in eum dissolutus, qui solus habuerit constratam navem, et minus exinanitam? Pereat Cleomenes una. Ubi fides? ubi exsecrationes? ubi dextræ complexusque? ubi illud contubernium muliebris militiæ in illo delicatissimo littore? Fieri nullo modo poterat, quin Cleomeni parceretur.

111. Cleomenem vocat : dicit ei se statuisse animadvertere in omnes navarchos; ita sui periculi rationes ferre ac postulare. Tibi uni parcam, et totius istius culpæ crimen, vituperationemque inconstantiæ potius suscipiam, quam aut in te sim crudelis, aut tot tam graves testes vivos incolumesque esse patiar. Agit gratias Cleomenes, approbat consilium; dicit, ita fieri oportere : admonet tamen illud, quod istum fugerat, in Phalargum centuripinum navarchum non posse animadverti, propterea quod secum fuisset una in centuripina quadriremi. Quid ergo? iste homo ex ejusmodi civitate, adolescens nobilis-

toute la rigueur des lois contre des gens qui n'avaient que des vaisseaux dégarnis et sans défense, et réserver toute mon indulgence pour le seul qui eût un vaisseau ponté et à peu près pourvu de matelots? Que Cléomène périsse avec les autres.... Mais la foi jurée à Nicé! mais tant de serments! mais tant de gages d'une tendresse réciproque! mais tant de campagnes faites avec elle sur ce rivage délicieux!.... Il était impossible de ne pas sauver Cléomène.

111. Il le fait venir, il lui dit qu'il a résolu de sévir contre tous les capitaines : que son intérêt le veut, que sa sûreté l'exige. Je ferai grâce à toi seul, et dût-on m'accuser d'inconséquence, je me charge de tout plutôt que d'être cruel envers toi, ou de laisser vivre tant de témoins qui me perdraient. Cléomène remercie le préteur; il l'approuve, et dit qu'il n'a pas d'autre parti à prendre : cependant il l'avertit d'une chose qui lui était échappée ; c'est que Phalargue de Centorbe était sur le même vaisseau que lui, et ne peut par conséquent être compris dans la proscription générale. Quoi donc! ce jeune homme d'une ville si considérable, d'une famille si distinguée,

poterone esse vehemens	pourrai-je être sévère
in eos qui habuerunt naves	contre ceux qui ont eu des vaisseaux
non modo inanes,	non seulement dégarnis,
sed etiam apertas;	mais même ouverts *à l'ennemi*;
dissolutus in eum,	indulgent envers celui
qui solus habuerit	qui seul aura eu
navem constratam,	un vaisseau ponté,
et minus exinanitam?	et moins dépourvu *de défenseurs*?
Cleomenes pereat una.	Que Cléomène périsse *donc* avec-eux.
Ubi fides?	*Mais* où *est maintenant* la foi-jurée?
ubi exsecrationes?	où *sont ces* serments *faits à Nice*?
ubi dextræ	où *sont ces* mains *gages de ma parole*,
complexusque?	et *ces* embrassements?
ubi illud contubernium	où *est* cette vie-commune (société)
militiæ muliebris	des campagnes de-femme (faites avec elle)
in illo littore delicatissimo?	sur ce rivage très-délicieux?
Poterat fieri nullo modo,	Il ne pouvait se-faire en aucune façon,
quin parceretur Cleomeni.	qu'il ne fût pas pardonné à Cléomène.
111. Vocat Cleomenem:	111. Il appelle Cléomène:
dicit ei	il dit à lui
se statuisse animadvertere	qu'il a résolu de sévir
in omnes navarchos:	contre tous les commandants-de-vaisseau:
rationes sui periculi	que la considération de son danger
ferre ac postulare ita.	*le* comporte et *l'*exige ainsi.
Parcam tibi uni,	J'épargnerai toi seul,
et suscipiam	et j'assumerai
crimen totius istius culpæ	l'accusation de toute cette faute
vituperationemque	et le reproche
inconstantiæ,	d'inconséquence,
potius quam sim	plutôt que je sois (que d'être)
aut crudelis in te,	ou cruel envers toi,
aut patiar	ou que je souffre (de souffrir)
esse vivos incolumesque	être vivants et sains-et-saufs
tot testes tam graves.	tant-de-témoins si dangereux.
Cleomenes agit gratias,	Cléomène rend grâces *au préteur*,
approbat consilium;	il approuve *sa* résolution;
dicit oportere fieri ita:	il dit qu'il faut que *cela* se-fasse ainsi:
admonet tamen illud,	il *l'*avertit cependant de cela,
quod fugerat istum,	qui était échappé à celui-ci,
non posse animadverti	c'est qu'il ne pouvait être sévi
in Phalargum,	contre Phalargus,
navarchum centuripinum,	commandant-de-vaisseau de-Centorbe,
propterea quod fuisset	parce qu'il avait été (s'était trouvé)
una secum,	conjointement avec-lui,
in quadriremi centuripina.	sur la quadrirème de-Centorbe.
Quid ergo? iste homo	Quoi donc? un tel homme
ex civitate ejusmodi,	d'une ville de-cette-importance,

simus, testis relinquetur? In præsentia, inquit Cleomenes, quoniam ita necesse est; sed post aliquid videbimus, ne iste nobis obstare possit.

XLI. 112. Hæc posteaquam acta et constituta sunt, procedit iste repente e prætorio, inflammatus scelere, furore, crudelitate : in forum venit, navarchos vocari jubet. Qui nihil metuerent, nihil suspicarentur, statim accurrunt. Iste hominibus miseris innocentibusque injici catenas imperat. Implorare illi fidem populi romani, et, quare id faceret, rogare. Tunc iste hoc causæ dicit, quod classem prædonibus prodidissent. Fit clamor et admiratio populi, tantam esse in homine impudentiam atque audaciam, ut aliis causam calamitatis attribueret, quæ omnis propter avaritiam ipsius accidisset; aut, quum ipse prædonum socius putaretur, aliis proditionis crimen inferret; deinde, hoc quinto decimo die crimen esse natum, postquam classis esset amissa.

je le laisserai vivre, pour qu'il dépose contre moi? Oui, pour le moment, il le faut, reprend Cléomène; mais bientôt on saura lui ôter les moyens de nuire.

XLI. 112. Ce plan ainsi arrêté, il sort du palais, le crime, la fureur, la cruauté empreinte sur tous les traits de son visage; il arrive au forum, et fait appeler les capitaines. Ils viennent sans crainte et sans défiance. Soudain il ordonne qu'ils soient chargés de fers. Ces malheureux implorent la justice du peuple romain; ils demandent la raison de ce traitement barbare. La raison? dit Verrès; vous avez livré la flotte aux pirates. On se récrie; on s'étonne qu'il soit assez impudent, assez audacieux pour imputer à autrui un malheur dont sa propre avarice a été la cause; que, soupçonné lui-même d'intelligence avec les pirates, il accuse les autres de trahison; qu'enfin l'accusation n'éclate que le quinzième jour après la perte de la flotte.

adolescens nobilissimus,	jeune-homme très-distingué,
relinquetur testis?	sera laissé *pour être* témoin *contre moi*?
In præsentia,	Pour le moment,
inquit Cleomenes,	dit Cléomène,
quoniam est necesse ita;	puisqu'il faut *qu'il en soit* ainsi;
sed post videbimus aliquid,	mais après nous aviserons quelque *moyen*,
ut iste non possit	pour que cet *homme* ne puisse
obstare nobis.	faire-obstacle à nous.
XLI. 112. Posteaquam	XLI. 112. Après que
hæc	ces *projets*
sunt acta et constituta,	furent faits (conçus) et arrêtés,
iste repente,	ce *Verrès* tout-à-coup,
inflammatus scelere,	*le visage* enflammé par le crime,
furore, crudelitate,	la fureur, la cruauté,
procedit e prætorio :	s'élance du prétoire :
venit in forum,	il arrive au forum,
jubet navarchos vocari.	il ordonne les capitaines être appelés.
Qui metuerent nihil,	*En hommes* qui ne craignaient rien,
suspicarentur nihil,	ne se-défiaient de rien,
accurrunt statim.	ils accourent aussitôt.
Iste imperat catenas	Ce *Verrès* ordonne que des chaînes
injici hominibus	soient jetées-sur *ces* hommes
miseris innocentibusque.	malheureux et innocents.
Illi implorare	Ceux-ci d'implorer
fidem populi romani,	la justice du peuple romain,
et rogare quare faceret id.	et de demander pourquoi il faisait cela.
Tunc iste dicit hoc causæ,	Alors celui-ci dit (allègue) ce motif,
quod prodidissent	qu'ils avaient livré
classem prædonibus.	la flotte aux pirates.
Clamor et admiratio populi	Une clameur et l'étonnement du peuple
fit,	a-lieu (éclate) *à ces mots*,
impudentiam	*de ce que* l'impudence
atque audaciam	et l'audace
esse tantam in homine,	étaient si-grandes dans *cet* homme,
ut attribueret aliis	qu'il attribuait aux autres
causam calamitatis,	la cause d'un malheur,
quæ omnis accidisset	qui tout-entier était arrivé
propter avaritiam ipsius;	à cause de la *propre* cupidité de lui;
aut, quum ipse putaretur	ou que, quand lui-même était pensé
socius prædonum,	*être* l'allié des pirates,
inferret aliis	il rejetait-sur les autres
crimen proditionis;	l'accusation de trahison;
deinde, hoc crimen	enfin, *de ce que* cette accusation
esse natum	avait pris-naissance
quinto decimo die,	le quinzième jour,
postquam classis	après que la flotte
esset amissa.	eut été perdue.

113. Quum hæc fierent, quærebatur ubi esset Cleomenes ; non quo illum ipsum, cujusmodi esset, quisquam supplicio, propter illud incommodum, dignum putaret. Nam quid Cleomenes facere potuit? (non enim possum quemquam insimulare falso), quid, inquam, magnopere Cleomenes facere potuit, istius avaritia navibus exinanitis? Atque eum vident sedere ad latus prætoris, et ad aurem familiariter, ut solitus erat, insusurrare. Tum vero omnibus indignissimum visum est, homines honestissimos, electos ex suis civitatibus, in ferrum atque in vincula conjectos; Cleomenem, propter flagitiorum ac turpitudinis societatem, familiarissimum esse prætoris. Apponitur his tamen accusator Nævius Turpio quidam, qui, C. Sacerdote prætore, injuriarum damnatus est, homo bene appositus ad istius audaciam : quem iste in decumis, in rebus capitalibus, in omni calumnia, præcursorem habere solebat et emissarium.

113. Tous les yeux cherchaient Cléomène, non que l'on crût devoir rendre cet homme, quel qu'il fût, responsable de ce désastre. En effet, qu'avait pu faire Cléomène? car je ne veux accuser personne sans de justes raisons : je le répète, qu'avait-il pu faire avec des vaisseaux désarmés par l'avarice de Verrès ? Voici qu'au même instant on l'aperçoit assis à côté du préteur, lui parlant à l'oreille aussi familièrement qu'il avait coutume de le faire. Alors l'indignation fut générale. On était révolté de voir dans les fers des hommes honnêtes, l'élite de leurs concitoyens, tandis que Cléomène, parce qu'il s'était associé aux infamies de Verrès, jouissait de toute la familiarité du préteur. Cependant on aposte pour les accuser un certain Névius Turpion, qui, sous la préture de Sacerdos, avait été flétri par un jugement : homme en effet digne de servir l'audace de Verrès ; c'était son émissaire, son agent fidèle dans l'exaction des décimes, dans les accusations capitales, dans toutes les affaires qu'il suscitait à ceux qu'il voulait perdre.

113. Quum	113. Pendant que
hæc fierent,	ces *événements* se-passaient,
quærebatur	on demandait
ubi esset Cleomenes;	où était Cléomène;
non quo quisquam putaret,	ce n'*était* pas que quelqu'un pensât,
illum ipsum,	cet *homme* même,
cujusmodi esset,	quel qu'il fût,
dignum supplicio,	digne de supplice,
propter illud incommodum.	à cause de ce désastre.
Nam quid Cleomenes	En effet quoi Cléomène
potuit facere?	eût-il pu faire?
— non possum enim	— car je ne puis en effet
insimulare	accuser
quemquam falso, —	quelqu'un à-tort, —
quid, inquam, Cleomenes	quoi, dis-je, Cléomène
potuit facere magnopere,	eût-il pu faire beaucoup (d'important),
navibus exinanitis	les vaisseaux étant dégarnis
avaritia istius?	par la cupidité de ce *Verrès*?
Atque vident eum	Et *au même instant* ils voient lui
sedere ad latus prætoris,	se-tenir-assis à côté du préteur,
et insusurrare ad aurem	et chuchoter à *son* oreille
familiariter,	avec-familiarité,
ut erat solitus.	comme il était habitué *à le faire*.
Tum vero est visum	Mais alors il parut
omnibus	à tout-le-monde
indignissimum,	le-comble-de-l'indignité,
homines honestissimos,	*que* les hommes les plus honorables,
electos ex suis civitatibus,	choisis (l'élite) de leurs villes,
conjectos	*fussent* jetés
in ferrum atque in vincula;	dans les fers et dans les chaînes;
Cleomenem	*et* que Cléomène
esse familiarissimum	fût dans-toute-l'intimité
prætoris,	du préteur,
propter societatem	à-cause-de *leur* complicité
flagitiorum et turpitudinis.	de débauches et d'infamie.
Tamen	Cependant
quidam Nævius Turpio	un certain Névius Turpion
apponitur accusator his,	est aposté *comme* accusateur contre eux
qui, C. Sacerdote prætore,	lequel *Névius*, C. Sacerdos *étant* préteur,
est damnatus injuriarum;	fut condamné pour dommage;
homo bene appositus	homme bien fait
ad audaciam istius:	pour *servir* l'audace de ce *Verrès*:
quem iste solebat habere	*et* que *ce préteur* avait-coutume d'avoir
præcursorem et emissarium	*pour* limier et *pour* émissaire
in decumis,	dans l'exaction-des-décimes,
in rebus capitalibus,	dans les accusations capitales,
in omni calumnia.	dans toute *espèce de* calomnie.

XLII. 114. Veniunt Syracusas parentes propinquique miserorum adolescentium, hoc repentino calamitatis suæ commoti nuntio; vinctos adspiciunt catenis liberos suos, quum istius avaritiæ pœnam collo et cervicibus suis sustinerent; adsunt, defendunt, proclamant; fidem tuam, quæ nusquam erat, nec unquam fuit, implorant. Pater aderat Dexio tyndaritanus, homo nobilissimus, hospes tuus, cujus tu domi fueras, quem hospitem appellaras : eum quum illa auctoritate et miseria videres præditum, non te ejus lacrymæ, non senectus, non nospitii jus atque nomen a scelere aliquam ad partem humanitatis revocare potuit !

115. Sed quid ego hospitii jura in hac tam immani bellua commemoro? qui Sthenium thermitanum, hospitem suum, cujus domum per hospitium exhausit et exinanivit, absentem in reos retulerit, causa indicta, capite damnarit; ab eo nunc hospitiorum jura atque officia quæramus? cum homine enim cru-

XLII. 114. A cette affreuse nouvelle, les parents et les proches de ces malheureux jeunes gens accourent à Syracuse. Ils voient leurs fils courbés sous le poids des fers, et portant les peines dues à l'avarice de Verrès. Ils se présentent, ils les défendent, ils les réclament, ils implorent votre justice, c'est-à-dire une vertu que vous n'avez jamais connue. Parmi ces pères infortunés était Dexion, l'un des premiers citoyens de Tyndare, chez qui vous aviez logé, que vous aviez nommé votre hôte. Vous le vîtes à vos pieds sans respecter ses titres, sans plaindre sa misère ! Ses larmes, sa vieillesse, le nom, les droits de l'hospitalité ne purent un moment ramener votre âme atroce au sentiment de la pitié !....

115. Hélas ! je parle d'un monstre, et je réclame les droits de l'hospitalité ! Est-ce à celui qui, après avoir pillé et dévasté la maison de Sthénius, dans le temps qu'il logeait chez lui, intenta une accusation capitale contre ce même Sthénius absent, et le condamna à mort sans l'avoir entendu : est-ce à lui que je rappellerai les saints nœuds de l'hospitalité et les devoirs qu'elle impose ? Car enfin ce

XLII. 114. Parentes propinquique miserorum adolescentium veniunt Syracusas, commoti hoc nuncio repentino suæ calamitatis ; adspiciunt suos liberos vinctos catenis, quum sustinerent collo et suis cervicibus pœnam avaritiæ istius ; adsunt, defendunt, proclamant ; implorant tuam fidem, quæ erat nusquam, nec fuit unquam. Pater aderat, Dexio tyndaritanus, homo nobilissimus, tuus hospes, domi cujus tu fueras, quem appellaras hospitem: quum videres eum præditum illa auctoritate et miseria, non lacrymæ ejus, non senectus, non jus atque nomen hospitii, potuit te revocare a scelere ad aliquam partem humanitatis !

115. Sed quid ego commemoro jura hospitii in hac bellua tam immani ? quæramus nunc jura atque officia hospitiorum, ab eo qui retulerit in reos, damnarit capite, causa indicta, Sthenium thermitanum, suum hospitem absentem, cujus exhausit et exinanivit domum, per hospitium ? res enim est nobis

XLII. 114. Les parents et les proches de *ces* malheureux jeunes-gens viennent à Syracuse, émus par cette nouvelle soudaine de leur malheur ; ils voient leurs enfants liés (chargés) de chaînes, quand ils portaient (portant alors) sur *leurs* cous et sur leurs têtes la peine de (due à) la cupidité de ce *Verrès* ; ils se-présentent, ils *les* défendent, ils réclament ; ils implorent votre bonne-foi qui n'était *alors* nulle-part, et qui n'exista jamais. Un père était-là *parmi eux*, Dexion de-Tyndare, homme très-distingué, votre hôte, dans la maison de qui vous aviez été *reçu*, que vous aviez appelé *votre* hôte : quand vous vîtes lui paré de ces titres et de *cette* misère, ni les larmes de lui, ni *sa* vieillesse, ni les droits et le nom d'hospitalité, n'a pu vous rappeler du crime à quelque partie (sentiment) d'humanité !

115. Mais pourquoi moi rappelé-je les droits d'hospitalité dans (en parlant de) ce monstre si féroce ? nous réclamerons maintenant les droits et les devoirs d'hospitalité, de celui qui porta au-nombre-des accusés *et qui* condamna à mort, *sa* cause non-plaidée (sans l'entendre), Sthénius de-Thermes, son hôte *quoiqu'il fût* absent, *Sthénius* dont il dépouilla et épuisa la maison, pendant *qu'il y recevait* l'hospitalité ? car l'affaire est-elle à nous

deli nobis res est, an cum fera atque immani bellua? Te patris lacrymæ de innocentis filii periculo non movebant? quum patrem domi reliquisses, filium tecum haberes, te neque præsens filius de liberorum caritate, neque absens pater de indulgentia patria commonebat?

116. Catenas habebat hospes tuus Aristeus, Dexionis filius. Quid ita? Prodiderat classem. Quod ob præmium? Deseruerat exercitum. Quid Cleomenes? Ignavus fuerat. At eum tu ob virtutem corona aurea donaras. Dimiserat nautas. Tu ab omnibus mercedem missionis acceperas. Alter parens ex altera parte erat herbitensis Eubulida, homo domi suæ clarus et nobilis : qui, quia Cleomenem in defendendo filio læserat, nudus pæne est destitutus. Quid erat autem quod quisquam diceret aut defenderet? Cleomenem nominare non licet. At causa cogit. Moriere, si appellaris : nunquam enim isto est cuiquam mediocriter minatus. At remiges non erant. Prætorem tu ac-

n'est pas un homme cruel, c'est un monstre féroce que je combats ici. Les larmes d'un père tremblant pour les jours de son fils innocent n'ont point amolli votre âme! Barbare! vous aviez votre père à Rome, votre fils était auprès de vous; et la présence de ce fils n'a pas réveillé dans votre cœur les douces émotions de la nature? et le souvenir de votre père absent n'a pas rendu plus touchants pour vous les accents de la tendresse paternelle?

116. Aristée, votre hôte, le fils de Dexion, était chargé de chaînes. Pourquoi? quel était son crime ? — Il avait livré la flotte, il avait abandonné l'armée.—Et Cléomène?—Il avait été lâche.—Pourtant vous aviez honoré sa valeur d'une couronne d'or.—Il avait licencié les matelots.—Mais vous aviez reçu de tous le prix de leurs congés. D'un autre côté se présentait un autre père, Eubulide d'Herbite, distingué dans sa patrie par ses vertus et par sa naissance. Eubulide eut le malheur, en défendant son fils, de compromettre Cléomène : peu s'en fallut qu'on ne le dépouillât pour le battre de verges. Que dire? comment se justifier?—Je ne veux pas que Cléomène soit nommé. —Mais ma cause l'exige.—Si tu le nommes, tu meurs; car Verrès

cum homine crudeli,	avec (à) un homme cruel,
an cum fera	ou avec (à) une bête-féroce
atque bellua immani?	et un monstre barbare?
Lacrymæ patris	Les larmes d'un père
de periculo filii innocentis	*versées* sur le danger d'un fils innocent
non te movebant?	ne vous touchaient pas?
quum reliquisses patrem	quand vous aviez laissé un père
domi,	à la maison (à Rome),
haberes filium tecum,	*quand* vous aviez un fils avec-vous,
neque filius præsens	ni *votre* fils présent
te commonebat	ne vous faisait-penser
de caritate liberorum;	à l'amour *qu'on a* pour *ses* enfants;
neque pater absens	ni *votre* père absent
de indulgentia patria?	à la tendresse d'un-père?
116. Aristeus, tuus hospes,	116. Aristée, votre hôte,
filius Dexionis,	fils de Dexion,
habebat catenas.	avait (était chargé) de chaînes.
Quid ita?	Pourquoi *était-il traité* ainsi?
Prodiderat classem.	Il avait livré la flotte.
Ob quod præmium?	Pour quel salaire (crime)?
Deseruerat exercitum.	Il avait abandonné l'armée.
Quid Cleomenes?	Qu'*avait fait* Cléomène?
Fuerat ignavus.	*Aristée* avait été lâche, *dites-vous*.
At tu donaras eum	Mais vous-*même* aviez gratifié lui
corona aurea ob virtutem.	d'une couronne d'-or pour *son* courage.
Dimiserat nautas.	Il avait licencié les matelots.
Tu acceperas ab omnibus	Vous, vous aviez reçu de tous
mercedem missionis.	le prix de *leur* congé.
Ex altera parte	D'un autre côté
erat alter parens,	était un autre père,
Eubulida herbitensis,	Eubulide d'-Herbite,
homo clarus et nobilis	homme illustre et noble-de-naissance
suæ domi :	dans sa patrie :
qui,	qui,
quia læserat Cleomenem	parce qu'il avait blessé Cléomène
in defendendo filio,	en défendant *son* fils,
est pæne destitutus	fut presque laissé
nudus.	nu *pour être battu de verges*.
Quid autem erat	Or qu'y avait-il
quod quisquam diceret	que quelqu'un pût-dire
aut defenderet?	ou alléguât-pour-sa-défense?
non licet	il n'est-pas-permis
nominare Cleomenem.	de nommer Cléomène.
At causa cogit.	Mais *ma* cause m'y oblige.
Moriere si appellaris :	Tu mourras si tu *l*'as nommé :
nunquam enim iste	jamais en effet ce *Verrès*
est minatus cuiquam	n'a menacé quelqu'un

cusas? frange cervicem. Si neque prætorem, neque prætoris æmulum appellare licebit, quum in his duobus tota causa sit, quid futurum est?

XLIII. 117. Dicit etiam causam Heraclius segestanus, homo domi suæ summo loco natus. Audite, ut vestra humanitas postulat, judices : audietis enim de magnis incommodis injuriisque sociorum. Hunc scitote fuisse Heraclium in ea causa, qui propter gravem morbum oculorum tum non navigarit, et, jussu ejus qui potestatem habuit, cum commeatu Syracusis remanserit. Iste certe neque prodidit classem, neque metu perterritus fugit, neque exercitum deseruit : etenim tunc esset hoc animadversum, quum classis Syracusis proficiscebatur. Is tamen in eadem causa fuit, quasi esset in aliquo manifesto scelere deprehensus, in quem ne falso quidem causa conferri criminis potuit.

ne menaça jamais à demi. — Je n'avais pas de matelots. — Tu accuses le préteur ? qu'on le traîne à la mort. Si l'on ne peut nommer ni le préteur ni le rival du préteur, quoique la cause roule tout entière sur ces deux hommes, à quoi faut-il s'attendre ?

XLIII. 117. Héraclius, un des premiers citoyens de Ségeste, se trouve aussi au nombre des accusés. Écoutez, juges, écoutez, au nom de l'humanité ! vous allez entendre les indignités et les horreurs dont vos alliés ont été victimes. Sachez que cet Héraclius, attaqué d'une forte ophthalmie, n'avait pu s'embarquer avec les autres ; il était resté à Syracuse par congé, par ordre du commandant; s'il en eût été autrement, son absence coupable aurait été remarquée au moment du départ. Celui-là, certes, n'a pas trahi la flotte ; il n'a pas fui lâchement, il n'a pas déserté. Eh bien ! cet homme contre qui on aurait manqué de prétexte, est confondu avec les autres, comme s'il était convaincu d'un délit manifeste.

mediocriter.	faiblement (à moitié).
At remiges	Mais les matelots
non erant.	n'étaient pas *sur mon navire*.
Tu accusas prætorem ?	Tu accuses le préteur ?
frange cervicem.	*bourreau*, brise *lui* la tête.
Si licebit appellare	S'il ne *me* sera (m'est)-permis de nommer
neque prætorem,	ni le préteur,
neque æmulum prætoris,	ni le rival du préteur,
quum tota causa	bien que toute la cause
sit in his duobus,	soit (roule) sur ces deux *hommes*,
quid est futurum ?	quoi est à-venir (qu'arrivera-t-il) ?
XLIII. 117. Heraclius	XLIII. 117. Héraclius
segestanus,	de-Ségeste,
homo natus loco summo	homme né du rang le plus élevé
suæ domi,	de sa patrie,
dicit etiam causam.	plaide aussi *sa* cause (est aussi accusé).
Audite, judices,	Écoutez, juges,
ut vestra humanitas	comme votre humanité
postulat :	l'exige :
audietis enim	vous entendrez *parler*, en effet,
de magnis incommodis	de grands maux
injuriisque sociorum.	et des indignités de (faites à) vos alliés.
Scitote hunc Heraclium	Apprenez que cet Héraclius
fuisse in ea causa,	fut *compris* dans cette accusation,
qui tum non navigarit	bien qu'alors il ne se fût pas embarqué
propter gravem morbum	à-cause d'une grave maladie
oculorum,	des yeux,
et remanserit Syracusis	et fût resté à Syracuse
cum commeatu,	avec un congé,
jussu ejus	par ordre de celui
qui habuit potestatem.	qui eut (avait) *alors* le pouvoir.
Iste certe	Celui-là certes
neque prodidit classem,	ni n'a livré la flotte,
neque fugit	ni n'a fui
perterritus metu,	troublé par la crainte,
neque deseruit exercitum :	ni n'a abandonné l'armée :
etenim	en effet
hoc esset animadversum,	cela eût été remarqué,
tunc quum classis	alors que la flotte
proficiscebatur Syracusis.	partait de Syracuse.
Is tamen,	Cet *homme* cependant,
fuit in eadem causa,	a été *confondu* dans la même cause,
quasi esset deprehensus	comme s'il eût été surpris
in aliquo scelere manifesto,	dans quelque délit manifeste,
in quem causa criminis	*lui* contre lequel un prétexte d'accusation
potuit conferri	n'a pu être fourni
ne quidem falso.	pas même faussement.

118. Fuit in illis navarchis heracliensis quidam Furius (nam habent illi nonnulla hujuscemodi latina nomina), homo, quamdiu vixit, domi suæ, post mortem, tota Sicilia clarus et nobilis : in quo homine tantum animi fuit, non solum ut istum libere læderet (nam id quidem, quoniam moriendum videbat, sine periculo se facere intelligebat), verum, morte proposita, quum lacrymans in carcere mater noctes diesque assideret, defensionem causæ suæ scripsit ; quam nunc nemo est in Sicilia, quin habeat, quin legat, quin tui sceleris et crudelitatis ex illa oratione commonefiat. In qua docet, quot a civitate sua nautas acceperit, quot et quanti quemque dimiserit, quot secum habuerit : item de ceteris navibus dicit. Quæ quum apud te diceret, virgis oculi verberabantur. Ille, morte proposita, facile dolorem corporis patiebatur ; clamabat, id quod scriptum reliquit : *Facinus esse indignum, plus impudicissimæ mulieris*

118. Parmi ces capitaines était Furius d'Héraclée (beaucoup de Siciliens portent des noms latins). Cet homme, fort connu dans sa ville tant qu'il a vécu, est devenu, depuis sa mort, célèbre dans toute la Sicile. Non-seulement il eut le courage de braver le préteur (sûr de mourir, il sentait qu'il n'avait rien à ménager), mais lorsque déjà la hache se levait sur sa tête, sa main, trempée des larmes d'une mère qui passait les jours et les nuits avec lui dans sa prison, traça cette apologie que toute la Sicile connaît, que tout le monde lit, où chacun apprend à détester votre scélératesse et votre barbarie. On y voit le nombre des matelots que sa ville a fournis, le nombre et le prix des congés qui ont été vendus, le nombre des rameurs qui lui sont restés ; il entre dans les mêmes détails sur les autres vaisseaux ; et tandis qu'il vous disait ces vérités à vous-même, on lui frappait les yeux à coups de verges. Résigné à la mort, il se laissait déchirer sans se plaindre. D'une voix ferme, il répétait ce qu'il a écrit dans son mémoire : « Qu'il était affreux que les larmes d'une mère eussent moins de pouvoir pour sauver un fils, que les sollicitations

DISCOURS SUR LES SUPPLICES.

118. In illis navarchis, fuit quidam Furius heracliensis, — nam illi habent nonnulla nomina latina hujuscemodi, — homo clarus et nobilis suæ domi quamdiu vixit, tota Sicilia post mortem : tantum animi fuit in quo homine, ut non solum læderet istum libere, — nam intelligebat se facere id quidem sine periculo, quoniam videbat moriendum, — verum, morte proposita, quum mater lacrymans assideret in carcere noctes diesque, scripsit defensionem suæ causæ; nemo est nunc in Sicilia quin habeat quam, quin legat, quin commonefiat tui sceleris et crudelitatis ex illa oratione. In qua docet quot nautas acceperit a sua civitate, quot dimiserit, et quanti quemque, quot habuerit secum : dicit item de ceteris navibus. Quum diceret apud te quæ, oculi verberabantur virgis. Ille, morte proposita, patiebatur facile dolorem corporis; clamabat, id quod reliquit scriptum : « Esse facinus indignum, lacrymas mulieris impudicissimæ

118. Parmi ces capitaines, fut un certain Furius d'-Héraclée, — car ces *Siciliens* ont quelques noms latins de-ce-genre, — homme distingué et célèbre dans sa patrie tant qu'il vécut, *et* dans toute la Sicile après *sa* mort : tant de courage fut (se rencontra) dans cet homme, que non seulement il attaqua ce *Verrès* avec-liberté, — car il comprenait qu'il faisait cela certes sans danger, puisqu'il voyait qu'il-fallait-mourir, — mais, la mort étant devant-*ses*-yeux, tandis que *sa* mère en-pleurs se-tenait-près *de lui* en prison nuits et jours, il écrivit la défense de sa cause ; personne n'est aujourd'hui en Sicile qui n'ait cette *apologie,* qui ne *la* lise, qui ne soit averti (n'ait connaissance) de votre scélératesse et de *votre* cruauté d'après ce discours. Dans ce *discours* il *nous* apprend combien-de matelots il a reçu de sa ville, combien il *en* a congédié, et à-quel-prix *il a congédié* chacun *d'eux*, combien il *en* a eu (gardé) avec-lui : il parle de-même (dans les mêmes détails) sur les autres vaisseaux. Comme il disait devant vous ces *vérités*, *ses* yeux étaient frappés de verges. *Pour* lui, la mort étant devant-*ses*-yeux, il supportait avec-résignation la douleur de *son* corps ; il criait (répétait à haute voix), ce qu'il a laissé écrit *dans son mémoire* « Que c'était un crime indigne, que les larmes de la femme la plus impudique

apud te de Cleomenis salute, quam de sua vita lacrymas matris valere.

119. *Deinde etiam illud video esse dictum, quod, si recte vos populus romanus cognovit, non falso ille jam in ipsa morte de vobis prædicavit : Non posse Verrem, testes interficiendo, crimina sua exstinguere; graviorem apud sapientes judices se fore ab inferis testem, quam si vivus in judicium produceretur; tum avaritiæ solum, si viveret; nunc, quum ita esset necatus, sceleris, audaciæ, crudelitatis testem fore.* Jam illa præclara : *Non testium modo catervas, quum tua res ageretur, sed a diis Manibus innocentium Pœnas, sceleratorumque Furias in tuum judicium esse venturas; sese ideo leviorem casum suum fingere, quod jam ante aciem securium tuarum, Sestiique, tui carnificis, vultum et manum vidisset, quum in conventu civium romanorum jussu tuo securi cives romani ferirentur.* Ne multa,

d'une épouse impudique n'en avaient eu pour sauver l'infâme Cléomène. »

119. Je lis dans cet écrit des paroles remarquables; et si le peuple romain vous a bien connus, juges, vous accomplirez ce qu'il a prédit de vous à l'instant de sa mort. « Le sang des témoins, dit-il, ne peut jamais effacer les crimes de Verrès. Du séjour des ombres ma voix viendra se faire entendre à des juges intègres, avec bien plus de force que si je paraissais moi-même devant les tribunaux. Vivant, je ne pourrais prouver que son avarice; la mort qu'il m'aura fait subir attestera sa scélératesse, son audace, sa férocité. » Ce qu'il ajoute est admirable. « Quand on instruira ton procès, Verrès, non-seulement tu seras investi par des légions de témoins, mais les Euménides qui vengent l'innocence, les Furies qui tourmentent le crime, sortiront des enfers pour presser ton jugement. Quant à moi, la mort n'a rien qui m'effraie. J'ai déjà vu le visage de ton Sestius; j'ai vu la hache briller dans ses mains infâmes, lorsque, par ton ordre, il l'essayait sur des citoyens romains, en présence même de leurs

plus valere apud te	eussent plus de pouvoir auprès-de vous
de salute Cleomenis,	pour le salut de Cléomène,
quam matris de sua vita. »	que *celles* de *sa* mère pour sa *propre* vie. »
119. Deinde video	119. Ensuite je vois
illud etiam esse dictum,	que ces *mots* aussi ont été dits *par lui*,
quod si populus romanus	lesquels *mots*, *juges*, si le peuple romain
vos recte cognovit,	vous a bien connus,
ille non prædicavit falso	lui n'a pas prononcés en-vain
de vobis jam in morte ipsa:	sur vous déjà sous *le coup de* la mort [même:
« Verrem non posse	« Que Verrès ne pouvait pas
exstinguere sua crimina	étouffer ses crimes
interficiendo testes;	en tuant *ceux qui en avaient été* témoins;
se ab inferis	que lui-*même sorti* des enfers
fore testem graviorem	serait un témoin plus terrible
apud judices sapientes,	auprès-de juges éclairés,
quam si produceretur	que s'il était produit
vivus in judicium,	vivant au tribunal,
si viveret	que s'il vivait
tum fore testem	alors il serait témoin
avaritiæ solum,	de la cupidité *du préteur* seulement,
nunc quum	que maintenant que
esset necatus ita,	il aurait été tué ainsi,
sceleris,	*il le serait* de *sa* scélératesse,
audaciæ,	de *son* audace,
crudelitatis. »	de *sa* cruauté. »
Jam illa præclara :	Plus-loin *sont* ces *mots* remarquables :
« Non modo catervas	« Que non seulement des légions
testium,	de témoins,
sed Pœnas	mais que les Peines (les Euménides)
innocentium,	*vengeresses* des innocents,
Furiasque	et les Furies
sceleratorum,	des criminels (qui poursuivent le crime),
venturas in tuum judicium	viendraient pour *presser* votre jugement
a diis Manibus,	*du séjour* des dieux Mânes,
cum tua res ageretur;	quand ton affaire serait plaidée;
sese fingere	que lui se-représentait
suum casum leviorem,	son malheur plus léger,
ideo quod vidisset jam ante	parce qu'il avait vu déjà auparavant
aciem tuarum securium,	le tranchant de vos haches,
vultumque et manum	et le visage et la main
Sestii tui carnificis,	de Sestius votre bourreau,
quum in conventu	quand dans une assemblée
civium romanorum,	de citoyens romains,
cives romani	des citoyens romains
ferirentur securi	étaient frappés de la hache
tuo jussu. »	par votre ordre. »
Ne multa, judices,	Pour ne pas *parler* beaucoup, juges,

judices, libertate, quam vos sociis dedistis, hac ille in acerbissimo supplicio miserrimæ servitutis abusus est.

XLIV. 120. Condemnat omnes de consilii sententia : tamen neque iste in tanta re, tot hominum totque civium causa, P. Vettium ad se arcessit, quæstorem suum, cujus consilio uteretur ; neque P. Cervium, talem virum, legatum, qui, quia legatus isto prætore in Sicilia fuit, primus ab isto judex rejectus est; sed de latronum, hoc est, de comitum suorum sententia condemnat omnes.

121. Hic cuncti Siculi, fidelissimi atque antiquissimi socii, plurimis affecti beneficiis a majoribus nostris, graviter commoventur, et de suis periculis fortunisque omnibus pertimescunt. Illam clementiam mansuetudinemque nostri imperii in tantam crudelitatem inhumanitatemque esse conversam! condemnari tot homines, uno tempore, nullo crimine! defensionem suorum furtorum prætorem improbum ex indignissima morte

concitoyens. » Que vous dirai-je de plus? Furius, subissant le plus cruel supplice des plus malheureux esclaves, a fait éclater cette liberté généreuse que Rome a donnée à ses alliés.

XLIV. 120. Verrès les condamne tous, de l'avis de son conseil : et cependant, à ce conseil qui doit prononcer sur la destinée de tant d'hommes, sur la vie de citoyens innocents, il n'appelle ni Vettius, son questeur, ni Cervius, son lieutenant, homme trop intègre pour être son assesseur, et sans doute aussi pour être son juge; car c'est le premier qu'il ait récusé, par la raison même qu'il a été son lieutenant. De l'avis de son conseil, je veux dire, de l'avis des brigands ses associés, il condamna tous les accusés.

121. Nos anciens et fidèles alliés, si souvent comblés de bienfaits par nos ancêtres, furent glacés d'effroi : personne ne se crut en sûreté. Ainsi donc cette clémence et cette douceur de notre empire se sont changées en un excès de cruauté et de barbarie! ainsi tant de malheureux sont condamnés, tous en un seul instant, tous sans être convaincus d'un seul crime! ainsi un préteur pervers cherche à couvrir par des flots de sang innocent les traces affreuses de ses

ille in acerbissimo supplicio servitutis miserrimæ, est abusus hac libertate quam vos dedistis sociis.	cet *homme* dans le plus cruel supplice de l'esclavage le plus malheureux, a usé-largement de cette liberté que vous avez donnée à *vos* alliés.
XLIV. 120. Condemnat omnes de sententia consilii : tamen in re tanta, causa tot hominum, totque civium, iste arcessit ad se neque P. Vettium, suum quæstorem, consilio cujus uteretur ; neque P. Cervium, legatum, virum talem, qui, quia fuit legatus in Sicilia, isto prætore, est rejectus primus judex ab isto ; sed condemnat omnes de sententia latronum, hoc est de suorum comitum.	XLIV. 120. *Verrès les* condamne tous de l'avis de *son* conseil : cependant dans une affaire si-importante, dans la cause de tant d'hommes, et de tant-de citoyens, ce *Verrès* n'appelle près-de lui ni P. Vettius, son questeur, des conseils duquel il se-servirait; ni P. Cervius, *son* lieutenant, homme tel (si intègre), qui, parce qu'il a été lieutenant en Sicile, ce *Verrès étant* préteur, a été récusé le premier *comme* juge par ce *même Verrès;* mais il *les* condamne tous sur l'avis de brigands, c'est-à-dire sur *l'avis* de ses compagnons.
121. Hic cuncti Siculi, socii fidelissimi atque antiquissimi, affecti plurimis beneficiis a nostris majoribus, commoventur graviter, et pertimescunt de suis periculis omnibusque fortunis. Illam clementiam mansuetudinemque nostri imperii esse conversam in tantam crudelitatem inhumanitatemque ! tot homines condemnari, uno tempore, nullo crimine ! prætorem improbum quærere defensionem suorum furtorum, ex morte indignissima innocentium !	121. Alors tous les Siciliens, *nos* alliés les plus fidèles et les plus anciens, comblés de nombreux bienfaits par nos ancêtres, sont émus fortement, et craignent-fort pour leur *propre* péril (vie) et *pour* tous *leurs* biens. *Ils s'étonnent* que cette clémence et *cette* douceur de notre empire se soit changée en une si-grande cruauté et *une telle* barbarie ! tant d'hommes être condamnés, en un-seul instant, sans *avoir commis* aucun crime ! un préteur pervers chercher la défense de ses brigandages, dans la mort la plus affreuse d'*hommes* innocents !

innocentium quærere ! Nihil addi jam videtur, judices, ad hanc improbitatem, amentiam, crudelitatemque posse ; et recte nihil videtur : nam, si cum aliorum improbitate certet, longe omnes multumque superabit.

122. Sed secum ipse certat : id agit, ut semper superius suum facinus novo scelere vincat. Phalargum centuripinum dixeram exceptum esse a Cleomene, quod in ejus quadriremi Cleomenes vectus esset ; tamen, quia pertimuerat adolescens, quod eamdem suam causam videbat esse, quam illorum qui innocentes peribant, ad hominem accedit Timarchides ; a securi negat ei esse periculum ; virgis ne cæderetur, monet ut caveat. Ne multa, ipsum dicere adolescentem audistis, se ob hunc virgarum metum, pecuniam Timarchidi numerasse.

123. Levia sunt hæc in hoc reo crimina. Metum virgarum navarchus nobilissimæ civitatis pretio redemit : humanum[1] ; alius, ne condemnaretur, pecuniam dedit : usitatum est. Non

brigandages ! Il semble, et certes avec raison, qu'on ne peut rien ajouter à ce comble de perversité, de démence et de barbarie. Mais Verrès ne lutte pas contre les autres scélérats, il les a laissés loin derrière lui.

122. Il lutte contre lui-même ; et le vœu de son ambition, c'est que toujours le crime qu'il va commettre surpasse le crime qu'il a commis. Je vous ai dit plus haut que Cléomène avait demandé une exception en faveur de Phalargue, parce qu'il était avec lui sur le vaisseau de Centorbe. Toutefois, en voyant périr tant de malheureux qui n'étaient pas plus coupables que lui, ce jeune homme n'était pas sans inquiétude. Timarchide vient le trouver ; il lui dit qu'il n'a rien à craindre pour sa tête, mais que, s'il ne prend quelques précautions, il pourrait bien être battu de verges. Que vous faut-il de plus ? vous avez entendu Phalargue lui-même déposer que, par précaution, il compta une somme d'argent à Timarchide.

123. Mais sont-ce là des reproches à faire à Verrès? Qu'un capitaine se soit garanti des verges pour de l'argent : c'est une chose toute simple ; qu'un autre ait payé pour n'être pas condamné : il n'y a rien de bien extraordinaire. Le peuple romain ne veut pas

Judices, nihil videtur	Juges, rien ne paraît
posse jam addi	pouvoir dès-lors être ajouté
ad hanc improbitatem,	à cette perversité,
amentiam,	à *cette* folie,
crudelitatemque;	et à *cette* cruauté;
et recte nihil videtur :	et en effet rien ne paraît *à ajouter* :
nam, si certet	car, si *Verrès* lutte
cum improbitate aliorum,	avec la perversité des autres,
superabit omnes	il surpassera tous
longe multumque.	sans-comparaison et *de* beaucoup.
122. Sed certat	122. Mais il lutte
ipse secum :	lui-même avec-soi :
agit id, ut semper	il fait cela, (en sorte) que toujours
vincat novo scelere	il surpasse par un nouveau crime
suum superius facinus.	son dernier forfait.
Dixeram	J'avais dit
Phalargum centuripinum	que Phalargue de-Centorbe
esse exceptum a Cleomene,	avait été excepté par Cléomène,
quod Cleomenes esset vectus	parce que Cléomène avait été porté
in ejus quadriremi ;	sur sa quadrirème ;
tamen, quia adolescens	cependant, parce que *ce* jeune-homme
pertimuerat,	avait été frappé-de-crainte,
quod videbat suam causam	parce qu'il voyait que sa cause
esse eamdem quam illorum	était la même que *celle* de ceux
qui peribant innocentes,	qui périssaient innocents,
Timarchides	Timarchide
accedit ad hominem ;	s'approche de *notre* homme ;
negat periculum a securi	il nie que le danger de la hache
esse ei ;	existe pour lui ;
monet ut caveat	il *l'*avertit qu'il prenne-ses-précautions
ne cæderetur virgis.	pour qu'il ne soit pas frappé de verges.
Ne multa,	Pour ne pas *perdre* beaucoup *de paroles*,
audistis	vous avez entendu
adolescentem ipsum	le jeune-homme lui-même
dicere, se numerasse	dire qu'il a compté
pecuniam Timarchidi,	une somme-d'argent à Timarchide,
ob hunc metum virgarum.	à-cause-de cette crainte des verges.
123. Hæc crimina	123. Ces reproches
sunt levia in hoc reo.	sont légers pour cet accusé
Navarchus	Le capitaine-du-vaisseau
civitatis nobilissimæ,	d'une ville très-illustre,
redemit pretio	a racheté (a éloigné) à prix *d'argent*
metum virgarum :	la crainte des verges :
humanum ;	*c'est une chose* naturelle ;
alius dedit pecuniam	un autre a donné de l'argent
ne condemnaretur :	pour qu'il ne fût pas condamné :
est usitatum.	*c'est une chose* ordinaire.

vult populus romanus obsoletis criminibus accusari Verrem : nova postulat, inaudita desiderat ; non de prætore Siciliæ, sed de crudelissimo tyranno fieri judicium arbitratur.

XLV. 124. Includuntur in carcerem condemnati ; supplicium constituitur in illos ; sumitur de miseris parentibus navarchorum : prohibentur adire ad filios ; prohibentur liberis suis cibum vestitumque ferre. Patres hi quos videtis, jacebant in limine ; matresque miseræ pernoctabant ad ostium carceris, ab extremo complexu liberum exclusæ ; quæ nihil aliud orabant, nisi ut filiorum extremum spiritum ore excipere sibi liceret. Aderat janitor carceris, carnifex prætoris, mors terrorque sociorum et civium, lictor Sestius[1], cui ex omni gemitu doloreque certa merces comparabatur. Ut adeas, tantum dabis ; ut cibum tibi intro ferre liceat, tantum. Nemo recusabat. Quid ? ut uno ictu securis afferam mortem filio tuo, quid dabis ?

qu'on fasse à Verrès des reproches usés et rebattus : il demande des crimes nouveaux, il attend des forfaits inconnus ; il croit qu'on juge ici, non pas un préteur de la Sicile, mais le plus cruel des tyrans.

XLV. 124. Les condamnés sont enfermés dans la prison. Le jour du supplice est fixé. On le commence dans la personne de leurs parents : on ne leur permet pas d'arriver jusqu'à leurs fils ; on les empêche de leur porter des vivres et des vêtements. Ces pères, dont vous voyez les larmes, restaient étendus sur le seuil de la prison. De malheureuses mères passaient la nuit auprès de la porte qui les séparait de leurs enfants. Hélas ! elles demandaient pour unique faveur de recueillir leur dernier soupir. Sestius était là : Sestius, le geôlier de la prison, le chef des bourreaux, la mort et la terreur de nos alliés et de nos citoyens. Ce féroce licteur mettait un prix à chaque larme, fixait un tarif à chaque douleur. Pour entrer, il faut tant ; pour introduire des vivres, tant. Personne ne refusait. Mais que donneras-tu pour que, du premier coup, j'abatte la tête de ton

Populus romanus non vult	Le peuple romain ne veut pas
Verrem accusari	que Verrès soit accusé
criminibus obsoletis :	de crimes rebattus ;
postulat nova,	il *en* demande de nouveaux,
desiderat inaudita ;	il *en* désire d'inouïs ;
arbitratur judicium fieri	il pense que le procès se fait
non de prætore Siciliæ,	non au préteur de la Sicile,
sed de tyranno	mais au tyran
crudelissimo.	le plus cruel.
XLV. 124. Condemnati	XLV. 124. Les condamnés
includuntur in carcerem ;	sont enfermés dans la prison ;
supplicium	le *jour du* supplice
constituitur in illos ;	est fixé pour eux ;
sumitur	on-le-fait-subir
de miseris parentibus	aux malheureux parents
navarchorum :	des commandants-de-vaisseau :
prohibentur adire ad filios ;	on-les-empêche d'aller-trouver *leurs* fils ;
prohibentur ferre cibum	on-les-empêche de porter des vivres
vestitumque suis liberis.	et des vêtements à leurs enfants.
Hi patres quos videtis,	Ces pères que vous voyez,
jacebant in limine ;	étaient-étendus sur le seuil *de la prison* ;
matresque miseræ	et des mères malheureuses
pernoctabant	passaient-la-nuit
ad ostium carceris,	à la porte de la prison,
exclusæ	privées
ab extremo complexu	du dernier embrassement
liberum ;	de *leurs* enfants ;
quæ orabant nihil aliud,	elles ne demandaient rien autre *chose*,
nisi ut sibi liceret	si-ce-n'est qu'il leur fût-permis
excipere ore	de recueillir sur *leurs* lèvres
extremum spiritum	le dernier souffle
filiorum.	de *leurs* fils.
Janitor carceris,	Le geôlier de la prison,
carnifex prætoris,	le bourreau du préteur,
mors terrorque	la mort et la terreur
sociorum et civium,	des alliés et des citoyens,
lictor Sestius aderat,	le licteur Sestius était-là,
cui merces certa	auquel un prix fixe
comparabatur	était acquis
ex omni gemitu doloreque.	à chaque gémissement et douleur.
Ut adeas, dabis tantum ;	Pour que tu entres, tu donneras tant ;
ut liceat tibi	pour qu'il soit-permis à toi
intro ferre cibum, tantum.	d'introduire des vivres, tant.
Nemo recusabat.	Personne ne refusait.
Quid? quid dabis	Que *dis-je*? que donneras-tu
ut afferam mortem tuo filio	pour que je porte la mort à ton fils
uno ictu securis?	d'un seul coup de hache?

ne diu crucietur? ne sæpius feriatur? ne cum sensu doloris aliquo aut cruciatu spiritus auferatur? Etiam ob hanc causam pecunia lictori dabatur.

125. O magnum atque intolerandum dolorem! o gravem acerbamque fortunam! non vitam liberum, sed mortis celeritatem pretio redimere cogebantur parentes. Atque ipsi etiam adolescentes cum Sestio de eadem plaga et de uno illo ictu loquebantur; idque postremum parentes suos liberi orabant, ut, levandi cruciatus sui gratia, lictori pecunia daretur. Multi et graves dolores inventi parentibus et propinquis; multi : verumtamen mors sit extrema. Non erit. Estne aliquid ultra, quo progredi crudelitas possit? reperietur. Nam, illorum liberi quum erunt securi percussi ac necati, corpora feris objicientur. Hoc si luctuosum est parenti, redimat pretio sepeliendi potestatem.

126. Onasum segestanum, hominem nobilem, dicere audis-

fils? pour qu'il ne souffre pas longtemps? pour qu'il ne soit frappé qu'une fois? pour que la vie lui soit ôtée sans qu'il sente la hache? On payait encore au licteur ce funeste service.

125. O douleur! ô nécessité cruelle et déchirante! des pères, des mères forcés d'acheter pour leurs enfants, non la vie, mais la célérité de la mort! Et ces jeunes gens eux-mêmes composaient avec Sestius afin de n'être frappés qu'une fois. Ils demandaient à leurs parents, comme une dernière marque de tendresse, de payer Sestius pour qu'il abrégeât leur supplice. Voilà bien des tourments inventés contre les pères et contre les familles de ces tristes victimes; ils sont affreux, ils sont atroces : que du moins la mort de leurs fils en soit le terme! Non, il n'en sera rien. La cruauté peut-elle donc aller plus loin que la mort? elle en trouvera le moyen. Quand leurs enfants auront été frappés de la hache, et qu'ils auront perdu la vie, leurs corps seront exposés aux bêtes féroces. Si cette idée révolte l'âme d'un père, qu'il achète le droit d'ensevelir son fils.

126. Vous avez entendu Onasus de Ségeste déclarer qu'il a donné

ne crucietur diu?	pour qu'il ne soit pas torturé longtemps?
ne feriatur	pour qu'il ne soit pas frappé
sæpius?	plus-d'une-fois?
ne spiritus auferatur	pour que la vie ne *lui* soit pas enlevée
cum aliquo sensu doloris,	avec quelque sentiment de douleur
aut cruciatu?	ou *quelque* torture?
Pecunia dabatur lictori	De l'argent était donné au licteur
etiam ob hanc causam.	même pour ce motif.
125. O dolorem magnum	125. O douleur grande (excessive)
atque intolerandum!	et insupportable!
o fortunam	ô sort
gravem acerbamque!	cruel et rigoureux!
parentes cogebantur	les parents étaient forcés
redimere pretio,	d'acheter à prix *d'argent*,
non vitam liberum,	non la vie de *leurs* enfants,
sed celeritatem mortis.	mais la célérité de *leur* mort.
Atque adolescentes ipsi,	Et les jeunes-gens eux-mêmes,
loquebantur cum Sestio,	parlaient (composaient) avec Sestius,
de eadem plaga	au-sujet-de cette-même blessure
et de illo uno ictu;	et de ce seul coup *qu'il devait frapper*;
liberique orabant	et les enfants demandaient-avec-instance
id postremum	ce dernier *bienfait*
suos parentes,	à leurs parents,
ut pecunia daretur lictori	que de l'argent fût donné au licteur
gratia levandi	pour alléger
sui cruciatus.	leur supplice.
Multi et graves dolores	De nombreux et de cruels tourments
inventi parentibus	*ont été* inventés contre les parents
et propinquis;	et les proches *des victimes*;
multi:	de nombreux *tourments, sans doute*:
verumtamen mors	mais-du-moins que la mort
sit extrema.	soit le dernier.
Non erit.	Elle ne *le* sera pas.
Estne aliquid ultra,	Est-il donc quelque *terme* au delà,
quo crudelitas	où la cruauté
possit progredi?	puisse s'avancer (aller)?
reperietur.	il *en* sera trouvé *un*.
Nam, quum liberi illorum	Car, lorsque les enfants de ces *malheureux*
erunt percussi securi	auront été frappés de la hache
ac necati,	et tués,
corpora objicientur feris.	*leurs* corps seront exposés aux bêtes.
Si hoc est luctuosum parenti,	Si cela est affligeant pour un père,
redimat pretio	qu'il achète à prix *d'argent*
potestatem sepeliendi.	le pouvoir d'ensevelir *son fils*.
126. Audistis	126. Vous avez entendu
Onasum segestanum,	Onasus de-Ségeste,
hominem nobilem,	homme distingué,

tis se ob sepulturam Heraclii navarchi pecuniam Timarchidi dinumerasse. Hoc (ne possis dicere : *patres enim veniunt, amissis filiis, irati*), vir primarius, homo nobilissimus, dicit ; neque de filio dicit. Jam hoc, quis tum fuit Syracusis, quin audierit, quin sciat, has per Timarchidem pactiones sepulturæ cum vivis etiam illis esse factas? non palam cum Timarchide loquebantur? non omnes omnium propinqui adhibebantur ? non palam vivorum funera locabantur? Quibus rebus omnibus actis atque decisis, producuntur e carcere, et deligantur ad palum.

XLVI. 127. Quis tam fuit illo tempore durus et ferreus, quis tam inhumanus, præter unum te, qui non illorum ætate, nobilitate, miseria commoveretur? Ecquis fuit, quin lacrymaretur? quin ita calamitatem putaret illorum, ut fortunam tamen non alienam, periculum autem commune agi arbitraretur? Feriuntur securi : lætaris tu in omnium gemitu, et triumphas ;

de l'argent à Timarchide pour la sépulture d'Héraclius. Ne dites pas, Verrès, que ce sont des pères irrités de la mort de leurs fils : Onasus est un des premiers citoyens de Ségeste ; c'est un homme respectable, et celui dont il parle n'était pas son fils. D'ailleurs est-il à Syracuse un homme qui n'ait entendu dire, qui ne sache que Timarchide faisait avec les prisonniers encore vivants des marchés pour leur sépulture! que ces marchés étaient publics? que les familles y étaient admises? qu'on transigeait ouvertement pour les funérailles de gens encore pleins de vie? Tous ces traités conclus, les condamnés sont tirés de la prison, on les attache au poteau.

XLVI. 127. Quel cœur alors, j'en excepte le vôtre seul, quel cœur fut assez dur, assez cruel, assez féroce pour n'être pas touché de leur jeunesse, de leur naissance, de leur misère ? Quels yeux purent refuser des larmes à leur malheur? quel homme ne vit dans leur sort déplorable, non une calamité étrangère, mais un péril qui menaçait toutes les têtes? On frappe le coup fatal : vous triomphez, barbare, au milieu des gémissements ; vous vous félicitez d'avoir

dicere se dinumerasse	dire qu'il avait compté
pecuniam Timarchidi	de l'argent à Timarchide
ob sepulturam	pour la sépulture
navarchi Heraclii.	du commandant-de-vaisseau Héraclius.
— Ne possis dicere :	— Pour que vous ne puissiez pas dire :
« patres enim veniunt	« mais ce sont des pères qui viennent
irati filiis amissis, » —	irrités leurs fils étant perdus, » —
vir primarius,	un personnage du-premier-rang,
homo nobilissimus,	homme très-distingué,
dicit hoc :	dit (affirme) ce fait :
neque de filio dicit.	et ce n'est pas de son fils qu'il l'affirme.
Jam,	Et-d'ailleurs,
quis fuit tum Syracusis,	quel homme fut (était) alors à Syracuse,
quin audierit,	qui n'ait entendu dire,
quin sciat hoc,	qui ne sache ceci,
has pactiones sepulturæ	que ces marchés pour leur sépulture
esse factas per Timarchidem	ont été faits par Timarchide
cum illis etiam vivis ?	avec ces prisonniers encore vivants ?
non loquebantur	ne parlaient (ne traitaient)-ils pas
palam cum Timarchide ?	publiquement avec Timarchide ?
omnes propinqui omnium	tous les parents de tous les prisonniers
non adhibebantur ?	n'y étaient-ils pas admis ?
funera vivorum	les funérailles d'hommes encore vivants
non locabantur palam ?	n'étaient-elles pas adjugées en-public ?
Omnibus quibus rebus	Tous ces marchés
actis atque decisis,	étant faits et conclus,
producuntur e carcere,	les prisonniers sont tirés-hors de la prison,
et deligantur ad palum.	et sont attachés au poteau.
XLVI. 127. Quis	XLVI. 127. Quel homme
illo tempore	en ce moment
fuit tam durus et ferreus,	fut assez dur et assez de-fer,
quis, præter te unum,	qui, excepté vous seul,
tam inhumanus,	fut assez barbare,
qui non commoveretur	pour-qu'il ne fût pas touché
ætate illorum,	de l'âge de ces malheureux,
nobilitate, miseria ?	de leur noblesse, de leur misère ?
Ecquis fuit	Quel fut l'homme
quin lacrymaretur ?	qui ne versa-pas-de-larmes ?
quin putaret	qui ne considéra pas
calamitatem illorum	le malheur de ces jeunes gens
ita, ut arbitraretur tamen	comme s'il croyait cependant
non fortunam alienam,	que non une calamité étrangère,
autem periculum commune	mais un péril commun
agi ?	était en-question (menaçait) ?
Feriuntur securi :	Ils sont frappés de la hache :
tu lætaris et triumphas	vous vous réjouissez et vous triomphez
in gemitu omnium,	au-milieu des gémissements de tous ;

testes avaritiæ tuæ gaudes esse sublatos. Errabas, Verres, et vehementer errabas, quum te maculas furtorum et flagitiorum tuorum, sociorum innocentium sanguine eluere arbitrabare; præceps amentia ferebare, qui te existimares avaritiæ vulnera crudelitatis remediis posse sanare. Etenim, quanquam illi sunt mortui sceleris tui testes, tamen eorum propinqui neque tibi, neque illis desunt; tamen ex illo ipso numero navarchorum aliqui vivunt et adsunt, quos, ut mihi videtur, ab illorum innocentium pœna fortuna ad hanc causam reservavit.

128. Adest Philargus haluntinus, qui, quia cum Cleomene non fugit, oppressus a prædonibus et captus est : cui calamitas saluti fuit; qui, nisi captus a piratis esset, in hunc prædonem sociorum incidisset. Dicit is pro testimonio, de missione nautarum, de fame, de Cleomenis fuga. Adest centuripinus

anéanti les témoins de votre avarice. Vous vous trompiez; oui, Verrès, vous vous trompiez cruellement, en croyant effacer par le sang de l'innocence la trace de vos brigandages et de vos infamies; vous étiez en démence, lorsque vous pensiez que la cruauté assurerait l'impunité de l'avarice. Les témoins de vos crimes ne sont plus, mais leurs parents vivent pour vous poursuivre et les venger, mais quelques-uns de ces capitaines respirent encore, ils sont devant vos juges, et la fortune semble les avoir soustraits au supplice pour assister à votre jugement.

128. Vous voyez devant vous, citoyens, Philargue d'Haluntium, qui, n'ayant pas fui avec Cléomène, a été accablé par les pirates et fait prisonnier. Son malheur l'a sauvé; s'il avait échappé aux pirates, il serait tombé entre les mains du bourreau de nos alliés. Il dépose des congés vendus aux matelots, de la disette des vivres, de la fuite de Cléomène. Avec lui, vous voyez Phalargue de Centorbe,

gaudes	vous vous-félicitez
testes tuæ avaritiæ	que les témoins de votre cupidité
esse sublatos.	soient anéantis.
Errabas, Verres,	Vous vous-trompiez, Verrès,
et errabas vehementer,	et vous vous-trompiez fortement,
quum arbitrabare,	lorsque vous pensiez,
te eluere maculas	que vous effaciez les taches
tuorum furtorum,	de vos brigandages,
et flagitiorum	et de *vos* crimes
sanguine	par le sang
sociorum innocentium;	d'alliés innocents;
ferebare præceps	vous étiez emporté à-votre-perte
amentia,	par *votre* folie,
qui existimares te posse	*vous* qui pensiez que vous pouviez
sanare vulnera avaritiæ	guérir les plaies de la cupidité
remediis crudelitatis.	par les remèdes de la cruauté.
Etenim,	En effet,
quanquam illi testes	quoique ces témoins
tui sceleris sunt mortui,	de vos crimes soient morts,
tamen propinqui eorum	cependant les parents de ces *hommes*
desunt	ne font-défaut
neque tibi, neque illis;	ni pour vous, ni pour eux;
tamen ex illo numero ipso	toutefois de ce nombre même
navarchorum	des commandants-de-vaisseau
aliqui vivunt et adsunt,	quelques-uns vivent et sont-présents,
quos fortuna,	lesquels la fortune,
ut mihi videtur,	comme il me semble,
reservavit ad hanc causam	a réservés pour ce jugement
a pœna	*en les sauvant* du supplice
illorum innocentium.	de ces innocents.
128. Philargus	128. Philargue
haluntinus adest,	d'-Haluntium est-devant *vous*,
qui, quia non fugit	qui, parce qu'il n'a pas fui
cum Cleomene,	avec Cléomène,
est oppressus et captus	a été accablé et pris
a prædonibus :	par les pirates :
cui calamitas fuit saluti;	*Philargue* à qui *son* malheur fut à salut;
qui, nisi esset captus	qui, s'il n'avait pas été pris
a piratis,	par les pirates,
incidisset in hunc prædonem	serait tombé au-pouvoir-de ce bourreau
sociorum.	de *nos* alliés.
Is dicit pro testimonio	Celui-ci dit en témoignage (dépose)
de missione nautarum,	des congés *vendus* aux matelots,
de fame,	de la disette *de vivres sur la flotte*,
de fuga Cleomenis.	de la fuite de Cléomène.
Phalargus centuripinus	Phalargue de-Centorbe
adest,	est-présent *devant vous*,

Phalargus, in amplissima civitate, amplissimo loco natus. Eadem dicit : nulla in re discrepat.

129. Per deos immortales! judices, quo tandem animo sedetis? aut quemadmodum auditis? Utrum ego desipio, et, plus quam satis est, doleo in tanta calamitate miseriaque sociorum? an vos quoque hic acerbissimus innocentium cruciatus et mœror pari sensu doloris afficit? Ego enim quum Herbitensem, quum Heracliensem securi esse percussum dico, versatur mihi ante oculos indignitas calamitatis.

XLVII. 130. Eorumne populorum cives, eorumne agrorum alumnos, ex quibus maxima vis frumenti quotannis plebi romanæ, illorum operis ac laboribus, quæritur, qui a parentibus, spe nostri imperii nostræque æquitatis, suscepti[1] educatique sunt, ad C. Verris nefariam immanitatem et ad ejus securem funestam esse servatos? Quum mihi Tyndaritani illius venit in mentem, quum Segestani, tum jura simul civitatum

un des premiers citoyens d'une ville puissante : il déclare les mêmes faits, sa déposition est la même.

129. Au nom des dieux immortels! juges qui m'écoutez, quelle impression a faite sur vous le récit de ces atrocités? Ne voyez-vous dans mes plaintes que le délire d'une âme que la douleur égare? ou plutôt le supplice horrible de tant d'innocents ne vous a-t-il pas pénétrés de la même douleur? Pour moi, lorsque je prononce qu'un citoyen d'Herbite, qu'un citoyen d'Héraclée, ont péri sous la hache, cette scène affreuse se retrace tout entière à mon âme indignée.

XLVII. 130. Les habitants d'une province fidèle, les cultivateurs de ces terres qui, fécondées par leurs travaux, alimentent le peuple romain, ces hommes que leurs parents ont élevés dans l'espoir de les voir heureux à l'ombre de notre empire et de notre justice, étaient donc réservés à la cruauté de Verrès et à la hache de ses bourreaux ! Quand je songe à ce capitaine de Tyndare, à ce capitaine de Ségeste, ma pensée se reporte au même instant vers les droits et les services

natus loco amplissimo,	né dans le rang le plus illustre,
in civitate amplissima.	dans la ville la plus illustre.
Dicit eadem :	Il dit (déclare) les mêmes *choses* :
discrepat in nulla re.	il n'est-en-désaccord sur aucun fait.

129. Per deos immortales! 129. Par les dieux immortels !
tandem, judices, enfin, juges,
quo animo sedetis? dans quel sentiment siégez-vous ?
aut quemadmodum ou comment (sous quelle impression)
auditis? entendez-vous *le récit de ces atrocités* ?
Utrum ego desipio, Est-ce que je suis-dans-le-délire,
et doleo plus quam est satis, et m'afflige plus qu'il *n*'est suffisant,
in tanta calamitate au-milieu-de si-grands malheurs
miseriaque sociorum? et *d'une telle* misère de *nos* alliés ?
an hic cruciatus ou ce supplice
acerbissimus le plus horrible *des supplices*
et mœror innocentium et l'affliction de *ces hommes* innocents
afficit vos quoque pénètre-t-il vous aussi
pari sensu doloris? d'un égal sentiment de douleur ?
Ego enim quum dico *Pour* moi certes quand je dis
Herbitensem, qu'un *citoyen* d'-Herbite,
quum Heracliensem quand *je dis* qu'un *citoyen* d'-Héraclée
esse percussum securi, a été frappé de la hache,
indignitas calamitatis l'horreur de *ce* malheur (supplice)
versatur mihi ante oculos. se-présente à moi devant les yeux.

XLVII. 130. Civesne XLVII. 130. Est-ce-que les citoyens
eorum populorum, de ces peuples *fidèles*,
alumnosne est-ce-que les enfants
eorum agrorum, de ces campagnes,
ex quibus quotannis desquelles chaque-année
maxima vis frumenti une très-grande quantité de froment
quæritur plebi romanæ est récoltée pour le peuple romain
illorum operis ac laboribus, par leurs fatigues et *leurs* travaux,
qui sunt suscepti qui ont été mis-au-jour
educatique a parentibus, et élevés par *leurs* parents,
spe nostri imperii dans l'espoir *des bienfaits* de notre empire
nostræque æquitatis, et de notre justice,
esse servatos étaient réservés
ad nefariam immanitatem à l'infâme cruauté
C. Verris, de C. Verrès,
et ad securem et à la hache
funestam ejus? funeste de lui ?
Quum illius Tyndaritani, Quand *le supplice* de ce Tyndaritain,
quum Segestani, quand *celui de cet habitant* de-Ségeste,
venit mihi in mentem, vient à moi dans l'esprit,
tum simul considero alors en-même-temps je considère
jura atque officia civitatum. les droits et les services de *leurs* cités.
C. Verres, scelere nefario, C. Verrès, par un crime infâme,

atque officia considero. Quas urbes P. Africanus etiam ornandas esse spoliis hostium arbitratus est, eas C. Verres non solum illis ornamentis, sed etiam viris nobilissimis nefario scelere privavit. En quod Tyndaritani libenter prædicent : *Nos, in septemdecim populis Siciliæ non eramus; nos, semper, in omnibus punicis siciliensibusque bellis, amicitiam fidemque populi romani secuti sumus; a nobis omnia populo romano semper et belli adjumenta et pacis ornamenta ministrata sunt.* Multum vero hæc his jura profuerunt in istius imperio ac potestate.

131. Vestros quondam nautas contra Carthaginem Scipio duxit; at nunc naves contra prædones pæne inanes Cleomenes ducit. Vobiscum Africanus hostium spolia et præmia laudis communicavit; at nunc per me spoliati, nave a prædonibus abducta, ipsi in hostium numero locoque ducemini. Quid vero? illa Segestanorum non solum litteris tradita, neque commemorata verbis, sed multis officiis illorum usurpata et comprobata cognatio [1], quos tandem fructus hujusce necessitudinis in istius

---

des cités qui les ont vus naître. Ces villes que Scipion l'Africain crut devoir enrichir des dépouilles ennemies, Verrès, non content de leur enlever ces honorables trophées, les prive même de leurs plus nobles citoyens. Voici ce que les habitants de Tyndare se font gloire de répéter : « Nous n'étions pas au nombre des dix-sept peuples qui combattirent pour la rivale de Rome. Dans toutes les guerres puniques et siciliennes, le peuple romain trouva toujours en nous des amis et des alliés inébranlables. En guerre, en paix, nos armes et nos moissons furent constamment au service des Romains. » Ah! ces titres leur ont merveilleusement servi sous l'empire de ce tyran.

131. Scipion, leur répondrait Verrès, Scipion conduisit autrefois vos matelots contre Carthage : aujourd'hui Cléomène conduit vos vaisseaux désarmés contre les pirates. Il plut au vainqueur de l'Afrique de partager avec vous les dépouilles des ennemis et le prix de ses victoires : aujourd'hui je vous dépouille vous-mêmes; votre vaisseau sera emmené par les pirates, et vous serez traités en ennemis. Et cette affinité des Ségestains, consacrée dans les fastes de l'histoire, constatée par une tradition antique, fortifiée et resserrée par tant de services rendus, quel fruit en ont-ils retiré sous la préture de Ver-

privavit eas urbes,	a privé ces *mêmes* cités,
quas P. Africanus	que P. *Scipion* l'Africain
est arbitratus esse ornandas	a cru devoir être ornées
etiam spoliis hostium,	même des dépouilles ennemies,
non solum illis ornamentis,	non seulement de ces trophées,
sed etiam viris nobilissimis.	mais même des citoyens les plus illustres.
En quod Tyndaritani	Voici ce que les *habitants* de Tyndare
prædicent libenter :	répètent avec plaisir :
« Nos, non eramus	« Nous, nous n'étions pas
in septemdecim populis	au nombre des dix-sept peuples
Siciliæ ;	de la Sicile, *alliés de Carthage ;*
nos, sumus secuti semper,	nous, nous avons suivi toujours,
in omnibus bellis	dans toutes les guerres
punicis siciliensibusque,	puniques et siciliennes,
amicitiam fidemque	l'amitié et l'alliance
populi romani ;	du peuple romain ;
et omnia adjumenta belli	et tous les secours de (pour) la guerre
et ornamenta pacis	et *tous* les fruits de la paix
sunt ministrata semper	ont été fournis toujours
a nobis populo romano. »	par nous au peuple romain. »
Hæc vero jura	Mais, *hélas !* ces titres
profuerunt multum his	ont servi beaucoup à ces *malheureux*
in imperio ac potestate	sous l'empire et la domination
istius.	de ce *tyran*.
131. Scipio quondam	131. Scipion autrefois
duxit vestros nautas	a conduit vos matelots
contra Carthaginem ;	contre Carthage, *répond Verrès ;*
at nunc Cleomenes	mais aujourd'hui Cléomène
ducit contra prædones	conduit contre des pirates
naves pæne inanes.	*vos* vaisseaux presque vides.
Africanus	*Scipion* l'Africain
communicavit vobiscum	a partagé avec vous
spolia hostium	les dépouilles des ennemis
et præmia laudis ;	et les prix de la gloire ;
at nunc, spoliati per me,	mais aujourd'hui, dépouillés par moi,
nave abducta a prædonibus,	*votre* vaisseau emmené par les pirates,
ipsi ducemini	vous-mêmes vous serez rangés
in numero locoque hostium.	au nombre et à la place d'ennemis.
Quid vero ? illa cognatio	Mais que *dis-je ?* cette affinité
Segestanorum,	des *habitants* de Ségeste,
non solum tradita litteris,	non seulement transmise par les écrits,
neque commemorata	et rappelée
verbis,	par de *simples* paroles,
sed usurpata et comprobata	mais mise-en-pratique et confirmée
multis officiis illorum,	par beaucoup de services de-leur-part,
quos fructus tandem	quels fruits enfin
hujusce necessitudinis	d'une telle amitié

imperio tulit? Nempe hoc fuit jure, judices, ut ex sinu patris nobilissimus adolescens, et e complexu matris ereptus innocens filius, istius carnifici Sestio dederetur. Cui civitati majores nostri maximos agros atque optimos concesserunt, quam immunem esse voluerunt, hæc tanta apud te cognationis, fidelitatis, vetustatis auctoritate, ne hoc quidem juris obtinuit, ut unius honestissimi atque innocentissimi civis mortem et sanguinem deprecaretur.

XLVIII. 132. Quo confugient socii? quem implorabunt? qua spe denique, ut vivere velint, tenebuntur, si vos eos deseritis? Ad senatum devenient, qui de Verre supplicium sumat? non est usitatum, non senatorium. Ad populum romanum confugient? facilis est causa populi : legem enim se sociorum causa jussisse, et vos ei legi custodes ac vindices præposuisse dicet. Hic locus est igitur unus, quo perfugiant ; hic portus,

rès? le voici : Un jeune homme du plus grand mérite a été enlevé du sein de son père ; un fils innocent a été arraché des bras de sa mère, pour être livré à Sestius. Nos ancêtres accordèrent à Ségeste les terres les plus étendues et les plus fertiles ; ils voulurent qu'elle fût exempte de tout impôt ; et cette ville, si respectable par les titres sacrés de l'affinité, de la fidélité, de l'alliance la plus antique, n'a pas eu même le droit d'obtenir la vie d'un citoyen innocent et vertueux !

XLVIII. 132. Juges, quel sera le refuge de nos alliés? quel secours pourront-ils implorer? quel espoir les attachera désormais à la vie, si vous les abandonnez? Viendront-ils au sénat demander la punition de Verrès? le soin de le punir ne regarde pas le sénat. La demanderont-ils au peuple romain? le peuple les écartera d'un seul mot; il leur dira qu'il a porté une loi en faveur des alliés, et qu'il vous a établis les garants et les vengeurs de cette loi. Ce tribunal est donc leur seul refuge; c'est le port, l'asile, l'autel qu'ils doivent

tulit in imperio istius?	a-t-elle portés sous la préture de ce *Verrès*?
Nempe, judices,	C'est-que, juges, *Ségeste*
fuit hoc jure,	a été dans cette condition,
ut adolescens nobilissimus,	qu'un jeune-homme très-distingué,
ereptus ex sinu patris,	arraché du sein de *son* père,
et filius innocens	et un fils innocent
e complexu matris,	aux embrassements de *sa* mère,
dederetur Sestio,	fût livré à Sestius,
carnifici istius.	bourreau de ce *Verrès*.
Hæc, cui civitati	Cette *cité*, à laquelle cité
nostri majores	nos ancêtres
concesserunt agros	accordèrent des terres
maximos atque optimos,	très-étendues et excellentes,
quam voluerunt	laquelle ils voulurent
esse immunem,	être exempte-d'impôts,
ne obtinuit quidem	n'a pas obtenu même
apud te,	auprès-de vous,
auctoritate tanta	par les titres si-grands
cognationis, fidelitatis,	de *son* affinité, de *sa* fidélité,
vetustatis,	de l'ancienneté *de son alliance*,
hoc juris,	ce *seul* droit, *savoir*,
ut deprecaretur	qu'elle détournât-par-*ses*-prières
mortem et sanguinem	la mort et le sang (le supplice)
unius civis honestissimi,	d'un seul citoyen très-honorable
atque innocentissimi.	et très-innocent,
XLVIII. 132. Quo socii	XLVIII. 132. Où *nos* alliés
confugient?	se-réfugieront-ils?
quem implorabunt?	qui imploreront-ils?
qua spe denique tenebuntur	par quel espoir enfin seront-ils retenus
ut velint vivere,	pour qu'ils veuillent vivre *encore*,
si vos eos deseritis?	si vous les abandonnez?
Devenient ad senatum,	Viendront-ils au sénat,
qui sumat	pour qu'il prenne (ordonne)
supplicium de Verre?	le supplice de Verrès?
non est usitatum,	ce n'est pas en-usage,
non senatorium.	ce n'est pas *dans les attributions* du-sénat.
Confugient	Auront-ils-recours
ad populum romanum?	au peuple romain?
causa populi est facilis:	l'excuse du peuple est facile:
dicet enim se jussisse	il dira en effet qu'il a ordonné (porté)
legem causa sociorum,	une loi en-faveur des alliés,
et præposuisse vos	et qu'il a préposé vous
custodes et vindices ei legi.	*comme* gardiens et vengeurs de cette loi.
Hic locus est igitur unus	Ce lieu est donc le seul
quo perfugiant:	où ils puissent-se-réfugier:
hic portus, hæc arx,	c'*est* le port, c'*est* l'asile,
hæc ara sociorum;	c'est l'autel des alliés;

hæc arx, hæc ara sociorum : quo quidem nunc non ita confugiunt, ut antea in suis repetendis rebus solebant; non argentum, non aurum, non vestem, non mancipia repetunt, non ornamenta quæ ex urbibus fanisque erepta sunt : metuunt homines imperiti, ne jam hæc populus romanus concedat, et jam fieri velit. Patimur enim jam multos annos, et silemus, quum videamus ad paucos homines omnes omnium nationum pecunias pervenisse : quod eo magis ferre æquo animo atque concedere videmur, quia nemo istorum dissimulat, nemo laborat ut obscura sua cupiditas esse videatur.

133. In urbe nostra pulcherrima atque ornatissima, quod signum, quæ tabula picta est, quæ non ab hostibus victis capta atque apportata sit? At istorum villæ sociorum fidelissimorum et plurimis et pulcherrimis spoliis ornatæ refertæque sunt. Ubi pecunias exterarum nationum esse arbitramini, qui-

embrasser. Ils n'y viennent pas, comme autrefois, réclamer leurs biens et leurs fortunes ; ils ne redemandent point l'argent, l'or, les étoffes, les esclaves, les chefs-d'œuvre dont leurs villes et leurs temples ont été dépouillés. Ils craignent, dans leur simplicité, que le peuple romain ne permette et n'autorise ces brigandages. Depuis longtemps en effet nous souffrons, et nous souffrons en silence que les richesses de toutes les nations deviennent la propriété de quelques hommes, et nous paraissons l'approuver d'autant plus que nul des coupables n'use de dissimulation, et ne se met en peine de pallier ses rapines.

133. Parmi tous les chefs-d'œuvre qui décorent notre cité si brillante et si magnifique, est-il une statue, un tableau qui n'ait été conquis sur les ennemis vaincus? Mais les campagnes de ces déprédateurs sont ornées et remplies des plus précieuses dépouilles de nos plus fidèles alliés. Où sont en effet les richesses des nations mainte-

nunc quidem	maintenant certes
non confugiunt quo	ils ne se-réfugient pas là (dans cet asile)
ita, ut solebant	comme ils avaient-coutume *de le faire*
antea	auparavant
in suis rebus repetendis ;	pour leurs biens devant être redemandés ;
non repetunt argentum,	ils ne redemandent pas l'argent,
non aurum, non vestem,	ni l'or, ni les étoffes,
non mancipia,	ni les esclaves,
non ornamenta	ni les ornements (les chefs-d'œuvre)
quæ sunt erepta	qui ont été enlevés
ex urbibus fanisque :	de *leurs* villes et de *leurs* temples :
homines imperiti	*ces* hommes sans-expérience
metuunt	craignent
ne populus romanus	que le peuple romain
concedat jam hæc,	n'autorise désormais ces *brigandages*,
et velit jam fieri.	et ne permette désormais qu'ils aient-lieu.
Patimur enim	Nous souffrons en effet
jam multos annos,	déjà *depuis* bien-des années,
et silemus,	et nous gardons-le-silence,
quum videamus	bien que nous voyions
omnes pecunias	que toutes les richesses
omnium nationum	de toutes les nations
pervenisse	sont parvenues (tombées en partage)
ad paucos homines :	à un petit-nombre d'hommes :
videmur ferre æquo animo	nous paraissons supporter volontiers
atque concedere quod	et autoriser ces *rapines*
eo magis, quia	d'autant plus que
nemo istorum dissimulat,	aucun d'eux ne dissimule,
nemo laborat	aucun ne se-met-en-peine
ut sua cupiditas	pour que sa cupidité
videatur obscura.	paraisse moins-à-découvert.
133. In nostra urbe	133. Dans notre ville
pulcherrima	la plus brillante
atque ornatissima,	et la plus magnifique *des villes*,
quod signum est,	quelle statue existe,
quæ tabula picta,	quel tableau,
quæ non sit capta	qui n'ait pas été pris
atque apportata	et apporté *à Rome*
ab hostibus victis ?	venant des ennemis vaincus ?
At villæ istorum	Mais les villas de ces *déprédateurs*
sunt ornatæ refertæque	sont ornées et remplies
spoliis et plurimis	des dépouilles et les plus nombreuses
et pulcherrimis	et les plus belles
sociorum fidelissimorum.	de *nos* alliés les plus fidèles.
Ubi arbitramini esse	Où pensez-vous que sont
pecunias	les richesses
nationum exterarum,	des nations étrangères,

bus nunc omnes egent, quum Athenas, Pergamum, Cyzicum, Miletum, Chium, Samum, totam denique Asiam, Achaiam, Græciam, Siciliam, jam in paucis villis inclusas esse videatis? Sed hæc, ut dico, omnia jam socii vestri relinquunt et negligunt, judices. Ne publice a populo romano spoliarentur, officiis ac fide providerunt : paucorum cupiditati tum quum obsistere no npoterant, tamen sufficere aliquo modo poterant. Nunc vero jam adempta est non modo resistendi, verum etiam suppeditandi facultas. Itaque res suas negligunt; pecunias, quo nomine judicium hoc appellatur[1], non repetunt; relinquunt et negligunt. Hoc jam ornatu ad vos confugiunt : adspicite, adspicite, judices, squalorem sordesque sociorum.

XLIX. 134. Sthenius hic thermitanus cum hoc capillo atque veste, domo sua tota expilata, mentionem tuorum furtorum non facit; sese ipsum abs te repetit; nihil amplius : totum enim tua libidine et scelere ex sua patria (in qua multis virtutibus et beneficiis floruit princeps) sustulisti. Dexio

nant réduites à l'indigence? Pouvez-vous le demander, quand vous voyez Athènes, Pergame, Cyzique, Milet, Chio, Samos, l'Asie entière, l'Achaïe, la Grèce, la Sicile, renfermées dans un petit nombre de maisons de plaisance? Mais, je l'ai déjà dit, vos alliés abandonnent leurs richesses. Ils ont mérité par leurs services et leur fidélité de n'être pas dépouillés par le peuple romain : si quelquefois ils se sont vus trop faibles pour lutter contre la cupidité de certains prévaricateurs, ils étaient du moins assez riches pour y suffire. Il ne leur reste aujourd'hui ni la force de lui résister, ni les moyens de la satisfaire. Je le répète donc, ils renoncent à leurs propriétés. Devant un tribunal destiné à punir les concussionnaires, ils ne parlent pas de concussions : ils laissent tout, ils abandonnent tout. Et c'est dans cet état de dénûment qu'ils recourent à vous. Regardez, citoyens, regardez la détresse et la misère extrême de vos alliés.

XLIX. 134. Ce Sthénius de Thermes, qui paraît ici les cheveux épars, les habits déchirés, a vu sa maison dépouillée tout entière. Verrès, il ne parle point de vos brigandages : le seul bien qu'il redemande, c'est sa propre existence. Votre scélératesse et vos fureurs l'ont enlevé à sa patrie, où ses vertus et ses bienfaits lui assignaient le premier rang. Dexion ne réclame point ce que vous avez enlevé

quibus omnes egent nunc,	dont toutes manquent aujourd'hui,
quum jam videatis Athenas,	quand déjà vous voyez Athènes,
Pergamum, Cyzicum,	Pergame, Cyzique,
Miletum, Chium, Samum,	Milet, Chio, Samos,
denique totam Asiam,	enfin toute l'Asie,
Achaiam, Græciam,	l'Achaïe, la Grèce,
Siciliam,	la Sicile,
esse inclusas	être renfermées
in paucis villis?	dans un-petit-nombre de villas?
Sed, ut dico, judices,	Mais, comme je *vous le* dis, juges,
jam vestri socii	aujourd'hui vos alliés
relinquunt omnia hæc	abandonnent toutes ces *richesses*
et negligunt.	et *y* renoncent.
Providerunt	Ils ont pourvu
officiis ac fide,	par *leurs* services et *leur* fidélité,
ne spoliarentur	à ce qu'ils ne fussent pas dépouillés
publice a populo romano :	au nom-de-l'Etat par le peuple romain :
tum quum non poterant	alors qu'ils ne pouvaient pas
obsistere cupiditati	lutter-contre la cupidité
paucorum,	d'un-petit-nombre *de prévaricateurs*,
poterant tamen	ils pouvaient cependant
sufficere aliquo modo.	y suffire de quelque manière.
Vero nunc facultas	Mais maintenant le pouvoir
non modo resistendi,	non seulement d'*y* résister,
verum etiam suppeditandi	mais même d'*y* fournir
jam est adempta.	aujourd'hui *leur* est enlevé.
Itaque negligunt suas res;	Aussi ils renoncent à leurs richesses;
non repetunt pecunias,	ils ne réclament pas l'argent *enlevé*,
nomine quo	titre par lequel
hoc judicium appellatur;	ce procès est désigné;
relinquunt et negligunt.	ils laissent et abandonnent *tout*.
Jam confugiunt ad vos	Aujourd'hui ils recourent à vous
hoc ornatu :	dans ce costume (ce dénûment) :
adspicite, judices,	regardez, juges,
adspicite squalorem	regardez la détresse
sordesque sociorum.	et la misère de *nos* alliés.
XLIX. 134. Hic Sthenius	XLIX. 134. Ce Sthénius
thermitanus	de-Thermes
cum hoc capillo	avec ces cheveux *épars*
atque veste,	et *ces* vêtements *en désordre,*
sua domo tota expilata,	*quand* sa maison entière *a été* dépouillée,
non facit mentionem	ne fait pas *cependant* mention
tuorum furtorum;	de vos brigandages;
repetit abs te	il réclame de vous
sese ipsum; nihil amplius :	soi-même (sa vie); rien de-plus :
sustulisti enim	en effet, vous l'avez enlevé
tua libidine et scelere	par vos caprices et *votre* scélératesse

hic, quem videtis, non quæ publice Tyndari, non quæ privatim sibi eripuisti, sed unicum miser abs te filium optimum atque innocentissimum flagitat; non ex litibus æstimatis tuis pecuniam, domum, sed ex tua calamitate cineri atque ossibus filii sui solatium vult aliquod reportare. Hic, tam grandis natu, Eubulida, hoc tantum, exacta ætate, laboris itinerisque suscepit, non ut aliquid ex suis bonis recuperaret, sed ut, quibus oculis cruentas cervices filii sui viderat, iisdem te condemnatum videret.

135. Si per L. Metellum licitum esset[1], judices, matres illorum, uxores sororesque veniebant : quarum una, quum ego ad Heracleam noctu accederem, cum omnibus matronis ejus civitatis et cum multis facibus mihi obviam venit; et ita, me

soit à la ville de Tyndare, soit à lui-même. Malheureux père ! il vous demande son fils unique, son fils innocent et vertueux. Peu lui importent les restitutions qu'il a droit d'attendre ; ce qu'il désire, c'est d'emporter votre condamnation, pour consoler enfin les mânes de son fils. Cet Eubulide, courbé sous le poids des ans, n'a pas exposé sa vieillesse aux fatigues d'un si long voyage dans l'espoir de recueillir quelques débris de sa fortune, mais pour que ses yeux, qui ont vu couler le sang de son fils, voient aussi la punition de son bourreau.

135. Si Métellus l'avait permis, vous auriez devant vous les mères, les femmes, les sœurs de ces infortunés. La nuit où j'entrai dans Héraclée, une d'elles vint à ma rencontre, à la clarté des flambeaux, accompagnée de toutes les mères de famille ; et, m'appelant

totum ex sua patria,	tout-entier à sa patrie,
— in qua floruit princeps,	— dans laquelle il brilla au-premier-rang,
multis virtutibus	par beaucoup-de vertus
et beneficiis. —	et par *ses* bienfaits. —
Hic Dexio quem videtis,	Ce Dexion que vous voyez,
non flagitat abs te	ne réclame pas de vous
quæ eripuisti Tyndari	ce-que vous avez enlevé à Tyndare
publice,	au-préjudice-de-la-cité,
non quæ sibi	ni ce-que *vous avez pris* à lui-même
privatim,	en-particulier,
sed miser	mais le malheureux *réclame de vous*
filium unicum	son fils unique,
optimum	*le fils* le plus vertueux
atque innocentissimum;	et le plus innocent;
vult reportare domum,	il veut rapporter chez-lui,
non pecuniam	non-pas l'argent
ex tuis litibus æstimatis,	de vos amendes fixées (imposées),
sed aliquod solatium	mais quelque consolation
cineri atque ossibus sui filii	pour la cendre et les os de son fils
ex tua calamitate.	par votre malheur (condamnation).
Hic Eubulida,	Cet Eubulide,
tam grandis natu,	si avancé en âge,
ætate exacta,	son âge (sa vie) étant *presque* achevé,
suscepit hoc tantum laboris	a affronté cette si-grande fatigue
itinerisque,	et *tant* de chemin,
non ut recuperaret	non pour qu'il recouvrât
aliquid ex suis bonis,	quelque *partie* de ses biens,
sed ut videret	mais pour qu'il vît
te condemnatum,	vous condamné,
iisdem oculis,	de ces-mêmes yeux,
quibus viderat	dont il avait vu
cervices cruentas sui filii.	la tête sanglante de son fils.
135. Judices,	135. Juges,
si esset licitum	si *cela* eût été permis,
per L. Metellum,	par L. Métellus,
matres illorum,	les mères de ces *infortunés*,
uxores	*leurs* femmes
sororesque veniebant :	et *leurs* sœurs venaient *ici* :
una quarum,	une d'elles,
quum ego accederem	comme moi j'arrivais
noctu ad Heracleam,	de-nuit à Héraclée,
venit obviam mihi	vint au-devant de moi
cum omnibus matronis	avec toutes les dames
ejus civitatis,	de cette cité,
et cum multis facibus;	et avec beaucoup-de flambeaux;
et appellans	et appelant
me suam salutem,	moi son salut (libérateur),

suam salutem appellans, te suum carnificem nominans, filii nomen implorans, mihi ad pedes misera jacuit, quasi ego excitare filium ejus ab inferis possem. Faciebant hoc idem in ceteris civitatibus grandes natu matres, et item parvuli liberi miserorum : quorum utrorumque ætas laborem et industriam meam, fidem et misericordiam vestram requirebat.

136. Itaque ad me, judices, præter ceteras hanc querimoniam Sicilia detulit. Lacrymis ego ad hoc, non gloria, inductus accessi : ne falsa damnatio, ne carcer, ne catenæ, ne verbera, ne secures, ne cruciatus sociorum, ne sanguis innocentium, ne denique etiam exsanguium corpora mortuorum, ne mœror parentum ac propinquorum, magistratibus nostris quæstui posset esse. Hunc ego si metum Siciliæ, damnatione istius, per vestram fidem et severitatem dejecero, judices, satis officio meo, satis illorum voluntati qui a me hoc petiverunt, factum esse arbitrabor.

L. 137. Quapropter, si quem forte inveneris, qui hoc navale

son libérateur, nommant Verrès son bourreau, répétant le nom de son fils, cette femme, abîmée de douleur, restait étendue à mes pieds, comme s'il eût été en mon pouvoir de le rappeler à la vie. Les autres villes m'offrirent le même spectacle. Juges, partout la vieillesse et l'enfance sollicitaient mon zèle et ma sensibilité, partout elles imploraient votre justice et votre compassion.

136. Aussi parmi toutes les autres plaintes des Siciliens, c'est surtout celle-là qu'ils m'ont chargé de vous faire entendre. Leurs larmes, et non le désir de la gloire, m'ont déterminé à prendre leur défense. J'ai voulu que les condamnations injustes, que les cachots, les fers, les verges, les haches, les tourments de nos alliés, le sang des innocents, la sépulture des morts, le désespoir des familles, ne pussent être désormais pour nos magistrats l'objet d'un trafic abominable. Si je parviens à délivrer les Siciliens de cette crainte, en armant votre justice contre leur oppresseur, je croirai avoir rempli mon devoir et comblé les vœux de la province qui m'a donné sa confiance.

L. 137. Ainsi, Verrès, s'il se rencontre un homme assez intré-

te, suum carnificem,	vous, *Verrès*, son bourreau,
jacuit ad pedes mihi	elle resta-étendue devant les pieds à moi
misera,	malheureuse (accablée de douleur),
ita quasi ego possem	comme si moi je pouvais
excitare filium ejus	rappeler le fils d'elle
ab inferis.	des enfers.
Matres grandes natu,	Des mères avancées en âge,
et item parvuli liberi	et aussi les petits enfants
miserorum,	de *ces* infortunés,
faciebant hoc idem	faisaient ces mêmes *démarches*
in ceteris civitatibus :	dans les autres villes :
ætas utrorumque	l'âge des-uns-et-des-autres
quorum,	de ces *suppliants*,
requirebat laborem	réclamait *mon* travail (mon appui)
et meam industriam,	et mon zèle,
vestram fidem	votre justice
et misericordiam.	et *votre* compassion.
136. Itaque, judices,	136. C'est-pourquoi, juges,
Sicilia detulit ad me	la Sicile a transmis à moi
hanc querimoniam	cette plainte
præter ceteras.	avant *toutes* les autres.
Ego accessi ad hoc,	*Et* moi j'ai abordé cette *cause*,
inductus lacrymis,	amené par *leurs* larmes,
non gloria :	non par *le désir de* la gloire.
ne damnatio falsa,	pour-que-ni une condamnation injuste,
ne carcer, ne catenæ,	ni la prison, ni les fers,
ne verbera, ne secures,	ni les verges, ni les haches,
ne cruciatus sociorum,	ni les tourments de *nos* alliés,
ne sanguis innocentium,	ni le sang des innocents,
ne denique etiam corpora	ni enfin même les corps
mortuorum exsanguium,	des morts privés-de-sang,
ne mœror parentum	ni la douleur des parents
ac propinquorum,	et des proches,
posset esse quæstui	ne pussent être *désormais* à gain
nostris magistratibus.	pour nos magistrats.
Si ego dejecero	Si moi j'aurai écarté
hunc metum Siciliæ,	cette terreur de la Sicile,
damnatione istius,	par la condamnation de ce *Verrès*,
per vestram fidem	grâce-à votre justice
et severitatem,	et *à votre* sévérité,
judices, arbitrabor	juges, je croirai
esse factum satis	qu'il aura été fait assez
meo officio,	pour mon devoir,
satis voluntati illorum	assez pour le désir de ceux
qui petiverunt a me hoc.	qui ont demandé de moi ce *service*.
L. 137. Quapropter si forte	L. 137. C'est-pourquoi si par-hasard
inveneris quem,	vous trouviez quelqu'un,

crimen conetur defendere, is ita defendat : illa communia, quæ ad causam nihil pertinent, prætermittat; me culpam fortunæ assignare, calamitatem crimini dare ; me amissionem classis objicere, quum multi viri fortes in communi incertoque periculo belli, et terra, et mari, sæpe offenderint. Nullam tibi objicio fortunam : nihil est, quod ceterorum res minus commode gestas proferas ; nihil est, quod multorum naufragia fortunæ colligas. Ego naves inanes fuisse dico ; remiges nautasque dimissos ; reliquos stirpibus vixisse palmarum ; præfuisse classi populi romani Siculum ; perpetuo sociis atque amicis, Syracusanum ; te illo tempore ipso superioribusque diebus omnibus, in littore cum mulierculis perpotasse dico : harum rerum omnium auctores testesque produco.

138. Num tibi insultare in calamitate, num intercludere

pide pour essayer de vous justifier sur ce qui concerne la flotte, qu'il évite les lieux communs étrangers à la cause; qu'il ne dise pas que je vous impute les fautes de la fortune; que je vous fais un crime du malheur; que je vous reproche la perte de la flotte, quoique souvent le sort des armes ait trahi la valeur des plus habiles capitaines : je ne vous rends point garant des torts de la fortune. Il n'est pas besoin de nous citer les revers des autres généraux, et de recueillir les débris de leurs naufrages. Je dis que les vaisseaux étaient vides; que les rameurs et les matelots achetaient leurs congés ; que ceux qui sont restés ont vécu de racines sauvages; qu'un Sicilien a commandé la flotte romaine; que des peuples, de tout temps nos alliés, ont été soumis aux ordres d'un Syracusain ; que, pendant ce temps même et pendant tous les jours qui l'ont précédé, vous vous enivriez sur le rivage avec des femmes. Voilà ce que je dis et ce que je prouve par des témoins irrécusables.

138. Est-ce là insulter à votre malheur, vous fermer tout recours

qui conetur	qui s'efforçât
defendere hoc crimen	de repousser cette accusation
navale,	navale (concernant la flotte),
is defendat ita :	que celui-ci *vous* défende ainsi :
prætermittat	qu'il passe-sous-silence
illa communia,	ces *lieux* communs,
quæ pertinent nihil	qui n'ont-rapport *en* rien
ad causam ;	à la cause ;
me assignare	*qu'il ne dise pas* que je *vous* impute
culpam fortunæ,	les fautes de la fortune,
dare calamitatem crimini ;	*que je vous* donne *votre* malheur à crime ;
me objicere	*que je vous* reproche,
amissionem classis,	la perte de la flotte,
quum multi viri fortes	quoique beaucoup d'hommes courageux
offenderint sæpe	aient échoué souvent
et terra et mari,	et sur terre et sur mer,
in periculo communi	au-milieu des chances communes
incertoque belli.	et incertaines de la guerre.
Objicio tibi	Je ne reproche à vous
nullam fortunam :	aucune *atteinte de la* fortune :
nihil est, quod proferas	il n'est pas *besoin* que vous citiez
res ceterorum	les entreprises des autres
gestas minus commode ;	faites moins (peu) heureusement ;
nihil est, quod colligas	il n'est pas *besoin* que vous réunissiez
naufragia fortunæ	les naufrages de la fortune
multorum.	de beaucoup de *généraux.*
Ego dico	Moi je dis que
naves fuisse inanes ;	les vaisseaux étaient vides,
remiges nautasque	que les rameurs et les matelots
dimissos ;	*avaient été* congédiés ;
reliquos vixisse	que ceux-qui-sont-restés ont vécu
stirpibus palmarum :	de racines de palmiers :
Siculum præfuisse	qu'un Sicilien a commandé
classi populi romani ;	la flotte du peuple romain ;
Syracusanum	qu'un Syracusain *a commandé*
perpetuo	*à des hommes* de-tout-temps
sociis atque amicis ;	*nos* alliés et *nos* amis ;
dico te illo ipso tempore	je dis que vous dans ce même temps
omnibusque diebus	et tous les jours
superioribus,	précédents,
perpotasse	vous vous êtes-enivré
cum mulierculis in littore :	avec des courtisanes sur le rivage :
produco auctores testesque	je produis des garants et des témoins
omnium harum rerum.	de toutes ces charges.
138. Num videor	138. Est-ce-que je parais *ainsi*
insultare tibi in calamitate,	insulter à vous dans le malheur,
num intercludere	est-ce-que *je parais vous* fermer

perfugium fortunæ, num casus bellicos exprobrare aut objicere videor? tametsi solent hi fortunam sibi objici nolle, qui se fortunæ commiserunt, qui in ejus periculis sunt ac varietate versati. Istius quidem calamitatis tuæ fortuna particeps non fuit. Homines enim in præliis, non in conviviis, belli fortunam tentare ac periclitari solent : in illa autem calamitate, non Martem fuisse communem, sed Venerem, possumus dicere. Quod si fortunam objici tibi non oportet, cur tu fortunæ illorum innocentium veniam ac locum non dedisti?

139. Etiam illud præcidas licet, te, quod supplicium more majorum sumpseris, securique percusseris, idcirco a me in crimen et invidiam vocari. Non in supplicio crimen meum vertitur; non ego securi nego quemquam feriri debere; non ego metum ex re militari, non severitatem imperii, non pœnam

sur la fortune, vous objecter ou vous reprocher les accidents de la guerre? Après tout, le droit d'accuser la fortune suppose l'essai de son inconstance et de ses caprices. Elle n'est pour rien dans votre désastre. C'est dans les combats, et non dans les festins qu'on a coutume de tenter la fortune et les hasards de la guerre. Mais on peut dire que vous vous êtes exposé aux dangers de Vénus, et nullement à ceux de Mars. Enfin, s'il ne faut pas qu'on vous accuse des torts de la fortune, pourquoi des hommes qui n'avaient pas d'autre crime n'ont-ils pas trouvé grâce devant vous?

139. Dispensez-vous encore de répondre que je cherche à vous rendre odieux pour avoir employé le supplice établi par nos ancêtres, et pour avoir fait usage de la hache. Mon accusation ne porte point sur le genre du supplice. Je ne prétends pas qu'on ne doive jamais se servir de la hache, et qu'il faille bannir de la discipline militaire la crainte, la sévérité, le châtiment. J'avoue que souvent

perfugium fortunæ,	tout recours de (sur) la fortune,
num exprobrare	est-ce que *je parais vous* reprocher
aut objicere casus bellicos?	ou *vous* objecter les hasards de-la-guerre?
tametsi hi solent	*et* après-tout ceux-là *seuls* ont-coutume
nolle fortunam	de ne-pas-vouloir que *leur* fortune
objici sibi,	soit reprochée à eux,
qui commiserunt se	qui ont confié eux
fortunæ,	à la fortune,
qui sunt versati	qui ont vécu
in periculis ejus	au-milieu-des dangers de cette *fortune*
ac varietate.	et *de ses* caprices.
Fortuna quidem	La fortune certes
non fuit particeps	n'a pas été participante
istius calamitatis tuæ.	de ce malheur que-vous-avez-éprouvé.
Homines enim solent	Les hommes en effet ont-coutume
tentare fortunam belli,	de tenter la fortune de la guerre,
ac periclitari	et *d'en* courir-les-hasards
in præliis, non in conviviis :	dans les combats, non dans les festins :
autem in illa calamitate	mais dans ce désastre
possumus dicere,	nous pouvons dire,
non Martem,	que non-pas *les chances de* Mars,
sed Venerem	mais *celles de* Vénus
fuisse communem.	ont été communes.
Quod si non oportet	Que si il ne faut pas
fortunam objici tibi,	que *votre* fortune soit reprochée à vous,
cur tu non dedisti	pourquoi vous, n'avez-vous pas donné
veniam ac locum	pardon et *fait la* place (la part)
fortunæ	à la fortune
illorum innocentium?	de ces *hommes* innocents?
139. Licet præcidas	139. Il est-permis que vous retranchiez
etiam illud,	aussi ce *moyen de défense*,
te vocari	*savoir,* que vous êtes appelé
in crimen et invidiam a me	en accusation et *à* la haine par moi,
idcirco, quod	pour cela, que
sumpseris supplicium	vous avez pris (fait subir) le supplice
more majorum,	selon la coutume de *nos* ancêtres,
percusserisque securi.	et avez frappé de la hache.
Meum crimen	Mon accusation
non vertitur in supplicio;	ne roule pas sur le *genre du* supplice;
ego non nego quemquam	moi je ne nie pas que quelqu'un
debere feriri securi ;	doive être frappé de la hache;
ego non dico oportere	moi je ne dis pas qu'il faille
metum tolli	que la crainte soit enlevée (bannie)
ex re militari,	de la discipline militaire,
non severitatem imperii,	non-plus-que la sévérité du commande-
non pœnam flagitii :	non-plus-que le châtiment du crime : [ment,
fateor	j'avoue

flagitii tolli dico oportere : fateor non modo in socios, sed etiam in cives militesque nostros, persæpe esse severe ac vehementer vindicatum. Quare hæc quoque prætermittas licet.

LI. 140. Ego culpam non in navarchis, sed in te fuisse demonstro ; te pretio milites remigesque dimisisse arguo : hoc navarchi reliqui dicunt ; hoc Netinorum fœderata civitas publice dicit ; hoc Herbitenses, hoc Amestratini, hoc Ennenses, hoc Agyrinenses, Tyndaritani, Locrenses publice dicunt ; tuus denique testis, tuus imperator, tuus hospes Cleomenes hoc dicit, sese in terram esse egressum, uti Pachyno, e terrestri præsidio, milites colligeret, quos in navibus collocaret ; quod certe non fecisset, si suum numerum naves haberent : ea est enim ratio instructarum ornatarumque navium, ut non modo plures, sed ne singuli quidem possint accedere.

141. Dico præterea, illos ipsos reliquos nautas fame atque inopia rerum omnium confectos fuisse ac perditos. Dico, aut

on a déployé toute la rigueur des lois, non-seulement contre des alliés, mais même contre nos citoyens et nos soldats : ainsi faites-nous grâce encore de ce lieu commun.

LI. 140. Ce que je dis, c'est que vous êtes coupable, et que les capitaines ne l'étaient pas ; c'est que vous avez vendu les congés aux soldats et aux rameurs ; et je le prouve, et je le démontre par les dépositions des capitaines échappés à vos fureurs, par celles des députés de Nétum, d'Herbite, d'Amestra, d'Enna, d'Agyre, de Tyndare, de Locres, qui parlent tous au nom de leurs villes ; en un mot, par l'aveu de votre propre témoin, de votre général, de votre hôte, Cléomène, qui déclare être descendu à Pachynum pour en tirer quelques soldats et les placer sur ses vaisseaux : ce qu'il n'eût pas fait sans doute, s'il ne lui eût manqué personne ; car dans un vaisseau dont l'équipage est complet, il ne reste plus de place ni pour plusieurs, ni même pour un seul.

141. Je dis en second lieu que ceux des matelots qui sont restés ont manqué de tout. J'ajoute que la faute n'était celle de personne,

esse vindicatum persæpe,	qu'il a été sévi très-souvent,
non modo in socios,	non seulement contre *nos* alliés,
sed etiam	mais aussi
in cives nostrosque milites,	contre *nos* citoyens et nos soldats,
severe ac vehementer.	avec-sévérité et avec-rigueur.
Quare licet	Aussi est-il-permis (convient-il)
prætermittas quoque hæc.	que vous omettiez encore ce *lieu commun*.
LI. 140. Ego demonstro	LI. 140. Moi je prouve
culpam fuisse	que la faute a été
non in navarchis,	non dans les capitaines,
sed in te;	mais dans vous-*même*;
arguo te dimisisse	j'accuse vous d'avoir congédié
milites remigesque pretio :	les soldats et les rameurs à prix *d'argent*:
navarchi reliqui	les capitaines restants (qui ont survécu)
dicunt hoc;	affirment cela;
civitas fœderata Netinorum	la cité alliée des Nétiniens
dicit hoc publice;	affirme cela officiellement;
Herbitenses	les *habitants* d'-Herbite
dicunt hoc publice,	disent cela officiellement,
Amestratini hoc,	*ceux* d'-Amestra le *disent*,
Ennenses hoc,	*ceux* d'-Enna le *disent*,
Agyrinenses hoc,	*ceux* d'-Agyre le *disent*,
Tyndaritani, Locrenses ;	*ceux* de-Tyndare, de-Locres *également*;
denique tuus testis	enfin votre témoin,
tuus imperator, tuus hospes,	votre général, votre hôte
Cleomenes dicit hoc,	Cléomène dit cela, *savoir*,
sese esse egressum in terram	que lui-même est débarqué à terre
uti colligeret Pachyno,	pour qu'il recueillît (tirât) de Pachynum,
e præsidio terrestri,	d'une garnison de-terre,
milites quos collocaret	des soldats qu'il placerait
in navibus :	sur *ses* vaisseaux :
quod non fecisset certe,	*chose* qu'il n'eût pas faite certes,
si naves haberent	si les vaisseaux avaient *eu*
suum numerum :	leur nombre *de soldats*:
ratio enim navium	en effet la disposition des vaisseaux
instructarum	équipés
ornatarumque	et pourvus
est ea, ut non modo plures,	est telle que non seulement plusieurs,
sed ne quidem singuli	mais pas même un seul *homme*
possint accedere.	ne pourraient se-joindre à *l'équipage*.
141. Dico præterea,	141. Je dis en-outre,
illos ipsos nautas reliquos	que ces mêmes matelots qui-sont-restés
fuisse confectos ac perditos	ont été consumés et épuisés
fame atque inopia	par la faim et la privation
omnium rerum.	de toutes les choses *nécessaires*.
Dico, aut omnes	Je dis, ou que tous
fuisse extra culpam;	ont été sans faute (innocents);

10.

omnes extra culpam fuisse; aut, si uni attribuenda culpa sit, in eo maximam fuisse, qui optimam navem, plurimos nautas haberet, summum imperium obtineret; aut, si omnes in culpa fuerint, non oportuisse Cleomenem constitui spectatorem illorum mortis atque cruciatus. Dico etiam, in illo supplicio mercedem lacrymarum, mercedem vulneris atque plagæ, mercedem funeris ac sepulturæ constitui nefas fuisse.

142. Quapropter, si mihi respondere voles, hæc dicito : classem instructam atque ornatam fuisse, nullum propugnatorem abfuisse, nullum vacuum transtrum fuisse, remigi rem frumentariam esse suppeditatam, mentiri navarchos, mentiri tot et tam graves civitates, mentiri etiam Siciliam totam; proditum te esse a Cleomene, qui se dixerit exisse in terram, ut Pachyno deduceret milites, animum illis, non copias defuisse; Cleomenem acerrime pugnantem ab his relic-

ou que le coupable, s'il y en avait un, était celui qui avait le meilleur vaisseau, le plus grand nombre de rameurs, et le commandement suprême, ou enfin que, si tous ont manqué à leur devoir, Cléomène n'a pas dû être spectateur tranquille des tourments et de la mort de ceux dont il était le complice. Je dis encore qu'il est horrible qu'on ait mis une taxe sur les larmes, sur le coup de la mort, sur la sépulture de ces infortunés.

142. Si donc vous voulez me répondre, dites que la flotte était bien équipée, qu'il n'y manquait pas un soldat, qu'aucun banc n'était vide, que les vivres ont été fournis aux équipages, que les capitaines sont des imposteurs, que tant de cités respectables, que la Sicile entière, attestent une imposture; que Cléomène est un traître, quand il dit être descendu à Pachynum pour y prendre des soldats ; que les capitaines ont manqué, non de troupes, mais de courage; qu'ils ont lâchement abandonné Cléomène qui combattait en héros;

aut si culpa	ou que si la faute
sit attribuenda uni,	doit être attribuée à l'un *d'eux*,
maximam fuisse in eo,	la plus grande a été à celui
qui haberet	qui avait
optimam navem,	le meilleur vaisseau,
nautas plurimos,	les matelots en-plus-grand-nombre,
obtineret	*et* possédait
imperium summum;	le pouvoir suprême;
aut, si omnes fuerint,	ou que, si tous ont été
in culpa,	en faute,
non oportuisse Cleomenem	il ne fallait pas que Cléomène
constitui spectatorem	fût établi spectateur
mortis atque cruciatus	de la mort et des tourments
illorum.	de ces *malheureux*.
Dico etiam, fuisse nefas	Je dis de-plus qu'il a été abominable
mercedem lacrymarum,	qu'une taxe des larmes,
mercedem	une taxe
vulneris atque plagæ,	de la blessure et du coup *de la mort*;
mercedem	une taxe
funeris ac sepulturæ,	des funérailles et de la sépulture,
constitui in illo supplicio.	fût établie dans ce supplice.
142. Quapropter, si voles	142. C'est-pourquoi, si vous voulez
respondere mihi,	répondre à moi (à mon accusation),
dicito hæc:	dites cela, *savoir*:
classem fuisse instructam	que la flotte a été équipée
atque ornatam,	et *bien* pourvue,
nullum propugnatorem	qu'aucun défenseur
abfuisse,	n'a été-absent,
nullum transtrum	qu'aucun banc-de-rameurs
fuisse vacuum,	n'a été vide,
rem frumentariam	que la quantité-suffisante de-blé
esse suppeditatam remigi,	a été fournie au rameur,
navarchos mentiri,	que les capitaines mentent,
tot et tam graves civitates	que tant et de si importantes cités
mentiri,	mentent,
etiam Siciliam totam	enfin que la Sicile entière
mentiri;	ment;
te esse proditum	que vous avez été trahi
a Cleomene,	par Cléomène,
qui dixerit	qui aura dit
se exisse in terram,	qu'il était sorti (descendu) à terre,
ut deduceret	pour emmener
milites Pachyno;	des soldats de Pachynum;
animum, non copias	que le cœur, non les troupes
defuisse illis;	a manqué à ces *capitaines*;
Cleomenem	que Cléomène
pugnantem acerrime	combattant très-vaillamment

tum esse atque desertum; nummum ob sepulturam datum nemini : quæ si dices, tenebere; sin alia dices, quæ a me dicta sunt non refutabis.

LII. 143. Hic tu etiam dicere audebis? *Est in judicibus ille familiaris meus, est paternus amicus ille*. Non, ut quisque maxime est, quicum tibi aliquid sit, ita tui hujuscemodi criminis maxime eum pudet? Paternus amicus est! Ipse pater si judicaret, per deos immortales! quid facere posset, quum tibi hæc diceret?« Tu in provincia populi romani prætor, quum tibi maritimum bellum esset administrandum, Mamertinis, ex fœdere quam deberent navem, per triennium remisisti ; tibi apud eosdem privata navis oneraria maxima publice est ædificata. Tu a civitatibus pecunias classis nomine coegisti ; tu pretio remiges dimisisti. Tu, quum navis esset a quæstore et ab legato capta prædonum, archipiratam ab omnium oculis removisti ; tu, qui cives romani esse dicerentur, qui a multis cognosce-

que personne n'a reçu d'argent pour leur sépulture : si c'est là ce que vous dites, il sera facile de vous confondre; si vous dites autre chose, vous ne m'aurez pas répondu.

LII. 143. Et vous viendrez dire ici : Tel juge est mon ami, tel autre est l'ami de mon père! Non, Verrès : plus ce juge a eu de rapports avec vous, plus il rougit, en vous voyant l'objet d'une telle accusation. L'ami de votre père ! Eh! votre père lui-même, s'il était juge, que pourrait-il faire? « Mon fils, vous dirait-il, tu étais préteur dans une province du peuple romain ; et lorsque ton devoir était de tout disposer pour une guerre maritime, tu as, pendant trois années, dispensé Messine du vaisseau que le traité l'obligeait de fournir; et cette même Messine, aux frais de son trésor, a construit pour toi un superbe vaisseau de transport. Tu faisais contribuer les villes pour l'équipement d'une flotte, et tu vendais à ton profit les congés des matelots. Lorsque ton questeur et ton lieutenant eurent pris un vaisseau des pirates, tu en as soustrait le chef à tous es regards, et tu n'as pas craint de frapper de la hache des hommes reconnus et réclamés comme citoyens romains! tu as osé retirer

esse relictum	a été laissé
atque desertum ab his;	et abandonné par eux ;
nummum datum nemini	que de l'argent n'*a été* donné à personne
ob sepulturam :	pour la sépulture :
si dices quæ, tenebere;	si vous dites cela, vous serez confondu;
sin dices alia,	*mais* si vous dites autre *chose*,
non refutabis	vous ne réfuterez pas
quæ sunt dicta a me.	les-choses-qui ont été dites par moi.
LII. 143. Hic tu audebis	LII. 143. Ici oserez-vous
etiam dicere?	encore dire ?
« In judicibus	« Parmi les juges
ille est meus familiaris,	tel est mon ami,
ille est amicus paternus. »	tel est l'ami de-*mon*-père. »
Non, ut maxime quisque	Ne *savez-vous* pas que plus quelqu'un
est, quicum	est *de ceux* avec-lesquels
aliquid sit tibi,	quelque *relation* soit à vous,
maxime ita eum pudet	plus aussi il a-honte
tui criminis hujuscemodi?	de votre crime si-infâme?
Est amicus paternus!	C'est l'ami de-*votre*-père !
Per deos immortales!	Par les dieux immortels !
si pater ipse judicaret,	si *votre* père lui-même était-juge,
quid posset facere,	que pourrait-il faire,
quum tibi diceret hæc?	lorsqu'il vous dirait ces *paroles*?
« Tu, prætor	« Toi, préteur
in provincia populi romani,	dans une province du peuple romain,
quum bellum maritimum	quand une guerre maritime
esset administrandum tibi,	devait être dirigée par toi,
remisisti per triennium	tu as fait-remise pendant trois-ans
Mamertinis navem	aux Mamertins du vaisseau
quam deberent ex fœdere;	qu'ils devaient d'après le traité ;
maxima navis oneraria	un très-grand vaisseau de-transport
est ædificata apud eosdem	a été construit chez ces-mêmes *Mamertins*
tibi privata	pour toi particulièrement
publice.	aux-dépens-du-trésor-public.
Tu coegisti a civitatibus	Tu as exigé des villes
pecunias	des-sommes-d'argent
nomine classis ;	sous-prétexte d'*équiper* la flotte ; [gent.
tu dimisisti remiges pretio.	tu as congédié les rameurs à prix d'ar-
Tu, quum navis prædonum	Toi, quand un vaisseau des pirates
esset capta	eut été pris
a quæstore et ab legato,	par *ton* questeur et par *ton* lieutenant,
removisti archipiratam	tu as éloigné le chef-des-pirates
ab oculis omnium ;	des yeux de tous;
tu potuisti ferire securi	tu as pu (osé) frapper de la hache
qui dicerentur	*des hommes* qui étaient dits
esse cives romani,	être citoyens romains,
qui cognoscerentur	qui étaient reconnus

rentur, securi ferire potuisti ; tu tuam domum piratas abducere, in judicium archipiratam domo producere ausus es !

144. « Tu in provincia tam splendida, apud socios fidelissimos, cives romanos honestissimos, in metu periculoque provinciæ, dies continuos complures in littore conviviisque jacuisti ; te per eos dies nemo domi tuæ convenire, nemo in foro videre potuit ; tu sociorum atque amicorum ad ea convivia matresfamilias adhibuisti ; tu inter ejusmodi mulieres prætextatum tuum filium, nepotem meum, collocavisti, ut ætati maxime lubricæ atque incertæ exempla nequitiæ parentis vita præberet ; tu, prætor, in provincia, cum tunica pallioque purpureo visus es ; tu propter amorem libidinemque tuam imperium navium legato populi romani ademisti, Syracusano tradidisti ; tui milites in provincia Sicilia frugibus frumentoque caruere ; tua luxuria atque avaritia classis populi romani a prædonibus capta et incensa est.

des pirates dans ta maison, et produire devant le tribunal leur chef que tu gardais chez toi !

144. « Dans une province telle que la Sicile, chez les plus fidèles de nos alliés, sous les yeux d'une foule de citoyens romains, au milieu des alarmes et des périls de la province, tu as passé plusieurs jours de suite à t'enivrer sur le rivage, et pendant ce temps, nul n'a pu pénétrer jusqu'à toi, ni te voir un instant dans le forum ; tu admettais à ces festins les épouses de nos amis et de nos alliés, et parmi ces femmes corrompues, tu plaçais ton fils, mon petit-fils, à peine sorti de l'enfance, afin que, dans cet âge tendre et flexible, l'exemple de son père fût pour lui la première leçon du vice ; préteur, tu as paru dans ta province en tunique, en manteau de pourpre ; afin de tranquilliser tes honteuses amours, tu as ôté au lieutenant du peuple romain le commandement de nos vaisseaux, et tu l'as remis à un Syracusain ; tes soldats ont manqué de blé dans la Sicile ; tes débauches et ton avarice ont livré notre flotte aux pirates qui l'ont réduite en flammes.

a multis :	par plusieurs *de leurs compatriotes:*
tu es ausus abducere piratas	tu as osé emmener des pirates
tuam domum,	dans ta maison,
producere domo	*et* faire-sortir de *ta* maison
archipiratam	un chef-de-pirates
in judicium !	*pour le mener* au tribunal !
144. « Tu in provincia	144. « Toi, *mon fils,* dans une province
tam splendida,	si illustre,
apud socios fidelissimos,	chez les alliés les plus fidèles,
cives romanos	*sous les yeux des* citoyens romains
honestissimos,	les plus honorables,
in metu	au-milieu-des alarmes
periculoque provinciæ,	et du danger de la province,
jacuisti in littore	tu es-resté-étendu sur le rivage
conviviisque	et *au milieu* des festins,
complures dies continuos ;	plusieurs jours de-suite ;
nemo potuit per eos dies	personne n'a pu pendant ces jours-*là*
convenire te tuæ domi,	rencontrer toi à ta maison,
nemo videre in foro ;	personne *n'a* pu *te* voir dans le forum ;
tu adhibuisti ad ea convivia	tu as admis à ces festins
matresfamilias	les mères-de-famille (les épouses)
sociorum atque amicorum ;	de *nos* alliés et de *nos* amis ;
tu collocavisti	tu as placé
inter mulieres ejusmodi	parmi des femmes de-cette-sorte
tuum filium,	ton fils,
meum nepotem,	mon petit-fils,
prætextatum,	*encore* vêtu-de-la-prétexte (enfant),
ut vita parentis	afin que la vie de *son* père
præberet exempla nequitiæ	fournît des exemples de vice
ætati maxime lubricæ	à *cet* âge le plus glissant (tendre)
atque incertæ ;	et *le plus* incertain (flexible) ;
tu, prætor,	toi, préteur,
es visus in provincia	tu as été vu dans *ta* province
cum tunica	avec une tunique
pallioque purpureo ;	et un manteau de-pourpre ;
tu propter amorem	toi pour *satisfaire ton* amour
tuamque libidinem	et ton caprice
ademisti imperium navium	tu as enlevé le commandement de la flotte
legato populi romani,	au lieutenant du peuple romain,
tradidisti Syracusano ;	tu *l*'as livré à un Syracusain ;
tui milites caruere	tes soldats ont manqué
frugibus frumentoque	de grain et de froment
in provincia Sicilia ;	dans la province *de* Sicile ;
classis populi romani	la flotte du peuple romain
est capta atque incensa	a été prise et incendiée
a prædonibus,	par des pirates,
tua luxuria atque avaritia.	grâce-à tes débauches et à *ton* avarice.

145. « Post Syracusas conditas, quem in portum nunquam hostis accesserat, in eo, te prætore, primum piratæ navigaverunt. Neque hæc tot tantaque dedecora dissimulatione tua, neque oblivione hominum ac taciturnitate tegere voluisti ; sed etiam navium præfectos, sine ulla causa, de complexu parentum suorum, hospitum tuorum, ad mortem cruciatumque rapuisti ; neque, in parentum luctu atque lacrymis, te mei nominis commemoratio mitigavit ; tibi hominum innocentium sanguis non modo voluptati, sed etiam quæstui fuit. » Hæc si tibi tuus parens diceret, posses ab eo veniam petere ? posses, ut tibi ignosceret, postulare ?

CONTENTIONIS QUARTA PARS.

VERRIS CRUDELITAS IN CIVES ROMANOS.

LIII. 146. Satis est factum Siculis, satis officio ac necessitudini, judices ; satis promisso muneri ac recepto. Reliqua est

145. « Un port où, depuis la fondation de Syracuse, nul ennemi n'a jamais pénétré, des pirates y sont entrés pour la première fois sous ta préture. Loin de dissimuler ces opprobres et de chercher à les ensevelir dans le silence et dans l'oubli, tu as, sans aucune raison, arraché les capitaines des bras de leurs parents et de tes hôtes, pour les traîner aux tourments et à la mort. Témoin de la douleur et des larmes de ces pères infortunés, mon nom qu'ils invoquaient n'a pas adouci ton cœur, et le sang de l'innocent a tout à la fois assouvi ta cruauté et ton avarice. » Si votre père vous adressait ce langage, pourriez-vous même solliciter sa pitié ?

QUATRIÈME PARTIE DE LA DISCUSSION.

CRUAUTÉ DE VERRÈS CONTRE DES CITOYENS ROMAINS.

LIII. 146. J'ai rempli mon devoir envers les Siciliens ; j'ai fait pour eux ce qu'ils avaient droit d'attendre d'un défenseur et d'un ami ; mes promesses sont acquittées et mes engagements remplis. Il

145. « In portum
quem hostis
nunquam accesserat,
post Syracusas conditas,
in eo, te prætore,
piratæ navigaverunt
primum.
Neque voluisti tegere
hæc dedecora tot tantaque
tua dissimulatione,
neque oblivione
ac taciturnitate hominum ;
sed etiam rapuisti,
sine ulla causa,
de complexu
suorum parentum,
tuorum hospitum,
præfectos navium
ad mortem cruciatumque ;
et commemoratio
mei nominis
non mitigavit te,
in luctu atque lacrymis
parentum ;
sanguis
hominum innocentium,
tuit tibi non modo
voluptati,
sed etiam quæstui. »
Si tuus parens
diceret tibi hæc,
posses petere ab eo veniam ?
posses postulare
ut tibi ignosceret ?

145. « Dans ce port
que l'ennemi
jamais n'avait approché,
depuis que Syracuse *était* fondée,
dans ce *même port*, toi *étant* préteur,
des pirates ont navigué
pour-la-première-fois.
Et tu n'as pas voulu cacher
ces opprobres si-nombreux et si-grands
par ta dissimulation (en les dissimulant),
ni par l'oubli
et le silence des hommes ;
mais encore tu as arraché,
sans aucun motif,
aux embrassements
de leurs parents,
qui étaient tes hôtes,
les commandants des vaisseaux
pour les livrer à la mort et au supplice ;
et le souvenir-invoqué
de mon nom
n'a pas adouci toi,
au-milieu du deuil et des larmes
de *leurs* parents ;
le sang
de *ces* hommes innocents,
a été pour toi non seulement
à plaisir (un sujet de plaisir),
mais aussi à profit (un objet de trafic). »
Si votre père
disait à vous ces *paroles*,
pourriez-vous solliciter de lui *votre* grâce ?
pourriez-vous demander
qu'il vous pardonnât ?

QUARTA PARS CONTENTIONIS.

QUATRIÈME PARTIE DE LA DISCUSSION.

CRUDELITAS VERRIS IN CIVES ROMANOS.

CRUAUTÉ DE VERRÈS CONTRE DES CITOYENS ROMAINS.

LIII. 146. Judices,
est factum satis Siculis,
satis officio
ac necessitudini ;
satis muneri promisso
ac recepto.

LIII. 146. Juges,
il a été fait assez pour les Siciliens,
assez pour le devoir
et pour l'amitié ;
assez pour le service *que j'avais* promis
et accepté (dont je m'étais chargé).

ea causa, judices, quæ non jam recepta, sed innata; neque delata ad me, sed in animo sensuque meo penitus affixa atque insita est : quæ non ad sociorum salutem, sed ad civium romanorum, hoc est, ad uniuscujusque nostrum vitam et sanguinem pertinet. In qua nolite a me, quasi dubium sit aliquid, argumenta, judices, exspectare : omnia, quæ dicam de supplicio civium romanorum, sic erunt clara et illustria, ut ad ea probanda totam Siciliam testem adhibere possim. Furor enim quidam, sceleris et audaciæ comes, istius effrenatum animum importunamque naturam tanta oppressit amentia, ut nunquam dubitaret, in conventu, palam, supplicia, quæ in convictos maleficii servos constituta sunt, ea in cives romanos expromere. Virgis quam multos ceciderit, quid ego commemorem? Tantum brevissime dico, judices : nullum fuit omnino, isto prætore, in hoc generé discrimen. Itaque jam consuetudine ad

me reste à défendre une cause que personne ne m'a confiée; c'est en qualité de citoyen que je l'entreprends : je ne suis plus l'organe d'un ressentiment étranger ; je me livre aux transports d'une âme profondément indignée. Il ne s'agit plus de la vie de nos alliés, mais du sang des citoyens romains, c'est-à-dire de l'existence de chacun de nous. Ici, n'attendez pas que j'accumule les preuves : les faits ne sont pas douteux ; et tout ce que je dirai du supplice des citoyens romains est si public et si notoire, que je pourrais appeler en témoignage la Sicile tout entière. Une sorte de frénésie qui accompagne la scélératesse et l'audace, s'était emparée de l'âme de Verrès ; et chez lui le crime était un besoin si pressant, la cruauté une manie si aveugle, qu'en présence d'une foule de Romains il n'hésitait pas à déployer contre nos citoyens les supplices réservés aux esclaves convaincus des plus grands forfaits. Qu'est-il besoin que je dénombre tous ceux qu'il a fait battre de verges ? Il suffira de dire que, durant sa préture, nulle distinction ne fut jamais admise. Aussi la main de

Judices, causa reliqua	Juges, la cause qui-reste *à défendre*
non est ea, quæ jam recepta,	n'est plus celle qui déjà *a été* acceptée *par moi* (confiée à mes soins),
sed innata ;	mais *une cause* naturelle *à tout citoyen ;*
neque est delata ad me,	et elle n'a pas été apportée à moi *du dehors,*
sed affixa penitus atque insita	mais *elle est* gravée profondément et entée
in animo meoque sensu :	dans *mon* âme et *dans* mon cœur :
quæ pertinet	*cette cause* qui touche
non ad salutem sociorum,	non au salut des alliés,
sed ad civium romanorum,	mais au *salut* des citoyens romains,
hoc est, ad vitam	c'est *à dire*, à la vie
et sanguinem	et au sang
uniuscujusque nostrum.	de chacun de nous.
Nolite, judices, in qua	Ne-veuillez-pas, juges, en cette *cause*
exspectare a me argumenta,	attendre de moi des preuves,
quasi aliquid sit dubium :	comme-si quelque *fait* était douteux :
omnia, quæ dicam	toutes *les choses* que je dirai
de supplicio	au-sujet-du supplice
civium romanorum,	des citoyens romains,
erunt sic clara et illustria,	seront si claires et *si* notoires,
ut ad ea probanda,	que pour elles devant être prouvées,
possim adhibere testem	je pourrais produire *pour* témoin
Siciliam totam.	la Sicile entière.
Quidam enim furor,	En effet une-certaine frénésie,
comes sceleris et audaciæ,	compagne du crime et de l'audace,
oppressit tanta amentia	a accablé d'une si-grande démence
animum effrenatum	l'esprit effréné (aveugle)
naturamque importunam	et le caractère cruel
istius,	de ce *Verrès,*
ut dubitaret nunquam	qu'il n'hésitait jamais
in conventu,	dans une réunion-de-citoyens,
expromere palam	de déployer ouvertement
in cives romanos,	contre des citoyens romains,
ea supplicia,	ces supplices,
quæ sunt constituta	qui ont été établis
in servos	contre des esclaves
convictos maleficii.	convaincus de forfaits.
Quid ego commemorem,	Pourquoi moi rappellerais-je
quam multos	combien
ceciderit virgis ?	il *en* a frappé de verges ?
Dico tantum, judices,	Je dis seulement, juges,
brevissime :	le plus brièvement *possible* :
isto prætore,	que, celui-ci *étant* préteur,
nullum discrimen omnino	aucune distinction absolument
fuit in hoc genere.	ne fut *admise* en ce genre.

corpora civium romanorum, etiam sine istius nutu, ferebatur manus ipsa lictoris.

LIV. 147. Num potes hoc negare, Verres, in foro Lilybæi, maximo conventu, C. Servilium, civem romanum, in conventu panormitano veterem negotiatorem, ad tribunal, ante pedes tuos, ad terram virgis et verberibus abjectum? Aude hoc primum negare, si potes. Nemo Lilybæi fuit, quin viderit ; nemo in Sicilia, quin audierit. Plagis confectum dico a lictoribus tuis civem romanum ante oculos tuos concidisse.

148. Ob quam causam? dii immortales! tametsi injuriam facio communi causæ et juri civitatis : quasi enim possit esse ulla causa, cur hoc cuiquam civi romano jure accidat, ita quæro quæ in Servilio causa fuerit. Ignoscite in hoc uno, judices ; in ceteris enim non magnopere causas requiram. Locu-

son licteur se portait par habitude sur les corps de nos citoyens, sans même attendre un signal du préteur.

LIV. 147. Pouvez-vous nier, Verrès, que dans le forum de Lilybée, en présence d'un peuple nombreux, C. Servilius, chevalier romain, ancien négociant de Palerme, est tombé au pied de votre tribunal sous les coups de vos bourreaux? Niez ce premier fait, si vous l'osez. Tout Lilybée l'a vu, toute la Sicile l'a entendu. Oui, je dis qu'un citoyen est tombé à vos pieds, déchiré de coups par vos licteurs.

148. Et pour quelle cause, grands dieux! Pardonnez, droits sacrés du citoyen! Je demande pour quelle cause Servilius a été battu de verges. En est-il donc qui puisse justifier un tel attentat contre un de nos citoyens? Mais permettez cette question pour une seule fois : désormais je ne m'occuperai guère à chercher les raisons de sa conduite. Servilius s'était expliqué un peu librement sur la

Itaque jam	Aussi déjà
manus ipsa lictoris	la main même du licteur
ferebatur consuetudine	se-portait par habitude
ad corpora	sur les corps
civium romanorum,	des citoyens romains,
etiam sine nutu istius.	même sans le signal de ce *Verrès*.
LIV. 147. Num potes	LIV. 147. Est-ce-que vous pouvez
negare hoc, Verres,	nier cela, Verrès, *savoir*,
in foro Lilybæi,	que dans le forum de Lilybée,
conventu maximo,	devant une foule immense *de citoyens*,
C. Servilium,	C. Servilius,
civem romanum,	citoyen romain,
veterem negotiatorem	ancien négociant
in conventu panormitano,	dans la réunion-de-citoyens de-Palerme,
abjectum ad terram	*a été* renversé à terre
virgis et verberibus,	sous les verges et les coups,
ad tribunal,	devant *votre* tribunal,
ante tuos pedes?	à vos pieds?
Aude negare hoc primum,	Osez nier ce premier *fait*,
si potes.	si vous *le* pouvez.
Nemo fuit Lilybæi,	Personne ne fut à Lilybée,
quin viderit;	qui ne *l'*ait vu;
nemo in Sicilia,	personne en Sicile,
quin audierit.	qui ne *l'*ait entendu *dire*.
Dico civem romanum	Je dis qu'un citoyen romain
concidisse ante tuos oculos,	est tombé devant vos yeux,
confectum plagis	accablé de coups
a tuis lictoribus.	par vos licteurs.
148. Ob quam causam?	148. Pour quelle cause?
dii immortales!	dieux immortels!
tametsi facio injuriam	quoique *en demandant cela* je fasse injure
causæ communi,	à la cause commune,
et juri civitatis:	et au droit de cité:
quæro enim,	je cherche en effet
quæ causa fuerit	quelle motif a-pu-exister
in Servilio,	dans *le supplice de* Servilius,
ita quasi ulla causa	comme si quelque raison
possit esse,	pouvait être *alléguée*,
cur hoc	pour-que ce *traitement*
accidat jure	arrive (soit infligé) à-bon-droit
cuiquam civi romano.	à quelque citoyen romain.
Ignoscite, judices,	Pardonnez-*moi*, juges, *cette question*
in hoc uno;	à-propos-de ce seul *Servilius*;
in ceteris enim	en effet quant aux autres *victimes de Verrès*
non requiram magnopere	je ne rechercherai pas beaucoup
causas.	les causes *de sa cruauté*.
Erat locutus liberius	*Servilius* avait parlé trop librement

tus erat liberius de istius improbitate atque nequitia. Quod isti simul ac renuntiatum est, hominem jubet Lilybæum vadimonium venerio [1] servo promittere : promittit. Lilybæum venitur. Cogere eum cœpit, quum ageret nemo, nemo postularet, H-S. duobus millibus sponsionem facere cum lictore suo, *ni furtis quæstum faceret* [2]. Recuperatores [3] de cohorte sua dicit daturum. Servilius, et recusare, et deprecari ne iniquis judicibus, nullo adversario, judicium capitis in se constitueretur.

149. Hæc quum maxime loqueretur, sex lictores eum circumsistunt valentissimi, et ad pulsandos verberandosque homines exercitatissimi ; cædunt acerrime virgis ; denique proximus lictor [4], de quo sæpe jam dixi, Sestius, converso bacillo, oculos misero tundere vehementissime cœpit. Itaque illi quum sanguis os oculosque complesset, concidit, quum illi nihilomi-

---

perversité et les débauches de Verrès. Aussitôt que Verrès en est informé, il envoie un esclave du temple de Vénus pour l'assigner à comparaître à Lilybée. Servilius promet de s'y rendre ; il s'y rend. Et là, quoique personne ne l'accuse et n'intente action contre lui, Verrès commence par exiger qu'il consigne deux mille sesterces qui seront au profit de son licteur, s'il ne se disculpe pas d'avoir dit que le préteur s'enrichit par des vols. Il annonce qu'il nommera pour commissaires des hommes de sa suite. Servilius se récrie, et demande qu'un procès criminel ne lui soit pas intenté devant des juges iniques, sans qu'aucun accusateur se lève contre lui.

149. Pendant qu'il proteste avec force, les six licteurs très-vigoureux et très-exercés à cet infâme ministère, le saisissent et le frappent à coups redoublés. Bientôt le chef des licteurs, Sestius, dont j'ai déjà parlé plus d'une fois, retourne son faisceau et lui frappe les yeux avec une horrible violence. Le visage tout en sang, il tombe aux pieds de ses bourreaux qui ne cessent de lui déchirer les flancs,

de improbitate	de la perversité
atque nequitia istius.	et des débauches de ce *Verrès*.
Simul ac quod	Aussitôt que ce *fait*
est renuntiatum isti,	a été rapporté à celui-ci,
jubet hominem	il ordonne que *notre* homme
promittere servo venerio	promette à un esclave *du temple* de-Vénus
vadimonium Lilybæum :	comparution (de comparaître) à Lilybée :
promittit.	il promet.
Venitur Lilybæum.	On arrive à Lilybée.
Quum nemo ageret,	Comme personne n'intentait-d'action,
nemo postularet,	*que* personne ne poursuivait,
cœpit cogere eum	*Verrès* commença à forcer lui (Servilius)
facere sponsionem	à faire un engagement
cum suo lictore	avec son licteur
duobus millibus H-S.,	de deux mille sesterces, *qu'il perdrait*,
« ni	« si *il* ne *se* disculpait d'avoir dit que
faceret quæstum furtis. »	il (Verrès) s'enrichissait par des vols. »
Dicit daturum	Il dit qu'il donnera
recuperatores	des commissaires
de sua cohorte.	de sa suite.
Servilius, et recusare,	Servilius, et *de* se-récrier,
et deprecari	et *de* demander-instamment
ut judicium capitis	qu'un procès *où il y allait* de *sa* tête
non constitueretur in se,	ne fût pas intenté contre lui,
judicibus iniquis,	devant des juges iniques,
nullo adversario.	aucun adversaire *ne s'élevant contre lui*.
149. Quum loqueretur	149. Comme il disait (faisait entendre)
hæc maxime,	ces *protestations* avec-le-plus-de-force,
sex lictores valentissimi,	les six licteurs très-vigoureux,
et exercitatissimi	et très-exercés
ad pulsandos homines	à frapper les hommes (citoyens)
verberandosque,	et à *les* battre,
circumsistunt eum ;	entourent lui ;
cædunt virgis acerrime ;	ils *le* battent de verges à-coups-redoublés ;
denique proximus lictor,	enfin le premier licteur,
de quo dixi jam sæpe,	duquel j'ai parlé déjà souvent,
Sestius, bacillo converso,	Sestius, *son* faisceau étant retourné,
cœpit tundere	se-mit à frapper
vehementissime	avec-la-plus-grande-violence
oculos misero.	les yeux à (de) *ce* malheureux.
Itaque quum sanguis	C'est-pourquoi lorsque le sang
complesset illi	eut rempli à lui
os oculosque,	la bouche et les yeux,
concidit,	il tomba,
quum nihilominus	lorsque néanmoins
latera tunderentur	les flancs étaient frappés
jacenti,	à *lui* étendu-à-terre,

nus jacenti latera tunderentur, ut aliquando spondere se diceret. Sic ille affectus, illinc tum pro mortuo sublatus, brevi postea est mortuus : iste autem homo venerius, et affluens omni lepore et venustate, de bonis illius in æde Veneris argenteum Cupidinem posuit. Sic etiam fortunis hominum abutebatur ad nocturna vota cupiditatum suarum.

LV. 150. Nam quid ego de ceteris civium romanorum suppliciis singillatim potius, quam generatim atque universe loquar? Carcer ille, qui est a crudelissimo tyranno Dionysio factus Syracusis, quæ Latomiæ vocantur [1], in istius imperio domicilium civium romanorum fuit : ut quisque istius animum aut oculos offenderat, in Latomias statim conjiciebatur. Indignum hoc video videri omnibus, judices; et id jam priore actione, quum hæc testes dicerent, intellexi. Retineri enim putatis oportere jura libertatis non modo hic, ubi tribuni plebis sunt, ubi ceteri magistratus, ubi plenum forum judiciorum, ubi senatus auctoritas, ubi existimatio populi romani et fre-

afin de lui arracher la promesse de consigner. Après cette exécution barbare, il fut emporté comme mort, et mourut en effet peu de temps après. Notre nouvel Adonis, cet homme charmant et pétri de grâces, fit placer aux dépens de cet infortuné un Cupidon d'argent dans le temple de Vénus. C'était ainsi que le vol acquittait les vœux de la débauche.

LV. 150. Pourquoi rappeler en détail les supplices des autres citoyens romains? Un seul tableau vous les offrira tous sous un même point de vue. Cette prison qui fut bâtie par le cruel Denys, les carrières de Syracuse devinrent, sous Verrès, le domicile des citoyens romains. Quiconque avait le malheur de l'offenser ou de lui déplaire, était aussitôt jeté dans les carrières. Vous frémissez, citoyens, et je vous ai déjà vus frémir, lorsque, dans la première action, les témoins ont fait entendre ces faits. Vous pensez qu'il ne suffit pas que les droits de la liberté soient respectés à Rome, où nous avons pour les maintenir les tribuns et les autres magistrats, les tribunaux qui entourent le forum, l'autorité du sénat, la présence

ut aliquando	pour que enfin
diceret se spondere.	il dît qu'il s'engageait *à consigner*.
Ille sic affectus,	Ce *malheureux* ainsi traité,
tum sublatus illinc	alors enlevé de-là
pro mortuo,	pour mort,
mortuus est brevi postea :	mourut bientôt après :
iste autem homo venerius,	mais cet homme *esclave* de-Vénus,
et affluens omni lepore	et abondant (pétri) de tous les charmes
et venustate,	et de *toutes les* grâces,
posuit in æde Veneris	plaça (consacra) dans le temple de Vénus
Cupidinem argenteum	un Cupidon d'-argent
de bonis illius.	des biens (aux dépens) de cet *infortuné*.
Sic abutebatur	*C'est* ainsi qu'il usait-injustement
etiam fortunis hominum	même de la fortune des citoyens,
ad vota nocturna	pour *acquitter* les vœux nocturnes
suarum cupiditatum.	de ses passions (débauches).
LV. 150. Nam quid ego	LV. 150. Car pourquoi moi
loquar singillatim	parlerais-je en-détail
potius, quam generatim	plutôt que généralement
atque universe,	et en-masse,
de ceteris suppliciis	des autres supplices
civium romanorum ?	des citoyens romains?
Ille carcer, qui est factus	Cette prison qui a été faite
Syracusis a Dionysio,	à Syracuse par Denys,
crudelissimo tyranno,	le plus cruel tyran,
quæ vocantur Latomiæ,	*et* qui est nommée Latomies,
fuit in imperio istius	a été sous l'empire de ce *Verrès*
domicilium	le domicile
civium romanorum :	des citoyens romains :
ut quisque offenderat	selon-que quelqu'un avait blessé
animum aut oculos istius,	l'esprit ou les yeux de ce *tyran*,
statim conjiciebatur	aussitôt il était jeté
in Latomias.	dans les Latomies.
Judices, video hoc	Juges, je vois qu'une telle *conduite*
videri indignum omnibus;	paraît indigne à *vous* tous;
et jam priore actione,	et déjà dans la première action,
intellexi id,	j'ai remarqué cette *indignation*,
quum testes dicerent hæc.	quand les témoins citaient ces *faits*.
Putatis enim oportere	En effet vous pensez qu'il faut
jura libertatis retineri	les droits de la liberté être conservés
non modo hic,	non seulement ici,
ubi sunt tribuni plebis,	où sont les tribuns du peuple,
ubi ceteri magistratus,	où *sont* les autres magistrats,
ubi forum	où le forum
plenum judiciorum,	*est* plein de tribunaux,
ubi auctoritas senatus,	ou *domine* l'autorité du sénat,
ubi existimatio,	où *règne* l'opinion,

quentia ; sed, ubicumque terrarum et gentium violatum jus civium romanorum sit, statuitis id pertinere ad communem causam libertatis et dignitatis.

151. In externorum hominum, et maleficorum sceleratorumque, in prædonum hostiumque custodias tu tantum numerum civium romanorum includere ausus es? nunquamne tibi judicii, nunquam concionis, nunquam hujus tantæ frequentiæ, quæ nunc animo te iniquissimo infestissimoque intuetur, venit in mentem? nunquam tibi populi romani absentis dignitas, nunquam species ipsa hujuscemodi multitudinis in oculis animoque versata est? nunquam te in horum conspectum rediturum, nunquam in forum populi romani venturum, nunquam sub legum et judiciorum potestatem casurum esse putasti?

LVI. 152. At quæ erat ista libido crudelitatis exercendæ ?

et la majesté du peuple romain ; mais que dans tous les lieux, chez tous les peuples, entreprendre sur les droits d'un citoyen, c'est un attentat qui intéresse la liberté et la dignité de tous les Romains.

151. Eh quoi ! Verrès, dans cette prison destinée aux étrangers, aux malfaiteurs, aux scélérats, aux brigands, aux ennemis de la patrie, vous avez osé renfermer un si grand nombre de citoyens romains? Mais les tribunaux, mais ce concours immense d'un peuple irrité, qui dans ce moment lance sur vous des regards d'indignation et de fureur, votre souvenir ne vous en a donc jamais retracé l'image? La majesté du peuple romain que vous outragiez en son absence, le spectacle effrayant de cette foule qui vous environne, ne se sont donc jamais offerts à votre pensée? Vous comptiez donc ne reparaître jamais aux yeux de vos concitoyens, ne jamais rentrer dans le forum, ne retomber jamais sous le pouvoir des lois et des tribunaux ?

LVI. 152. Mais quelle manie le poussait à la cruauté ? quel motif

et frequentia	et l'affluence
populi romani ;	du peuple romain ;
sed statuitis,	mais vous établissez (pensez),
ubicumque	qu'en-quelque-lieu
terrarum et gentium	de la terre et des nations
jus civium romanorum	que le droit des citoyens romains
sit violatum,	ait été violé,
id pertinere	cela importe
ad causam communem	à la cause commune
libertatis et dignitatis.	de *notre* liberté et de *notre* dignité.
151. Tu, es ausus	151. Vous, vous avez osé
includere	renfermer
tantum numerum	un si-grand nombre
civium romanorum,	de citoyens romains
in custodias	dans la prison
hominum externorum,	des hommes étrangers,
et maleficorum	et des malfaiteurs
sceleratorumque,	et des scélérats,
in prædonum,	dans *celle* des brigands
hostiumque ?	et de *nos* ennemis ?
nunquamne judicii,	est-ce-que jamais *l'image* des tribunaux,
nunquam concionis,	jamais *celle* de *cette* assemblée,
nunquam	jamais *celle*
hujus frequentiæ tantæ,	de cette foule si-grande
quæ nunc intuetur te	qui maintenant regarde vous
animo	avec des sentiments
iniquissimo	très-défavorables
infestissimoque,	et très-hostiles,
tibi venit in mentem?	ne vous est venue à l'esprit?
nunquam dignitas	jamais la majesté
populi romani absentis,	du peuple romain absent,
nunquam species ipsa	jamais le spectacle même
multitudinis hujuscemodi,	d'une multitude telle (si imposante),
est versata tibi	ne s'est présenté à vous
in oculis animoque?	devant *vos* yeux et *à votre* esprit?
putasti te	avez-vous pensé vous
rediturum nunquam	ne devoir revenir jamais
in conspectum horum,	en présence de ces *citoyens*,
nunquam venturum	ne jamais devoir reparaître
in forum populi romani,	dans le forum du peuple romain,
nunquam esse casurum	ne jamais devoir tomber
sub potestatem	sous le pouvoir
legum et judiciorum ?	des lois et des tribunaux ?
LVI. 152. At quæ erat	LVI. 152. Mais quelle était
ista libido	cette manie
crudelitatis exercendæ ?	de cruauté à-exercer ?
quæ causa	quelle *était* la cause

quæ tot scelerum suscipiendorum causa? nulla, judices, præter prædandi novam singularemque rationem. Nam ut illi, quos a poetis accepimus, sinus quosdam obsedisse maritimos, aut aliqua promontoria, aut prærupta saxa tenuisse dicuntur, ut eos, qui essent appulsi navigiis, interficere possent; sic iste in omnia maria infestus ex omnibus Siciliæ partibus imminebat. Quæcumque navis ex Asia, quæ ex Syria, quæ Tyro, quæ Alexandria venerat, statim certis indicibus et custodibus tenebatur; vectores omnes in Latomias conjiciebantur; onera atque merces in prætoriam domum deferebantur. Versabatur in Sicilia longo intervallo, non Dionysius ille, nec Phalaris (tulit enim illa quondam insula multos et crudeles tyrannos); sed quoddam novum monstrum, ex vetere illa immanitate, quæ in iisdem locis versata esse dicitur. Non enim Charybdim tam infestam, neque Scyllam nautis, quam istum in eodem freto

lui faisait multiplier les crimes? Citoyens, c'était de sa part un nouveau système de brigandage. Les poëtes nous ont parlé de nations barbares qui s'emparaient de quelques golfes, ou qui se postaient sur des promontoires et des rochers escarpés, afin de massacrer les navigateurs jetés sur leurs côtes; ainsi qu'eux, Verrès, de toutes les parties de la Sicile, étendait ses regards sur toutes les mers. Arrivait-il un vaisseau de l'Asie, de la Syrie, de Tyr, d'Alexandrie, ou de quelque autre lieu, soudain il était saisi par ses agents. On conduisait tout l'équipage aux carrières; on transportait les cargaisons dans le palais du préteur. La Sicile, après un long intervalle, voyait reparaître, non pas un autre Denys, non pas un autre Phalaris, non pas un des cruels tyrans qu'elle a produits en grand nombre, mais un monstre de la nature de ceux qui, dans les siècles antiques, rava-

tot scelerum	de tant-de crimes
suscipiendorum?	à-commettre?
nulla, judices,	aucune, juges,
præter rationem	si-ce-n'est un système
novam singularemque	nouveau et singulier
prædandi.	de voler.
Nam ut illi	Car de-même-que ces *hommes barbares*
quos accepimus	que nous avons reçus (connus)
à poetis,	par *le récit des* poëtes,
dicuntur obsedisse	sont dits avoir investi
quosdam sinus maritimos,	quelques golfes de-mer
aut tenuisse	ou avoir occupé
aliqua promontoria,	quelques promontoires,
aut saxa prærupta,	ou des rochers escarpés,
ut possent interficere	afin qu'ils pussent tuer
eos qui essent appulsi	ceux qui seraient jetés *sur leurs côtes*
navigiis;	avec *leurs* vaisseaux;
sic iste imminebat infestus	ainsi ce *Verrès* planait *en* ennemi
in omnia maria,	sur toutes les mers,
ex omnibus partibus	de toutes les parties
Siciliæ.	de la Sicile.
Quæcumque navis venerat	Tout navire qui était arrivé
ex Asia, quæ ex Syria,	qui de l'Asie, qui de la Syrie,
quæ Tyro, quæ Alexandria,	qui de Tyr, qui d'Alexandrie,
statim tenebatur	aussitôt était saisi
indicibus	par des agents
et custodibus certis;	et des gardiens fidèles;
omnes vectores	tous les passagers
conjiciebantur	étaient jetés
in Latomias;	aux Latomies;
onera atque merces	les cargaisons et les marchandises
deferebantur	étaient transportées
in domum prætoriam.	dans la maison du-préteur.
Longo intervallo,	Après un long intervalle,
versabatur in Sicilia,	reparaissait en Sicile,
non ille Dionysius,	non-plus ce *fameux* Denys,
nec Phalaris,	ni Phalaris,
—illa enim insula	—cette île en effet
tulit quondam	a produit autrefois
multos et crudeles	beaucoup et de cruels
tyrannos,—	tyrans,—
sed quoddam	mais un certain
monstrum novum,	monstre nouveau,
ex illa vetere immanitate,	de cette ancienne férocité,
quæ dicitur esse versata	qui est dite avoir existé
in iisdem locis.	dans les mêmes lieux.
Non enim arbitror	En effet je ne pense pas

fuisse arbitror : hoc etiam iste infestior, quod multo se pluribus et majoribus canibus succinxerat. Cyclops alter, multo importunior : hic enim totam insulam obtinebat ; ille Ætnam solam, et eam Siciliæ partem tenuisse dicitur.

153. At quæ causa tum subjiciebatur ab ipso, judices, hujus tam nefariæ crudelitatis? eadem, quæ nunc in defensione commemorabitur. Quicumque accesserant ad Siciliam paulo pleniores, eos sertorianos milites esse atque a Dianio[1] fugere dicebat. Illi ad deprecandum periculum proferebant, alii purpuram tyriam, thus alii atque odores vestemque linteam, gemmas alii et margaritas, vina nonnulli græca venalesque asiaticos ; ut intelligeretur ex mercibus, quibus ex locis navigarent. Non providerant, eas ipsas sibi causas esse periculi, quibus adjumentis se ad salutem uti arbitrabantur. Iste enim hæc eos ex piratarum societate adeptos esse dicebat ; ipsos in La-

gèrent cette malheureuse contrée. J'ose le dire, Charybde et Scylla firent moins de mal aux navigateurs que dans ce même détroit ne leur en a fait Verrès, d'autant plus redoutable qu'il s'était entouré d'une meute et plus nombreuse et plus dévorante. C'était un autre Cyclope plus terrible encore que le premier. Polyphême du moins n'occupait que l'Etna et le pays qui l'avoisine : Verrès dominait sur la Sicile entière.

153. Mais enfin de quel prétexte voilait-il cette abominable cruauté? du même prétexte que tout à l'heure on alléguera dans sa défense. Tous ceux qui abordaient en Sicile avec quelques richesses, étaient, à l'entendre, des soldats de Sertorius qui fuyaient de Dianium. Pour détruire cette imposture, ils présentaient, les uns de la pourpre de Tyr, les autres de l'encens, des parfums, des étoffes de lin ; d'autres, des perles et des pierres précieuses ; quelques-uns des vins grecs et des esclaves d'Asie, afin que, par la nature de leurs marchandises, on pût juger de quels lieux ils arrivaient. Ils n'avaient pas prévu que ce qu'ils croyaient être la preuve de leur innocence, serait la cause de leur danger. Il disait que toutes ces richesses

Charybdim neque Scyllam	que Charybde ni Scylla
fuisse tam infestam nautis,	ait été si funeste aux nautonniers,
quam istum in eodem freto :	que ce *Verrès* dans le même détroit :
iste etiam hoc infestior,	celui-ci même *était* d'autant plus terrible,
quod succinxerat se	qu'il avait entouré soi
canibus pluribus	de chiens plus nombreux
et majoribus.	et plus grands.
Alter Cyclops,	*C'était* un autre Cyclope,
multo importunior :	beaucoup plus redoutable *que l'ancien* :
hic enim obtinebat	celui-ci (Verrès) en effet occupait
insulam totam ;	l'île tout-entière ;
ille dicitur	celui-là (Polyphême) est dit
tenuisse Ætnam solam,	avoir occupé l'Etna seul,
et eam partem Siciliæ.	et cette partie de la Sicile *qui l'avoisine.*
153. At quæ causa,	153. Mais *enfin* quel prétexte,
judices,	juges,
hujus crudelitatis	de cette cruauté
tam nefariæ	si abominable
subjiciebatur tum ab ipso ?	était supposé alors par lui ?
eadem,	le même
quæ commemorabitur	qui sera cité
nunc in defensione.	tout-à-l'heure dans la défense.
Quicumque accesserant	Tous-ceux-qui avaient abordé
in Siciliam	en Sicile
paulo pleniores,	un peu plus pleins (riches) *que d'autres,*
dicebat eos esse	il disait que ceux-là étaient
milites sertorianos,	des soldats de-Sertorius,
atque fugere a Dianio.	et qu'ils fuyaient de Dianium.
Illi proferebant	Ceux-ci présentaient
ad deprecandum	pour détourner
periculum,	le danger,
alii, purpuram tyriam,	les uns, la pourpre tyrienne,
alii, thus atque odores,	les autres, de l'encens et des parfums,
vestemque linteam,	et des étoffes de-lin,
alii gemmas et margaritas,	les autres, des perles et des pierres-pré-
nonnulli vina græca	quelques-uns des vins grecs [cieuses,
venalesque asiaticos ;	et des *esclaves*-à-vendre d'-Asie ;
ut intelligeretur	afin qu'il fût compris
ex mercibus,	d'après *la nature de leurs* marchandises,
ex quibus locis navigarent.	de quels lieux ils venaient-par-mer.
Non providerant	Ils n'avaient pas prévu
causas periculi	que les causes de danger
esse sibi eas ipsas	étaient pour eux celles mêmes
quibus arbitrabantur	dont ils pensaient
se uti	eux *pouvoir* se-servir
adjumentis ad salutem.	*comme* de moyens pour *leur* salut.
Iste enim dicebat	En effet, ce *Verrès* disait

tomias abduci imperabat ; naves eorum atque onera diligenter asservanda curabat.

LVII. 154. His institutis, quum completus jam mercatorum carcer esset, tum illa fiebant quæ L. Suetium, equitem romanum, lectissimum virum, dicere audistis, quæ ceteros audietis. Cervices in carcere frangebantur indignissime civium romanorum, ut jam illa vox, et illa imploratio : Civis romanus sum ! quæ sæpe multis, in ultimis terris, opem inter barbaros et salutem tulit, ea mortem illis acerbiorem et supplicium maturius ferret. Quid est, Verres ? quid ad hæc cogitas respondere ? num mentiri me ? num fingere aliquid ? num augere crimen ? num quid horum dicere istis defensoribus tuis audes ? Cedo mihi, quæso, ex ipsius sinu litteras Syracusanorum, quas iste ad arbitrium suum confectas esse arbitratur ; cedo rationem

étaient le fruit de leur association avec les pirates; il les envoyait aux carrières, et faisait garder avec soin les vaisseaux et les cargaisons.

LVII. 154. Lorsque la prison se trouvait remplie de négociants, on employait, pour la vider, le moyen qui vous a été attesté par L. Suétius, un de nos chevaliers les plus respectables, et qui le sera de même par les autres témoins. Des citoyens romains étaient indignement étranglés dans la prison. En vain ils s'écriaient : Je suis citoyen romain ! ce cri puissant que tant d'autres n'ont pas fait entendre vainement aux extrémités de la terre et chez les barbares, ne servait qu'à rendre et leur supplice plus prompt et leur mort plus cruelle. Eh bien ! Verrès, quelle est la réponse que vous préparez ? direz-vous que j'en impose ? que j'invente ? que j'exagère ? est-ce là ce que vous voulez faire dire par vos défenseurs ? Qu'on lise les registres des Syracusains, ces registres que lui-même a produits, et qu'il croit avoir été rédigés au gré de ses désirs ; qu'on lise le jour-

eos esse adeptos hæc	qu'ils avaient acquis ces *richesses*
ex societate piratarum;	dans la société des pirates;
imperabat ipsos abduci	il ordonnait qu'ils fussent emmenés
in Latomias;	aux Latomies;
curabat	il avait-soin
naves atque onera eorum	que les vaisseaux et les cargaisons d'eux
asservanda diligenter.	fussent gardés exactement.
LVII. 154. His institutis,	LVII. 154. Ces *choses ainsi* disposées,
quum jam carcer	quand déjà la prison
esset completus	était remplie
mercatorum,	de marchands,
tum fiebant illa	alors avaient-lieu ces *massacres*
quæ audistis	que vous avez entendu
L. Suetium,	L. Suétius,
equitem romanum,	chevalier romain,
virum lectissimum,	homme très-distingué,
et quæ audietis	et que vous entendrez
ceteros dicere.	les autres raconter.
Cervices	Les cous
civium romanorum	des citoyens romains
frangebantur indignissime	étaient rompus de-la-plus-indigne-façon
in carcere,	dans la prison,
ut jam illa vox,	de sorte qu'alors cette parole,
et illa imploratio:	et cette invocation:
SUM CIVIS ROMANUS!	JE SUIS CITOYEN ROMAIN!
quæ tulit sæpe	qui a porté souvent
opem et salutem multis	aide et salut à beaucoup *de citoyens*
inter barbaros,	au-milieu-des barbares,
in terris ultimis,	dans les contrées les plus reculées,
ea ferret illis	cette *parole* causait à eux
mortem acerbiorem	une mort plus cruelle
et supplicium maturius.	et un supplice plus prompt.
Quid est, Verres?	Qu'est-ce *donc*, Verrès?
quid cogitas	que pensez-vous
respondere ad hæc?	répondre à cela?
num me mentiri?	est-ce-que *vous* m'*accuserez d*'en-imposer?
num fingere aliquid?	ou *d*'inventer quelque *circonstance?*
num augere crimen?	ou *d*'exagérer l'accusation?
num audes dicere	est-ce-que vous osez dire
quid horum	quelqu'un de ces *mensonges*
istis tuis defensoribus?	à ces *hommes* vos défenseurs?
Cedo mihi, quæso,	Montrez-moi, je *vous* prie,
ex sinu ipsius,	du sein (de la défense) de lui (l'accusé),
litteras Syracusanorum,	les registres des Syracusains,
quas iste arbitratur	que ce *malheureux* pense
esse confectas	avoir été rédigés
ad suum arbitrium;	à son gré;

11.

carceris, quæ diligentissime conficitur, quo quisque die datus in custodiam, quo mortuus, quo necatus sit. LITTERÆ SYRACUSANORUM.

155. Videtis cives romanos gregatim conjectos in Latomias; videtis indignissimo in loco coacervatam multitudinem vestrorum civium. Quærite nunc vestigia, quibus exitus illorum ex illo loco compareant : nulla sunt. Omnesne mortui ? Si ita posset defendere, tamen fides huic defensioni non haberetur. Sed scriptum exstat in iisdem litteris, quod iste homo barbarus ac dissolutus neque attendere unquam, neque intelligere potuit : ἐδικώθησαν [1], inquit, ut Siculi loquuntur, hoc est, supplicio affecti ac necati sunt.

LVIII. 156. Si quis rex, si qua civitas exterarum gentium, si qua natio fecisset aliquid in civem romanum ejusmodi, nonne publice vindicaremus ? non bello persequeremur ? pos-

---

nal de la prison, où sont constatées avec exactitude les dates de l'entrée, de la mort ou de l'exécution de chaque prisonnier. REGISTRE DES SYRACUSAINS.

155. Vous voyez des Romains jetés pêle-mêle dans les carrières ; vous voyez vos concitoyens entassés dans ce séjour d'horreur. Cherchez à présent les traces de leur sortie : il n'en existe pas. Tous sont-ils morts de maladie? Quand Verrès pourrait le dire, on ne le croirait point. Mais dans ces mêmes registres, il y a un mot que cet homme ignorant et incapable d'attention n'a pu ni remarquer ni comprendre : ce mot est ἐδικώθησαν, locution sicilienne qui signifie : Ils ont été exécutés à mort.

LVIII. 156. Si quelque roi, si quelque cité ou quelque nation étrangère avait commis un pareil attentat contre un de nos citoyens, la république n'en tirerait-elle pas vengeance? ne prendrions-nous

cedo rationem carceris,	montrez le journal de la prison,
quæ conficitur	qui est fait (tenu)
diligentissime,	très-exactement,
quo die quisque	*et porte* quel jour chaque *prisonnier*,
datus in custodiam,	*a été* donné (mis) en garde,
quo mortuus,	quel *jour il est* mort,
quo sit necatus.	quel *jour* il a été tué.
LITTERÆ	REGISTRE
SYRACUSANORUM.	DES SYRACUSAINS.
155. Videtis	155. Vous voyez
cives romanos	des citoyens romains
conjectos gregatim	jetés en-foule (pêle-mêle)
in Latomias :	dans les Latomies :
videtis multitudinem	vous voyez une foule
vestrorum civium	de vos concitoyens
coacervatam	entassée
in loco indignissimo.	dans le lieu le plus indigne.
Quærite nunc vestigia	Cherchez maintenant des traces
quibus exitus illorum	par lesquelles la sortie de ces *citoyens*
ex illo loco compareant :	de ce lieu *d'horreur* soit indiquée :
nulla sunt.	aucune n'existe.
Omnesne mortui ?	Est-ce-que tous *sont* morts ?
Si posset defendere ita,	S'il pouvait *se* défendre ainsi,
tamen fides non haberetur	certes la confiance ne serait pas accordée
huic defensioni.	à cette défense.
Sed in iisdem litteris	Mais dans ces-mêmes registres
exstat scriptum	existe un *mot* écrit
quod iste homo	que cet homme
barbarus ac dissolutus	ignorant et insouciant
potuit unquam	n'a pu jamais
neque attendere	ni remarquer
neque intelligere :	ni comprendre
inquit : ἐδικώθησαν,	*ce mot* dit : ἐδικώθησαν,
ut loquuntur Siculi,	comme parlent les Siciliens,
hoc est,	c'est-à-dire,
sunt affecti supplicio,	ils ont été frappés du supplice,
ac necati.	et tués.
LVIII. 156. Si quis rex,	LVIII. 156. Si quelque roi,
si qua civitas	si quelque cité
gentium exterarum,	des nations étrangères,
si qua natio	si quelque peuple
fecisset aliquid ejusmodi	avait commis un *attentat* de-cette-sorte
in civem romanum,	contre un citoyen romain,
nonne vindicaremus	n'en tirerions-nous-pas-vengeance
publice ?	publiquement ?
non persequeremur	n'*en* poursuivrions-nous pas *la punition*
bello ?	par la guerre ?

semus hanc injuriam ignominiamque nominis romani inultam impunitamque dimittere? Quot bella majores nostros et quanta suscepisse arbitramini, quod cives romani injuria affecti, quod navicularii retenti, quod mercatores spoliati dicerentur? At ego retentos non queror; spoliatos ferendum puto : navibus, mancipiis, mercibus ademptis, in vincula conjectos esse mercatores, et in vinculis cives romanos necatos esse, arguo.

157. Si hæc apud Scythas dicerem, non hic in tanta multitudine civium romanorum, non apud senatores lectissimos civitatis, non in foro populi romani; de tot et tam acerbis suppliciis civium romanorum, tamen animos etiam barbarorum hominum permoverem. Tanta enim hujus imperii amplitudo, tanta nominis romani dignitas est apud omnes nationes, ut ista in nostros homines crudelitas nemini concessa videatur. Num ergo tibi ullam salutem, ullum perfugium putem, quum

pas les armes? et pourrions-nous laisser impuni cet outrage fait au nom romain? Combien de guerres entreprises par nos ancêtres pour venger des citoyens insultés, des navigateurs emprisonnés, des négociants dépouillés! Je ne me plains pas de ce que ceux dont je parle ont été détenus ; je tolère qu'ils aient été dépouillés : mais ce que je dénonce, c'est qu'après s'être vu ravir leurs vaisseaux, leurs esclaves, leurs marchandises, des négociants aient été jetés dans les fers ; c'est que des Romains aient été mis à mort dans les prisons.

157. Si je parlais à des Scythes, et non pas ici, en présence de tant de citoyens, devant l'élite des sénateurs et dans le forum du peuple romain, le récit de ces affreux supplices, subis par des citoyens, pénétrerait d'horreur les âmes même de ces barbares. Telle est la majesté de notre empire, tel est le respect que toutes les nations portent au nom romain, qu'elles ne conçoivent pas que cet excès de cruauté puisse être permis à aucun mortel. Croirai-je donc, Verrès, qu'il vous reste un asile, un moyen de salut, quand je vous vois sous

possemus dimittere	pourrions-nous abandonner
hanc injuriam	cette injure
ignominiamque	et *cet* outrage
nominis romani	du (fait au) nom romain
inultam impunitamque?	sans-vengeance et sans-châtiment?
Quot et quanta bella	Combien et quelles *terribles* guerres
arbitramini	*ne* savez-vous *pas*
nostros majores suscepisse	que nos ancêtres ont entreprises
quod cives romani	parce que des citoyens romains
dicerentur affecti injuria,	étaient dits *avoir été* atteints d'injustices
quod navicularii retenti,	et des matelots emprisonnés,
quod mercatores spoliati?	et des marchands dépouillés?
At ego non queror	Mais moi je ne me-plains pas
retentos;	*que des hommes aient été* détenus;
puto ferendum	je pense qu'il faut tolérer
spoliatos;	*qu'ils aient été* dépouillés;
arguo mercatores,	je dénonce que des marchands
navibus, mancipiis,	*leurs* vaisseaux, *leurs* esclaves
mercibus ademptis,	*leurs* marchandises *leur* étant ravis,
esse conjectos in vincula,	ont été jetés dans les fers,
et cives romanos,	et que des citoyens romains
esse necatos in vinculis.	ont été tués dans les fers.
157. Si dicerem hæc	157. Si je prononçais ces *paroles*
de tot et tam acerbis	au-sujet-de tant et *de* si cruels
suppliciis	supplices
civium romanorum,	*infligés à* des citoyens romains,
apud Scythas,	chez des Scythes,
non hic in tanta multitudine	non-pas ici au-milieu d'une si-grande foule
civium romanorum,	de citoyens romains,
non apud senatores	non devant les sénateurs
lectissimos civitatis,	les plus distingués de la république,
non in foro populi romani,	non dans le forum du peuple romain,
tamen permoverem animos,	cependant je toucherais les cœurs,
etiam hominum	même de *ces* hommes
barbarorum.	barbares.
Amplitudo enim	En effet la majesté
hujus imperii est tanta,	de cet empire est si-grande,
dignitas nominis romani	la dignité du nom romain
est tanta	est si-grande
apud omnes nationes,	auprès-de toutes les nations,
ut ista crudelitas	qu'une telle cruauté
erga nostros homines	envers nos concitoyens
videatur concessa nemini.	ne paraît permise à personne.
Num ergo putem	Croirai-je donc
ullam salutem,	que quelque *moyen de* salut,
ullum perfugium tibi,	que quelque asile vous *reste encore*,
quum videam	quand je vois

te implicatum severitate judicum, circumretitum frequentia populi romani esse videam?

158. Si mehercules (id quod fieri non posse intelligo), ex his laqueis te exueris, ac te aliqua via ac ratione explicaris, in illas tibi majores plagas incidendum est, in quibus te ab eodem me, superiore ex loco[1], confici et concidi necesse est. Cui si etiam id quod defendit, velim concedere, tamen illa ipsa defensio non minus esse ei perniciosa, quam mea vera accusatio debeat. Quid enim defendit? ex Hispania fugientes se excepisse et supplicio affecisse dicit. Quis tibi id permisit? quo id jure fecisti? quis idem fecit? qui tibi id facere licuit?

159. Forum plenum et basilicas istorum hominum videmus, et animo æquo videmus. Civilis enim dissensionis, et sive amentiæ, sive fati, seu calamitatis, non est iste molestus exitus, in quo reliquos saltem cives incolumes licet conservare. Verres ille, vetus proditor consulis, translator quæsturæ[2],

la main sévère de la justice, et de toutes parts enveloppé par le peuple qui assiste à cette audience?

158. Si, ce que je crois impossible, vous parveniez par quelque moyen à vous dégager des liens de ce jugement, ce serait pour tomber dans un précipice encore plus profond, où vous resteriez accablé sous les traits inévitables que ma main vous lancerait d'un lieu plus élevé. Oui, juges, quand je voudrais admettre ses moyens de défense, sa propre justification ne lui ferait pas moins de mal que les griefs trop vrais que j'énonce contre lui. Que dit-il, en effet? qu'il a saisi et envoyé au supplice ceux qui fuyaient d'Espagne. Qui vous l'a permis? de quel droit l'avez vous fait? d'après quel exemple? d'après quelle autorité?

159. Nous voyons le forum et les portiques qui l'entourent remplis de ces fugitifs; et nous le voyons sans peine. Après de longues dissensions, déplorable effet ou de nos égarements, ou de la rigueur des destins, ou de la colère des dieux, on éprouve quelque satisfaction, lorsqu'en les terminant on peut conserver les citoyens qui ont échappé au fer des combats. Et ces hommes à qui le sénat, à qui le

te esse implicatum	vous être enlacé
severitate judicum,	par la sévérité des juges,
circumretitum	et enveloppé-comme-dans-un-filet
frequentia populi romani?	par la foule du peuple romain?

158. Si mehercules — 158. Si par-Hercule —
id quod non intelligo — ce que je ne comprends pas
posse fieri, — pouvoir se-faire, —
exueris te ex his laqueis, vous dégagiez vous de ces liens,
ac explicaris te et vous débarrassiez vous
aliqua via ac ratione, par quelque voie et quelque moyen,
tibi est incidendum il vous faut tomber
in illas plagas majores, dans ces piéges plus grands,
in quibus est necesse dans lesquels il est inévitable
te confici et concidi que vous soyez accablé et frappé de mort
ex loco superiore d'un lieu plus élevé
ab eodem me. par le même moi (Cicéron).
Si etiam velim concedere Si même je voulais accorder
cui à ce Verrès
id quod defendit, ce qu'il dit-pour-sa-défense
tamen illa ipsa defensio cependant cette même défense
debeat esse ei devrait être pour lui
non minus perniciosa non moins pernicieuse
quam mea vera accusatio. que ma franche accusation.
Quid enim defendit? En effet, que dit-il-pour-sa-défense?
dicit se excepisse il dit qu'il a saisi
et affecisse supplicio et qu'il a frappé du supplice
fugientes ex Hispania. des hommes qui-fuyaient d'Espagne.
Quis permisit tibi id? Qui a permis à vous cela?
quo jure fecisti id? de quel droit avez-vous fait cela?
quis fecit idem? qui a fait jamais la même chose?
qui tibi licuit id facere? comment vous a-t-il été-permis de le faire?

159. Videmus 159. Nous voyons
forum plenum le forum plein
et basilicas et les basiliques pleines
istorum hominum, de ces hommes fugitifs,
et videmus animo æquo. et nous les voyons d'un esprit égal.
Enim iste exitus En effet cette issue
dissensionis civilis, de nos dissensions civiles,
et sive amentiæ,. et soit de notre égarement,
sive fati, soit des rigueurs du destin,
seu calamitatis, soit d'un fléau envoyé par les dieux,
in quo licet saltem dans laquelle il est-permis du-moins
servare incolumes de conserver sains-et-saufs
cives reliquos, les citoyens restants (qui ont survécu),
non est molestus. n'est pas désagréable.
Ille Verres, Ce Verrès,
vetus proditor consulis, ancien traître son consul,

aversor pecuniæ publicæ, tantum sibi auctoritatis in republica suscepit, ut, quibus hominibus per senatum, per populum romanum, per omnes magistratus, in foro, in suffragiis, in hac urbe, in republica versari liceret, iis omnibus mortem acerbam crudelemque proponeret, si fortuna eos ad aliquam partem Siciliæ detulisset.

160. Ad Cn. Pompeium, clarissimum virum et fortissimum, permulti, occiso Perpenna¹, ex illo sertoriano numero militum confugerunt : quem non ille summo cum studio salvum incolumemque servavit? cui civi supplici non illa dextera invicta et fidem porrexit, et spem salutis ostendit? Itane vero, quibus fuit portus apud eum, contra quem arma tulerant, iis apud te, cujus nullum in republica unquam monumentum fuit, mors et cruciatus erat constitutus? Vide quam commodam defensionem excogitaris.

LIX. 161. Malo, malo mehercule, id, quod tu defendis, his

peuple romain, à qui tous les magistrats ont permis de reparaître dans le forum, de donner leurs suffrages, de résider à Rome, d'y jouir de tous les droits du citoyen, Verrès, jadis traître à son consul, questeur transfuge, voleur des deniers publics, s'est arrogé le pouvoir de leur préparer une mort cruelle, si la fortune les conduisait sur quelque rivage de la Sicile !

160. Après la mort de Perpenna, plusieurs soldats de Sertorius implorèrent la clémence de Pompée. Cet illustre général ne mit-il pas le plus grand empressement à les sauver? A quel citoyen suppliant cette main victorieuse n'offrit-elle pas le gage et l'assurance de son salut? Eh bien ! ils trouvaient un asile dans les bras du héros contre lequel ils avaient porté les armes : auprès de vous. Verrès, auprès de vous, homme sans courage et sans vertu, ils ne trouvaient que le supplice et la mort! Voyez combien votre défense est heureusement combinée.

LIX. 161. Certes j'aime mieux que les juges et le peuple romain

translator questuræ,	transfuge de la questure,
aversor pecuniæ publicæ,	qui-détourne l'argent public
suscepit sibi	a pris pour soi (s'est arrogé)
tantum auctoritatis	tant d'autorité
in republica,	dans la république,
ut proponeret	qu'il présentait (préparait)
mortem	une mort
acerbam crudelemque	affreuse et cruelle
omnibus iis hominibus	à tous ces hommes
quibus liceret per senatum,	auxquels il était-permis par le sénat,
per populum romanum,	par le peuple romain,
per omnes magistratus,	par tous les magistrats,
versari in foro,	de paraître au forum,
in suffragiis, in hac urbe,	aux suffrages, dans cette ville,
in republica,	dans la république,
si fortuna eos detulisset	si le sort les avait portés
ad aliquam partem Siciliæ.	sur quelque partie de la Sicile.
160. Perpenna occiso,	160. Perpenna ayant été mis-à-mort,
permulti militum	beaucoup-de soldats
ex illo numero sertoriano	de ce (du) nombre *de ceux* de-Sertorius
confugerunt	se-réfugièrent
ad Cn. Pompeium,	près-de Cn. Pompée,
virum clarissimum	homme très-illustre
et fortissimum :	et très-courageux :
quem ille non servavit	quel celui-ci n'a-t-il pas conservé
salvum incolumemque,	sain et sauf,
cum summo studio?	avec le plus grand empressement?
cui civi supplici	à quel citoyen suppliant
illa dextera invicta	cette main invincible
et non porrexit fidem,	et n'a pas présenté le gage,
et ostendit spem salutis?	et *n'a pas* montré l'espoir du salut?
Itane vero apud te,	Ainsi donc auprès-de vous,
cujus nullum	dont aucun
monumentum	titre-de-gloire
fuit unquam in republica,	n'a existé jamais dans la république,
mors et cruciatus	la mort et les supplices
erat constitutus iis	étaient réservés à ceux
quibus portus	auxquels un port
fuit apud eum	fut *ouvert* près de celui
contra quem	contre qui
tulerant arma?	ils avaient porté les armes?
Vide quam	Voyez combien
commodam defensionem	*est* heureuse *la* défense
excogitaris.	*que* vous avez imaginée.
LIX. 161. Malo,	LIX. 161. J'aime-mieux,
malo mehercule,	j'aime-mieux, certes,
id quod tu defendis	que ce que vous dites-pour-*votre*-défense

judicibus populoque romano, quam id quod ego insimulo, probari. Malo, inquam, te isti generi hominum, quam mercatoribus et naviculariis, inimicum atque infestum putari. Meum enim crimen avaritiæ te nimiæ coarguit : tua defensio furoris cujusdam, et immanitatis, et inauditæ crudelitatis, et pæne novæ proscriptionis.

162. Sed non licet me isto tanto bono, judices, uti ; non licet. Adsunt enim Puteoli toti : frequentissimi venerunt ad hoc judicium mercatores, homines locupletes atque honesti, qui partim socios suos, partim libertos ab isto spoliatos, in vincula conjectos, partim in vinculis necatos, partim securi percussos esse dicent. Hic vide, quam me sis usurus æquo. Quum ego P. Granium testem produxero, qui suos libertos a te securi percussos esse dicat, qui a te navem suam mercesque repetat, refellito, si poteris : meum testem deseram, tibi favebo, te, inquam, adjuvabo : ostendito illos cum Sertorio fuisse, a Dia-

---

s'en réfèrent à votre apologie qu'à mon accusation. Oui, j'aime mieux qu'ils voient en vous le bourreau de ces hommes que celui des négociants et des navigateurs. Mon accusation prouve chez vous une monstrueuse avarice : par votre défense, vous voilà convaincu de frénésie, de cruauté, d'une férocité inouïe, et, j'oserais dire, d'une nouvelle proscription.

162. Mais non, il ne m'est pas permis de profiter d'un tel avantage. Je vois ici toute la ville de Pouzzoles : je vois une foule de négociants riches et honnêtes qui sont venus pour attester que leurs associés, que leurs affranchis, dépouillés, mis aux fers par Verrès, ont été les uns assassinés dans les prisons, les autres exécutés sur la place publique. Remarquez, Verrès, jusqu'où va ma modération. P. Granius, un de mes témoins, doit déposer que ses affranchis ont été frappés de la hache par votre ordre ; il vous redemandera son vaisseau et ses marchandises : quand je l'aurai fait entendre, réfutez-le, si vous pouvez ; j'abandonnerai mon témoin, je vous seconderai, oui, je vous appuierai de tout mon pouvoir. Prouvez que ces hommes avaient été soldats de Sertorius, qu'ils ont été jetés sur les

probari his judicibus	soit prouvé à ces juges
populoque romano,	et au peuple romain,
quam id quod ego insimulo.	que ce dont moi je *vous* accuse.
Malo, inquam, te putari	J'aime-mieux, dis-je, que vous soyez cru
inimicum atque infestum	ennemi et hostile
isti generi hominum,	à cette espèce d'hommes,
quam mercatoribus	qu'aux marchands
et naviculariis.	et aux navigateurs.
Meum enim crimen	En effet mon accusation
coarguit te avaritiæ nimiæ :	convainc vous d'une cupidité excessive :
tua defensio	votre défense
cujusdam furoris,	d'une certaine frénésie
et immanitatis,	et d'une cruauté,
et crudelitatis inauditæ,	et d'une férocité inouïe,
et pæne	et presque
novæ proscriptionis.	d'une nouvelle proscription.
162. Sed non licet,	162. Mais il n'est-pas-permis,
judices,	juges,
me uti isto tanto bono;	que j'use de ce si-grand avantage ;
non licet.	*cela* ne m'est-pas-permis.
Enim toti Puteoli adsunt :	En effet tout Pouzzoles est-ici :
mercatores venerunt	des négociants sont venus
frequentissimi	très-nombreux
ad hoc judicium,	à ce jugement,
homines locupletes	hommes riches
atque honesti, qui dicent	et honorables, qui diront
partim suos socios,	qu'en-partie leurs associés,
partim libertos,	en-partie *leurs* affranchis,
esse spoliatos ab isto,	ont été dépouillés par ce *Verrès*,
conjectos in vincula,	jetés dans les fers,
partim necatos in vinculis,	en-partie tués dans les prisons,
partim percussos securi.	en-partie frappés de la hache.
Hic vide quam	Ici, *Verrès*, voyez combien
sis usurus me æquo.	vous allez user de (trouver) moi modéré.
Quum ego produxero	Quand moi j'aurai produit
P. Granium testem,	P. Granius *pour* témoin,
qui dicat suos libertos	qui dira que ses affranchis
esse percussos a te securi,	ont été frappés par vous de la hache,
qui repetat a te	qui réclamera de vous
suam navem mercesque,	son vaisseau et *ses* marchandises,
refellito, si poteris :	réfutez-*le*, si vous *le* pouvez :
deseram meum testem,	j'abandonnerai mon témoin,
favebo tibi,	je favoriserai vous,
adjuvabo te, inquam :	je seconderai vous, dis-je :
ostendito illos	prouvez que ces *hommes*
fuisse cum Sertorio;	étaient avec Sertorius ;
esse delatos ad Siciliam	qu'ils ont été portés vers la Sicile

nio fugientes ad Siciliam esse delatos. Nihil est quod te malim probare : nullum enim facinus, quod majore supplicio dignum sit, reperiri neque proferri potest.

163. Reducam iterum equitem romanum, L. Flavium, si voles; quoniam priore actione, ut patroni tui dictitant, nova quadam sapientia, ut omnes intelligunt, conscientia tua atque auctoritate meorum testium, testem nullum interrogasti. Interrogetur Flavius, si voles, quinam fuerit L. Herennius, is quem ille argentariam Lepti fecisse dicit; qui, quum amplius centum cives romanos haberet ex conventu syracusano, qui eum non solum cognoscerent, sed etiam lacrymantes ac te implorantes defenderent, tamen a te, inspectantibus omnibus Syracusanis, securi percussus est. Hunc quoque testem meum refelli, et illum Herennium sertorianum fuisse abs te demonstrari et probari volo.

LX. 164. Quid de illa multitudine dicemus eorum qui, capitibus involutis, in piratarum captivorumque numero produce-

côtes de la Sicile, lorsqu'ils fuyaient de Dianium. Prouvez-le : c'est le plus ardent de mes vœux ; car de tous les crimes qu'on peut imaginer, il n'en est pas qui mérite un plus grand supplice.

163. Je reproduirai L. Flavius, si vous le voulez; et puisque, dans la première action, soit prudence, comme le disent vos défenseurs, soit, comme tout le public le pense, impossibilité de répondre à des dépositions trop accablantes, vous n'avez interrogé aucun de mes témoins, demandez-lui quel était L. Hérennius, ce banquier de Leptis, qui, reconnu et avoué par plus de cent de nos Romains établis à Syracuse, a été, malgré leurs supplications et leurs larmes, frappé de la hache, en présence de tous les Syracusains. Réfutez ce témoin, et prouvez, démontrez, c'est moi qui vous en conjure, que ce banquier de Leptis ne fut en effet qu'un soldat de Sertorius.

LX. 164. Que dirai-je de tant d'autres qui, la tête voilée, étaient conduits au supplice comme des pirates pris les armes à la main?

fugientes a Dianio.	fuyant de Dianium.
Nihil est quod malim	Rien n'est que je préférasse
te probare :	vous *voir* prouver :
enim nullum facinus potest	en effet aucun crime ne peut
reperiri neque proferri,	être trouvé ni cité,
quod sit dignum	qui soit digne
supplicio majore.	d'un supplice plus grand.
163. Reducam iterum,	163. Je ramènerai de-nouveau,
si voles,	si vous *le* voulez,
L. Flavium,	L. Flavius,
equitem romanum;	chevalier romain;
quoniam priore actione,	puisque dans la première action,
quadam sapientia nova,	par une prudence *toute* nouvelle,
ut dictitant tui patroni,	comme *le* répètent vos défenseurs,
ut omnes intelligunt,	*ou plutôt* comme tous *le* comprennent,
tua conscientia	*accablé* par *vôtre* conscience
atque auctoritate	et les dépositions-irrécusables
meorum testium,	de mes témoins,
interrogasti nullum testem.	vous n'avez interrogé aucun témoin.
Flavius, si voles,	Que Flavius, si vous *le* voulez,
interrogetur,	soit interrogé,
quinam fuerit	quel était
L. Herennius,	L. Hérennius,
is quem ille dicit	celui qu'il prétend
fecisse argentariam Lepti;	avoir fait la banque à Leptis;
qui, quum haberet	qui, quoiqu'il eût
amplius centum	plus de cent
cives romanos	citoyens romains
ex conventu syracusano,	de la résidence de-Syracuse,
qui non solum	qui non seulement
cognoscerent eum,	connaissaient lui,
sed etiam defenderent	mais même *le* défendaient
lacrymantes	*en* pleurant
ac implorantes te,	et *en* suppliant vous *pour lui*,
tamen est percussus securi	cependant a été frappé de la hache
a te,	par vous (votre ordre),
omnibus Syracusanis	tous les Syracusains
inspectantibus.	*le* voyant.
Volo hunc meum testem	Je veux que ce *Granius* mon témoin
refelli quoque,	soit réfuté aussi,
et demonstrari abs te	et qu'il soit démontré par vous
et probari illum Herennium	et prouvé que cet Hérennius
fuisse sertorianum.	était *soldat* de-Sertorius.
LX. 164. Quid dicemus	LX. 164. Que dirons-nous
de illa multitudine eorum	de cette multitude de ceux
qui, capitibus involutis,	qui, la tête voilée,
producebantur in numero	étaient conduits *au supplice* au nombre

bantur, ut securi ferirentur? Quæ ista nova diligentia? quam ob causam abs te excogitata? An te L. Flavii ceterorumque de L. Herennio vociferatio commovebat? an M. Annii, gravissimi atque honestissimi viri, summa auctoritas paulo te diligentiorem timidioremque fecerat? qui nuper pro testimonio, non advenam nescio quem, nec alienum, sed eum civem romanum, qui omnibus in illo conventu notus, qui Syracusis natus esset, a te securi percussum esse dixit.

165. Post hanc illorum vociferationem, post hanc communem famam atque querimoniam, non mitior in supplicio, sed diligentior esse cœpit. Capitibus involutis cives romanos ad necem producere instituit : quos tamen idcirco necabat palam, quod homines in conventu (id quod antea diximus), nimium diligenter prædonum numerum requirebant. Hæccine plebi ro-

Quelle était cette précaution nouvelle? et qui vous l'avait inspirée? Étiez-vous effrayé des cris de Flavius et des autres amis d'Hérennius? L'autorité du vertueux Annius vous avait-elle rendu plus attentif et plus réservé? Il déclare, sous la foi du serment, que la hache a frappé, non pas un étranger sans aveu, ni un ennemi de Rome, mais un citoyen connu de tous les Romains de ce pays, né dans la ville de Syracuse.

165. Ces réclamations, ces plaintes, ce cri de l'indignation générale, ne le rendirent pas plus humain : seulement il devint plus circonspect. De ce moment, les citoyens romains furent conduits à la mort, la tête voilée. S'il les faisait exécuter en public, c'est que les Syracusains comptaient avec trop d'exactitude les pirates qu'on livrait au supplice. Voilà donc le sort réservé au peuple romain

piratarum captivorumque,	des pirates et des captifs,
ut ferirentur securi?	pour qu'ils fussent frappés de la hache?
Quæ ista diligentia nova?	Quelle *était* cette précaution nouvelle?
ob quam causam	pour quel motif
excogitata abs te?	*avait-elle été* imaginée par vous?
An vociferatio L. Flavii	Est-ce-que les cris de L. Flavius
ceterorumque	et des autres *citoyens*
de L. Herennio	en-faveur-de L. Hérennius
te commovebat?	vous troublaient?
an summa auctoritas	est-ce-que la très-grande autorité
M. Annii, viri gravissimi	de M. Annius, citoyen très-considérable
atque honestissimi,	et très-honorable,
fecerat te	avait rendu vous
paulo diligentiorem	un peu plus attentif
timidioremque?	et plus réservé?
qui nuper	*lui* qui récemment
pro testimonio,	pour témoignage (sous la foi du serment),
dixit non advenam	a dit que non-pas un étranger
nescio quem,	je ne-sais lequel (sans aveu),
nec alienum,	ni un *homme* hostile *à la république*.
sed eum civem romanum,	mais ce (un) citoyen romain,
qui esset notus omnibus	qui *était* connu de tous
in illo conventu,	dans cette résidence,
qui natus Syracusis,	qui *était* né à Syracuse,
esse percussum a te securi.	a été frappé par vous de la hache.
165. Post	165. Après
hanc vociferationem	ces cris *d'indignation*
illorum,	de ces *citoyens*,
post hanc famam	après cette clameur
atque querimoniam	et *ces* plaintes
communem,	générales,
cœpit esse non mitior	il commença à être non plus doux
in supplicio,	dans le supplice,
sed diligentior.	mais plus circonspect.
Instituit	Il commença
producere ad necem	à faire conduire à la mort
cives romanos,	les citoyens romains,
capitibus involutis :	*leurs* têtes étant voilées :
tamen necabat palam	cependant il faisait-tuer en-public
quos, idcirco quod	ces *citoyens*, parce que
homines in conventu,	les hommes dans *cette* résidence,
—id quod diximus antea,—	— ce que nous avons dit déjà,—
requirebant	s'enquéraient
nimium diligenter	trop exactement
numerum prædonum.	du nombre des pirates.
Hæccine est conditio	Est-ce *donc* là le sort
constituta plebi romanæ,	réservé au peuple romain,

manæ, te prætore, est constituta conditio? hæc negotii gerendi spes? hoc capitis vitæque discrimen? Parumne multa mercatoribus sunt necessario pericula subeunda fortunæ, nisi etiam hæ formidines a nostris magistratibus atque in nostris provinciis impendebunt? Ad eamne rem fuit hæc suburbana ac fidelis provincia Sicilia, plena optimorum sociorum honestissimorumque civium, quæ cives romanos omnes suis ipsa sedibus libentissime semper accepit, ut, qui usque ex ultima Syria atque Ægypto navigarent, qui apud barbaros, propter togæ nomen, in honore aliquo fuissent, qui ex prædonum insidiis, qui ex tempestatum periculis profugissent, in Sicilia securi ferirentur, quum se jam domum venisse arbitrarentur?

LXI. 166. Nam quid ego de P. Gavio, cosano [1] municipe, dicam, judices? aut qua vi vocis, qua gravitate verborum, quo dolore animi dicam? tametsi dolor me non deficit, ut cetera

sous votre préture! voilà l'espoir qu'on offre à nos négociants! tels sont les dangers qui les attendent! Eh! n'ont-ils pas assez à craindre des coups de la fortune, sans qu'ils aient encore à redouter nos magistrats dans nos provinces? La Sicile, si voisine de Rome, si fidèle, peuplée de nos meilleurs alliés, de nos citoyens les plus honnêtes, qui nous accueillit toujours avec tant d'amitié, devait-elle être le théâtre de vos cruautés? et fallait-il que des négociants qui revenaient de l'Égypte et des extrémités de la Syrie, à qui le nom romain avait concilié le respect des barbares, qui avaient échappé aux embûches des pirates, aux fureurs des tempêtes, trouvassent la mort en Sicile, lorsqu'ils se croyaient déjà rentrés au sein de leur famille?

LXI. 166. Comment vous peindre le supplice de P. Gavius, de la ville municipale de Cosa? et comment donner assez de force à ma voix, assez d'énergie à mes expressions, assez d'explosion à ma douleur? Le sentiment de cette douleur n'est pas affaibli dans mon

te prætore!	vous *étant* préteur!
hæc spes	voilà l'espoir *offert aux négociants*
negotii gerendi!	du commerce à-faire!
hoc discrimen	voilà le péril
capitis vitæque!	de la tête et de la vie *qui les attend!*
Periculane fortunæ	Est-ce que les dangers de fortune
subeunda necessario	à-subir nécessairement
mercatoribus,	par les négociants,
sunt parum multa,	sont *trop* peu nombreux,
si hæ formidines	si ces craintes
a nostris magistratibus,	de-la-part-de nos magistrats,
atque in nostris provinciis,	et dans nos provinces,
non impendebunt etiam?	ne *les* menacent pas encore?
Sicilia, hæc provincia	La Sicile, cette province
suburbana ac fidelis,	voisine-de-Rome et *si* fidèle,
plena optimorum sociorum,	pleine d'excellents alliés,
civiumque	et des citoyens
honestissimorum,	les plus honnêtes,
quæ accepit semper ipsa	qui a accueilli toujours *d*'elle-même
libentissime	très-volontiers
omnes cives romanos	tous les citoyens romains
suis sedibus,	dans ses *propres* demeures,
fuitne ad eam rem,	fut-elle *donc réservée* pour cette indignité,
ut qui navigarent	*savoir*, que ceux-qui navigueraient
ex ultima Syria	depuis le-fond-de la Syrie
atque Ægypto,	et *de* l'Égypte,
qui fuissent apud Barbaros,	qui auraient été *traités* chez les Barbares,
in aliquo honore	avec quelque honneur
propter nomen togæ;	à-cause-du nom de la toge (romain);
qui profugissent	qui auraient échappé
ex insidiis prædonum,	aux embûches des pirates,
ex periculis tempestatum,	*et* aux dangers des tempêtes,
ferirentur securi	fussent frappés de la hache
in Sicilia,	en Sicile,
quum arbitrarentur	quand ils penseraient
se venisse jam domum?	eux être arrivés enfin dans *leur* patrie?
LXI. 166. Nam	LXI. 166. Or
quid dicam ego, judices,	que dirai-je, juges,
de P. Gavio,	sur *le supplice de* P. Gavius,
municipe cosano?	citoyen-du-municipe de-Cosa?
aut qua vi vocis,	ou avec quelle puissance de voix,
qua gravitate verborum,	avec quelle force d'expressions,
quo dolore animi dicam?	avec quelle affliction d'esprit parlerai-je?
tametsi dolor	quoique la douleur
non deficit me :	ne fasse-pas-défaut à moi :
est elaborandum magis,	il *me* faut m'efforcer surtout,
ut in dicendo	pour qu'en parlant,

mihi in dicendo, digna re, digna dolore meo suppetant, magis elaborandum est. Quod crimen ejusmodi est, ut, quum primum ad me delatum est, usurum me illo non putarem. Tametsi enim verissimum esse intelligebam, tamen credibile fore non arbitrabar. Coactus lacrymis omnium civium romanorum qui in Sicilia negotiantur, adductus Valentinorum, hominum honestissimorum, omniumque Rheginorum, multorumque equitum romanorum, qui casu tum Messanæ fuerunt, testimoniis, dedi tantum priore actione testium, res ut nemini dubia esse posset.

167. Quid nunc agam? quum jam tot horas de uno genere, ac de istius nefaria crudelitate dicam; quum prope omnem vim verborum ejusmodi quæ scelere istius digna sunt, aliis in rebus consumpserim, neque hoc providerim, ut varietate criminum vos attentos tenerem, quemadmodum de tanta re dicam? Opinor, unus modus, atque una ratio est. Rem in medio ponam;

âme; mais où trouver des paroles qui retracent dignement l'atrocité de cette action et toute l'horreur qu'elle m'inspire? Le fait est tel que, lorsqu'il me fut dénoncé pour la première fois, je ne crus pas en pouvoir faire usage. Quoique bien convaincu de sa réalité, je pensais que jamais il ne paraîtrait croyable. Enfin, cédant aux larmes de tous les Romains qui font le commerce en Sicile, entraîné par le témoignage unanime des Valentiens, des habitants de Rhége et de plusieurs de nos chevaliers qui se trouvèrent alors dans Messine, j'ai fait entendre, dans la première action, un si grand nombre de témoins qu'il n'est plus resté de doute à qui que ce soit.

167. Que vais-je faire à présent? Bien des heures ont été employées à vous entretenir uniquement de l'horrible cruauté de Verrès; j'ai épuisé, pour ses autres crimes, toutes les expressions qui pourraient seules retracer le plus odieux de tous; et je ne me suis pas réservé les moyens de soutenir votre attention par la variété de

cetera digna re,	les autres *moyens* dignes du sujet,
digna meo dolore,	dignes de mon affliction,
suppetant mihi.	soient-en-aide à moi.
Quod crimen est ejusmodi,	Ce crime est de-telle-nature,
ut quum est delatum ad me primum,	que lorsqu'il fut dénoncé à moi pour-la-première-fois,
non putarem	je ne crus pas
me illo usurum.	moi devoir *jamais* en user.
Tametsi enim intelligebam	Quoique en effet je comprisse
esse verissimum,	que *le fait* était très-vrai,
tamen non arbitrabar	cependant je ne pensais pas
fore credibile.	qu'il fût *jamais* croyable.
Coactus lacrymis	Forcé par les larmes
omnium civium romanorum,	de tous les citoyens romains,
qui negotiantur in Sicilia,	qui font-le-négoce en Sicile,
adductus testimoniis Valentinorum,	entraîné par les témoignages des Valentiens,
hominum honestissimorum,	hommes très-honorables,
omniumque Rheginorum,	et de tous les *habitants* de-Rhége,
multorumque equitum romanorum,	et de beaucoup-de chevaliers romains,
qui fuerunt tum casu Messanæ,	qui se-trouvèrent alors par-hasard à Messine,
dedi tantum testium priore actione,	j'ai fourni tant-de témoins dans la première action,
ut res posset esse dubia nemini.	que le fait ne put être douteux à personne.
167. Quid agam nunc?	167. Que ferai-je maintenant?
quum dicam jam tot horas de uno genere,	comme je parle déjà *depuis* tant d'heures d'un seul genre *de crimes*,
ac de crudelitate nefaria istius;	et de la cruauté horrible de ce *Verrès*;
quum consumpserim in aliis rebus	comme j'ai épuisé pour *ses* autres forfaits
prope omnem vim verborum ejusmodi	presque toute l'énergie des mots de-cette-sorte (des expressions)
quæ sunt digna scelere istius,	qui sont dignes de la fureur de ce *barbare*,
neque providerim hoc,	et *comme* je n'ai pas prévu cela,
ut vos tenerem attentos varietate criminum,	*savoir*, que je vous tinsse attentifs par la variété des accusations,
quemadmodum dicam de re tanta?	comment parlerai-je d'un crime si-énorme?
Unus modus atque una ratio	Une-seule manière et un-seul moyen

quæ tantum habet ipsa gravitatis, ut neque mea, quæ nulla est, neque cujusquam, ad inflammandos vestros animos eloquentia requiratur.

168. Gavius hic, quem dico, cosanus, quum illo in numero ab isto in vincula conjectus esset, et nescio qua ratione clam e Latomiis profugisset, Messanamque venisset, qui prope jam Italiam et mœnia Rheginorum videret, et ex illo metu mortis ac tenebris, quasi luce libertatis et odore aliquo legum recreatus, revixisset, loqui Messanæ cœpit, et queri se, civem romanum, in vincula esse conjectum, sibi recta iter esse Romam, Verri se præsto advenienti futurum.

LXII. 169. Non intelligebat miser nihil interesse, utrum hæc Messanæ, an apud ipsum in prætorio loqueretur. Nam, ut ante vos docui, hanc sibi iste urbem delegerat, quam haberet adjutricem scelerum, furtorum receptricem, flagitiorum

mes plaintes. Le seul qui me reste, c'est d'exposer le fait; il est si atroce, qu'il n'est besoin ni de ma faible éloquence, ni du talent d'aucun autre orateur pour pénétrer vos âmes de la plus vive indignation.

168. Ce Gavius, dont je parle, avait été jeté dans les carrières, comme tant d'autres; il s'en évada, je ne sais par quel moyen, et vint à Messine. A la vue de l'Italie et des murs de Rhége, échappé des ténèbres et des terreurs de la mort, il se sentait renaître en commençant à respirer l'air pur des lois et de la liberté : mais il était encore à Messine; il parla, il se plaignit qu'on l'eût mis aux fers, quoique citoyen romain ; il dit qu'il allait droit à Rome, et que Verrès l'y trouverait à son retour.

LXII. 169. L'infortuné ne savait pas que tenir ce langage à Messine, c'était comme s'il parlait au préteur lui-même, dans son palais. Je vous l'ai dit, Verrès avait fait de cette ville la complice de ses crimes, la dépositaire de ses vols, l'associée de toutes ses infa-

DISCOURS SUR LES SUPPLICES. 269

est, opinor ;	existent, je *le* pense ;
ponam rem in medio :	je placerai le fait au milieu (sous les yeux) :
quæ habet ipsa	lequel *fait* a *par* lui-même
tantum gravitatis,	tant-de gravité,
ut neque mea eloquentia,	que ni mon éloquence,
quæ est nulla,	qui est nulle,
neque cujusquam,	ni *celle* de personne-autre,
requiratur	n'est exigée (n'est nécessaire)
ad inflammandos	pour enflammer
vestros animos.	vos cœurs *d'indignation*.
168. Quum	168. Comme
hic Gavius cosanus	ce Gavius de-Cosa
quem dico	que (dont) je parle
esset conjectus in vincula	avait été jeté dans les fers
ab isto in illo numero,	par ce Verrès dans ce nombre *de ses victimes*,
et profugisset clam	et s'-était échappé en-secret
e Latomiis,	des Latomies,
nescio qua ratione,	je ne-sais par quel moyen,
venissetque Messanam,	et était arrivé à Messine,
qui videret	*lui* qui voyait
prope jam Italiam	près-de *lui* déjà l'Italie
et mœnia Rheginorum,	et les murs des Rhégiens,
et revixisset	et était revenu-à-la-vie,
ex illo metu mortis	*échappé* de ces terreurs de la mort
ac tenebris,	et des ténèbres,
quasi recreatus	comme ranimé
luce libertatis	par la lumière de la liberté
et aliquo odore legum,	et un certain air *pur* des lois,
cœpit loqui Messanæ,	il commença à parler à Messine,
et queri se civem romanum	et à se-plaindre que lui citoyen romain
esse conjectum in vincula,	avait été jeté dans les fers,
iter esse sibi	*disant* que chemin était à lui (qu'il allait)
recta Romam,	droit à Rome,
se futurum præsto	qu'il serait en-présence (se présenterait)
Verri advenienti.	à Verrès arrivant (à son retour de Sicile).
LXII. 169. Miser	LXII. 169. Le malheureux
non intelligebat	ne comprenait pas
interesse nihil	qu'il ne différait *en* rien
utrum loqueretur hæc	qu'il prononçât ces *paroles*
Messanæ,	à Messine,
an apud ipsum in prætorio.	ou devant Verrès même dans *son* prétoire.
Nam, ut docui vos ante,	Car, comme je *l*'ai appris à vous déjà,
iste delegerat sibi	ce *Verrès* avait choisi pour lui
hanc urbem,	cette ville,
quam haberet	afin qu'il *l*'eût
adjutricem scelerum,	*pour* complice de *ses* crimes,
receptricem furtorum,	*pour* dépositaire de *ses* vols,

omnium sociam. Itaque ad magistratum mamertinum statim deducitur Gavius ; eoque ipso die casu Messanam venit Verres. Res ad eum defertur : esse civem romanum, qui se Syracusis in Latomiis fuisse quereretur ; quem, jam ingredientem navem, et Verri nimis atrociter minitantem, a se retractum esse et asservatum, ut ipse in eum statueret quod videretur.

170. Agit hominibus gratias, et eorum erga se benevolentiam diligentiamque collaudat. Ipse inflammatus scelere et furore, in forum venit. Ardebant oculi : toto ex ore crudelitas eminebat. Exspectabant omnes quo tandem progressurus aut quidnam acturus esset, quum repente hominem proripi, atque in foro medio nudari ac deligari et virgas expediri jubet. Clamabat ille miser se civem esse romanum, municipem cosanum ; meruisse se cum L. Pretio, splendidissimo equite romano, qui Panormi negotiaretur, ex quo hæc Verres scire pos-

mies. Aussi Gavius fut-il conduit aussitôt devant le magistrat. Le hasard voulut que ce jour-là Verrès lui-même vînt à Messine. On lui dit qu'un citoyen romain se plaignait d'avoir été enfermé dans les carrières de Syracuse ; qu'on l'a saisi au moment où il s'embarquait, proférant d'horribles menaces contre lui, et qu'on l'a gardé pour qu'il décidât lui-même ce qu'il en voulait faire.

170. Verrès les remercie : il loue leur bienveillance et leur zèle ; et aussitôt il se transporte au forum, ne respirant que le crime et la fureur. Ses yeux étincelaient : la cruauté était empreinte sur tout son visage. Chacun attendait à quel excès il se porterait, et ce qu'il oserait faire, lorsque tout à coup il ordonne qu'on amène Gavius, qu'on le dépouille, qu'on l'attache au poteau et qu'on apprête les verges. Ce malheureux s'écriait qu'il était citoyen romain, habitant de la ville municipale de Cosa ; qu'il avait servi avec L. Prétius, chevalier romain, actuellement à Palerme, et de qui Verrès pouvait savoir

sociam	associée
omnium flagitiorum.	de (à) toutes *ses* infamies.
Itaque Gavius	C'est-pourquoi Gavius
deducitur statim	est conduit aussitôt
ad magistratum	devant le magistrat
mamertinum :	mamertin :
eoque die ipso casu	et ce jour même par-hasard
Verres venit Messanam.	Verrès vient à Messine.
Res defertur ad eum :	L'affaire est rapportée à lui :
esse civem romanum,	il était, *disait-on*, un citoyen romain,
qui quereretur se fuisse	qui se-plaignait qu'il avait été *mis*
in Latomiis Syracusis ;	aux Latomies à Syracuse ;
quem esse retractum a se,	lequel avait été arrêté par eux *magistrats*,
jam ingredientem navem,	déjà entrant-dans le vaisseau,
et minitantem Verri	et menaçant Verrès
nimis atrociter,	trop cruellement,
et asservatum,	et *avait été* gardé,
ut ipse statueret in eum	pour que lui-même statuât sur cet *homme*
quod videretur.	ce-qui *lui* paraîtrait convenable.
170. Agit gratias	170. Il (Verrès) rend grâces
hominibus,	à *ces* hommes,
et collaudat benevolentiam	et loue *leur* attachement
eorumque diligentiam	et leur zèle
erga se.	à-l'égard-de lui (Verrès).
Ipse inflammatus	Lui-même enflammé
scelere et furore,	par le crime et la fureur,
venit in forum.	vint au forum.
Oculi ardebant :	*Ses* yeux étincelaient :
crudelitas eminebat	la cruauté sortait (se montrait)
ex toto ore.	de (sur) tout *son* visage.
Omnes exspectabant	Tous attendaient
quo tandem	*jusqu'*où enfin
progressurus esset,	il s'avancerait,
aut quidnam acturus,	ou ce-qu'il ferait,
quum repente jubet	quand tout-à-coup il ordonne
hominem proripi	l'homme (Gavius) être traîné *devant lui*,
atque nudari ac deligari	et être dépouillé et attaché *au poteau*
in medio foro,	au milieu du forum,
et virgas expediri.	et les verges être apprêtées.
Ille miser clamabat	Ce malheureux criait
se esse civem romanum,	qu'il était citoyen romain,
municipem cosanum ;	citoyen-du-municipe de-Cosa ;
se meruisse cum L. Pretio,	qu'il avait servi avec L. Prétius,
equite romano	chevalier romain
splendidissimo,	très-distingué,
qui negotiaretur Panormi,	qui faisait-le-négoce à Palerme,
ex quo Verres	duquel Verrès

set. Tum iste se comperisse ait, eum speculandi causa in Siciliam ab ducibus fugitivorum esse missum ; cujus rei neque index, neque vestigium aliquod, neque suspicio cuiquam esset ulla. Deinde jubet undique hominem proripi vehementissimeque verberari.

171. Cædebatur virgis in medio foro Messanæ civis romanus, judices ; quum interea nullus gemitus, nulla vox alia istius miseri, inter dolorem crepitumque plagarum, audiebatur, nisi hæc : CIVIS ROMANUS SUM. Hac se commemoratione civitatis omnia verbera depulsurum, cruciatumque a corpore dejecturum arbitrabatur. Is non modo hoc non perfecit, ut virgarum vim deprecaretur, sed, quum imploraret sæpius usurparetque nomen civitatis, crux, crux, inquam, infelici et ærumnoso, qui nunquam istam potestatem viderat, comparabatur.

la vérité. Le préteur se dit bien informé que Gavius est un espion envoyé par les chefs des esclaves révoltés : cette imposture était entièrement dénuée de fondement, d'apparence et de prétexte. Ensuite il commande qu'il soit saisi et frappé par tous les licteurs à la fois.

171. Juges, un citoyen romain était battu de verges au milieu du forum de Messine ; aucun gémissement n'échappa de sa bouche, et parmi tant de douleurs et de coups redoublés, on entendait seulement cette parole : JE SUIS CITOYEN ROMAIN. Il croyait par ce seul mot écarter tous les tourments et désarmer ses bourreaux. Mais non ; pendant qu'il réclamait sans cesse ce titre saint et auguste, une croix, oui, une croix était préparée pour cet infortuné, qui n'avait jamais vu l'exemple d'un tel abus du pouvoir.

posset scire hæc.	pouvait savoir ces *détails*.
Tum iste ait se comperisse,	Alors ce *Verrès* dit soi avoir appris,
eum esse missum	que lui *Gavius* avait été envoyé
in Siciliam	en Sicile
ab ducibus fugitivorum	par les chefs des *esclaves* fugitifs
causa speculandi ;	pour espionner ;
neque index cujus rei,	ni *aucun* indice de cette accusation,
neque aliquod vestigium,	ni aucune trace,
neque ulla suspicio	ni aucun soupçon
esset cuiquam.	n'existait pour personne.
Deinde jubet hominem	Enfin il commande que *cet* homme
proripi undique	soit entraîné de-toutes-parts
verberarique	et soit frappé
vehementissime.	à-outrance.
171. Judices,	171. Juges,
civis romanus	un citoyen romain
cædebatur virgis	était battu de verges
in medio foro Messanæ ;	au milieu du forum de Messine ;
quum interea	lorsque cependant
nullus gemitus,	aucun gémissement,
nulla alia vox	aucune autre parole
istius miseri	de cet infortuné
audiebatur	n'était entendue
inter dolorem	au-milieu-de la douleur
crepitumque plagarum,	et *du* bruit des coups,
nisi hæc :	si-ce-n'est celle-ci :
SUM CIVIS ROMANUS.	JE SUIS CITOYEN ROMAIN.
Arbitrabatur	Il pensait
se depulsurum	qu'il écarterait
omnia verbera,	tous les coups,
dejecturumque cruciatum	et qu'il éloignerait la torture
a corpore,	de *son* corps,
hac commemoratione	par ce *seul* fait-d'invoquer
civitatis,	*son* titre-de-citoyen.
Is non modo	Ce *malheureux*, non seulement
non perfecit hoc,	n'obtint pas cela, *savoir*,
ut deprecaretur	qu'il détournât
vim virgarum,	la violence des coups,
sed, quum imploraret	mais, pendant qu'il implorait
sæpius,	sans-cesse
usurparetque nomen	et répétait *ce* titre
civitatis,	de cité (citoyen),
crux, crux, inquam,	une croix, une croix, dis-je,
comparabatur	était préparée
infelici et ærumnoso,	pour *cet* infortuné et *ce* malheureux,
qui viderat nunquam	qui n'avait vu jamais
istam potestatem.	un tel *abus de* pouvoir.

LXIII. 172. O nomen dulce libertatis ! o jus eximium nostræ civitatis ! o lex Porcia, legesque Semproniæ [1] ! o graviter desiderata et aliquando reddita plebi romanæ tribunitia potestas [2] ! Huccine tandem omnia reciderunt, ut civis romanus in provincia populi romani, in oppido fœderatorum, ab eo, qui beneficio populi romani fasces et secures haberet, deligatus in foro, virgis cæderetur ? Quid ? quum ignes, ardentesque laminæ, ceterique cruciatus admovebantur, si te illius acerba imploratio, et vox miserabilis non inhibebat, ne civium quidem romanorum, qui tum aderant, fletu et gemitu maximo commovebare ? In crucem tu agere ausus es quemquam qui se civem romanum esse diceret ? Nolui tam vehementer agere hoc prima actione, judices; nolui. Vidistis enim ut animi multitudinis in istum dolore, et odio, et communis periculi metu concitarentur. Statui egomet mihi tum modum orationi meæ, et C. Numi-

LXIII. 172. O doux nom de liberté ! droits sacrés du citoyen ! loi Porcia ! lois Sempronia ! puissance tribunitienne, si vivement regrettée, et enfin rendue aux vœux du peuple, vous viviez, hélas ! et dans une province du peuple romain, dans une ville de nos alliés, un citoyen de Rome est attaché à l'infâme poteau ; il est battu de verges par les ordres d'un homme à qui Rome a confié les faisceaux et les haches ! Eh quoi ! Verrès, lorsque vous mettiez en œuvre les feux, les lames ardentes, et toutes les horreurs de la torture, si votre oreille était fermée à ses cris déchirants, à ses accents douloureux, étiez-vous insensible aux pleurs et aux gémissements des Romains, témoins de son supplice ? Oser attacher sur une croix un homme qui se disait citoyen romain ! Je n'ai pas voulu dans la première action me livrer à ma juste indignation. Non, citoyens, je ne l'ai pas voulu : vous vîtes en effet à quel point la douleur, la haine et la crainte d'un péril commun soulevèrent contre lui les esprits de la multitude. Je modérai mes transports, je retins C. Numitorius,

LXIII. 172. O
dulce nomen libertatis!
o jus eximium
nostræ civitatis!
o lex Porcia,
legesque Semproniæ!
o potestas tribunitia
desiderata graviter
et reddita aliquando
plebi romanæ!
Omnia
reciderunt tandem huccine,
ut civis romanus
in provincia
populi romani,
in oppido fœderatorum,
deligatus in foro,
cæderetur virgis ab eo
qui haberet fasces et secures
beneficio populi romani?
Quid? quum ignes
laminæque ardentes,
ceterique cruciatus
admovebantur,
si imploratio acerba
et vox miserabilis illius
non inhibebat te,
ne commovebare quidem
fletu et gemitu maximo
civium romanorum
qui aderant tum?
Tu es ausus agere in crucem
quemquam qui diceret
se esse civem romanum?
Judices, nolui
prima actione
agere hoc tam vehementer;
nolui.
Vidistis enim
ut animi multitudinis
concitarentur in istum,
dolore, et odio,
et metu periculi communis.
Tum egomet statui mihi
modum meæ orationi,
et C. Numitorio,
equiti romano,

LXIII. 172. O
doux nom de liberté!
ô droits privilégiés
de notre cité (de citoyen romain)!
ô loi Porcia,
et lois Sempronia!
ô puissance tribunitienne
regrettée *si* vivement
et rendue un-jour *enfin*
au peuple romain!
Tous *ces droits sacrés*
ont-ils abouti enfin à cela,
qu'un citoyen romain
dans une province
du peuple romain,
dans une ville de *nos* alliés,
attaché *au poteau* dans le forum,
fût frappé de verges par celui
qui avait les faisceaux et les haches
par le bienfait du peuple romain?
Eh-quoi! lorsque les feux
et les lames ardentes,
et les autres *instruments de* supplices
étaient approchés (mis en œuvre),
si la prière douloureuse
et la voix déchirante de ce *malheureux*
n'arrêtaient pas vous,
vous n'étiez pas même touché   [grands
des larmes et des gémissements très-
des citoyens romains
qui étaient-présents alors?
Vous avez osé mettre en croix
quelqu'un qui disait
qu'il était citoyen romain?
Juges, je n'ai pas-voulu
dans *ma* première action
pousser cette *accusation* si vivement;
je ne *l*'ai pas voulu.
Vous avez vu en effet
comme les esprits de la multitude
étaient soulevés contre ce *Verrès*,
par la douleur, et la haine,
et la crainte d'un danger commun.
Alors moi-même j'ai prescrit à moi
de la modération dans mon discours,
et *j'en ai prescrit* à C. Numitorius,
chevalier romain,

torio, equiti romano, primo homini, testi meo ; et Glabrionem, id quod sapientissime fecit, facere lætatus sum, ut repente, concilio in medio, testem dimitteret. Etenim verebatur ne populus romanus ab isto eas pœnas vi repetisse videretur, quas veritus esset, ne iste legibus et vestro judicio non esset persoluturus.

173. Nunc, quoniam jam exploratum est omnibus, quo loco causa tua sit, et quid de te futurum sit, sic tecum agam. Gavium istum, quem repentinum speculatorem fuisse dicis, ostendam in Latomias Syracusis a te esse conjectum : neque id solum ex litteris ostendam Syracusanorum, ne possis dicere me, quia sit aliquis in litteris Gavius, hoc fingere et eligere nomen, ut hunc illum esse possim dicere ; sed secundum arbitrium tuum testes dabo, qui istum ipsum Syracusis abs te in Latomias conjectum esse dicant. Producam etiam Cosanos, municipes illius ac necessarios, qui te nunc sero doceant, judices non sero, illum P. Gavium, quem tu in crucem egisti,

mon témoin, et j'approuvai la sagesse de Glabrion, qui ne lui permit pas d'achever sa déposition. Il craignait que le peuple romain, ne se fiant pas assez à la force des lois et à la sévérité de votre tribunal, ne voulût lui-même faire justice de ce barbare.

173. Aujourd'hui que chacun voit quelle sera l'issue de la cause et quel sort vous attend, je n'userai plus de ces vains ménagements. Je ferai voir que ce Gavius, que vous avez transformé subitement en espion, a été jeté par votre ordre dans les carrières. Je le prouverai par les registres de la prison. Et ne dites pas que j'applique ici le nom d'un autre Gavius : je produirai des témoins, à votre choix, qui diront que c'est celui-là même qui, par votre ordre, a été renfermé dans les carrières. Je ferai entendre aussi les habitants de Cosa, ses concitoyens et ses parents, qui, trop tard pour lui, mais assez tôt pour les juges, prouveront que ce Gavius que vous avez fait expirer

homini primo, meo testi ;	homme considérable, mon témoin :
et sum lætatus Glabrionem	et je me suis réjoui *de voir* Glabrion
facere id quod fecit	faire ce qu'il a fait
sapientissime,	très-sagement,
ut dimitteret repente	*c'est-à-dire* qu'il renvoyât sur-le-champ
testem in medio concilio.	le témoin au milieu du conseil.
Etenim verebatur	En effet il redoutait
ne populus romanus	que le peuple romain
videretur repetisse	ne parût avoir réclamé (tiré)
vi ab isto	par violence de ce *Verrès*
eas pœnas quas esset veritus	ce châtiment qu'il (le peuple) aurait craint
ne istum	que celui-ci
non persoluturus esset	ne payât (subît) pas
legibus et vestro judicio.	par *la force des* lois et *de* votre justice.
173. Nunc, quoniam jam	173. Maintenant, puisque déjà
est exploratum omnibus,	il est connu de tout-le-monde,
quo loco tua causa sit,	en quel état votre cause est,
et quid sit futurum de te,	et ce-qui doit arriver de vous,
agam tecum sic.	j'agirai avec-vous ainsi *sans ménagement*.
Ostendam istum Gavium,	Je montrerai que ce Gavius,
quem dicis fuisse	que vous prétendez avoir été
speculatorem repentinum,	un espion improvisé,
esse conjectum a te	a été jeté par vous
in Latomias Syracusis :	aux Latomies à Syracuse :
neque ostendam id solum	et je ne prouverai pas cela seulement
ex litteris Syracusanorum,	d'après les registres des Syracusains,
ne possis dicere	pour que vous ne puissiez pas dire
me fingere	que je suppose
et eligere hoc nomen,	et choisis ce nom,
quia aliquis Gavius	parce que quelque Gavius
sit in litteris,	est *porté* sur les registres,
ut possim dicere	de-façon-que je puisse affirmer
hunc esse illum ;	que celui-là est celui *dont nous parlons* ;
sed dabo testes	mais je fournirai les témoins
secundum tuum arbitrium,	selon votre choix,
qui dicant istum ipsum	qui diront que celui-là même
esse conjectum abs te	a été jeté par vous,
in Latomias Syracusis.	aux Latomies à Syracuse.
Producam etiam Cosanos,	Je produirai aussi des *habitants* de-Cosa,
municipes	concitoyens
ac necessarios illius,	et parents de ce *malheureux*,
qui doceant te,	qui apprendront à vous,
nunc sero,	maintenant *trop* tard,
non sero judices,	non *trop* tard aux juges,
illum P. Gavium,	que ce *même* P. Gavius,
quem tu egisti in crucem,	que vous avez fait-mettre en croix
fuisse civem romanum,	était citoyen romain,

civem romanum et municipem cosanum, non speculatorem fugitivorum fuisse.

LXIV. 174. Quum hæc omnia quæ polliceor, cumulate tuis proximis[1] plana fecero, tum istuc ipsum tenebo, quod abs te mihi datur ; eo contentum me esse dicam. Quid enim nuper tu ipse, quum populi romani clamore atque impetu perturbatus exsiluisti, quid, inquam, locutus es ? Illum, quod moram supplicio quæreret, ideo clamitasse se esse civem romanum ; sed speculatorem fuisse. Jam mei testes veri sunt. Quid enim dicit aliud C. Numitorius ? quid M. et P. Cottii, nobilissimi homines, ex agro taurominitano ? quid Q. Lucceius, qui argentariam Rhegii maximam fecit? quid ceteri? Adhuc enim testes ex eo genere a me sunt dati, non qui novisse Gavium, sed qui se vidisse dicerent, quum is, qui se civem romanum esse clamaret, in crucem ageretur. Hoc tu, Verres, idem dicis ; hoc tu confiteris illum clamitasse se civem esse romanum ; apud te

sur la croix était un citoyen romain, un habitant de Cosa, et non pas un espion des esclaves révoltés.

LXIV. 174. Après que cette accumulation de preuves, que je m'engage à produire, aura tout éclairci pour ceux qui sont assis près de vous, je vous confondrai vous-même par vos propres aveux, et je n'aurai pas besoin d'autres armes pour vous accabler. Car enfin, lorsque, troublé par les cris et le soulèvement du peuple, vous vous levâtes avec effroi, n'avez-vous pas dit qu'afin de retarder son supplice, cet homme avait crié qu'il était citoyen romain, mais que c'était un espion? Mes témoins sont donc vrais. Car n'est-ce pas là ce que dit C. Numitorius? ce que disent les deux Cottius, citoyens distingués de Taurominium, Q. Luccéius, riche banquier de Rhége, et tous les autres ? En effet, les témoins que j'ai fait entendre déclarent, non pas qu'ils ont connu Gavius, mais qu'ils ont vu mettre en croix un homme qui criait : JE SUIS CITOYEN ROMAIN. Vous le dites vous-même ; vous avouez qu'il criait qu'il était citoyen romain,

et municipem cosanum,	et habitant-du-municipe de-Cosa,
non speculatorem	et non-pas espion
fugitivorum.	des *esclaves* fugitifs.
LXIV. 174. Quum fecero	LXIV. 174. Quand j'aurai rendu
cumulate plana	pleinement évidentes
tuis proximis,	pour vos voisins,
omnia hæc quæ polliceor,	toutes ces *preuves* que je promets,
tum tenebo ipsum	alors je *vous* tiendrai vous-même
istuc quod datur mihi abs te;	par cet *aveu* qui est fourni à moi par vous;
dicam me esse contentum	je dirai que je suis satisfait
eo.	de ce *seul argument*.
Quid enim, quid, inquam,	Quoi en effet, quoi, dis-je,
tu ipse es locutus nuper,	vous-même avez-vous dit récemment,
quum exsiluisti,	quand vous-vous-êtes-levé
perturbatus clamore	troublé par les cris
atque impetu	et le soulèvement
populi romani?	du peuple romain?
Illum clamitasse	*Vous avez dit* qu'il s'était-écrié
se esse civem romanum,	qu'il était citoyen romain,
ideo quod quæreret	parce qu'il cherchait *ainsi*
moram supplicio;	*à obtenir* un délai pour *son* supplice;
sed fuisse speculatorem.	mais que *c'*était un espion.
Jam mei testes sunt veri.	Dès-lors mes témoins sont *donc* vrais.
Quid enim aliud dicit	En effet, quelle autre *chose* affirme
C. Numitorius?	C. Numitorius?
quid M. et P. Cottii,	que *disent* M. et P. Cottius,
homines nobilissimi,	citoyens très-distingués,
ex agro taurominitano?	du territoire de-Taurominium?
quid Q. Lucceius,	que *dit* Q. Luccéius,
qui fecit Rhegii	qui a fait à Rhégium
maximam argentariam?	un très-grand commerce-de-banque?
quid ceteri?	que *disent* les autres?
Adhuc enim,	Jusqu'à-présent en effet,
testes sunt dati a me	des témoins ont été fournis par moi
ex eo genere qui dicerent	de ce genre *de témoins* qui pouvaient-dire
non novisse Gavium,	non-pas avoir connu Gavius,
sed qui	mais qui *pouvaient dire*
se vidisse,	eux avoir vu (avoir été témoins),
quum is, qui clamaret	quand ce *malheureux*, qui s'écriait
se esse civem romanum,	qu'il était citoyen romain,
ageretur in crucem.	était mis en croix.
Tu, Verres,	Vous-*même*, Verrès,
dicis hoc idem;	vous dites cette même *chose*;
tu confiteris hoc,	vous-*même* avouez cela,
illum clamitasse	que cet *infortuné* s'-écriait
se esse civem romanum;	qu'il était citoyen romain;
nomen civitatis	*et* que le titre de cité (citoyen)

nomen civitatis ne tantum quidem valuisse, ut dubitationem aliquam, ut crudelissimi teterrimique supplicii aliquam parvam moram saltem posset afferre.

175. Hoc teneo, hic hæreo, judices; hoc sum contentus uno; omitto ac negligo cetera; sua confessione induatur ac juguletur necesse est. Qui esset ignorabas? speculatorem esse suspicabare? non quæro qua suspicione : tua te accuso oratione. Civem romanum se esse dicebat. Si tu apud Persas aut in extrema India deprehensus, Verres, ad supplicium ducerere, quid aliud clamitares, nisi te civem esse romanum? Et si tibi ignoto apud ignotos, apud barbaros, apud homines in extremis atque ultimis gentibus positos, nobile et illustre apud omnes nomen tuæ civitatis profuisset; ille, quisquis erat, quem tu in crucem rapiebas, qui tibi esset ignotus, quum civem se romanum esse diceret, apud te prætorem si non effugium, ne moram quidem mortis mentione atque usurpatione civitatis assequi potuit?

et que ce titre invoqué par lui n'a pas eu sur vous assez de pouvoir pour vous inspirer quelque doute et faire au moins retarder de quelques instants cette horrible exécution.

175. Juges, je m'en tiens à cet aveu; je m'y attache; il me suffit, je laisse et j'abandonne tout le reste; sa réponse le condamne, et son propre témoignage est l'arrêt de sa mort. Vous ne le connaissiez pas! vous le soupçonniez d'être un espion! je ne demande pas sur quel fondement; je vous prends par vos propres paroles : il se disait citoyen romain. Mais vous-même, si vous vous trouviez chez les Perses, ou aux extrémités de l'Inde, près d'être conduit au supplice, quel cri feriez-vous entendre, si ce n'est: Je suis citoyen romain? Eh bien! chez des peuples à qui vous seriez inconnu, chez des barbares, chez des hommes relégués aux bornes du monde, le nom de Rome, ce nom glorieux et sacré chez toutes les nations, vous sauverait la vie; et cet inconnu, quel qu'il fût, que vous traîniez à la mort, s'est dit citoyen romain; et ce titre qu'il invoquait n'a pu lui obtenir d'un préteur, sinon la vie, au moins le délai de sa mort!

ne valuisse quidem apud te,	n'a pas même eu-de-force auprès-de vous,
tantum ut posset	assez pour qu'il pût
afferre saltem	apporter du-moins
aliquam dubitationem,	quelque doute,
ut aliquam parvam moram	pour *apporter* quelque faible délai
supplicii crudelissimi	du (au) supplice le plus cruel
teterrimique.	et le plus horrible.
175. Teneo hoc, judices,	175. Je m'en tiens à cela, juges,
hæreo hic;	je m'-attache là (je m'y attache);
sum contentus hoc uno ;	je suis satisfait de ce seul *aveu* ;
omitto ac negligo cetera;	je laisse et j'abandonne le reste ;
est necesse induatur	il est nécessaire qu'il soit enlacé
ac juguletur sua confessione.	et qu'il soit égorgé par son *propre* aveu.
Ignorabas qui esset?	Vous ignoriez qui il était ?
suspicabare	vous soupçonniez
esse speculatorem ?	que c'était un espion ?
non quæro qua suspicione :	je ne demande pas sur quel indice :
accuso te tua oratione.	j'accuse vous par vos *propres* paroles.
Dicebat	Il disait
se esse civem romanum.	qu'il était citoyen romain.
Si tu, Verres,	Si vous-*même*, Verrès,
deprehensus apud Persas,	surpris chez les Perses,
aut in extrema India,	ou à l'extrémité-de l'Inde,
ducerere ad supplicium,	vous étiez conduit au supplice,
quid aliud clamitares,	quelle autre *chose* crieriez-vous,
nisi te esse civem romanum?	si-ce-n'est que vous êtes citoyen romain ?
Et si nomen tuæ civitatis	Et si *il est vrai que* le nom de votre patrie
nobile et illustre	noble et illustre
apud omnes,	chez toutes *les nations*,
profuisset tibi ignoto	eût servi à vous inconnu
apud ignotos,	auprès-d'inconnus,
apud barbaros,	auprès-de barbares,
apud homines positos	auprès-d'hommes placés (relégués)
in gentibus extremis	chez les peuples les plus éloignés
atque ultimis ;	et les derniers *du monde* ;
ille, quisquis erat,	*comment cet homme*, quel qu'il était (fût),
quem tu rapiebas in crucem,	que vous entraîniez à la croix,
qui esset ignotus tibi,	qui était inconnu à vous,
quum diceret	lorsqu'il disait
se esse civem romanum,	qu'il était citoyen romain,
potuit assequi	n'a-t-il pu obtenir
apud te prætorem,	auprès-de vous préteur,
ne quidem moram mortis,	pas même le délai de *sa* mort,
si non effugium,	sinon *son* salut,
mentione	par le fait-de-rappeler (en rappelant)
atque usurpatione	et le fait-d'invoquer (en invoquant)
civitatis?	*son* titre-de-citoyen *romain*?

LXV. 176. Homines tenues, obscuro loco nati, navigant: adeunt ad ea loca quæ nunquam antea viderunt, ubi neque noti esse iis, quo venerunt, neque semper cum cognitoribus esse possunt. Hac una tamen fiducia civitatis, non modo apud nostros magistratus, qui et legum et existimationis periculo continentur, neque apud cives solum romanos, qui et sermonis, et juris, et multarum rerum societate juncti sunt, fore se tutos arbitrantur; sed, quocumque venerint, hanc sibi rem præsidio sperant futuram.

177. Tolle hanc spem, tolle hoc præsidium civibus romanis; constitue nihil esse opis in hac voce : CIVIS ROMANUS SUM ; posse impune prætorem, aut alium quemlibet, supplicium, quod velit, in eum constituere, qui se civem romanum esse dicat, quod quis ignoret : jam omnes provincias, jam omnia regna, jam omnes liberas civitates, jam omnem orbem terrarum, qui semper nostris hominibus maxime patuit, civibus romanis ista

LXV. 176. Des hommes sans fortune et sans nom traversent les mers. Ils abordent à des rivages qu'ils n'avaient jamais vus, où souvent ils ne connaissent personne, où souvent personne ne les connaît. Cependant, pleins de confiance dans le titre de citoyen, ils croient être en sûreté, non pas seulement devant nos magistrats qui sont contenus par la crainte des lois et de l'opinion publique, non-seulement auprès de nos citoyens unis avec eux par le même langage, par les mêmes droits, par une infinité d'autres rapports ; mais en quelque lieu qu'ils se trouvent, ils espèrent que ce titre sera partout le gage de leur inviolabilité.

177. Otez cette espérance à nos citoyens ; ôtez-leur cette garantie ; que ces mots : JE SUIS CITOYEN ROMAIN, soient sans force et sans pouvoir ; qu'un homme qui réclame ce titre puisse être envoyé à la mort par le préteur ou par tout autre magistrat, sous prétexte qu'il n'est pas connu : ne voyez-vous pas que dès lors vous fermez aux Romains toutes les provinces, tous les royaumes, toutes les républiques, toutes les parties de l'univers ? Puisqu'il nommait

LXV. 176. Homines tenues,	LXV. 176. Des hommes minces (sans-fortune),
nati loco obscuro,	nés dans un rang obscur,
navigant :	naviguent (traversent les mers) :
adeunt ad ea loca	ils se-dirigent vers ces (des) lieux
quæ nunquam viderunt antea,	que jamais ils n'ont vus auparavant,
ubi possunt neque esse noti	où ils peuvent ni être connus
iis quo venerunt,	de ceux où (chez lesquels) ils sont arrivés,
neque esse semper	ni être toujours
cum cognitoribus.	avec des gens-qui-*les*-connaissent.
Tamen hac una fiducia civitatis,	Cependant dans cette seule confiance *résultant* du titre-de-citoyen,
arbitrantur se fore tutos,	ils pensent qu'ils seront en-sûreté,
non modo	non seulement
apud nostros magistratus,	auprès-de nos magistrats,
qui continentur periculo	qui sont contenus par le danger (la crainte)
et legum et existimationis,	et des lois et de l'opinion *publique*,
neque solum	ni seulement
apud cives romanos	auprès des citoyens romains
qui sunt juncti societate	qui sont unis *à eux* par une communauté
et sermonis et juris,	et de langage et de droits,
et multarum rerum ;	et de beaucoup d'*autres* rapports ;
sed, quocunque venerint,	mais partout-où ils sont venus ;
sperant hanc rem	ils espèrent que ce titre
futuram sibi præsidio.	sera pour eux à (une) sauvegarde.
177. Tolle hanc spem,	177. Enlevez cette espérance,
tolle hoc præsidium	enlevez cet appui (cette garantie)
civibus romanis ;	aux citoyens romains ;
constitue nihil opis esse in hac voce :	établissez que rien de puissance n'est dans ces mots :
SUM CIVIS ROMANUS ;	JE SUIS CITOYEN ROMAIN ;
prætorem,	qu'un préteur,
aut quemlibet alium,	ou tout autre *magistrat*,
posse constituere impune	puisse décréter impunément
supplicium quod velit,	le supplice qu'il voudra,
in eum qui dicat	contre celui qui dira
se esse civem romanum,	qu'il est citoyen romain,
quod quis ignoret :	parce que quelqu'un ne-*le* connaît pas :
jam, ista defensione,	dès-lors, par une telle défense,
præcluseris civibus romanis	vous fermerez aux citoyens romains
omnes provincias ;	toutes les provinces ;
jam omnia regna,	dès-lors tous les royaumes,
jam omnes civitates liberas,	dès-lors tous les états libres,
jam omnem orbem terrarum,	dès lors tout le globe des terres (l'univers),
qui patuit semper maxime	qui a été-ouvert toujours surtout

defensione præcluseris. Quid? si L. Pretium, equitem romanum, qui tum in Sicilia negotiabatur, nominabat, etiamne id magnum fuit, Panormum litteras mittere? asservasse hominem? custodiis Mamertinorum tuorum vinctum, clausum habuisse, dum Panormo Pretius veniret? Cognosceret hominem, aliquid de summo supplicio remitteres : si ignoraret, tum, si ita tibi videretur, hoc juris in omnes constitueres, ut, qui neque tibi notus esset, neque cognitorem locupletem daret, quamvis civis romanus esset, in crucem tolleretur.

LXVI. 178. Sed quid ego plura de Gavio? quasi tu Gavio tum fueris infestus, ac non nomini, generi, juri civium hostis, non illi, inquam, homini, sed causæ communi libertatis inimicus fuisti. Quid enim attinuit, quum Mamertini, more atque instituto suo, crucem fixissent post urbem, in via Pompeia, te jubere in ea parte figere quæ ad fretum spectaret, et hoc addere (quod negare nullo modo potes, quod omnibus audien-

L. Prétius, chevalier romain qui commerçait alors en Sicile, en aurait-il coûté beaucoup d'envoyer une lettre à Palerme, de retenir Gavius, de le garder enchaîné dans les cachots de vos fidèles Mamertins, jusqu'à ce que Prétius fût arrivé de Palerme? Si celui-ci l'avait connu, vous vous seriez un peu relâché de la rigueur du supplice ; sinon, par une nouvelle jurisprudence, vous auriez décidé que tout individu, fût-il citoyen, qui ne serait pas connu de vous, ou qui ne produirait pas un bon répondant, expirerait sur la croix.

LXVI. 178. Mais pourquoi parler plus longtemps de Gavius, comme si vous n'aviez été que l'ennemi du seul Gavius, et non l'ennemi du nom romain, de la nation entière et du droit des citoyens? Ce n'était pas lui, c'était la liberté commune que vous vouliez immoler. En effet, lorsque les Mamertins, suivant leur usage, eurent dressé la croix derrière la ville, sur la voie Pompéia, pourquoi ordonner qu'elle fût transportée sur les bords du détroit? Pourquoi ajouter, ce que vous ne pouvez nier, ce que vous avez dit hautement

nostris hominibus.	à nos hommes (concitoyens).
Quid? si nominabat	Quoi? si *Gavius* nommait
L. Pretium,	L. Prétius,
equitem romanum,	chevalier romain,
qui tum negotiabatur	qui alors faisait-le-commerce
in Sicilia,	en Sicile,
idne fuit etiam magnum,	cela était-il donc *si* difficile,
mittere litteras Panormum?	d'envoyer une lettre à Palerme?
asservasse hominem?	de retenir l'homme (Gavius)?
habuisse clausum,	de *le* tenir renfermé,
vinctum custodiis	enchaîné dans les cachots
tuorum Mamertinorum,	de vos *fidèles* Mamertins,
dum Pretius	jusqu'à-ce-que Prétius
veniret Panormo?	arrivât de Palerme?
Cognosceret hominem,	S'il reconnaissait l'homme (Gavius),
remitteres aliquid	vous feriez-remise *de* quelque *chose*
de summo supplicio :	sur le dernier (la rigueur du) supplice :
si ignoraret,	si *Prétius* ne-*le*-connaissait-pas,
tum, si videretur tibi ita,	alors, s'il semblait *convenable* à vous ainsi,
constitueres in omnes	vous établiriez pour tous *les citoyens*
hoc juris,	cette *nouvelle* jurisprudence,
ut qui neque esset notus tibi,	que celui-qui ne serait pas connu à vous,
neque daret	et ne fournirait pas
cognitorem locupletem,	un répondant riche,
quamvis esset	quoiqu'il fût
civis romanus,	citoyen romain,
tolleretur in crucem.	serait mis en croix.
LXVI. 178. Sed quid ego	LXVI. 178. Mais pourquoi moi *dirai-je*
plura de Gavio?	plus *de paroles* au-sujet-de Gavius?
quasi fueris tum	comme-si vous aviez été alors
infestus Gavio,	acharné-contre *le seul* Gavius,
ac non hostis nomini,	et non l'ennemi du nom,
generi, juri civium;	de la race *entière, et* du droit des citoyens;
non fuisti, inquam,	vous n'avez pas été, dis-je,
inimicus illi homini,	l'ennemi-particulier de cet homme,
sed	mais *l'ennemi*
causæ communi libertatis	de la cause commune de la liberté.
Quid enim attinuit,	A quoi en effet servit-il,
quum Mamertini,	lorsque les Mamertins,
suo more atque instituto,	suivant leur coutume et *leur* usage,
fixissent crucem	avaient dressé la croix
post urbem, in via Pompeia,	derrière la ville, sur la voie Pompéia,
te jubere figere	que vous ordonnassiez de *la* dresser
in ea parte	dans cette partie
quæ spectaret ad fretum,	qui regardait le détroit,
et addere hoc,	et que *vous* ajoutassiez ces *mots*,
— quod potes negare	— ce-que vous ne pouvez nier

tibus dixisti palam), te idcirco illum locum deligere, ut ille, qui se civem romanum esse diceret, ex cruce Italiam cernere ac domum suam prospicere posset? Itaque illa crux sola, judices, post conditam Messanam illo in loco fixa est. Italiæ conspectus ad eam rem ab isto delectus est, ut ille, in dolore cruciatuque moriens, perangusto freto divisa servitutis ac libertatis jura cognosceret; Italia autem alumnum suum servitutis extremo summoque supplicio affixum videret.

179. Facinus est, vinciri civem romanum; scelus, verberari; prope parricidium, necari : quid dicam in crucem tollere? Verbo satis digno tam nefaria res appellari nullo modo potest. Non fuit his omnibus iste contentus. Spectet, inquit, patriam; in conspectu legum libertatisque moriatur. Non tu hoc loco Gavium, non unum hominem, nescio quem, civem romanum,

devant tout un peuple, que vous choisissiez cet endroit, afin que cet homme qui se disait citoyen romain, pût, du haut de sa croix, apercevoir l'Italie et reconnaître sa maison? Aussi, depuis la fondation de Messine, nulle autre croix n'a été dressée dans ce lieu. Verrès a choisi l'aspect de l'Italie, afin que ce malheureux, expirant dans les douleurs, pût mesurer l'espace étroit qui séparait la liberté de la servitude, et que l'Italie pût voir un de ses enfants mourir dans le plus cruel des supplices réservés aux esclaves.

179. Enchaîner un citoyen romain est un crime; le battre de verges est un forfait; lui faire subir la mort, c'est presque un parricide; mais l'attacher à une croix! Les expressions manquent pour caractériser une action aussi exécrable! Ce n'était pas encore assez de tant de barbarie. Qu'il regarde sa patrie, qu'il meure à la vue des lois et de la liberté. Ah! je le répète : ce n'était point Gavius, ce

nullo modo,	d'aucune manière,
quod dixisti palam,	ce-que vous avez dit ouvertement,
omnibus audientibus, —	tous l'entendant, —
te deligere illum locum,	que vous choisissiez ce lieu,
idcirco, ut ille, qui diceret	afin que cet homme, qui disait
se esse civem romanum,	qu'il était citoyen romain,
posset ex cruce	pût du haut de sa croix
cernere Italiam,	voir l'Italie,
ac prospicere suam domum?	et apercevoir sa maison?
Itaque, judices,	Aussi, juges,
post Messanam conditam,	depuis que Messine a été fondée,
illa crux sola	cette croix-là seule
est fixa in illo loco.	a été dressée dans ce lieu.
Conspectus Italiæ	L'aspect de l'Italie
est delectus ab isto	a été choisi par ce Verrès
ad eam rem, ut ille	pour ce motif, savoir, que ce malheureux
moriens in dolore	expirant dans les douleurs
cruciatuque,	et les supplices,
cognosceret jura	comprît que les droits
servitutis ac libertatis	de la servitude et de la liberté
divisa fretu perangusto ;	étaient séparés par un détroit très-resserré ;
Italia autem videret	que l'Italie, de-son-côté, pût-voir
suum alumnum affixum	son nourrisson (enfant) attaché
supplicio extremo	au supplice le dernier
summoque servitutis.	et le plus cruel de l'esclavage.
179. Est facinus	179. C'est un crime
civem romanum	qu'un citoyen romain
vinciri ;	soit chargé-de-chaînes ;
scelus verberari ;	c'est un forfait qu'il soit frappé ;
prope parricidium necari :	presqu'un parricide qu'il soit tué :
quid dicam	que dirai-je
tollere in crucem ?	de le mettre en croix?
Res tam nefaria	Une action si criminelle
potest nullo modo	ne peut en aucune manière
appellari verbo	être appelée (caractérisée) par un nom
satis digno.	assez convenable.
Iste non fuit contentus	Ce Verrès ne fut pas satisfait
omnibus his.	de toutes ces cruautés.
Spectet, inquit, patriam ;	Qu'il regarde, dit-il, sa patrie,
moriatur	qu'il meure
in conspectu legum	à la vue des lois
libertatisque.	et de la liberté.
Tu, hoc loco,	Vous, en cette occasion,
egisti in illum cruciatum	vous avez traîné à ce supplice
et crucem,	et attaché à la croix,
non Gavium,	non Gavius,
non unum hominem ;	non un-seul homme,

sed communem libertatis et civitatis causam in illum cruciatum et crucem egisti. Jam vero videte hominis audaciam. Nonne eum graviter tulisse arbitramini, quod illam civibus romanis crucem non posset in foro, non in comitio, non in rostris defigere? Quod enim his locis in provincia sua, celebritate simillimum, regione proximum, potuit, elegit. Monumentum sceleris audaciæque suæ voluit esse in conspectu Italiæ, vestibulo Siciliæ, prætervectione omnium qui ultro citroque navigarent.

LXVII. 180. Si hæc non ad cives romanos, non ad aliquos amicos nostræ civitatis, non ad eos qui populi romani nomen audissent, denique si non ad homines, verum ad bestias, aut etiam, ut longius progrediar, si in aliqua desertissima solitudine ad saxa et ad scopulos hæc conqueri et deplorare vellem, tamen omnia muta atque inanima tanta et tam indigna rerum atrocitate commoverentur. Nunc vero quum loquar apud se—

n'était point un individu quelconque citoyen romain, c'étaient les droits communs de la liberté et de la cité qu'il condamnait à cet affreux supplice. Concevez toute l'audace de ce scélérat. Ne vous semble-t-il pas avoir regretté de ne pouvoir dresser cette croix pour tous les Romains, dans le forum, dans le comice, sur la tribune? Il a choisi du moins dans la province le lieu qu'il a pu trouver le plus semblable à Rome par l'affluence du peuple, et le plus rapproché de nous par sa position. Il a voulu que le monument de sa scélératesse et de son audace fût érigé à la vue de l'Italie, à l'entrée de la Sicile, sur le passage de tous ceux qui navigueraient dans le détroit.

LXVII. 180. Si je racontais ces attentats, non à des citoyens romains, à des amis de notre république, à des nations à qui le nom romain fût connu, non même à des hommes, mais aux monstres des forêts; et, pour dire encore plus, si dans le fond d'un désert mes plaintes et mes douleurs frappaient les pierres et les rochers, ces êtres muets et inanimés s'indigneraient de tant d'atrocités. Lorsque je parle devant des sénateurs romains, organes de la justice et

nescio quem,	je ne-sais quel,
civem romanum,	citoyen romain,
sed causam communem	mais la cause commune
libertatis et civitatis.	de la liberté et de la cité.
Jam vero videte	Et maintenant considérez
audaciam hominis.	l'audace de *cet* homme.
Nonne arbitramini	Ne croiriez-vous pas
eum tulisse graviter	qu'il a supporté avec-peine
quod non posset defigere	qu'il ne pouvait (de ne pouvoir) dresser
illam crucem	cette croix
civibus romanis,	pour *tous* les citoyens romains,
in foro, non in comitio,	*ni* au forum, ni dans le comice,
non in rostris?	ni sur la tribune-aux-harangues?
Elegit enim	En effet il a choisi
quod potuit in provincia	ce-qu'il a pu *trouver* dans *sa* province
simillimum his locis,	le plus semblable à ces lieux,
celebritate,	par l'affluence *du peuple*,
proximum regione.	le plus voisin par la position.
Voluit monumentum	Il a voulu que le monument
sceleris suæque audaciæ,	de *sa* scélératesse et de son audace,
esse in conspectu Italiæ,	fût *élevé* à la vue de l'Italie,
vestibulo Siciliæ,	à l'entrée de la Sicile,
prætervectione omnium	sur le passage de tous *ceux*
qui navigarent	qui navigueraient
ultro citroque.	au-delà et en-deçà *du détroit*.
LXVII. 180. Si vellem	LXVII. 180. Si je voulais
conqueri hæc,	me-plaindre de ces *attentats*,
et deplorare,	et *les* raconter-avec-douleur,
non ad cives romanos,	non à des citoyens romains,
non ad aliquos amicos	non à quelques amis
nostræ civitatis,	de notre république,
non ad eos qui audissent	non à ces (des gens) qui eussent entendu
nomen populi romani;	*prononcer* le nom du peuple romain;
denique si non ad homines,	enfin si *je les racontais* non à des hommes,
verum ad bestias;	mais à des bêtes-féroces;
aut etiam	ou même
ut progrediar longius,	pour que j'aille plus loin,
si ad saxa	si *je les racontais* à des pierres
et ad scopulos,	et à des rochers,
in aliqua solitudine	dans quelque solitude
desertissima;	très-déserte;
tamen omnia	cependant tous *ces êtres*
muta atque inanima	muets et inanimés
commoverentur	seraient touchés
atrocitate rerum	d'une atrocité d'actions
tanta atque tam indigna.	si-grande et si indigne.
Nunc vero quum loquar	Mais maintenant que je parle

natores populi romani, legum, judiciorumque et juris auctores, timere non debeo, ne non unus iste civis romanus illa cruce dignus, ceteri omnes simili periculo indignissimi judicentur.

181. Paulo ante, judices, lacrymas in morte misera atque indignissima navarchorum non tenebamus, et recte ac merito sociorum innocentium miseria commovebamur : quid nunc in nostro sanguine tandem facere debemus ? Nam civium romanorum sanguis conjunctus existimandus est, quoniam id et salutis omnium ratio, et veritas postulat. Omnes hoc loco cives romani, et qui adsunt, et qui ubicumque sunt, vestram severitatem desiderant, vestram fidem implorant, vestrum auxilium requirunt; omnia sua jura, commoda, auxilia, totam denique libertatem in vestris sententiis versari arbitrantur.

182. A me, tametsi satis habent, tamen, si res aliter acciderit, plus habebunt fortasse quam postulant. Nam et, si qua vis

garants de nos droits, puis-je douter que lui seul, parmi les citoyens, ne paraisse digne de cette croix sur laquelle on verrait avec horreur tout autre que lui ?

181. Il y a quelques instants, au récit des supplices des capitaines et de leur mort indigne et déplorable, nous ne pouvions retenir nos larmes; et certes, l'innocence et le malheur de nos alliés nous pénétraient d'une juste douleur. Que devons-nous faire à présent qu'il s'agit de notre propre sang ? car ce sang est le nôtre : l'intérêt commun et la justice nous disent que nous avons tous été frappés dans la personne de Gavius. Oui, tous les Romains, présents, absents, en quelque lieu qu'ils soient, appellent votre sévérité, implorent votre justice, réclament votre secours; ils pensent que leurs droits, leurs priviléges, leur existence, leur liberté tout entière, dépendent du jugement que vous allez prononcer.

182. Je n'ai pas trahi leur cause: cependant, si le jugement trompe mon espérance, je ferai pour eux plus qu'ils ne demandent peut-être. Oui,

apud senatores	devant les sénateurs
populi romani,	du peuple romain,
auctores legum,	garants des lois,
judiciorumque et juris,	et de la justice et de *nos* droits,
non debeo timere	je ne dois pas craindre
ne iste unus civis romanus	que ce *Verrès* seul *des* citoyens romains
non dignus illa cruce,	ne *soit* pas *jugé* digne de cette croix,
omnes ceteri judicentur	et que tous les autres *ne* soient *pas* jugés
indignissimi	très-indignes
periculo simili.	d'un supplice semblable.
181. Paulo ante, judices,	181. Peu auparavant, juges,
non tenebamus lacrymas	nous ne pouvions retenir *nos* larmes
in morte misera	au-récit-de la mort misérable
atque indignissima	et très-indigne
navarchorum,	des capitaines,
et commovebamur	et nous étions touchés
recte ac merito	justement et avec-raison
miseria	de la misère
sociorum innocentium :	de *nos* alliés innocents :
quid debemus facere	que devons-nous faire
nunc tandem	maintenant enfin
in nostro sanguine ?	au-sujet-de notre *propre* sang ?
Nam sanguis	Car le sang
civium romanorum est	des citoyens romains est
existimandus conjunctus,	devant être regardé-comme uni,
quoniam	parce que
et ratio salutis omnium,	et l'intérêt du salut de tous,
et veritas postulat id.	et la vérité demandent cette *union*.
Omnes cives romani,	Tous les citoyens romains,
et qui adsunt	et ceux-qui sont-présents,
et qui sunt ubicumque,	et ceux-qui sont quelque-part-que-ce-soit,
desiderant hoc loco	désirent (appellent) en cette circonstance
vestram severitatem,	votre sévérité,
implorant vestram fidem,	implorent votre justice,
requirunt	réclament
vestrum auxilium ;	votre assistance ;
arbitrantur omnia sua jura,	ils pensent *que* tous leurs droits,
commoda, auxilia,	*leurs* avantages, *leurs* ressources,
denique totam libertatem	enfin toute *leur* liberté
versari in vestris sententiis.	sont dans (dépendent de) votre sentence.
182. Tametsi	182. Quoique
habent satis a me,	ils aient assez *reçu de faveurs* de moi,
tamen, si res	cependant, si l'événement
acciderit aliter,	arrive autrement *que je l'espère*,
habebunt fortasse	ils auront peut-être *de moi*
plus quam postulant.	plus qu'ils *ne* demandent.
Nam et, si qua vis	Car d'un-côté, si quelque puissance

istum de vestra severitate eripuerit, id quod neque metuo, judices, neque ullo modo fieri posse video ; sed si in hoc me ratio fefellerit, Siculi causam suam perisse querentur, et mecum pariter moleste ferent : populus quidem romanus brevi, quoniam mihi potestatem apud se agendi dedit¹, jus suum, me agente, suis suffragiis² ante kalendas februarias recuperabit. Ac, si de mea gloria et amplitudine quæritis, judices, non est alienum meis rationibus, istum mihi ex hoc judicio ereptum ad illud populi romani judicium reservari. Splendida est illa causa, probabilis mihi et facilis, populo grata atque jucunda. Denique, si videor hic, id quod ego non quæsivi, de uno isto voluisse crescere, isto absoluto, quod sine multorum scelere fieri non potest, de multis mihi crescere licebit.

LXVIII. 183. Sed mehercules, vestra, reique publicæ causa, judices, nolo in hoc delecto consilio tantum flagitium esse com-

si, ce que je ne crains pas, et ce qui me semble impossible, si quelque pouvoir arrache le coupable à votre justice, je pleurerai le sort des Siciliens, je m'affligerai avec eux de la perte de leur cause ; mais puisque le peuple romain m'a donné le droit de monter à la tribune, il m'y verra paraître avant les kalendes de février. Là je parlerai, là je remettrai entre ses mains la vengeance de ses droits et de sa liberté. A ne considérer que l'intérêt de ma gloire et de mon avancement, il me sera peut-être avantageux que Verrès échappe à ce tribunal, pour retomber sous le jugement du peuple romain. Cette cause est honorable, elle est facile pour moi, elle intéresse le peuple entier. En un mot, si l'on me suppose l'intention, qui ne fut jamais la mienne, de m'illustrer par la perte de cet homme, son impunité, qui ne pourrait être que le crime de plusieurs, me donnera l'occasion de m'illustrer par la perte d'un grand nombre de prévaricateurs.

LXVIII. 183. Mais votre intérêt et celui de la république me sont trop chers, pour que je désire qu'un tribunal auguste soit souillé

DISCOURS SUR LES SUPPLICES. 293

eripuerit istum	vient-à-arracher ce *Verrès*
de vestra severitate,	de (à) votre sévérité,
id quod neque metuo,	ce que je ne crains pas,
judices,	juges,
neque video posse fieri	et ne vois pas pouvoir se-faire
ullo modo;	en aucune façon;
sed si ratio me fefellerit	mais si *ma* raison (prévision) m'a trompé
in hoc,	en cette *occasion*,
Siculi querentur	les Siciliens se-plaindront
suam causam perisse,	que leur cause soit perdue,
et ferent moleste	et *le* supporteront avec-douleur
pariter mecum :	également avec-moi :
brevi quidem	bientôt alors
populus romanus,	le peuple romain,
quoniam dedit mihi	puisqu'il a donné à moi
potestatem agendi apud se,	le pouvoir de parler devant lui,
recuperabit, me agente,	recouvrera, moi parlant (poursuivant),
suum jus suis suffragiis,	ses droits par ses suffrages,
ante kalendas februarias.	avant les kalendes de-février.
Ac si quæritis, judices,	Et si vous vous-enquérez, juges,
de mea gloria	de ma gloire
et amplitudine,	et *de mon* avancement,
non est alienum	il n'est pas contraire
meis rationibus,	à mes intérêts,
istum ereptum mihi	que ce *Verrès* soustrait à moi
ex hoc judicio	*et échappé* de ce tribunal
reservari ad illud judicium	soit réservé pour ce jugement *inévitable*
populi romani.	du peuple romain.
Illa causa est splendida,	Cette cause est éclatante,
probabilis et facilis mihi,	aisée-à-prouver et facile pour moi,
grata atque jucunda	agréable et intéressante
populo.	pour le peuple.
Denique, si videor hic,	Enfin, si je parais ici,
id quod ego non quæsivi,	ce que je n'ai pas cherché,
voluisse crescere	avoir voulu croître (m'élever)
de uno isto,	aux-dépens-de ce seul *accusé*,
isto absoluto,	cet *accusé* étant absous,
quod non potest fieri	ce-qui ne peut avoir-lieu
sine scelere multorum,	sans le crime de beaucoup *de citoyens*,
licebit mihi crescere	il sera-permis à moi de m'-élever
de multis.	aux-dépens-de beaucoup *d'autres*.
LXVIII. 183. Sed	LXVIII. 183. Mais
mehercules, judices,	par-Hercule, juges,
vestra causa	dans votre intérêt
reique publicæ,	et *dans celui* de la république,
nolo tantum flagitium	je ne-veux-pas qu'un si-grand crime
esse commissum	soit commis

missum : nolo eos judices, quos ego probarim atque delegerim¹,
sic in hac urbe notatos, isto absoluto, ambulare, ut non cera,
sed cœno obliti esse videantur². Quamobrem te quoque, Hortensi, si qui monendi locus est, ex hoc loco moneo : videas
etiam atque etiam, et consideres, quid agas, quo progrediare,
quem hominem, et qua ratione defendas. Neque de illo quidquam tibi præfinio, quominus ingenio mecum, atque omni
dicendi facultate contendas. Cetera, si qua putas te occultius
extra judicium, quæ ad judicium pertinent, facere posse ; si
quid artificio, consilio, potentia, gratia, copiis istius moliri
cogitas, magnopere censeo desistas ; et illa quæ tentata jam et
cœpta ab isto sunt, a me autem pervestigata et cognita, moneo
ut exstinguas, et longius progredi ne sinas. Magno tuo periculo
peccabitur in hoc judicio, majore quam putas.

d'une tache aussi honteuse : non, je ne puis vouloir que des juges
approuvés et choisis par moi se déshonorent en sauvant ce grand
coupable, et se montrent dans Rome chargés de tant d'opprobre et
d'infamie. Ainsi donc, Hortensius, s'il m'est permis de vous donner
quelque conseil, prenez garde à toutes vos démarches. Considérez
avec attention jusqu'où vous pouvez vous avancer, quel homme vous
allez défendre, et de quelle manière vous le défendrez. Je ne prétends pas mettre des entraves à votre talent ; vous pouvez me combattre avec tous les moyens de votre éloquence. Mais si vous croyez
pouvoir suppléer par l'intrigue à la faiblesse de votre cause, si vous
songez à triompher de nous par la ruse, par votre puissance et votre crédit, par les richesses de Verrès, renoncez à ce projet ; gardezvous de recourir à ces honteuses manœuvres qu'il a déjà essayées,
mais que j'ai découvertes et qui me sont parfaitement connues.
Toute prévarication dans ce jugement ne peut que vous exposer à
de grands périls, à des périls plus grands que vous ne l'imaginez.

in hoc consilio delecto :	dans ce conseil choisi (d'élite) :
nolo eos judices	je ne-veux-pas que ces juges
quos ego probarim	que moi-*même* j'ai approuvés
atque delegerim,	et *que* j'ai choisis,
ambulare in hac urbe,	se-promènent dans cette ville
sic notatos,	tellement notés,
isto absoluto,	ce *Verrès* étant absous,
ut videantur esse obliti	qu'ils paraissent avoir été couverts
non cera, sed cœno.	non de cire, mais de boue.
Quamobrem, Hortensi,	C'est-pourquoi, Hortensius,
si qui locus est monendi,	si quelque place (possibilité) est d'avertir,
moneo te quoque	j'avertis vous aussi
ex hoc loco :	de ce lieu (dans cette circonstance) :
videas etiam atque etiam,	voyez (calculez) encore et-puis encore,
et consideres quid agas,	et considérez ce-que vous faites,
quo progrediare,	*jusqu'*où vous pouvez-vous-avancer,
quem hominem defendas,	quel homme vous défendez,
et qua ratione.	et par quel moyen.
Neque præfinio tibi	Et je ne fixe-pas-par-avance à vous
quidquam de illo,	quelque *marche à suivre* à ce *sujet*,
quo contendas	pour que vous luttiez
minus mecum	moins avec-moi
ingenio,	de *tout votre* talent,
atque omni facultate	et de tous *vos* moyens
dicendi.	de dire (d'éloquence).
Cetera,	*Quant au* reste,
si putas te posse facere	si vous pensez que vous puissiez faire
occultius extra judicium	plus secrètement en-dehors-du *tribunal*
quæ, quæ pertinent	quelques *démarches,* qui aient-rapport
ad judicium ;	à ce procès ;
si cogitas moliri quid	si vous songez à tenter quelque *effort*
artificio, consilio,	par ruse, par intrigue,
potentia, gratia,	par *votre* puissance, par *votre* crédit,
copiis istius,	les richesses de ce *Verrès,*
censeo magnopere	je suis-d'avis fortement
desistas ;	que vous vous-désistiez *de ce projet ;*
et moneo ut exstinguas	et je *vous* avertis que vous étouffiez
illa quæ jam	ces *intrigues* qui déjà
sunt tentata	ont été essayées
et cœpta ab isto,	et commencées par lui,
autem pervestigata	mais découvertes
et cognita a me,	et connues par moi,
et ne sinas	et que vous ne permettiez pas
progredi longius.	qu'elles s'avancent plus loin.
Peccabitur in hoc judicio	Il serait prévariqué dans ce jugement
tuo magno periculo,	à votre grand péril,
majore quam putas.	plus grand que vous *ne* vous-*le*-figurez.

184. Quod enim te liberatum jam existimationis metu, defunctum honoribus, designatum consulem cogites, mihi crede, ornamenta ista et beneficia populi romani non minore negotio retinentur, quam comparantur. Tulit hæc civitas, quoad potuit, quoad necesse fuit, regiam istam vestram dominationem ¹ in judiciis et in omni republica; tulit : sed quo die populo romano tribuni plebis restituti sunt, omnia ista vobis (si forte nondum intelligitis) adempta atque erepta sunt. Omnium nunc oculi conjecti sunt, hoc ipso tempore, in unumquemque nostrum, qua fide ego accusem, qua religione hi judicent, qua tu ratione defendas.

185. De omnibus nobis, si quis tantulum de recta regione deflexerit, non illa tacita existimatio, quam antea contemnere solebatis, sed vehemens ac liberum populi romani judicium consequetur. Nulla tibi, Quinte, cum isto cognatio est, nulla necessitudo : quibus excusationibus antea nimium in aliquo

184. Vous pensez n'avoir plus rien à redouter de l'opinion publique, parce que vous avez occupé les premières magistratures et que vous êtes désigné consul. Croyez-moi, ces honneurs et ces bienfaits du peuple romain, il ne faut pas moins de soin pour les conserver que pour les obtenir. Rome a souffert aussi longtemps qu'elle l'a pu et qu'elle y a été forcée par la nécessité, ce despotisme que vous et vos pareils avez exercé sur les tribunaux et sur toutes les parties du gouvernement. Elle l'a souffert : mais du jour où les tribuns du peuple ont été rétablis, toute votre puissance, si vous ne le comprenez pas encore, a été anéantie. Votre règne n'est plus ; et dans ce moment, les yeux de tous les citoyens, fixés sur chacun de nous, examinent avec une sévère attention l'accusateur, le défenseur, et les juges.

185. Si quelqu'un de nous s'écartait de son devoir, il n'aurait pas seulement à craindre cette opinion secrète dont vous n'avez jamais tenu compte; mais le jugement libre et sévère du peuple romain s'élèvera contre lui. Hortensius, nulle parenté, nul lien ne vous attache à Verrès, et vous ne pouvez ici alléguer aucune de ces

184. Quod enim cogites	184. En effet *pour* ce-que vous pensez
te jam liberatum	que vous *êtes* dès-lors délivré
metu existimationis,	de la crainte de l'opinion *publique*,
defunctum honoribus,	vous-étant acquitté de charges-honorables,
designatum consulem,	étant désigné consul,
crede mihi,	croyez moi,
ista ornamenta et beneficia	ces honneurs et *ces* bienfaits
populi romani	du peuple romain
retinentur negotio	sont conservés avec une peine
non minore	non moindre
quam comparantur.	qu'ils sont acquis.
Hæc civitas tulit	Cette cité a supporté
quoad potuit,	tant-qu'elle l'a pu,
quoad fuit necesse,	tant-qu'il a été nécessaire,
istam dominationem regiam	ce despotisme tyrannique
vestram	de-votre-parti
in judiciis	sur les tribunaux
et in omni republica ;	et sur tout le gouvernement ;
tulit :	elle *l'*a supporté :
sed die quo tribuni plebis	mais le jour que les tribuns du peuple
sunt restituti	ont été restitués
populo romano,	au peuple romain,
omnia ista, — si forte	tous ces *priviléges*, — par hasard
intelligitis nondum, —.	vous ne *les* comprenez pas-encore, —
sunt adempta	ont été enlevés
atque erepta vobis.	et arrachés à vous.
Nunc oculi omnium	Maintenant les yeux de tous
sunt conjecti	sont jetés (fixés)
hoc ipso tempore	dans ce même moment
in unumquemque nostrum	sur chacun de nous *pour voir*
qua fide ego accusem,	avec quelle bonne-foi moi j'accuse,
qua religione hi judicent,	avec quelle probité ceux-ci jugent,
qua ratione tu defendas.	par quels moyens vous *vous* défendez.
185. Si quis	185. Si quelqu'un
de nobis omnibus	de nous tous
deflexerit tantulum	s'-écartait le-moins-du-monde
de regione recta,	du chemin droit,
non illa existimatio tacita,	non-plus cette opinion secrète,
quam solebatis	que *tous* vous aviez-coutume
contemnere antea,	de mépriser auparavant,
sed judicium vehemens	mais un jugement sévère
et liberum populi romani	et libre du peuple romain
consequetur.	s'-ensuivra (s'élèvera contre lui).
Quinte, nulla cognatio,	Quintus, aucune parenté,
nulla necessitudo	aucun lien
est tibi cum isto :	n'existe pour vous avec cet *accusé* :
potes habere in hoc homine	vous ne pouvez avoir pour cet homme

13.

judicio studium tuum defendere solebas., earum habere in hoc homine nullàm potes. Quæ iste in provincia palam dictitabat, quum ea quæ faciebat, tua se fiducia facere dicebat, ea ne vera putentur, tibi maxime est providendum.

LXIX. 186. Ego, mei jam rationem officii confido esse omnibus iniquissimis meis persolutam. Nam istum, paucis horis primæ actionis, omnium mortalium sententiis condemnavi. Reliquum judicium non jam de mea fide, quæ perspecta est, neque de istius vita, quæ damnata est; sed de judicibus, et vere ut dicam, de te futurum est. At quo tempore futurum est? nam id maxime providendum est : etenim, quum omnibus in rebus, tum in republica, permagni momenti est ratio atque inclinatio temporum : nempe eo, quum populus romanus aliud genus hominum atque alium ordinem [1] ad res judicandas re-

excuses qui servaient à justifier l'excès de votre zèle en faveur de certains accusés. Il vous importe surtout de démentir ce que cet homme répétait publiquement dans sa province, qu'il agissait sans crainte parce qu'il était sûr de vous.

LXIX. 186. Pour moi, j'ose croire que, de l'aveu des hommes qui me sont le plus contraires, j'ai rempli mon devoir. Dès la première action, quelques heures ont suffi pour que Verrès fût généralement reconnu coupable. Il reste à prononcer, non pas sur ma probité, à laquelle tous rendent hommage, non pas sur la vie de Verrès, qui est condamnée, mais sur les juges, et, s'il faut dire la vérité, sur vous-même. Mais dans quel moment? En effet, en toutes choses, et surtout lorsqu'il s'agit des affaires publiques, il importe de considérer les temps et les circonstances. C'est au moment où le peuple romain demande pour les jugements une autre classe, un autre ordre de citoyens; c'est au moment où des tribunaux et des

nullam earum	aucune de ces *excuses*
quibus excusationibus	par lesquelles excuses
solebas antea	vous aviez-coutume auparavant
defendere	de défendre (de justifier)
tuum studium nimium	votre zèle excessif
in aliquo judicio.	dans certain jugement.
Est providendum	Il doit être veillé
maxime tibi	surtout par vous
ne ea quæ iste	à-ce-que ces *paroles* que ce *Verrès*
dictitabat palam	répétait publiquement
in provincia,	dans sa province,
quum dicebat	lorsqu'il disait
se facere ea quæ faciebat,	qu'il faisait ce qu'il faisait,
fiducia tua,	par la confiance qu'il-avait-en-vous,
putentur vera.	ne soient regardées-comme fondées.
LXIX. 186. Ego, confido	LXIX. 186. *Pour moi*, j'ai-confiance
rationem mei officii	que le compte de mon devoir
esse persolutam jam	a été acquitté désormais
omnibus meis iniquissimis.	par tous mes plus-grands-ennemis.
Nam, paucis horis	Car, en peu d'heures
primæ actionis,	de *ma* première action,
condemnavi istum	j'ai condamné ce *Verrès*
sententiis	au jugement
omnium mortalium.	de tous les mortels.
Judicium reliquum	L'arrêt qui-reste (à venir)
est non jam futurum	n'est plus dès-lors devant être *prononcé*
de mea fide,	sur ma probité,
quæ est perspecta,	qui est évidente,
neque de vita istius,	ni sur la vie de ce *Verrès*,
quæ est damnata ;	qui est condamnée ;
sed de judicibus,	mais sur les juges,
et, ut dicam vere, de te.	et, pour que je dise vrai, sur vous.
At quo tempore	Mais dans quel moment
est futurum ?	doit-il être *porté* ?
nam id	car cela
est providendum maxime :	doit être examiné surtout :
etenim,	en effet,
quum in omnibus rebus,	et en toutes choses,
tum in republica,	et dans les affaires-publiques,
ratio atque inclinatio	l'état et la tendance
temporum	des temps (de l'époque)
est momenti permagni :	est d'une importance très-grande :
nempe eo,	à-savoir dans ce *moment*,
quum populus romanus	que le peuple romain
requirit	réclame
aliud genus hominum	une autre classe d'hommes
atque alium ordinem	et un autre ordre *de citoyens*

quirit ; nempe ea lege de judiciis judicibusque novis promulgata, quam non is promulgavit, cujus nomine proscriptam videtis; sed hic reus ; hic, inquam, sua spe, atque opinione quam de vobis habet, legem illam scribendam promulgandamque curavit.

187. Itaque quum primo agere cœpimus, lex non erat promulgata : quum iste, vestra severitate permotus, multa signa dederat, quamobrem responsurus non videretur, mentio de lege nulla fiebat. Posteaquam iste recreari et confirmari visus est, lex statim promulgata est : cui legi quum vestra dignitas vehementer adversetur, istius spes falsa, et insignis impudentia maxime suffragatur. Hic si quid erit commissum a quoquam vestrum, quod reprehendatur, aut populus romanus judicabit de eo homine, quem jam antea judiciis indignum putavit, aut ii qui, propter offensionem judiciorum, de veteribus judicibus lege nova novi judices erunt constituti.

juges nouveaux viennent d'être créés par une loi, qui est moins l'ouvrage du magistrat dont elle porte le nom, que celui de l'accusé, de Verrès lui-même. Oui, c'est lui qui, par ses espérances et par l'opinion qu'il s'est formée de vous, en est le véritable auteur.

187. Aussi, lorsqu'on a commencé l'instruction du procès, la loi n'avait pas été présentée au peuple, tant que plusieurs indices ont annoncé que, redoutant la sévérité du tribunal, Verrès ne répondrait pas, il n'a point été question de cette loi. On l'a proposée aussitôt qu'on a vu renaître sa confiance et son audace. Elle est peut-être injurieuse à votre honneur; mais la folle espérance de Verrès et son impudence insigne l'ont rendue nécessaire. Si donc il se commet ici quelque prévarication, ou le peuple romain prononcera lui-même sur cet homme qu'il a déjà déclaré indigne d'être jugé par les tribunaux, ou la cause sera portée devant ces nouveaux juges, qu'une nouvelle loi aura constitués pour juger ceux qui ont perdu la confiance publique.

ad judicandas res;	pour juger les affaires ;
nempe ea lege	à-savoir *quand* cette loi
de judiciis	sur les tribunaux
judicibusque novis	et les juges nouveaux
promulgata,	*vient d'être* promulguée,
quam non promulgavit	laquelle *loi* n'a pas promulguée
is nomine cujus	celui du nom duquel
videtis proscriptam;	vous *la* voyez souscrite;
sed hic reus;	mais *plutôt* cet accusé ;
hic, inquam,	lui, dis-je,
sua spe,	par ses espérances,
atque opinione	et l'opinion
quam habet de vobis,	qu'il a de vous,
curavit illam legem	a fait que cette loi
scribendam	*fut* rédigée
promulgandamque.	et promulguée.
187. Itaque quum primo	187. Aussi quand d'abord
cœpimus agere,	nous avons commencé à agir (le procès),
lex non erat promulgata :	la loi n'était pas promulguée :
quum iste, permotus	tant-que ce *Verrès*, effrayé
vestra severitate,	de votre sévérité,
dederat multa signa	avait donné plusieurs indices
quamobrem non videretur	en-raison-desquels il ne paraissait pas
responsurus,	devoir répondre *à l'accusation*,
nulla mentio de lege	aucune mention de la loi
fiebat.	n'avait-lieu.
Posteaquam iste visus est	*Mais* dès que celui-ci parut
recreari et confirmari,	renaître et prendre-confiance,
statim lex est promulgata :	aussitôt la loi fut promulguée :
quum vestra dignitas	bien-que votre dignité
adversetur vehementer	s'-oppose fortement
cui legi,	à cette loi,
spes falsa istius,	les espérances fausses de ce *Verrès*,
et impudentia insignis	et *son* impudence insigne
suffragatur maxime.	plaident-en-sa-faveur fortement.
Si quid quod reprehendatur	Si quelque *chose* qui puisse-être-blâmé
erit commissum hic	est *jamais* commis ici
a quoquam vestrum,	par quelqu'un d'*entre* vous,
aut populus romanus	ou le peuple romain
judicabit de eo homine	prononcera sur cet homme
quem jam antea	que déjà auparavant
putavit indignum judiciis,	il a pensé indigne des tribunaux,
aut ii qui, propter	ou ceux qui, à-cause-de
offensionem judiciorum,	la défaveur des tribunaux,
erunt constituti nova lege	seront établis par une nouvelle loi
judices novi	juges nouveaux
de veteribus judicibus.	des anciens juges.

LXX. 188. Mihi porro, ut ego non dicam, quis omnium mortalium non intelligit, quam longe progredi sit necesse? Potero silere, Hortensi? potero dissimulare, quum tantum respublica vulnus acceperit, ut expilatæ provinciæ, vexati socii, dii immortales spoliati, cives romani cruciati et necati impune, me actore, esse videantur? potero hoc ego onus tantum, aut in hoc judicio deponere, aut diutius tacitus sustinere? non agitanda res erit? non in medium proferenda? non populi romani fides imploranda? non omnes, qui tanto se scelere obstrinxerint, ut aut fidem suam corrumpi paterentur, aut judicium corrumperent, in discrimen ac judicium vocandi?

189. Quæret aliquis fortasse : Tantumne igitur laborem, tantas inimicitias tot hominum suscepturus es? Non studio quidem hercule ullo, neque voluntate ; sed non idem mihi licet, quod iis, qui nobili genere nati sunt ; quibus omnia populi romani

LXX. 188. Sans qu'il soit besoin de le dire, est-il un seul mortel qui ne sente à quelles extrémités il faudra que je me porte? Pourrai-je me taire, Hortensius? pourrai-je dissimuler, lorsque les provinces auront été pillées, les alliés opprimés, les dieux immortels dépouillés, les citoyens romains livrés au supplice et à la mort, sans que j'aie pu, en accusant l'auteur de tant de forfaits, venger ces horribles attentats contre la république? Pourrai-je me croire quitte de mon devoir, en souscrivant à ce jugement, ou tarder longtemps à porter mon appel devant d'autres juges? ne faudra-t-il pas reprendre cette affaire? la reproduire sous les yeux du public? implorer la justice du peuple romain? appeler en jugement les hommes assez vils pour s'être laissé corrompre, et les hommes assez pervers pour les avoir corrompus?

189. Eh quoi! me dira-t-on, vous voulez donc vous dévouer à tant de travaux et vous charger du fardeau de tant d'inimitiés? Certes, il n'est ni dans mon caractère, ni dans mon intention de les provoquer ; mais je n'ai pas le droit de vivre comme ces nobles que

LXX. 188. Porro, ut ego non dicam,	LXX. 188. Or, bien-que moi-*même* je ne *le* dise pas,
quis omnium mortalium	qui de tous les mortels
non intelligit quam longe	ne comprend pas combien loin (jusqu'où)
sit necesse mihi progredi?	il est nécessaire pour moi de *m'*avancer?
Potero silere, Hortensi?	Pourrai-je me-taire, Hortensius?
potero dissimulare,	pourrai-je dissimuler,
quum respublica	quand la république
acceperit tantum vulnus,	aura reçu une si-grande blessure,
ut provinciæ	que les provinces
videantur esse expilatæ,	paraissent avoir été pillées,
socii vexati,	les alliés opprimés,
dii immortales spoliati,	les dieux immortels dépouillés,
cives romani cruciati	les citoyens romains torturés
et necati impune,	et tués impunément,
me actore?	moi plaidant *inutilement leur cause*?
ego potero	moi pourrai-je
aut deponere	ou déposer
hoc onus tantum	cette charge si-grande
in hoc judicio,	à-la-suite-de ce jugement,
aut sustinere diutius	ou *la* soutenir plus long-temps
tacitus?	en-*gardant-le*-silence?
res non erit agitanda?	l'affaire ne devra-t-elle pas être suivie?
non proferenda in medium?	*ne devra-t-elle* pas être portée en public?
fides populi romani	la justice du peuple romain
non imploranda?	ne *devra-t-elle* pas être implorée?
omnes qui	tous-ceux qui
obstrinxerint se	auront enchaîné (chargé) eux
tanto scelere,	d'un tel forfait (assez grave),
ut paterentur	qu'ils souffrissent (pour souffrir)
aut suam fidem corrumpi,	ou que leur conscience fût corrompue,
aut corrumperent	ou qu'ils corrompissent (pour corrompre)
judicium,	*eux-mêmes* la justice,
non vocandi	ne *devront-ils* pas être appelés
in discrimen ac judicium?	en accusation et *en* jugement?
189. Aliquis	189. Quelqu'un
quæret fortasse :	demandera peut-être :
Esne suscepturus	Allez-vous *donc* assumer
laborem tantum,	des fatigues si-grandes,
inimicitias tantas	des inimitiés si-grandes (si terribles)
tot hominum?	de tant-d'hommes (de citoyens)?
Non quidem hercule	Ce n'est pas certes par-Hercule
ullo studio	par quelque goût
neque voluntate;	ni intention *de ma part*;
sed idem non licet mihi	mais la même vie n'est pas-permise à moi
quod iis qui sunt nati	qui *est permise* à ceux qui sont nés
nobili genere,	de noble extraction,

beneficia dormientibus deferuntur. Longe alia mihi lege in hac civitate et conditione vivendum est. Venit enim mihi in mentem M. Catonis [1], hominis sapientissimi, qui quum se virtute, non genere, populo romano commendari putaret, quum ipse sui generis initium ac nominis ab se gigni et propagari vellet, hominum potentissimorum suscepit inimicitias, et maximis in laboribus, usque ad summam senectutem, summa cum gloria vixit.

190. Postea Q. Pompeius [2] humili atque obscuro loco natus, nonne plurimis inimicitiis, maximisque suis periculis ac laboribus, amplissimos honores est adeptus? Modo C. Fimbriam [3], C. Marium, C. Cœlium vidimus, non mediocribus inimicitiis ac laboribus contendere, ut ad istos honores pervenirent, ad quos vos per ludum et per negligentiam pervenistis. Hæc ea-

tous les bienfaits du peuple romain viennent chercher dans le sommeil de leur oisiveté. Ma situation n'est pas la même; et ma conduite doit être différente. Caton est présent à ma pensée. Ce grand citoyen, tenant pour principe que c'est la vertu, et non la naissance, qui doit nous recommander au peuple romain, et voulant commencer lui-même sa noblesse et devoir à lui seul la perpétuité de son nom, brava les inimitiés des hommes les plus puissants. Sa vie entière fut une lutte; et son infatigable vieillesse fut comblée d'honneurs et de gloire.

190. Après lui, Q. Pompéius, d'une naissance obscure, ne s'est-il pas élevé aux plus éminentes dignités, à force de combattre des ennemis puissants, de supporter les travaux et de surmonter les dangers? Et de nos jours, c'est en luttant contre les haines, c'est en brisant les résistances que Fimbria, que Marius, que Célius, sont parvenus à ces honneurs où vous avez été portés du sein de la mollesse et des plaisirs. Ces hommes célèbres m'ont tracé la route

quibus omnia beneficia	auxquels toutes les faveurs
populi romani	du peuple romain
deferuntur dormientibus.	sont déférées pendant-qu'ils-dorment.
Est vivendum mihi	Il est à-vivre à moi (il me faut vivre)
in hac civitate	dans cette république,
lege et conditione	selon des principes et des conditions
longe alia.	de beaucoup différentes.
M. Catonis enim,	En effet, *l'exemple* de M. Caton,
hominis sapientissimi,	homme très-sage,
venit mihi in mentem,	vient à moi à la pensée,
qui, quum putaret	lequel, comme il pensait
se commendari	qu'il *devait* être-rendu-recommandable
populo romano,	au peuple romain,
virtute, non genere,	par *sa* vertu, non par *sa* naissance,
quum ipse vellet	comme lui-même voulait
initium sui generis	que le commencement de sa noblesse
ac nominis	et de *son* nom
gigni et propagari ab se,	fût créé et perpétué par lui,
suscepit inimicitias	il entreprit (brava) les haines
hominum	d'hommes
potentissimorum,	très-puissants,
et vixit usque	et vécut jusque
ad summam senectutem	à une extrême vieillesse
cum summa gloria,	avec la plus grande gloire,
in laboribus maximis.	dans les travaux les plus grands.
190. Postea	190. Après *lui*,
Q. Pompeius,	Q. Pompée,
natus loco	né d'une condition
humili atque obscuro,	basse et obscure,
nonne est adeptus	n'a-t-il pas acquis
honores amplissimos,	les honneurs les plus considérables,
plurimis inimicitiis,	par de nombreuses inimitiés,
suisque maximis periculis	et ses très-grands dangers
ac laboribus?	et *ses très-grands* travaux?
Vidimus modo	Nous avons vu naguère
C. Fimbriam,	C. Fimbria,
C. Marium, C. Cœlium,	C. Marius, C. Célius,
contendere inimicitiis	lutter-contre des haines
ac laboribus	et des travaux (obstacles)
non mediocribus,	non médiocres,
ut pervenirent	afin qu'ils parvinssent
ad istos honores	à ces *mêmes* honneurs
ad quos vos, pervenistis	auxquels vous, vous êtes parvenus
per ludum	au-milieu-des plaisirs
et per negligentiam.	et au-milieu-de la mollesse.
Regio et via nostræ rationis	La direction et la ligne de notre conduite
est hæc eadem :	est celle-*là* même :

dem est nostræ rationis regio et via : horum nos hominum sectam atque instituta persequimur.

LXXI. 191. Videmus quanta sit in invidia quantoque in odio apud quosdam homines nobiles novorum hominum virtus et industria ; si tantulum oculos dejecerimus, præsto esse insidias ; si ullum locum aperuerimus suspicioni aut crimini, accipiendum esse statim vulnus ; esse nobis semper vigilandum, semper laborandum videmus.

192. Inimicitiæ sunt? subeantur ; labores? suscipiantur. Etenim tacitæ magis et occultæ inimicitiæ timendæ sunt, quam indictæ et apertæ. Hominum nobilium non fere quisquam nostræ industriæ favet ; nullis nostris officiis benevolentiam illorum allicere possumus : quasi natura et genere disjuncti sint, ita dissident a nobis animo ac voluntate. Quare quid habent eorum inimicitiæ periculi, quorum animos jam ante habueris inimicos et invidos, quam ullas inimicitias susceperis?

193. Quamobrem mihi, judices, optandum est illud, in hoc

que je veux suivre, et ce sont là les modèles que je me fais gloire d'imiter.

LXXI. 191. Nous voyons à quel point la vertu et les efforts des hommes nouveaux excitent la jalousie et la haine de certains nobles. Pour peu que nous détournions les yeux, mille piéges sont tendus autour de nous ; si nous donnons lieu au soupçon et au reproche, nous sommes frappés à l'instant même. Il nous faut toujours veiller, toujours être en action.

192. Eh bien ! que les inimitiés, que les travaux ne nous effraient pas. Après tout, les inimitiés sourdes et cachées sont plus à craindre que les haines ouvertes et déclarées. A peine un seul de ces nobles est-il favorable à nos efforts : nous ne pouvons, par aucun service, gagner leur bienveillance ; et, comme s'ils étaient d'une autre nature et d'une espèce différente, leurs sentiments et leurs volontés sont en opposition avec les nôtres. Pourquoi donc ménager des hommes qui, dans le fond de leur cœur, sont nos ennemis et nos envieux, avant même que nous leur ayons donné le droit de se plaindre de nous ?

193. Aussi mon premier vœu, citoyens, est-il de pouvoir renon-

nos, persequimur	nous, nous suivons
sectam atque instituta	le système et les principes
horum hominum.	de ces hommes.

LXXI. 191. Videmus / LXXI. 191. Nous voyons
in quanta invidia / dans quelle-grande jalousie
inque quanto odio / et dans quelle-grande haine
sit virtus et industria / se-trouvent le mérite et le talent
hominum novorum / des hommes nouveaux
apud quosdam, / auprès-de certains
homines nobiles ; / hommes nobles ;
videmus / nous voyons
insidias esse præsto, / que les embûches sont sous-nos-pas,
si dejecerimus tantulum / si nous détournons tant-soit-peu
oculos ; / les yeux ;
vulnus / qu'une blessure
esse accipiendum statim, / doit être reçue aussitôt,
si aperuerimus / si nous ouvrons (si nous donnons)
ullum locum / quelque place
suspicioni aut crimini ; / au soupçon ou à l'accusation ;
esse vigilandum / qu'il doit être veillé
nobis semper, / par nous sans-cesse,
laborandum semper. / qu'il *nous* faut travailler toujours.

192. Inimicitiæ sunt? / 192. Des inimitiés existent?
subeantur ; / qu'elles soient encourues ;
labores ? suscipiantur. / des travaux ? qu'ils soient entrepris.
Etenim inimicitiæ / Et-en-effet des inimitiés
tacitæ et occultæ / secrètes et cachées
sunt magis timendæ, / sont plus à-craindre
quam indictæ et apertæ. / que des *haines* déclarées et ouvertes.
Non quisquam fere / Aucun *homme* presque
hominum nobilium, / des hommes nobles
favet nostræ industriæ ; / ne favorise notre travail (nos efforts)
possumus allicere / nous ne pouvons *nous* attirer
illorum benevolentiam / leur bienveillance
nullis officiis nostris : / par aucun service de-notre-part :
dissident a nobis / ils sont-en-opposition avec nous
animo ac voluntate, / de sentiments et de volonté,
ita quasi sint disjuncti / comme s'ils étaient séparés *de nous*
natura et genere. / de nature et d'espèce.
Quare quid periculi habent / Aussi quel danger peuvent-avoir
inimicitiæ eorum / les haines de ceux
quorum habueris jam / dont vous aviez déjà *contre vous*
animos inimicos et invidos, / les cœurs ennemis et jaloux,
ante quam susceperis / avant que *même* vous eussiez encouru
ullas inimicitias? / quelque inimitié *de leur part*?

193. Quamobrem, / 193. C'est-pourquoi,
judices, / juges,

reo finem accusandi facere [1], quum et populo romano satisfactum, et receptum officium Siculis, necessariis meis, erit persolutum. Deliberatum autem est, si res opinionem meam, quam de vobis habeo, fefellerit, non modo eos persequi, ad quos maxime culpa corrupti judicii, sed etiam illos, ad quos conscientiæ contagio pertinebit. Proinde si qui sunt, qui in hoc reo aut potentes, aut audaces, aut artifices ad corrumpendum judicium velint esse, ita sint parati, ut, disceptante populo romano, mecum sibi rem videant futuram : et, si me in hoc reo, quem mihi inimicum Siculi dederunt, satis vehementem, satis perseverantem, satis vigilantem esse cognorunt, existiment in his hominibus, quorum ego inimicitias, populi romani salutis causa, suscepero, multo graviorem atque acriorem futurum.

PERORATIO.

LXXII. 194. Nunc te, Jupiter optime, maxime, cujus iste

cer pour jamais aux fonctions d'accusateur, aussitôt que j'aurai satisfait au peuple romain, et rempli les engagements que l'amitié m'imposait envers les Siciliens. Mais si l'événement trompe l'opinion que j'ai de vous, j'y suis déterminé : je poursuivrai non-seulement les juges qui se seront laissé corrompre, mais quiconque aura pris part à la corruption. Si donc il est des hommes qui veuillent employer aujourd'hui le crédit, l'audace ou l'intrigue pour corrompre les juges, qu'ils soient prêts à répondre devant le peuple romain, qui prononcera sur les coupables ; et si je n'ai pas manqué d'ardeur, de fermeté, de persévérance contre cet accusé dont je ne suis l'ennemi que parce qu'il est l'ennemi des Siciliens, qu'ils s'attendent à trouver en moi bien plus de chaleur encore et d'énergie contre ceux dont j'aurai bravé la haine pour l'intérêt du peuple romain.

PÉRORAISON.

LXXII. 194. C'est vous maintenant que j'implore, ô souverain

illud est optandum mihi,	cela est à-désirer pour moi,
facere finem accusandi	de mettre fin d'accuser (à l'accusation)
in hoc reo,	dans cet accusé (après cette affaire),
quum et erit satisfactum	quand et il aura été donné-satisfaction
populo romano,	au peuple romain,
et officium receptum	et *quand* l'engagement reçu (contracté)
Siculis, meis necessariis,	avec les Siciliens, mes amis (clients),
erit persolutum.	aura été acquitté.
Autem, est deliberatum,	Or, il est résolu (je suis déterminé),
si res fefellerit	si l'événement vient-à-tromper
meam opinionem,	mon (l') opinion,
quam habeo de vobis,	que j'ai *conçue* de vous,
persequi non modo eos	de poursuivre non seulement ceux
ad quos culpa	auxquels la faute (l'accusation)
judicii corrupti	de justice corrompue (de corruption)
pertinebit maxime,	s'-étendra particulièrement,
sed etiam illos ad quos	mais aussi ceux auxquels *s'étendra*
contagio conscientiæ.	le poison de la complicité.
Proinde si qui sunt	En-un-mot s'il est *des hommes*
qui, in hoc reo,	qui, au-sujet-de cet accusé,
velint esse potentes	veuillent se-montrer puissants
aut audaces, aut artifices	ou audacieux, ou habiles
ad corrumpendum	pour corrompre
judicium,	la justice,
sint parati ita ut videant	qu'ils soient préparés à ce qu'ils voient
rem futuram sibi mecum,	affaire (lutte) devoir être à eux avec-moi,
populo romano disceptante:	le peuple romain étant-juge :
et si cognorunt	et s'ils ont reconnu
me esse satis vehementem,	que j'étais assez ardent,
satis perseverantem,	assez persévérant,
satis vigilantem	assez vigilant
in hoc reo	dans *le procès de* cet accusé
quem Siculi	que les Siciliens
dederunt mihi inimicum,	ont donné à moi *pour* ennemi,
existiment futurum	qu'ils pensent que je serai
multo graviorem	bien plus pressant
atque acriorem	et *bien* plus énergique
in his hominibus	à-l'égard-de ces hommes
quorum ego	dont moi
suscepero inimicitias	j'aurai encouru la haine
causa salutis populi romani.	pour le salut du peuple romain.

PERORATIO.　　　　PÉRORAISON.

LXXII. 194. Nunc te,	LXXII. 194. Maintenant *je* vous *implore*,
Jupiter optime, maxime,	Jupiter très-bon, très-grand,
cujus iste,	*vous*, dont ce *Verrès*,

donum regale, dignum tuo pulcherrimo templo, dignum Capitolio atque ista arce omnium nationum, dignum regio munere, tibi factum ab regibus, tibi dicatum atque promissum, per nefarium scelus de regiis manibus ¹ extorsit, cujusque sanctissimum et pulcherrimum simulacrum Syracusis sustulit ; teque, Juno regina, cujus duo fana duabus in insulis posita sociorum, Melitæ et Sami, sanctissima et antiquissima, simili scelere idem iste omnibus donis ornamentisque nudavit ; teque, Minerva, quam item iste duobus in clarissimis et religiosissimis templis expilavit ; Athenis, quum auri grande pondus, Syracusis, quum omnia, præter tectum et parietes, abstulit ;

195. Teque, Latona, et Apollo, et Diana, quorum iste Deli non fanum, sed, ut hominum opinio et religio fert, sedem antiquam divinumque domicilium, nocturno latrocinio atque impetu compilavit ; etiam te, Apollo, quem iste Chio sustulit, teque etiam atque etiam, Diana, quam Pergæ spoliavit, cujus

des immortels, Jupiter, que Verrès a frustré d'une offrande royale, digne du plus beau de tous vos temples, digne du Capitole, le chef-lieu des nations, inestimable don, préparé pour vous par des rois, et solennellement promis à vos autels, mais arraché des mains d'un roi par un attentat sacrilége, vous, dont il a enlevé de Syracuse la statue la plus belle et la plus révérée ; et vous, Junon, reine des dieux, de qui deux temples antiques et vénérables, érigés dans deux villes de nos alliés, à Malte et à Samos, ont été, par un crime semblable, dépouillés de leurs offrandes et de tous leurs ornements ; Minerve, qu'il a outragée par le pillage de vos temples, en prenant dans celui d'Athènes une quantité d'or immense, et ne laissant dans celui de Syracuse que le faîte et les murailles ;

195. Latone, Apollon, Diane, dont Verrès, par une irruption nocturne, osa dépouiller à Délos, je ne dirai pas le temple, mais, suivant les opinions religieuses des peuples, la résidence antique, le domicile même de votre divinité ; vous encore une fois, Apollon, dont il a ravi la statue à Chio, et vous, Diane qu'il a dépouillée à Perga,

per scelus nefarium,	par un crime impie,
extorsit a manibus regiis	a arraché des mains d'un-roi
donum regale,	l'offrande royale,
dignum tuo templo	digne de ton temple
pulcherrimo,	très-beau,
dignum Capitolio	digne du Capitole
atque ista arce	et de cette citadelle
omnium nationum,	*chef-lieu* de toutes les nations,
dignum munere regio,	digne d'un présent royal,
factum tibi ab regibus,	préparé pour vous par des rois,
dicatum	dédié
atque promissum tibi,	et promis à vous (vos autels),
cujusque sustulit Syracusis	*vous*, dont aussi il a enlevé à Syracuse
simulacrum pulcherrimum	la statue très-belle
ac sanctissimum;	et très-révérée;
teque, Juno, regina,	et vous, Junon, reine *des dieux*,
cujus idem iste nudavit,	dont ce même *Verrès* a dépouillé
scelere simili,	par un crime semblable,
omnibus donis	de tous *leurs* dons
ornamentisque,	et *de tous leurs* ornements,
duo fana sanctissima	deux temples très-vénérables
et antiquissima,	et très-antiques,
posita in duabus insulis	élevés dans deux îles
sociorum,	de *nos* alliés,
Melitæ et Sami;	à Malte et à Samos;
teque, Minerva,	et vous, Minerve,
quam iste expilavit item	que ce *Verrès* a pillée également
in duobus templis	dans deux temples
clarissimis	très-illustres
et religiosissimis,	et très-saints,
Athenis, quum abstulit	à Athènes, lorsqu'il a enlevé
pondus grande auri,	un poids considérable d'or,
Syracusis, quum omnia,	à Syracuse, lorsqu'*il a enlevé* tout,
præter tectum et parietes;	hors le faîte et les murailles;
195. Teque, Latona,	195. Et vous, Latone,
et Apollo, et Diana,	et Apollon, et Diane,
quorum iste Deli	dont ce *Verrès* à Délos
compilavit, latrocinio	a pillé, par un brigandage
atque impetu nocturno,	et une irruption nocturne,
non fanum,	*je ne dirai pas* le temple,
sed ut fert opinio	mais comme le porte (dit) l'opinion
et religio hominum,	et la croyance-religieuse des hommes,
sedem antiquam	la demeure antique
divinumque domicilium;	et le divin domicile;
te etiam, Apollo,	vous encore-une-fois, Apollon,
quem iste sustulit Chio,	que ce *Verrès* a enlevé à Chio,
te etiam atque etiam, Diana,	vous encore et-puis encore, Diane.

simulacrum sanctissimum Segestæ, bis apud Segestanos consecratum, semel ipsorum religione, iterum P. Africani victoria, tollendum asportandumque curavit ; teque, Mercuri, quem Verres in villa et in privata aliqua palæstra posuit, P. Africanus in urbe sociorum, et in gymnasio Tyndaritanorum, juventutis illorum custodem ac præsidem voluit esse ;

196. Teque, Hercules, quem iste Agrigenti, nocte intempesta, servorum instructa et comparata manu, convellere ex suis sedibus atque auferre conatus est ; teque, sanctissima mater Idæa, quam apud Enguinos augustissimo et religiosissimo in templo sic spoliatam reliquit, ut nunc nomen modo Africani et vestigia violatæ religionis maneant, monumenta victoriæ fanique ornamenta non exstent ; vosque, omnium rerum forensium, consiliorum maximorum, legum judiciorumque arbitri et testes, celeberrimo in loco prætorii locati, Castor et Pollux [1], quorum

et dont il a fait enlever le divin simulacre qui vous fut deux fois dédié chez les Ségestains, d'abord par la piété des habitants, ensuite par la victoire du grand Scipion ; et vous, Mercure, que Verrès a transporté dans une de ses campagnes et dans une palestre privée, et que Scipion avait placé dans une ville de nos alliés, dans le gymnase des Tyndaritains, pour protéger et surveiller les exercices de leur jeunesse ;

196. Hercule, que ce brigand, au milieu de la nuit, à l'aide d'esclaves armés, essaya d'enlever d'Agrigente ; mère des dieux, dont il a tellement dévasté le temple où les Enguiniens vous adoraient, qu'il n'y reste plus que le nom de Scipion et les traces des profanations, et que les monuments de la victoire et les ornements du temple en ont totalement disparu ; et vous, arbitres et témoins des délibérations les plus importantes, des conseils publics, des lois et des jugements, vous, placés dans le lieu le plus fréquenté de Rome, Castor et Pollux, dont le temple a été l'objet des plus affreux brigan-

quam spoliavit Pergæ,	qu'il a dépouillée à Perga,
cujus curavit simulacrum	dont il a eu-soin que la statue
sanctissimum Segestæ,	très-vénérée à Ségeste,
consecratum bis	consacrée deux-fois
apud Segestanos,	chez les Ségestains,
semel religione ipsorum,	une-fois par la piété de ces (des) *habitants*,
iterum victoria P. Africani,	de-nouveau par la victoire de P. l'Africain,
tollendum	*fût* enlevée
asportandumque;	et *fût* emmenée;
teque, Mercuri,	et vous, Mercure,
quem Verres	que Verrès
posuit in villa,	a placé dans une villa,
et in aliqua palæstra privata	et dans quelque palestre privée,
P. Africanus voluit	*vous que* P. l'Africain a (avait) voulu
esse in urbe sociorum,	être *placé* dans une ville de *nos* alliés,
et in gymnasio	et dans le gymnase
Tyndaritanorum,	des Tyndaritains,
custodem ac præsidem	*comme* gardien et protecteur
juventutis illorum;	de la jeunesse d'eux (de leur cité);
196. Teque, Hercules,	196. Et vous, Hercule,
quem iste Agrigenti	que ce *Verrès* à Agrigente,
nocte intempesta,	dans une nuit profonde,
manu servorum	une troupe d'esclaves
instructa et comparata,	étant armée et rassemblée,
conatus est convellere	s'efforça d'arracher
atque auferre	et d'enlever
ex suis sedibus;	de sa demeure;
teque, sanctissima mater	et vous, très-vénérable mère *des dieux*,
Idæa,	*Cybèle*, adorée-sur-le-mont-Ida,
quam reliquit	que *cet impie* a laissée
sic spoliatam in templo	tellement dépouillée dans *votre* temple
augustissimo	très-auguste
et religiosissimo,	et très-sacré,
apud Enguinos,	chez les Enguiniens,
ut nunc	que maintenant
nomen Africani	le nom de l'Africain
et vestigia religionis violatæ	et les traces de la religion profanée
maneant modo,	subsistent seulement,
monumenta victoriæ	*et que* les monuments de la victoire
ornamentaque fani	et les ornements du temple
non exstent;	n'existent plus;
vosque, Castor et Pollux,	et vous, Castor et Pollux,
arbitri et testes	arbitres et témoins
omnium rerum forensium,	de toutes les affaires du-forum,
maximorum consiliorum,	des plus importantes délibérations,
legum judiciorumque,	des lois et des jugements,
locati in loco celeberrimo	placés dans l'endroit le plus fréquenté

e templo ¹ quæstum sibi iste et prædam maximam improbissime comparavit; omnesque dii, qui vehiculis thensarum solemnes cœtus ludorum initis, quorum iter iste ad suum quæstum, non ad religionum dignitatem, faciendum exigendumque curavit ;

197. Teque, Ceres et Libera, quarum sacra, sicut opiniones hominum ac religiones ferunt, longe maximis atque occultissimis cærimoniis continentur; a quibus initia vitæ atque victus, legum, morum, mansuetudinis, humanitatis exempla hominibus et civitatibus data ac dispertita esse dicuntur ; quarum sacra populus romanus, a Græcis adscita et accepta, tanta religione et publice et privatim tuetur, non ut ab aliis huc allata, sed ut ceteris hinc tradita esse videantur ; quæ ab isto uno sic polluta et violata sunt, ut simulacrum Cereris unum, quod a viro non modo tangi, sed ne adspici quidem

dages; vous tous, dieux, qui, sur vos litières sacrées, venez donner le signal des jeux solennels, et dont la route, préparée pour cette marche religieuse, a été construite sous la direction de cet homme, aux dépens des citoyens et au profit de son avarice ;

197. Cérès et Proserpine, dont le culte, selon la tradition des siècles, est enveloppé de mystères impénétrables; vous que l'on dit avoir enseigné aux nations les principes de la civilisation, les bienfaits de l'agriculture, les lois, les mœurs et les sentiments de la douce humanité; vous, dont les sacrifices transmis par les Grecs au peuple romain sont célébrés à Rome, par l'État et par toutes les familles, avec une telle piété, qu'ils semblent avoir été institués chez nous et communiqués par nous aux autres nations; vous que le seul Verrès a tellement outragées et profanées qu'il a fait arracher du sanctuaire une statue qu'aucun homme ne pouvait toucher ni même

prætorii,	du prétoire,
e templo quorum iste	du temple desquels ce *Verrès*
comparavit sibi	a acquis pour lui
improbissime	très-injustement
quæstum	un gain
et prædam maximam;	et un butin considérable;
omnesque, dii,	et *vous* tous, dieux,
qui initis	*vous* qui venez-*donner-le-signal*-dans
cœtus solemnes ludorum,	les assemblées solennelles des jeux,
vehiculis thensarum;	*portés* sur les litières des chars-sacrés;
quorum iste curavit	*vous*, dont ce *Verrès* a pris-soin
iter faciendum	que la route *fût* faite
exigendumque	et *fût* achevée
ad suum quæstum,	en-vue-de son intérêt,
non ad	non en-vue-de
dignitatem religionum;	la dignité de la religion;
197. Teque,	197. Et vous,
Ceres et Libera,	Cérès et Proserpine,
quarum sacra,	dont le culte,
sicut ferunt	comme *le* rapportent
opiniones hominum	les opinions (traditions) des hommes
ac religiones,	et les croyances-religieuses,
continentur cærimoniis	est renfermé dans les cérémonies
longe maximis	de-beaucoup les plus grandes
atque occultissimis;	et les plus impénétrables;
a quibus initia vitæ	*vous* par qui les principes de la vie
atque victus,	et de la subsistance (de l'agriculture),
legum, morum,	des lois, des mœurs,
exempla mansuetudinis,	les exemples de la douceur,
humanitatis, dicuntur	de l'humanité, sont racontés
esse data ac dispertita	avoir été donnés et distribués
hominibus et civitatibus;	aux hommes et aux cités;
quarum populus romanus	*vous*, dont le peuple romain
tuetur tanta religione	maintient avec une si-grande piété
publice et privatim	de-la-part-de-l'Etat et des-particuliers
sacra, adscita	le culte, emprunté
et accepta a Græcis,	et reçu des Grecs,
ut videantur non allata	qu'il paraît non-pas *avoir été* apporté *ici*
ab aliis,	-de-chez les autres (étrangers),
sed ut esse tradita hinc	mais qu'*il paraît* avoir été transmis d'ici
ceteris;	aux autres *nations*;
quæ sunt polluta	lequel *culte* a été souillé
et violata ab isto uno,	et profané par ce seul *Verrès*,
sic ut curaverit	au-point qu'il prit-soin (ordonna)
unum simulacrum Cereris,	*qu*'une statue de Cérès,
quod non modo fuit fas	laquelle non seulement il était défendu
tangi a viro,	qu'elle fût touchée par un homme,

fas fuit, e sacrario Catinæ convellendum auferendumque curaverit; alterum autem Ennæ, ex sua sede ac domo, sustulerit, quod erat tale, ut homines, quum viderent, aut ipsam videre se Cererem, aut effigiem Cereris, non humana manu factam, sed cœlo delapsam, arbitrarentur :

198. Vos etiam atque etiam imploro et appello, sanctissimæ deæ, quæ illos ennenses lacus lucosque colitis, cunctæque Siciliæ, quæ mihi defendenda tradita est, præsidetis ; a quibus inventis frugibus, et in orbem terrarum distributis, omnes gentes ac nationes vestri religione numinis continentur ; ceteros item deos deasque omnes imploro atque obtestor, quorum templis et religionibus iste, nefario quodam furore et audacia instinctus, bellum sacrilegum semper impiumque habuit indictum [1], ut, si in hoc reo, atque in hac causa, omnia mea consilia ad salutem sociorum, dignitatem populi romani, fidem

regarder sans crime, et enlever d'Enna une autre statue d'une beauté si parfaite, qu'en la voyant, on croyait voir Cérès elle-même, ou l'image de la déesse descendue du ciel, et non pas travaillée par la main d'un mortel ;

198. Je vous atteste et vous implore, vous surtout, déesses vénérables, qui habitez les fontaines et les bois d'Enna, qui présidez à toute la Sicile, dont la défense m'a été confiée ; vous qui, pour avoir découvert et distribué par tout l'univers les plus utiles productions de la terre, avez mérité les hommages religieux de toutes les nations ; vous tous enfin, dieux et déesses, que j'atteste et que j'implore aussi, vous à qui son audace et sa fureur ont toujours déclaré une guerre impie et sacrilége, si, en appelant sur cet accusé la sévérité des lois, je n'ai considéré que le salut des alliés, la dignité du peuple romain,

sed ne quidem adspici,	mais même qu'elle fût regardée,
convellendum	fût arrachée
auferendumque	et fût enlevée
e sacrario Catinæ;	du sanctuaire de Catane;
sustulerit autem Ennæ,	que de-plus il enleva à Enna,
ex sua sede ac domo,	de sa place et de *sa* demeure,
alterum quod erat tale,	une autre qui était *d'une* telle *beauté*,
ut homines, quum viderent,	que les hommes, quand ils *la* voyaient,
arbitrarentur aut se videre	pensaient ou qu'ils voyaient
Cererem ipsam,	Cérès elle-même,
aut effigiem Cereris,	ou une statue de Cérès,
non factam manu humana,	non faite de main d'-homme,
sed delapsam cœlo;	mais descendue du ciel;
198. Vos imploro	198. Je vous implore
atque appello	et *vous* appelle
etiam atque etiam,	encore et-puis encore,
sanctissimæ deæ	très-saintes déesses
quæ colitis illos lacus	qui habitez ces lacs
lucosque ennenses,	et bois-sacrés d'-Enna,
præsidetisque	et présidez
cunctæ Siciliæ,	à toute la Sicile,
quæ est tradita mihi	qui a été confiée (donnée) à moi
defendenda;	à-défendre;
a quibus	*vous*, par lesquelles
frugibus inventis,	les biens-de-la-terre étant découverts,
et distributis	et répandus
in orbem terrarum,	dans le globe de la terre (l'univers),
omnes gentes ac nationes	toutes les nations et *tous* les peuples
continentur religione	sont unis par le lien-sacré
vestri numinis;	*du culte* de votre divinité;
imploro atque obtestor item	j'implore et j'atteste aussi
omnes ceteros deos deasque,	tous les autres dieux et déesses,
templis	aux temples
et religionibus quorum	et au culte desquels
iste, instinctus	ce *Verrès*, animé
quodam furore nefario	d'une certaine fureur coupable
et audacia,	et d'une *coupable* audace,
habuit bellum	a maintenu une guerre
sacrilegum impiumque	sacrilége et impie
semper indictum,	toujours déclarée,
ut, si in hoc reo	afin que, si au-sujet-de cet accusé,
atque in hac causa,	et dans cette cause,
omnia mea consilia	toutes mes pensées
spectaverunt ad	ont eu-en-vue
salutem sociorum,	le salut de *nos* alliés,
dignitatem populi romani,	la dignité du peuple romain,
meam fidem;	ma conscience;

meam ¹ spectaverunt ; si nullam ad rem, nisi ad officium et veritatem, omnes meæ curæ, vigiliæ cogitationesque elaborarunt; quæ mea mens in suscipienda causa fuit, fides in agenda, eadem vestra in judicanda sit ; denique uti C. Verrem, si ejus omnia sunt inaudita et singularia facinora sceleris, audaciæ, perfidiæ, libidinis, avaritiæ, crudelitatis, dignus exitus ejusmodi vita atque factis vestro judicio consequatur; utque respublica, meaque fides una hac accusatione mea contenta sit, mihique posthac bonos potius defendere liceat, quam improbos accusare necesse sit.

mon devoir ; si tous mes soins, si toutes mes veilles et toutes mes pensées n'ont eu pour objet que la justice et la vérité, faites que les juges, en prononçant l'arrêt, soient animés du même sentiment d'honneur et de probité qui m'inspirait moi-même, lorsque j'ai entrepris et défendu cette cause ; et vous, juges, si la scélératesse, l'audace, la perfidie, la débauche, l'avarice, la cruauté de Verrès, sont des crimes sans exemple, que votre arrêt lui fasse subir le sort que mérite une vie souillée de tant de forfaits ; que la république et ma conscience ne m'imposent plus un devoir aussi rigoureux, et qu'il me soit permis désormais de défendre les bons citoyens, sans être réduit à la nécessité d'accuser les méchants.

si omnes meæ curæ,	si tous mes soins,
vigiliæ cogitationesque	*mes* veilles et *mes* pensées
elaborarunt ad nullam rem,	n'ont travaillé (tendu) à nulle *autre* chose,
nisi ad officium	si-ce-n'est à *l'accomplissement du* devoir
et veritatem;	et *au triomphe de* la vérité;
quæ fuit mea mens	telle a été ma pensée
in suscipienda causa,	en entreprenant *cette* cause,
fides in agenda,	*ma* probité en *la* plaidant,
vestra sit eadem	que la vôtre soit la-même
in judicanda;	en *la* jugeant;
denique ut exitus dignus	ensuite qu'une fin, (qu'un sort) digne
vita atque factis ejusmodi	d'une vie et d'actions de-ce-genre
consequatur C. Verrem	atteigne C. Verrès
vestro judicio,	par votre jugement,
si omnia facinora ejus	si *il est vrai que* tous les traits de lui
sceleris, audaciæ,	de scélératesse, d'audace,
perfidiæ, libidinis,	de perfidie, de débauche,
avaritiæ, crudelitatis,	de cupidité, de cruauté,
sunt inaudita;	sont inouïs;
utque respublica,	et que la république,
meaque fides sit contenta	et ma conscience soit satisfaite
hac una accusatione mea,	de cette seule accusation de-ma-part,
liceatque mihi posthac	et qu'il soit-permis à moi ensuite,
potius defendere bonos,	plutôt de défendre les bons *citoyens*,
quam sit necesse	qu'il *ne me* soit nécessaire
accusare improbos.	d'accuser les mauvais.

NOTES.

Page 6 : 1. *De Suppliciis*. Ce discours forme le dernier livre de la *seconde action*, qui contenait cinq livres d'accusations sous le titre de *Prætura urbana*, *Siciliensis*, *de re Frumentaria*, *de Signis*, *de Suppliciis*. Il est divisé en quatre parties : 1° la conduite de Verrès au sujet de la guerre des esclaves ; 2° ses déprédations à l'occasion de la guerre des pirates ; 3° sa cruauté envers les capitaines de vaisseau siciliens ; 4° sa cruauté envers les citoyens romains. La péroraison est une apostrophe pathétique aux divinités dont les temples ont été dépouillés par Verrès.

Page 8 : 1. *Pro suo jure contendet*. Quelques interprètes ont cru devoir expliquer ce passage, *par le droit que lui donne la bonté de sa cause*, *pro jure quod ei dat causæ suæ, ut sibi fingit, bonitas;* mais nous remarquerons plus bas *meo jure contendam*, pris dans la même acception, et en rapprochant ces deux expressions, on doit leur assigner le sens que nous avons donné avec les meilleures autorités : *réclamer comme un droit, prendre droit d'exiger*, etc.

— 2. *M'. Aquillii*. *Manius Aquillius*, consul l'an 101 av. J. C., étouffa la révolte des esclaves en Sicile ; il fut ensuite envoyé en Asie, où il trouva la mort. Il avait été accusé de concussion et défendu par l'orateur Marcus Antonius, qui le sauva en découvrant au milieu de sa plaidoirie les cicatrices des blessures qu'il avait reçues au service de la patrie.

Page 10 : 1. *Certa lege*. La loi sur les concussions.

Page 12 : 1. *At fuit in Italia*. Il s'agit ici de la guerre contre Spartacus, qui fut vaincu par Crassus l'an de Rome 681. Spartacus, après avoir battu le préteur Claudius, les deux consuls Gellius et Lentulus (72 av. J. C.), compta un moment soixante-dix mille hommes dans son armée, et n'inspira pas moins de crainte aux Romains qu'Annibal lui-même. Il avait eu le dessein de quitter l'Italie, où il reconnaissait l'impossibilité de lutter contre la république ; mais, forcé par les barbares indisciplinés qu'il commandait de se porter de nouveau sur Rome, il fut refoulé dans le Brutium et vaincu à la bataille de Silare (71 av. J. C.), où il perdit la vie. Pompée, revenant d'Espagne, rencontra quatre à cinq mille esclaves échappés au carnage et les tailla en pièces. On peut être étonné que Cicéron profite de cette circonstance pour lui faire partager la gloire de Crassus. L'histoire a fait justice de cette vaine prétention de Pompée, que Cicéron flattait en haine du véritable vainqueur.

— 2. *Cn. Pompeio*. Voyez la note ci-dessus.

NOTES.

Page 16 : 1. *Peloridem.* Le cap Pélore, au N. E. de la Sicile, aujourd'hui *capo di Faro.*

Page 26 : 1. *More majorum.* Le patient était dépouillé de ses vêtements ; sa tête était prise dans les branches d'une fourche, et il était frappé de verges jusqu'à ce que mort s'ensuivît. *Ad supplicium tradebatur cujus nudi cerviæ inserebatur furcæ, et corpus virgis ad necem cædebatur.* (SUET. *in Nerone*, cap. XLIX.)

Page 30 : 1. *Fecisse videri.* Formule de condamnation. Lorsque les juges condamnaient un accusé, ils disaient : *Fecisse videtur*, évitant ainsi le ton affirmatif. La formule prescrite pour les dépositions des témoins était énoncée avec la même circonspection. *On me fait haïr les choses évidentes quand on me les plante comme infaillibles*, a dit Montaigne ; *j'aime ces mots qui adoucissent la témérité de nos expressions : il me semble, par aventure, il pourrait être.*

Page 32 : 1. *Magnæ pecuniæ.* La virgule doit être placée après *pecuniæ*, et l'expression *magnæ pecuniæ* se rapporte à *Eumenidas*. Quelques commentateurs ont cru à tort qu'elle se rapportait à *villicus*.

— 2. *H-S. LX.* Soixante mille sesterces. Le sesterce valait deux as et demi, le quart du denier. Or, le denier était égal à la drachme attique, qui elle-même valait dix-huit sous de notre monnaie. Le sesterce peut donc s'évaluer quatre sous et demi ; mais on l'évalue, en général, approximativement à 0 fr. 20 cent. Soixante mille sesterces font, à ce compte, 12,000 francs.

Page 34 : 1. *Frequentiaque conventus.* Ce dernier mot désigne souvent les citoyens romains établis dans une ville de province.

Page 36 : 1. *Nominibus.* Nom du créancier ou du débiteur, titre d'une dette, et de là : argent prêté, créance ; *nomina facere*, prêter de l'argent, céder quelque chose contre un billet ; *nomen scribere*, s'inscrire comme débiteur, etc. ; *nomen* est souvent pris pour *æs alienum*, parce que les débiteurs inscrivaient leur nom sur le registre du banquier, *argentarius*.

Page 38 : 1. *Meo jure.* Voyez page 8, note 1.

Page 58 : 1. *Parentis.* Il faut remarquer ici le sens de *parentis*, rapproché de *patri*. — *Parens* est celui qui a donné l'être ; c'est le père selon la nature. — *Pater*, c'est le père selon la société et la loi. *Quand la nature lui inspirait l'aversion des vices paternels, l'habitude et l'exemple le forçaient de ressembler à son père* (au chef et au maître de la famille).

Page 60 : 1. *Iste Annibal.* Ici l'orateur fait allusion à ce mot qu'on prête à Annibal : *Hostem qui feriet mihi erit Carthaginiensis, quisquis erit.*

Page 62 : 1. *Æra illa vetera.* Tout ce passage n'est qu'une longue métaphore tirée de l'art militaire, et dont se sert Cicéron pour rappeler d'une manière piquante les débauches de Verrès. On retrouvera plus tard dans ce discours l'emploi de cette même figure, lorsque l'orateur fera allusion aux intrigues du préteur et de l'épouse de Cléomène.

— 2. *Abduci, non, ut ipse prædicat, perduci solebat.* L'orateur joue sur les mots *perduci* et *abduci.* Les jeunes gens des premières familles qui venaient de prendre la robe virile étaient conduits au forum pour écouter les orateurs et se former à leur école; c'est ce qui est rendu par *perduci.* Abduci signifie être emmené du forum, où se promenaient les oisifs, pour se rendre dans des lieux infâmes.

— 3. *Ære dirutus est.* Par suite de la métaphore dont nous avons parlé ci-dessus (pag. 62, note 1), Cicéron compare Verrès ruiné dans une maison de jeu, *quoiqu'il fût*, dit-il plaisamment, *toujours dans les rangs*, à un soldat privé de sa paie, malgré son exactitude dans le service.

Page 64 : 1. *Prætoris urbani.* La préture fut un démembrement du consulat imaginé en 336 av. J. C., lorsque les plébéiens purent être consuls. Il y avait toujours à Rome deux préteurs : le premier, *prætor urbanus*, jugeait les affaires des citoyens; le second, *prætor peregrinus*, celles des étrangers. La préture était annuelle; c'était la seconde des trois grandes dignités annuelles ordinaires. Ce magistrat siégeait au forum en chaise curule.

— 2. *Paludatus.* Lorsqu'un général vêtu de l'habit militaire était sorti de Rome, après avoir consulté les auspices, pour aller prendre possession de son commandement, les lois défendaient qu'il y rentrât, sous aucun prétexte, avant d'avoir rempli sa mission; autrement, il était censé compromettre la sûreté publique.

Page 68 : 1. *Nunc sum designatus ædilis.* Les édiles étaient des magistrats ainsi nommés du mot *ædes*, édifice, parce qu'un des principaux devoirs de leur charge était d'avoir soin des édifices. On en distinguait de deux sortes : les édiles curules, ou patriciens, et les édiles plébéiens. Cicéron venait d'être nommé édile curule, et le récit de tant de crimes commis par un préteur lui donne occasion de manifester les sentiments dont il est pénétré, et de montrer qu'il connaît toute l'importance des fonctions qui lui sont confiées.

— 2. *Antiquiorem ...... locum.* Dans les délibérations du sénat, on prenait d'abord la voix des grands magistrats en exercice ou désignés pour l'année suivante; ensuite on suivait le rang et la dignité des sénateurs, en commençant par les consulaires, les anciens préteurs ou édiles. Quant à ceux qui n'avaient pas exercé les magistratures curules, on suivait l'âge.

— 3. *Jus imaginis prodendæ.* Les édiles patriciens avaient la chaise curule, le laticlave, le titre de sénateur et le droit d'images. La *chaise curule* était d'ivoire, à pieds recourbés; on y montait à l'aide d'un marche-pied; les grands magistrats avaient le droit de s'en servir chez eux et partout où il leur plaisait de la faire porter. Le *laticlave* était la prétexte, avec une large bande de pourpre pour les sénateurs. La robe des chevaliers, dont la bande de pourpre était moins large, était dite *angusticlave*. Le *droit d'image* était le privilége qu'avaient les citoyens qui avaient exercé les grandes magistratures de faire faire leur buste en cire. Ces bustes se transmettaient aux descendants; c'étaient leurs titres de noblesse.

Page 70 : 1. *Seniorum juniorumque centuriis*. Servius Tullius avait distribué le peuple en six classes, divisées en cent quatre-vingt-treize centuries. Chaque centurie formait deux sections. Dans la seconde étaient les jeunes gens de dix-sept à quarante ans. Les sexagénaires n'avaient plus droit de suffrage. A mesure que chaque centurie avait donné son vote, un héraut proclamait le résultat du scrutin, jusqu'à ce que quatre-vingt-dix-sept centuries fussent réunies pour le même avis; alors la majorité était acquise.

Page 74 : 1. *Temsanum incommodum*. L'orateur fait allusion ici à quelques restes de l'armée de Spartacus qui s'étaient réfugiés à Temsa, ville du Brutium.

Page 82 : 1. *Qui licuerit ædificare navem senatori?* L'an de Rome 535, le tribun Q. Claudius interdit à tout sénateur d'exercer aucun négoce. En conséquence, ils ne pouvaient avoir en mer une barque qui contînt plus de trois cents amphores (huit tonneaux) pour le transport de leurs récoltes; toute spéculation mercantile paraissait au-dessous de leur dignité.

Page 83 : 1. *In manibus fecialium*. Le collége des féciaux avait été institué par Numa. Ils étaient au nombre de vingt, choisis dans les premières familles. On les consultait sur le droit de la guerre et de la paix. Ils préparaient les traités et faisaient les déclarations de guerre.

Page 94 : 1. *Terentia et Cassia*. Cette loi fut portée par les consuls Térentius Lucullus et Caïus Cassius, an de Rome 680. Elle ordonna d'acheter un second dixième des blés.

— 2. *Ex eo genere*, etc. L'orateur fait allusion aux fournitures de blé que la Sicile faisait aux Romains à divers titres. On appelait *frumentum gratuitum* l'impôt en nature (quelques villes étaient exemptes de cette redevance); *frumentum emptum*, le blé que toutes les villes sans exception étaient tenues de livrer aux Romains à un prix fixé par eux.

Page 96 : 1. *Lege Hieronica*. La loi d'Hiéron, qui survécut longtemps à ce prince, réglait ce que devaient payer les fermiers des terres de la république, et présentait le tarif des sommes dont les receveurs étaient comptables envers l'État. Lors de la réduction de la Sicile en province romaine, en 540, les dispositions de cette loi furent entièrement maintenues.

Page 108 : 1. *Illorum auxiliis*. Avant la guerre sociale, les Latins étaient obligés de fournir et d'entretenir autant de légions que les Romains en avaient enrôlé, et de plus le double de la cavalerie; mais depuis cette époque, ils cessèrent d'être réputés alliés, et furent compris dans le cens comme tous les autres citoyens ; seulement, au lieu de les répandre dans les trente-cinq tribus, où leur nombre eût déterminé la majorité en faveur du parti populaire qui les avait fait admettre, ils composèrent huit tribus à la suite, qui votaient les dernières.

Page 116 : 1. *P. Servilius unus cepit.* P. Servilius, surnommé *Isauricus* pour s'être emparé d'Isaure, principale retraite des pirates, les battit en plusieurs rencontres ; mais ils ne furent détruits complétement que par Pompée. Ces pirates étaient généralement composés des débris de la flotte de Mithridate.

Page 122 : 1. *Centuripinos, homines maxime mediterraneos.* Situés au milieu de la Sicile, loin de la mer. — Opposé à *homines maritimi*, que nous avons vu plus haut en parlant des Syracusains.

— 2. *Unum Apronium.* Apronius, un des principaux agents de Verrès.

Page 126 : 1. *Ex Hispania.* Sertorius avait rassemblé en Espagne les débris du parti de Marius. Il y déploya le plus noble caractère et de grands talents militaires ; il défit les plus célèbres généraux ; enfin, il fut assassiné, au milieu de ses succès, par Perpenna qui ne put lui succéder. Sa mort fut le signal de la ruine de son parti ; ses soldats se dispersèrent dans les différentes provinces de la république.

Page 138 : 1. *Est locus certus*, etc. Allusion au tribunal chargé de connaître des crimes de lèse-majesté.

Page 144 : 1. *Ubi ternis denariis æstimatum frumentum?* L'usage autorisait Verrès à percevoir en argent, à raison de quatre sesterces ou un denier la mesure, le blé que la province lui devait fournir pour l'entretien de sa maison. Verrès exigeait trois deniers, le triple de ce qui lui était dû. C'était à peu près 2 francs 70 centimes, au lieu de 90 centimes.

Page 150 : 1. *Stetit soleatus prætor populi romani*, etc. Cette phrase si remarquable, dont l'harmonie seule peint la mollesse de Verrès, a excité l'admiration de Quintilien. Voici la phrase du judicieux critique : *An quisquam tam procul a concipiendis imaginibus rerum abest ut, quum illa in Verrem legit, non solum ipsum os intueri videatur et locum, et habitum, sed quædam etiam quæ dicta non sunt sibi adstruat? Ego certe mihi cernere videor et vultum et oculos et deformes utriusque blanditias, et eorum, qui aderant, tacitam aversationem ac timidam verecundiam.* (QUINT., l. VIII, c. III.)

Page 160 : 1. *Lampsaceni periculi.* Verrès, lieutenant de Dolabella en Cilicie, avait voulu enlever la fille de Philodamus, son hôte. Les habitants de Lampsaque, indignés, se soulevèrent. Déjà ils se disposaient à brûler Verrès dans sa maison, lorsque quelques chevaliers romains parvinrent à calmer leur fureur. Quelque temps après,

Verrès fit condamner par un tribunal, où lui-même faisait fonction de juge, Philodamus et son fils à avoir la tête tranchée.

Page 162 : 1. *De Adriano*. Adrien fut préteur en Afrique, l'an de Rome 669. Les habitants, pour se venger de ses vexations, le brûlèrent dans sa maison.

Page 168 : 1. *In hoc portu*, etc. La dix-neuvième année de la guerre du Péloponnèse, Nicias, général athénien, fut vaincu dans le port de Syracuse ; la flotte fut entièrement détruite. Athènes ne se releva jamais de cette défaite. Nicias, effrayé par une éclipse de lune, n'avait pas osé faire sortir sa flotte du port.

Page 196 : 1. *Humanum*. C'est dans ce sens que Térence, dans *les Adelphes*, III, IV, 25, fait dire à Hégion, pour excuser la violence qu'Eschine a exercée sur une fille libre :

Persuasit nox, amor, vinum, adolescentia :
Humanum est.

C'est-à-dire : *Hoc in humanitatem* ou *in hominem cadit*. On lit, de même, dans Tacite : *Humanum est eos odisse quos læseris*.

Page 198 : 1. *Sestius*. Cicéron, dit la Harpe, en faisant mention d'un Sestius, d'un geôlier, a voulu montrer que le caractère des chefs devient celui des subalternes, et que le contact avec la tyrannie déprave jusqu'aux bourreaux.

Page 206 : 1. *A parentibus suscepti*. Allusion à un usage fort ancien chez les Romains. L'enfant nouveau-né était déposé à terre ; ensuite son père le relevait, afin de montrer par là qu'il voulait s'en charger et l'élever. De là les expressions : *Suscipere liberos, sobolem*, etc.

Page 208 : 1. *Segestanorum cognatio*. Énée, disait-on, avait fondé Ségeste en passant en Sicile, avant son arrivée en Italie. *Énéide*, V, 711 à 762.

Page 214 : 1. *Quo nomine judicium hoc appellatur*. C'est-à-dire *de pecuniis repetundis*, tribunal devant lequel étaient poursuivis les concussionnaires.

Page 216 : 1. *Si per L. Metellum*, etc. L. Métellus avait succédé à Verrès en Sicile, et il s'opposait au départ des témoins qui voulaient se rendre à Rome pour déposer contre l'ancien préteur

Page 238 : 1. *Servo venerio*. Esclaves publics attachés au temple de Vénus Érycine. Les préteurs se servaient d'eux pour leurs messages.

— 2. *Sponsionem...... in furtis*, etc. *Sponsio*, dans le sens absolu du mot, se dit de la stipulation judiciaire en usage entre les parties. C'était une gageure que faisaient les plaideurs sur l'issue douteuse de leurs procès. De là les expressions : *sponsione contendere, lacessere; vincere sponsionem*. *Sponsio* s'est dit ensuite de toutes les gageures ordinaires. *In furtis*, etc., était la formule employée dans ces paris.

Le licteur prétendait que Servilius avait dit que Verrès s'enrichissait par des vols, *furtis quæstum facere*. S'il ne prouvait pas son accusation, il perdait deux mille sesterces. Servilius s'engageait sous la même peine à prouver le contraire.

— 3. *Recuperatores*. Commissaires délégués pour juger les contestations entre particuliers.

— 4. *Proximus lictor*. A Rome, le préteur n'avait que deux licteurs; en province, six. Ces licteurs marchaient un à un devant le magistrat. On appelait *proximus* celui qui le précédait immédiatement.

Page 240 : 1. *Quæ vocantur Latomiæ*. Latomies vient de deux mots grecs, λᾶς, pierre, et de τέμνω ou plutôt τέτομα, parfait second de τέμνω, couper. Cette prison, construite par Denys l'ancien, tyran de Syracuse, était taillée dans le roc.

Page 246 : 1. *Dianio*. Dianium ou plutôt *Dénia*, ville d'Espagne dans la Tarraconaise, chez les *Contestani*, sur la mer, près d'un cap du même nom. C'était une colonie de Marseille, célèbre dans la guerre de Sertorius; son nom lui venait d'un temple de Diane, qui y était adorée.

Page 250 : 1. Ἐδικώθησαν (de δικόω peu usité). Littéralement, *ils ont été justiciés*, mis à mort. La ressemblance de ce mot avec ἐδικαιώθησαν, *ils ont été justifiés*, avait abusé Verrès. Au reste δικαιόω a les deux acceptions.

Page 254 : 1. *Superiore ex loco*, suite de la métaphore commencée plus haut, *majores plagas*, etc., allusion à l'accusation de lèse-majesté. *Superiore loco* désigne ici la tribune aux harangues, d'où Cicéron, nommé édile, poursuivra Verrès, et, dénonçant ses attentats à la souveraineté du peuple, le signalera à la vengeance des Romains.

— 2. *Translator quæsturæ*. Allusion à la trahison de Verrès, lorsqu'étant questeur de Carbon, il abandonna ce consul pour passer du côté de Sylla, en emportant la caisse de l'armée.

Page 256 : 1. *Perpenna*. Assassin de Sertorius qui le remplaça quelque temps dans le commandement de l'armée (pag. 126, note 1).

Page 264 : 1. *Cosano*, de Cosa, ville municipale d'Étrurie.

Page 274 : 1. *Legesque Semproniæ*. Caïus Sempronius Gracchus renouvela, en 659, une loi que Porcius Lecca, tribun du peuple, avait déjà fait recevoir 150 ans auparavant. Cette loi défendait à tout magistrat de faire battre de verges ou de mettre à mort un citoyen romain, sans l'intervention du peuple assemblé par centuries, ou sans la condamnation préalable par les tribunaux, en vertu d'une loi spéciale. L'orateur dit *leges* au pluriel, parce que ce même tribun, C. Gracchus, avait fait recevoir plusieurs lois pour assurer l'état et la personne des citoyens contre les entreprises des magistrats.

— 2. *Tribunitia potestas*. En 672, Sylla, dictateur, avait renfermé cette magistrature dans l'unique fonction pour laquelle on l'avait instituée. Il ne laissa aux tribuns que le droit d'opposition, leur ôta le droit d'appel, le pouvoir de convoquer le peuple et de porter des lois. En 683, Pompée, pour plaire au peuple, rétablit les tribuns dans toutes leurs prérogatives.

Page 278 : 1. *Tuis proximis*, vos voisins, c'est-à-dire vos défenseurs. Outre l'avocat plaidant, *patronus*, l'accusé était accompagné par des amis, des défenseurs *advocati* (*vocati ad causam*).

Page 292 : 1. *Quoniam dedit mihi potestatem apud se agendi*. On a vu plus haut que Cicéron était alors *ædilis designatus*; or, l'édilité conférait le droit de parler devant le peuple.

— 2. *Suis suffragiis*. Le crime de lèse-majesté était jugé par les centuries assemblées. *Kalendas februarias*, les kalendes ou le premier jour de février. Les *kalendes* étaient chez les Romains le premier jour du mois.

Page 294 : 1. *Quos ego probarim*, etc. Dans les causes de concussion, l'accusateur présentait cent juges ; l'accusé pouvait en récuser cinquante.

— 2. *Ut non cera sed cœno obliti esse videantur*. Cicéron fait ici allusion à un trait d'Hortensius qui, dans une cause importante, voulant s'assurer de l'exactitude avec laquelle les juges qu'il avait achetés rempliraient leur marché, leur avait fait distribuer des tablettes d'une couleur particulière. La traduction littérale serait ici presque inintelligible. On peut aussi expliquer ce passage en disant que les juges corrompus seraient moins flétris par la *cire* qui couvrirait leur nom sur les tablettes des censeurs, qui les effaceraient de la liste des sénateurs ou des chevaliers, que par l'infamie, *cœno*, de leur conduite.

Page 296 : 1. *Istam vestram dominationem*. L'orateur fait allusion ici à quelques hommes puissants, tels que Catulus, Hortensius, Curion, etc., qui prétendaient influencer les jugements, et qu'il menace de la colère du peuple.

Page 298 : 1. *Aliud genus hominum*, etc. Sylla avait voulu qu'aux sénateurs seuls appartînt le droit de rendre la justice ; mais, par suite de leurs prévarications, une réforme devint nécessaire. Aurélius Cotta porta, en 683, une loi qui décida que les juges seraient pris parmi les sénateurs, les chevaliers et les tribuns du trésor.

Page 304 : 1. *M. Catonis*. Porcius Caton le censeur, ennemi irréconciliable des mauvais citoyens. Il accusa quarante-quatre fois, fut accusé quarante fois, et toujours absous. A l'âge de quatre-vingt-dix ans, il accusa encore Galba.

— 2. *Q. Pompeius*. Quintus Pompéius Rufus, consul en 611. Le premier il donna de l'éclat à cette famille. On le disait fils d'un joueur de flûte.

— 3. *C. Fimbriam.* C. Fimbria, consul avec Marius, en 648.

Page 308 : 1. *Finem accusandi facere.* Mettre fin aux fonctions d'accusateur. Cicéron, depuis l'affaire de Verrès, consacra toujours son talent à la défense des accusés. Il ne fut plus qu'une seule fois accusateur. Ce fut après le procès de Milon : il accusa Munatius Bursa, qui avait été un des plus ardents persécuteurs de Milon. Il le fit condamner comme complice des factieux qui, pendant les funérailles de Clodius, avaient mis le feu à la salle du sénat.

Page 310 : 1. *De regiis manibus.* Cicéron désigne ici le candélabre enlevé par Verrès au roi Antiochus.

Page 312 : 1. *Castor et Pollux.* Ces dieux avaient un temple sur la place publique de Rome ; ils pouvaient donc, comme le dit ici Cicéron, présider à tout ce qui se passait sur le Forum.

Page 314 : 1. *Quorum e templo.* Verrès, préteur de la ville, chargé de recevoir en bon état le temple de Castor et de Pollux, avait exigé des réparations qui n'étaient pas dues, et de plus, les avait adjugées au prix de 560,000 sesterces, quoique celui qui devait les payer s'offrît à les faire pour 80,000.

Page 316 : 1. *Habuit semper indictum.* Il faut remarquer ici l'emploi d'*habeo*, qui répond à notre auxiliaire *avoir*. Il marque ici la continuité d'action. *Semper indixit* signifierait : *a toujours déclaré*; *habuit indictum* veut dire de plus qu'il l'a toujours *eue, maintenue, déclarée*.

Page 318 : 1. *Fidem meam.* Mon devoir, c'est-à-dire mon exactitude à remplir les engagements contractés avec les Siciliens, mes clients.

www.ingramcontent.com/pod-product-compliance
Lightning Source LLC
Chambersburg PA
CBHW060651170426
43199CB00012B/1744